Heiner Lauterbach

Nichts ausgelassen

Heiner Lauterbach

Nichts ausgelassen

Autobiographie

Droemer

Besuchen Sie uns im Internet:
www.droemer.de

Die Folie des Schutzumschlags sowie die Einschweißfolie sind
PE-Folien und biologisch abbaubar.
Dieses Buch wurde auf chlor- und säurefreiem Papier gedruckt.

Ein Unternehmen der Droemerschen Verlagsanstalt
Th. Knaur Nachf. GmbH & Co. KG, München

Umschlaggestaltung: ZERO Werbeagentur, München
Umschlagfoto: Viktoria Lauterbach
Bildredaktion: Sylvie Busche (Ltg.), Margit Schulzke
Reproduktionen: Vornehm, München
Satz: Ventura Publisher im Verlag
Druck und Bindung: Ebner & Spiegel, Ulm
Printed in Germany
ISBN-13: 978-3-426-27383-8
ISBN-10: 3-426-27383-7

4 5

Für Oscar, Maya und Viktoria

Das Leben muss einfach mehr sein
als die Zeit, in der man darauf wartet,
dass sich seine Träume erfüllen.

Inhalt

Prolog

Nachdem die letzten Orgelklänge verhallt waren, klappte der Pfarrer sein Liederbuch zu. Jedesmal wenn ich mich in eine Kirche verirrte, wunderte ich mich, dass sie die Lieder nicht auswendig mitsingen konnten. ›Entweder haben die Pfarrer alle ein schlechtes Gedächtnis oder es sind einfach zu viele Lieder mit zu vielen Strophen‹, dachte ich, während der Mann in Schwarz schon angefangen hatte zu reden.

»Was wollen uns diese beiden Menschen mit ihrer Eheschließung sagen? Warum entschließt man sich überhaupt für die Ehe? Könnten sie nicht gerade heute wunderbar ohne dieses Bündnis vor Gottes Augen leben? In ›wilder Ehe‹, wie man zu sagen pflegt. Oder hieße es nicht besser: in verwilderter Ehe? Oder noch besser: in verwilderten Umständen?« Er sah milde lächelnd in die Runde. Wie ein Lehrer, der seiner Klasse eine Frage gestellt hatte, deren Beantwortung er nicht wirklich erwartete.

»Wollen diese beiden vielleicht ein Zeichen setzen? Ein Fanal? Es am Ende gar laut hinausschreien: ›Seht her, wir lieben uns! Und wir schämen uns auch nicht, das zu bekennen. Weil wir wissen, dass wir füreinander geschaffen sind. Wir wissen, dass wir uns lieben. Jetzt und in alle Ewigkeit.‹«

Ich sah die Frau an meiner Seite an. Eigentlich hatte der Mann verdammt recht. Wieso hatte ich mich entschlossen, ein zweites Mal zu heiraten? Die Antwort auf diese Frage kam dem, was er da sagte, schon sehr nahe. Ich wusste allerdings noch ein bisschen mehr als er. Wie sollte unser Pfarrer auch von den vielen Dingen wissen, die ich im Leben bis jetzt durchgemacht hatte? Von den kleinen und mittelgroßen Katastrophen. Wie sollte er wissen, dass ich mich am vorläufigen Ende eines langen Ritts auf einer Rasierklinge befand?

Immerhin war *ich* es, der dieses bis dahin so zügellose Leben gelebt hatte. Und der nun wild entschlossen war, dieses Leben radikal zu ändern. Zudem wusste ich – ich ahnte nicht, ich glaubte nicht, nein, ich *wusste* –, dass diese Frau hier neben mir die richtige war. Diese Frau, die ich so sehr liebte.

Ich nahm ihre Hand und drückte sie. Sie sah mich an und lächelte, während eine Träne über ihre Wange lief.

Diesen Moment wollte ich festhalten. Diesen Blick nie mehr vergessen. Wann immer ich Gefahr laufen sollte, in unserem gemeinsamen Leben dieselben Fehler zu machen wie in meiner ersten Ehe, wollte ich mich an diesen Blick erinnern.

Ich drückte ihre Hand noch fester. Diese Hand, die ich nie mehr loslassen wollte. Nie mehr in meinem Leben.

Und ich hatte, weiß Gott, schon viel erlebt in diesem Leben und wirklich so gut wie nichts ausgelassen.

1
Das Ende

Heiner, wach endlich auf!«

Irgend etwas rüttelte an meiner Schulter.

»Und zu guter Letzt noch auf der A7 zwischen Quickborn und dem Dreieck Hamburg-Nordwest zähflüssiger Verkehr in beiden Richtungen.«

Wieder dieses Rütteln.

»Heiner, aufwachen …«

»Ja, komm, mach's mir. Mach's mir richtig …«

Es gelang mir nur sehr mühsam, die Augen zu öffnen. Ich erkannte die Silhouette eines jungen Mannes, der neben mir auf der Bettkante hockte. Während sein Blick auf das Fußende des Betts gerichtet war, rüttelte er erneut an meiner Schulter.

»Ja, das gefällt mir. So ist's gut …«, stöhnte die weibliche Stimme. Was er da im Fernseher sah, schien für ihn interessanter zu sein als mein Anblick. Der Verkehrsfunk meldete die Blitzer auf den Hamburger Straßen.

Ich versuchte etwas zu sagen, brachte aber kein Wort heraus. Ich musste erst ein paarmal schlucken, um meine total vertrocknete Kehle wieder auf Touren zu bringen. Schließlich gelang es mir, so etwas wie »Ich bin wach« zu krächzen.

Die Silhouette drehte sich zu mir. »Bist du endlich aufgewacht?«

Ich schlug die Hand, die immer noch auf meiner Schulter lag, weg. »Ja, das sag ich doch.«

»Wir wünschen allen Autofahrern eine gute Fahrt – kommen Sie gesund an.«

Ich versuchte mich nun aufzurichten. Dabei sah ich die junge Dame im Fernseher, die es mit zwei Herren gleichzeitig trieb.

»Am Set ist schon dicke Luft. Die warten auf dich«, meinte die Silhouette und starrte wieder auf die Mattscheibe.

Zu behaupten, ich sei wach, war stark übertrieben. Ich hatte eine ekelhafte Laune. Mit einem Schlag ging mir alles in diesem Raum auf die Nerven. Der Geschmack im Mund war widerlich. Was konnte man nachts nur zu sich nehmen, das am anderen Morgen solch einen Geschmack hinterließ? Mein Kopf drohte zu platzen. Zum Ausgleich lag mein Kreislauf am Boden. Aber was mich wirklich fertigmachte, war das Drumherum: die sich affektiert räkelnde, einen Orgasmus nach dem anderen vortäuschende Frau im Pay-TV-Kanal, der ebenso affektiert wirkende, penetrant fröhliche Radiosprecher und die Silhouette, die mich durch ihr Gerüttel erst mit diesem ganzen Müll hier konfrontiert hatte und immer noch auf die Sich-Räkelnde glotzte.

Ich hasse Menschen, die einen nicht ansehen, wenn sie mit einem sprechen. Und was die Silhouette gesagt hatte, versprach auch nichts Gutes. Ich musste daran denken, dass die Überbringer schlechter Nachrichten früher enthauptet wurden, und fand den Gedanken plötzlich gar nicht mehr so abwegig. Aber es half nichts. Erst einmal musste ich dieses Konversationspotpourri entschlüsseln. Da die Fernbedienung für die Mattscheibe nirgends zu sehen war, wälzte ich mich nach links, um wenigstens den Radiowecker auf dem Nachtkästchen auszuschalten. Dabei entdeckte ich, dass noch etwas in meinem Bett lag. Aus den Umrissen, die sich unter der Bettdecke abzeichneten, und den langen, dunklen Haaren, die auf dem Kissen lagen, schloss ich, dass es sich um eine Frau handelte.

Nachdem ich den Radiowecker zum Schweigen gebracht hatte, schob ich die Haare beiseite. Das Gesicht, das da auf dem mit Lippenstift und Wimperntusche verschmierten Kissen lag, kannte ich nicht. Auch dass ich mich verdrehte, um ihr und mir aus einem anderen Blickwinkel eine zweite Chance zu geben, änderte daran nichts. Im Gegenteil. Ich hätte jede Wette gemacht, dass ich diese Dame noch nie gesehen hatte.

Der Tag fing wirklich nicht gut an. Dabei war er gerade erst zwei Minuten alt. Für mich zumindest. Das erinnerte mich daran, dass ich mich eigentlich beeilen sollte. Ich stieg aus dem Bett, streckte die geräderten Glieder und suchte den Power-Knopf am Fernseher. Kaum hatte ich dem Gestöhne ein Ende bereitet, schienen die paralysierten Geister meines Peinigers wieder zu erwachen. Er sprang unangenehm elanvoll auf und klatschte in die Hände: »Jetzt aber flott. Der Wedel ist schon auf hundert«, gab er in einem Ton von sich, der mir an diesem Morgen gerade noch gefehlt hatte.

»Sag mal, hast du keinen Friseur, dem du die Scheiße erzählen kannst?« brummte ich den jungen Mann an, den ich mittlerweile als meinen Fahrer identifiziert hatte, und humpelte ins Badezimmer.

»Tut mir leid, Heiner. Ich mach hier nur meine Arbeit. Ich kann aber auch wieder zum Set fahren und denen sagen, du wärst noch nicht soweit«, verteidigte er sich.

Wütend drehte ich mich in der Badezimmertür um: »Pass mal auf, Michael. Tu mir einen Gefallen und halt einfach die Klappe, ja? Setz dich irgendwo hin und les 'n bisschen oder mach sonstwas. Aber halt die Klappe und warte, bis ich fertig bin.«

Er sah mich beleidigt an. Diesen Ton war er von mir nicht gewohnt. »Ich warte dann unten im Auto auf dich«, sagte er steif.

»Ja, mach doch, was du willst!«

Ich schmiss die Badezimmertür zu. Kaum war sie ins Schloss gefallen, tat mir mein Verhalten leid. Ich riss sie wieder auf und schrie dem Fahrer hinterher: »Michael …«

Er war schon fast zur Tür hinaus, drehte sich aber noch einmal um. »Was gibt's denn noch?«

»Tut mir leid. Ich wollt dich nicht so anblaffen.« Ich versuchte meine Entschuldigung mit einer entsprechenden Geste zu untermalen.

»Ist schon in Ordnung«, meinte er und wandte sich wieder zum Gehen. Offenbar handelte es sich um einen verständnisvollen jungen Mann, der Mitleid mit besoffenen Schauspielern hatte. Bevor er die Suite endgültig verließ, drehte er sich allerdings noch einmal um: »Übrigens, ich heiße Martin …« Weg war er.

»Ja klar, Martin, mein ich doch«, murmelte ich und musste mich am Türpfosten festhalten, um nicht in die Knie zu gehen.

Mein Kreislauf drohte zu versagen. Ich kannte das Gefühl von unzähligen Morgen in den vergangenen Jahren. Immer wenn ich es nachts besonders toll getrieben hatte, bekam ich am anderen Morgen diese Panikattacken, die in regelrechter Todesangst endeten. Eigentlich handelte es sich dabei um nichts anderes als um Entzugserscheinungen, aber ich mochte dieses Wort nicht. Einerseits kam es dem Eingeständnis gleich, ein Alkoholiker zu sein, andererseits fand ich, es verharmloste diesen morgendlichen Zustand. Diese Panikattacken waren das schlimmste körperliche Gefühl, das ich kannte, und ich wusste aus langer Erfahrung, dass da nur eines half: Alkohol.

Ich suchte die gesamte Suite nach etwas Hochprozentigem ab. Es sah aus wie auf einem Schlachtfeld, nur dass es sich bei den wie tot herumliegenden Personen um Schnapsleichen handelte. Unter einem Tisch lag mein Freund Heinz Hoenig in einer Stellung, die nach drei Tagen Nackenschmerzen aussah. Liebevoll umklammerte er eine Flasche Gin. Leider leer. Auch Benjamin Sommer erkannte ich, der mit einer Blondine in Löffelstellung auf dem Sofa lag und so laut schnarchte, dass ich schon daran dachte, den Fernseher wieder einzuschalten.

Benjamin war einer der größten, wenn nicht *der* größte Eventveranstalter in Hamburg und wurde von der Klatschpresse gerne als Partylöwe bezeichnet. Diesen Ruf schien er jeden Tag beziehungsweise jede Nacht aufs neue bestätigen zu wollen. Aber immerhin versorgte er seine Gäste, zu denen ich seit geraumer Zeit zählte, mit allem, was sie fröhlich stimmte. Dazu gehörten auch die Damen, die auf seinen Partys und im Anschluss daran für Stimmung sorgten. Eines dieser Exemplare schien er gerade in seinen verschwitzten Armen zu halten, denn er pflegte sich auch durchaus selber an dem Angebot zu bedienen, das er seinen Gästen zukommen ließ.

Obwohl ich wusste, dass die Wahrscheinlichkeit, nachts einen Hetero auf dem Kölner Hauptbahnhof zu finden, größer war als morgens etwas Alkoholisches in meiner Minibar, warf ich einen Blick hinein. Sie sah aus, als hätte sie jemand ausgeleckt. Wenn ich in diesen Jahren zum Begleichen meiner Hotelrechnung an die Rezeption trat, entwickelte sich folgender stets wiederkehrender Dialog:

Rezeptionistin (routiniert): »Hatten Sie etwas aus der Minibar?«

Ich: »Ja, alles.«

R. (aufblickend): »Wie, alles?«

Ich: »Na, alles eben.«

R. (verlegen lächelnd): »Auch die kleinen Fläschchen? Den Whiskey und so?«

Ich: »Alles.«

R. (ungläubig): »Auch dieses blaue Zeug, wie heißt das gleich wieder?«

Ich: »Bols. Ja, auch das.«

R. (fast schon bewundernd): »Auch die Salzstangen, Erdnüsse und …«

Ich: »Alles.«

Nur wenn ich Stammgast in einem Hotel war, konnte ich dieses Gespräch etwas verkürzen, weil die Damen meine Gepflogenheiten dann schon kannten.

Langsam hektischer werdend, durchforstete ich das versiffte Schlachtfeld nach etwas Trinkbarem. Es sah aus wie in der Kulisse eines durchgedrehten Londoner Punks, der ein Chaos-Video drehen will. Ein Stilleben aus dem Jahr 3000. Nichts war mehr da, wo es eigentlich hingehörte. Die Zahnputzbecher standen auf den Wohnzimmertischen. Der Badezimmerspiegel lag auf der Erde. Unzählige Flaschen waren über den Boden verteilt. Die meisten Gläser waren zu Aschenbechern umfunktioniert worden und klemmten in Sofaritzen oder standen auf irgendwelchen Ecken und Vorsprüngen. Damenslips und zusammengerollte Geldscheine zeugten von den Exzessen des Abends.

Schließlich war meine verzweifelte Suche doch noch von Erfolg gekrönt. Unter einem Tisch, zwischen Kartoffelchips und leeren Tonicdosen, entdeckte ich eine viertelvolle Wodkaflasche. Ich nahm einen kräftigen Schluck und verstaute die Flasche in der Tasche des Bademantels, den ich mittlerweile angezogen hatte. Auf dem Weg ins Bad nahm ich noch einen Schluck. Nun fühlte ich mich stark genug, um mein Spiegelbild zu verkraften.

Zwar tat der Alkohol schon seine Wirkung, aber was ich da sah, gefiel mir überhaupt nicht. Dass ich aussah wie ausgekotzt, war kein Wunder. Aber mein Anblick hatte etwas Erbärmliches. Seit einiger Zeit schon wusste ich, was mit dem Ausspruch gemeint war: »Ich kann morgens noch in den Spiegel gucken.« Denn ich konnte es nicht mehr. Zumindest nicht ohne schlimme Nebenwirkungen.

Was ich beim Blick in den Spiegel empfand, wechselte je nach Gemütslage zwischen Trauer, Hass, Angst, Verachtung und Sorge. Ich konnte mich einfach nicht mehr sehen. Ich hatte genug von mir und meinem Leben.

Mit noch immer zitternden Händen stützte ich mich auf den Beckenrand und versuchte in meinen blutunterlaufenen Augen eine Antwort zu finden. Was hatte mich so aus der Bahn geworfen? Wie war ich zu diesem Wrack geworden? Die Augen, die mich da ansahen, waren gebrochen. Sie hatten nichts Lebendiges mehr. Lebensfreude, Optimismus, Übermut und Zuversicht, alles, was sie einmal ausgestrahlt hatten, war erloschen. Übriggeblieben war ein dumpfer, leerer Blick aus einer faltigen, fahlen Haut.

Ich trank die Flasche leer, putzte mir die Zähne, duschte, zog mich an, schnappte mir meinen Kumpel Heinz und ging zur Arbeit. Der Tag hatte nicht gut angefangen, und es war nicht zu erwarten, dass er besser endete.

Während ich mit dem Aufzug zur Rezeption hinunterfuhr, fiel mir Heinz entgegen, den ich an der Wand abgestellt hatte. Er war im Stehen eingeschlafen. Mit einem Seufzer kehrte er aus dem Bubuland zurück und blickte mich aus glasigen Augen an. Jeder Spiegel war nun überflüssig.

Es wurde mir klar, dass ich in meinem Leben etwas ändern musste. Besser gesagt: Ich musste mein Leben ändern. Viele Tage und Nächte von jener Art, wie ich sie im Augenblick verbrachte, würden mir nicht mehr zur Verfügung stehen, soviel stand fest. Ich hatte die Wahl: Entweder ich machte so weiter und verabschiedete mich in absehbarer Zeit von dieser Spielwiese oder ich gab mir und dem Leben noch eine Chance. Einem Leben, das es bis vor kurzem immer gut mit mir gemeint hatte. Einem Leben mit der nötigen Portion Glück, das es einfach nicht verdient hatte, so zerstört zu werden.

2
Warum ist es am Rhein so schön?

Der 10. April 1953 war ein Freitag. Dabei bin ich eigentlich ein Sonntagskind. Auf jeden Fall hat, wenn ich meinen Eltern glauben darf, in Köln die Sonne geschienen. Allerdings noch nicht morgens um sechs, als mein Vater den Anruf vom Krankenhaus erhielt. Meine Schwester Marina erzählt, dass er sie geweckt hat, um dann mit ihr wie besessen auf dem Bett herumzuhopsen und abwechselnd: »Ich hab einen Sohn!« und »Du hast ein Brüderchen!« zu rufen.

In Anbetracht meiner späteren, speziell meiner schulischen Entwicklung neigt mein Vater heute zu einer etwas weniger euphorischen Darstellung der Ereignisse. Aber meine Schwester, die aus der ersten Ehe meiner Mutter stammt, war bei meiner Geburt schon sieben Jahre alt, so dass ich durchaus gewillt bin, ihr Glauben zu schenken.

Wie dem auch sei: Es haben sich alle drei gefreut. Der erste Sohn meiner Mutter Maya war während des Krieges auf die Welt gekommen und schon nach ein paar Wochen gestorben. So war ihre Freude groß, jetzt, in ruhigeren Zeiten, endlich ein gesundes Brüderchen für ihre Tochter auf die Welt gebracht zu haben. Und einen properen Sohn und Stammhalter für ihren Ehemann, den sie erst vor einem Jahr geheiratet hatte.

Mein Vater Hans war mit seinen gerade mal fünfundzwanzig Lenzen schon ein recht erfolgreicher Unternehmer. Nach dem Krieg, der für ihn im Alter von siebzehn Jahren in amerikanischer Gefangenschaft zu Ende gegangen war, hatten er und sein Vater,

Ich war ein braves Kind, ruhig und genügsam,
aber das sollte sich ändern

Opa Joseph, einen kleinen Installationsbetrieb aufgebaut. Am Anfang stand tatsächlich die berühmte, wohl von Millionen Nachkriegsvätern zitierte Schubkarre. Als mein Onkel Heinz ein paar Jahre danach als Spätheimkehrer aus russischer Gefangenschaft kam, nahmen sie ihn mit ins Boot. Dieser Betrieb, aus der blutigen Asche des Krieges geboren, sollte später einmal zu einem der größten Sanitär- und Heizungsunternehmen in ganz Nordrhein-Westfalen werden. So bescherte mir wohl nicht nur der Fleiß der Firmengründer, sondern wohl auch das Wirtschaftswunder eine finanziell sorgenfreie Kindheit und Jugend.

Ich soll ein braves Kind gewesen sein, ruhig und genügsam. Lassen wir das mal so stehen. Die zuweilen vorteilhafte menschliche Eigenschaft, unangenehme Dinge zu vergessen beziehungsweise zu verdrängen, macht glücklicherweise auch vor dem elterlichen Erinnerungsvermögen nicht halt.

»Der Beginn einer großen Liebe«, schrieb meine Mutter (ganz links) auf die Rückseite dieses Fotos, das sie mit meinem Vater (re.) Silvester 1951/52 zeigt

Damals habe ich viel in den für uns Knirpse so herrlichen Trümmergrundstücken gespielt, von denen es in Köln, wo ich aufgewachsen bin, immer noch etliche gab. Meine Mutter hatte es strikt abgelehnt, mich in einen Kindergarten zu »stecken«. »Ich hätte dich niemals freiwillig hergegeben«, pflegte sie später immer zu sagen. So hatte ich reichlich Zeit für unsere geliebten Ruinen. Sie dienten als Behausung für die ersten Doktorspiele ebenso wie als Austragungsort diverser Mutproben, die es zu bestehen galt – oder vor denen man gegebenenfalls kniff. Hier näherten wir uns vorsichtig dem Zungenkuss und rauchten unsere erste Zigarette. In meinem Fall war es eine Overstolz, die Nachkriegsmarke schlechthin. Ohne Filter, versteht sich, aber nicht ohne Folgen.

Nachdem ich wieder einmal in den Trümmern gespielt hatte, kam ich zum Mittagessen nach Hause. Ich war gerade dabei, mir in der Küche die Hände zu waschen, als sich mein Vater neben mich stellte. Er war wie immer mittags aus der Firma nach Hause gekommen, um mit seiner Familie zu essen.

»Na, mein Sohn« – wenn irgendwas im Busch war, nannte er mich immer »mein Sohn« –, »was hast du denn den ganzen Vormittag getrieben?«

Ich war gewarnt: »Ich?« fragte ich, um erst mal Zeit zu gewinnen, Zeit, die bei meinem Vater gerade mittags knapp bemessen war. Entsprechend schnell brachte ihn dieses Geplänkel auf die Palme.

»Ist sonst noch jemand im Raum?«

Für mein Empfinden war die Frage mindestens so überflüssig wie meine. Demonstrativ sah ich mich in der Küche um. »Nee«, erwiderte ich.

Mein Vater zog es vor, sich nicht weiter auf diese unergiebige Konversation einzulassen, und setzte sein »Keine Spielchen jetzt«-Gesicht auf. Mir blieb also nichts anderes übrig, als ihn von meinen vormittäglichen Aktionen in Kenntnis zu setzen. Schnell überschlug ich, was davon jugendfrei oder vielmehr erwachsenenfrei war, und musste ebenso schnell feststellen, dass nichts, aber auch gar nichts von dem, was ich bis mittags mit meinen Freunden getrieben hatte, für seine Ohren bestimmt sein konnte. Ich musste also improvisieren.

»Erst mal war ich bei Willi«, druckste ich noch wahrheitsgetreu herum.

Willi war mein vier Jahre älterer Freund, der nur ein paar Häuser weiter wohnte. Mein Vater traute unserer Freundschaft nicht über den Weg. Er war der Meinung, dass Willi mir die ganzen verbotenen Dinge zeigte und beibrachte. Und er hatte verdammt recht.

»Und dann haben wir auf der Straße 'n bisschen gespielt. Fußball und so.«

Mehr fiel mir im Moment beim besten Willi nicht ein. Ich konnte ihm ja schlecht von unseren Doktorspielen erzählen oder wie wir in den Trümmern geraucht hatten.

Letzteres war auch gar nicht nötig, weil ich vergessen hatte, die mühsam organisierte Zigarettenpackung aus der Brusttasche zu entfernen, bevor ich heimkam. Dem wachsamen Auge meines Vaters war das Corpus delicti natürlich nicht verborgen geblieben, und so hatte ich gleich zwei Probleme an der Backe: Ich wurde sowohl des Rauchens als auch der Lüge überführt, was eine

Meine Schwester Marina war sieben Jahre älter als ich

doppelte Bestrafung zur Folge hatte. So war also nicht nur der eigentlich schon trümmertechnisch verplante Nachmittag im Arsch, sondern ich durfte auch den ganzen nächsten Tag Hausarrest schieben.

Meine schlaue Mutter nutzte diese disziplinarische Maßnahme gleich für ihre Zwecke und stellte mir ein ansehnliches Programm zusammen: Geschirr spülen, inklusive Spüle schrubben, Fenster putzen, Staub wischen und Müll runterbringen. Obwohl die Tabakpreise seit dieser Zeit kontinuierlich gestiegen sind, war das wohl die teuerste Zigarette meines Lebens.

Von den Zigaretten ließ ich danach eine Zeitlang die Finger, aber nicht von den Streichhölzern, weil mich das Feuer, wie wohl alle Kinder in dem Alter, magisch anzog. Dieser Faszination fiel eines schönen Tages die Garage unseres Nachbarn zum Opfer. Ich spielte mit Willi Indianer, und dabei konnten wir natürlich nicht auf das obligatorische Lagerfeuer verzichten. Dummerweise plazierten wir es so ungeschickt, dass die Garage Feuer fing und komplett

Mit meiner Mutter Maya 1954

abbrannte. Gott sei Dank war unser Nachbar ein alter Jagdfreund meines Vaters, weshalb er von einer Anzeige absah.

Der nächste »kindliche Fehltritt« setzte dann erstmalig die Exekutive in Kraft. Am Nachmittag vor Muttertag stellte ich fest, dass ich noch kein Geschenk hatte. Um etwas Adäquates herzustellen – am meisten freute sich meine Mutter über ein selbstgemaltes Bild –, fehlte mir die Zeit, und mein Erspartes war schon für Kaugummis, Chinaböller und dergleichen draufgegangen. Also heckte ich mit Willi einen ebenso genialen wie einfachen Plan aus. Willi hatte, neben einer leicht kriminellen Ader, eine Direktheit, die Dinge anzugehen, die mich in seinen Bann zog.

»Wenn wir kein Geschenk haben, müssen wir eben eins originalisieren.« Auch wenn Willi diese Wortschöpfung nicht bewusst einsetzte, war sie recht treffend: Wenn man etwas mit Originalität organisierte, war das eben originalisieren.

»Und worüber freuen sich Mütter mehr als über Blumen? Und die nächsten Blumen stehen im Garten von eurem Nachbarn«, brachte Willi seine Erkenntnisse auf den Punkt.

Es war wohl der mir angeborene Gerechtigkeitssinn, der mich

Hier spielt die Musik (1957)

veranlasste, ihn zu überreden, dieses Mal den Nachbarn auf der anderen Seite in Mitleidenschaft zu ziehen. (Dem rechten Nachbarn hatten wir ja schon die Garage niedergebrannt.) Mein Freund konnte sich diesen salomonischen Argumenten letztlich nicht verschließen, und wir bestiegen Nachbars Garten zur Linken. Leider ging der diesseitige Nachbar nicht mit meinem Vater auf die Jagd und kannte auch sonst keine Verwandten, wie man so schön sagt. Er rief die Polizei, und ehe wir's uns versahen, saßen wir im Streifenwagen. Die Polizisten, die uns nach Hause bringen wollten, realisierten nicht sofort, dass ich gleich nebenan wohnte, und so drehten wir wenigstens noch eine kleine Ehrenrunde. Während mir die Angst im Nacken saß, fragte mein pragmatischer Freund die Polizisten, ob sie nicht das Martinshorn anmachen könnten. Wenn man schon mal drinsäße.

Zwar versagten ihm die beiden Beamten die Bitte, doch auch ein relativ lautlos vorfahrender Streifenwagen brachte meine Mutter in Rage. Obwohl ihr unser familiärer Strafenkatalog für die nächsten Tage wieder einmal eine kostenlose Haushaltshilfe bescherte,

An der Hand von Opa Joseph (1956)

wollte sie sich nicht beruhigen. Spülen, Fenster putzen, Müll runterbringen – es ging alles wieder von vorne los.

Meine Vorschulzeit bestand im wesentlichen aus drei verschiedenen Phasen:

1. Das weitgehend normale kindliche Verhalten: essen, schlafen, spielen, mal lieb, mal weniger lieb sein.
2. Langeweile tritt auf, und es wird ein Plan ausgearbeitet, um sie zu beenden.
3. Das Verbüßen der Strafe für die Realisierung dieses Plans.

Mit etwas gutem Willen könnte man dies durchaus als geregeltes Leben bezeichnen. Genaugenommen hat sich daran bis zu meiner Volljährigkeit nichts geändert. Böse Zungen behaupten sogar, bis heute nicht.

Diese alles in allem doch recht sorglose Zeit nahm dann mit meiner Einschulung ein jähes Ende. Wie die anderen Kinder auch kam

Am ersten Schultag war die Welt noch in Ordnung

ich mit sechs Jahren in die erste Klasse. Das sollte bis zu meinem verfrühten Austritt aus der Schule aber das einzig Normale in meiner schulischen Karriere bleiben.

Mit dem Schulweg ging es schon los. Permanent habe ich mich verlaufen. Ich war ein großer Tagträumer und hatte schwere Schlachten zu schlagen, Drachen zu bekämpfen und andere wichtigere Dinge im Kopf, als auf den langweiligen Schulweg zu achten. So konnte es schon mal passieren, dass ich in die falsche Schule ging. Oder in der richtigen Schule in die falsche Klasse. Wenn ich dann endlich in der richtigen Klasse war, ging ich auf den falschen Platz.

Das war auch so eine Sache mit dem Platz. Am Anfang eines Schuljahres durfte sich jeder Schüler einen Lieblingsplatz aussuchen. Ich setzte mich also nach hinten, zu meinem Kumpel in die letzte Reihe. Ich weiß auch nicht, warum, aber meine Freunde saßen immer in der letzten Reihe. Der Lehrer beorderte mich dann jedesmal wieder nach vorne und plazierte mich neben dem Klassenprimus in der ersten Reihe: »Lauterbach, komm du mal nach vorne, damit ich dich in meiner Reichweite habe.«

So war nicht nur ich schlecht dran und saß ganz vorne, sozusagen in Ohrfeigenreichweite des Lehrers, neben dem einzigen Schüler in der Klasse, der garantiert nicht abschreiben ließ. Mein Kumpel hatte auch noch die Arschkarte gezogen, denn er saß jetzt neben dem Freund des Primus, der in der Regel auch ein Langweiler war. Mit dem Ergebnis, dass sich bei Schuljahresanfang niemand mehr neben mich setzen wollte, weil er wusste, dass ich durch den Freund des Primus ausgetauscht werden würde. So werden schon in der Schule Einzelgänger geschaffen.

Als ich mit zunehmendem Alter verkehrstauglicher wurde und den Schulweg mit dem Fahrrad zurücklegen durfte, ging mir das Teil permanent kaputt. Männer kennen das: Man ist sowieso schon zu spät dran, erhebt sich vom Sattel, tritt so richtig in die Pedale, die Kette reißt, und man kracht mit allem, was man hat, auf die Querstange. Das ist der Moment, in dem sich jeder Junge wünscht, ein Mädchen zu sein. Oder die Dinger werden einem geklaut. Ich weiß gar nicht mehr, wie viele Fahrräder mir vor der Schule geklaut wurden. Oder, was noch dämlicher ist, man verliert den Schlüssel zum Ringschloss. Das ist dann wie eine Zigarette haben und kein Feuer.

Auch als ich mich schulwegtechnisch auf die städtischen Verkehrsbetriebe konzentrierte, wurde mein Problem nicht kleiner. Ständig verpasste ich die entscheidende Straßenbahn. Wenn ich sie dann doch mal erwischte, hatte ich garantiert kein Geld für die Fahrkarte dabei, und wenn ich dann schwarzfuhr, wurde ich meistens erwischt.

Der liebe Gott hatte mir auf dem Weg zur Schule schon so viele Knüppel zwischen die Beine geworfen, dass ich, dort angekommen, einfach keine Leistung mehr zu bringen imstande war. Das sahen meine Lehrer natürlich anders. Während sie ihr Auto auf dem für sie reservierten Schulparkplatz abstellten und entspre-

Die ganze Familie vor dem Haus meiner Mutter in Köln-Lindenthal (1959)

chend ausgeruht und energiegeladen das Klassenzimmer betraten, benötigte ich allein die ersten zwei Unterrichtsstunden, um mich von den Strapazen des Schulwegs zu erholen. Während ich meine Wunden leckte, wurden meinen Mitschülern irgendwelche Mathematikformeln eingetrichtert, die ich dann in der dritten Stunde, während sich meine Kameraden an der englischen Sprache vergingen, nachzuholen versuchte.

Sie sehen, welch teuflischer Kreis sich hier zu schließen droht: Ich hinkte immer hinterher, war nie auf dem laufenden, musste aber genausoviel büffeln wie meine Mitschüler, um das gerade Versäumte nachzuholen, das aber eigentlich gar nicht mehr gebraucht wurde. Wahrscheinlich hätte ich eine Klasse überspringen müssen, um diesen Teufelskreis zu durchbrechen. Aber meine Lehrer waren Traditionalisten, die das Problem auf die denkbar einfallsloseste und spießigste Art und Weise zu lösen versuchten: Sie ließen mich mehrmals sitzen. Was meinen schlechten Eindruck von der Schule nur bestätigte und nicht gerade zur Erheiterung meiner Eltern beitrug.

Ich glaube überhaupt, dass ich, zumindest was schulische Dinge betraf, ein schwer erziehbares Kind war. Dafür spricht zum Beispiel folgender Vorfall, den mein Vater immer wieder gerne zum besten gibt: Eines Tages kam ich verfrüht von der Schule nach Hause und war völlig aufgelöst. Meine verwunderte Mutter wollte wissen, was los war, aber aus mir war nichts rauszubringen. Ich heulte Rotz und Wasser, stampfte dann jähzornig mit den Füßen auf, nur um gleich danach wieder in ihren Armen zusammenzubrechen und jämmerlich zu schluchzen.

Als meine Mutter es dank raffinierter pädagogischer Tricks dann endlich schaffte, meine Zunge zu lösen, kam folgender Sachverhalt an den Tag: Ich hatte mal wieder keine Hausaufgaben gemacht. Und wie fast immer hatte ich behauptet, sie zu Hause vergessen zu haben. Doch unser phantasieloser Lehrer schien meiner Vergesslichkeit nicht länger Glauben zu schenken und verlangte von mir, meine Hausaufgaben zu holen und ihm vorzulegen. Das brachte mich in einen irrsinnigen Konflikt. Nicht nur, dass ich vor der ganzen Klasse gedemütigt werden sollte, dass meine Lüge auffliegen sollte, ja dass die ganzen Lügen der Vergangenheit, zumindest bezüglich meiner Hausaufgaben, mit einem erbarmungslosen Schlag ans Tageslicht kämen; nein, viel schlimmer war, dass ich mir für die Zukunft eine neue Hausaufgabenstrategie ausdenken musste. Denn: Wer einmal lügt, dem glaubt man nicht und wenn er auch … Solche und ähnlich dämliche Sprüche kennen Sie ja sicher auch noch aus Ihrer Schulzeit.

Meine Mutter, und das schlug dem Fass wirklich den Boden aus, zeichnete sich jetzt durch ebenso große Phantasielosigkeit wie mein antiquarischer Lehrer aus.

»Du gehst jetzt zurück zur Schule und sagst die Wahrheit«, meinte sie.

Ausgerechnet meine geliebte Mutter, deren Raffinesse ich immer bewunderte und deren Hilfe ich jetzt mehr brauchte als jemals zuvor, kam mir mit so einem lapidaren Vorschlag. Na danke. Da wäre ich zur Not noch selber draufgekommen.

Ich versuchte, mir meine Karl-May-Kenntnisse zunutze zu machen, und kam mit einer alten indianischen Weisheit: »Aber wer die

Wahrheit sagt, braucht doch ein schnelles Pferd … Und ich kann nicht mal richtig Fahrrad fahren, geschweige denn reiten, noch habe ich ein Pferd … und ein schnelles schon gar nicht!«

Alles vergebens. Kleinlich und unnachgiebig wie Mütter manchmal sein können, bestand sie auf der Verwirklichung ihres absurden Gedankens.

»Quassel hier nicht von irgendwelchen Pferden und schwing dich in die Schule! Außerdem, wenn du mir mit altklugen Weisheiten kommen willst, da hab ich auch noch ’n paar passende auf Lager. Wie wär’s denn mit: Lügen haben kurze Beine, oder: Jeder ist seines Glückes Schmied, oder: Lehrjahre sind keine Herrenjahre, oder …«

Ich beschloss, mir ihren weiteren Sermon mittels eines beschleunigten Abgangs zu ersparen, und machte mich auf den schweren Weg. Der Gang nach Canossa muss ein Osterspaziergang dagegen gewesen sein.

Als mein Vater dann mittags zum Essen nach Hause kam, hatte meine Mutter genug Zeit gehabt, um über die Konsequenzen ihrer Maßnahme nachzudenken, die mich so bloßstellte. In wilden Phantasien hatte sich die Arme ausgemalt, dass ich mich vor lauter Kummer und Verzweiflung in den guten alten Vater Rhein gestürzt oder gar in der Turnhalle unserer Schule aufgehängt haben könnte.

»Glaub mir, Hans, ich kenne den Jungen. Der war so merkwürdig, ja fast schon beunruhigend gefasst.«

Mein Vater, der mich besser zu kennen glaubte, wischte ihre Sorgen vom Mittagstisch: »Sentimentales Muttergeschwätz.«

»Doch, Hans, der Junge tut sich was an. So was fühlt eine Mutter!« bedrängte sie ihn, mir nachzugehen.

Weil er sich nun doch auch Sorgen machte und sowieso keinen Bissen mehr runterbekam, setzte sich mein Vater ins Auto und fuhr zu meiner Schule. Dort angekommen, sah er, wie ich gerade mit den anderen Kindern den Schulhof verließ und pfeifend nach Hause hüpfte. Und das in einer Art, die meinen Vater immer wieder dazu veranlasst, aufzustehen und seine blumige Erzählung in einem pantomimischen Beitrag enden zu lassen: Ich hatte das rechte Bein auf dem Bürgersteig und das linke auf der Straße. So hüpfte ich mit weit ausholenden Armbewegungen pfeifend nach Hause.

Ich muss zugeben, dass das Bild in einem krassen Gegensatz zu dem stand, auf das meine Mutter ihn vorbereitet hatte.

Aber auch meine Mutter hat ihre Lieblingsgeschichte über meine Schulzeit. Sie ist zwar weniger amüsant, dafür um so ungewöhnlicher: Nachdem ich die Volksschule noch einigermaßen problemlos geschafft hatte, brauchte ich für die Einschulung ins Gymnasium gleich mehrere Anläufe. Der erste Versuch scheiterte schon an der Aufnahmeprüfung. Beim zweiten Gymnasium zog man zumindest in Betracht, mir eine Probezeit zu gewähren. Es handelte sich um acht Wochen, wenn man so will: Bedenkzeit, während deren die Lehrer feststellen wollten, ob sie es mit mir aushielten. Lange vor Ablauf dieser Frist stellte ich jedoch fest, dass die Lehrer *mir* nicht passten.

Ich zog die Konsequenzen und meldete mich von der Schule ab, indem ich meinem Klassenlehrer erzählte, dass meine Eltern beschlossen hätten, mich von ihrem Institut zu nehmen. Der war von der Idee spontan begeistert und gab mir ein Formular mit, welches meine Eltern nur noch zu unterschreiben brauchten. Das war weiter kein Problem, die Unterschrift meines Vaters beherrschte ich schon in jungen Jahren. Schließlich hatten schlechte Klassenarbeiten noch einen unangenehmen Nebeneffekt: Sie mussten von einem Elternteil unterschrieben werden. Um lästigen Diskussionen aus dem Weg zu gehen, unterschrieb ich sie lieber selbst. Da auf dem Abmeldungsformular der Schule die Signatur beider Elternteile verlangt wurde, musste ich bei der Unterschrift meiner Mutter improvisieren, was mir aber als phantasievoller junger Mann nicht schwerfiel. Ich glaube, meine Mutter mag diese Geschichte besonders, weil sie mein Improvisationstalent verdeutlicht und sie außerdem zu der Erkenntnis kommen ließ, dass ich durchaus in der Lage und auch willens war, Initiative zu ergreifen. Wenn auch nicht immer in der von ihr ersehnten Richtung.

*

Am Swimming-pool des Hauses in Köln-Hahnwald (1969)

Der florierende Betrieb meines Vaters erlaubte es ihm, sich ein schönes Grundstück im Kölner Villenvorort Hahnwald zu kaufen, auf dem er ein für damalige Verhältnisse prächtiges, modernes, ja fast schon futuristisch wirkendes Haus baute. Mit Swimmingpool im riesigen Garten und Solarheizzellen auf dem Dach. Das dürften so ziemlich die ersten in Deutschland gewesen sein. Etwa um diese Zeit kam meine Schwester, die auch keine Leuchte in der Schule war, in ein Internat, während ich mit meinen Eltern, einer Haushälterin und unserem damaligen Hund »Tommy«, einem Labrador, in dem riesigen Haus lebte.

In Hahnwald gab es natürlich auch eine Menge Kinder, mit denen zu spielen mir aber wenig Freude bereitete. Sie interessierten sich mehr fürs Golfen als für Fußball, und statt der Mannschaftsaufstellung meines geliebten 1. FC Köln kannten sie die Maße ihrer heimischen Fernsehgeräte und die Wattzahl der Stereoanlage von Papi. So wurde der Sohn des Angestellten unseres Nachbarn mein bester beziehungsweise einziger Freund.

Sein Vater, ein Bär von einem Mann, war bei unseren Nachbarn gleichzeitig als Chauffeur und Gärtner tätig, und fast jeden Abend nach Dienstschluss spielte er mit uns. Er wohnte mit seiner Familie neben dem »Herrenhaus« in einer Art Anliegerwohnung, in der wir Kinder immer Verstecken spielten. Der Koloss begann uns dann zu suchen und grunzte dabei wie ein riesiger Grizzly. Sobald er uns gefunden hatte, hämmerte er sich wie King Kong auf die Brust und machte Anstalten, uns mit Haut und Haaren zu verspeisen. Schreiend suchten wir das Weite. Wenn er uns gefangen hatte, wirbelte er uns durch die Luft, so dass wir nicht mehr wussten, wo oben und unten ist. Dass dieser Riese vor irgend etwas Furcht haben könnte, hätte ich nie gedacht.

Eines Tages schien mein Vater den nachbarlichen Gärtner beobachtet zu haben, wie er den herrschaftlichen Garten mit einem für damalige Verhältnisse supermodernen Benzinrasenmäher mit Sitzfläche mähte, auf den mein Vater seit längerem schon ein Auge geworfen hatte. Meine guten Beziehungen zu der Familie nutzend, bat mich mein alter Herr, ein Treffen mit dem Vater meines Freundes zu arrangieren, um ihn zu bitten, unseren Garten einmal mit diesem ultramodernen Teil zu durchforsten. Mein väterlicher Freund ließ sich nicht zweimal bitten und schoss mit dem Gefährt vor den Augen meiner staunenden Familie durch unseren Garten. Danach verabschiedete er sich artig und verschwand, nachdem mein Vater ihm noch zwanzig Mark in die Hand gedrückt hatte, genauso schnell, wie er gekommen war.

Bei mir kleinem Knirps hatte das damals einen bleibenden Eindruck hinterlassen. Ich war fassungslos. Wie konnte sich dieser starke, kräftige Mann, mit dem wir so viel Spaß hatten, der mir aber auch stets ein bisschen wohlige Angst einjagte, so verändern? Außerhalb seiner eigenen vier Wände, in denen er der unumschränkte Herrscher war, hatte er sich durch die bloße Anwesenheit meines Vaters in einen duckmäuserischen Lakaien verwandelt. Dabei hatte mein Vater seine eigene Position keineswegs herausgekehrt oder ihn geringschätzig oder gar autoritär behandelt. Er hatte damals schon über hundert Angestellte, die meisten von ihnen einfache, ehrliche, nette Leute, und war gewohnt, mit ihnen auf einfache und ehrliche Weise zu kommunizieren. Es gibt eine alte Bühnenweisheit: Dass du der König bist, können nur die anderen spielen, nie du selber. Es nützt dir gar nichts, wenn du in den tollsten Gewändern einherschreitest und Befehle erteilst. Wenn deine Mitspieler dich nicht beachten, in der Nase bohren und deine Befehle ignorieren, erscheinst du wie ein Jammerlappen. Wenn sie sich aber vor dir auf die Knie werfen und dir die Füße küssen, kannst du machen, was du willst, selbst in der Nase bohren, und wirst doch immer wie ein König, wenn auch wie ein ungezogener, wirken.

Anders als man es bei einem Kind vielleicht vermuten würde, machte mich die Präsenz und Bedeutung meines Vaters nicht stolz, sondern ich hatte Mitleid mit dem anderen. Dass er sich so klein machen musste, noch dazu vor meinen Augen, machte mich traurig. Das Allerschlimmste aber war, dass er von Stund an für mich wenn auch nicht an Achtung, so doch seine Kraft und Gefährlichkeit verloren hatte. Er hatte einfach kein Geheimnis mehr.

3
Zucht und Ordnung

Nachdem ich einige Gymnasien mehr oder weniger freiwillig hatte verlassen müssen (oder dürfen), entschlossen sich meine leidgeprüften Eltern für die Internatsvariante. Während meine Mutter mich nur schweren Herzens hergeben mochte, war mein Vater nach wie vor fest entschlossen, einen anständigen Menschen aus mir zu machen. Die Voraussetzung dafür war, zumindest in seinen Augen, eine abgeschlossene Schulausbildung, die einem die Möglichkeit eines anschließenden Studiums offenhielt. Da ich nicht nur ein fauler, sondern auch ein ziemlich wilder Schüler war, dem es an physischen Konfrontationen mit seinen Mitschülern nicht mangelte, wurde nicht lange gefackelt: Ein strenges Internat musste her, mit Lehrern, die ebenso »kurz fackelten«.

Nach eingehender Durchsicht der branchenüblichen Prospekte entschied man sich für das Landeserziehungsheim Neubeuern, kurz L.E.H. genannt. Neubeuern ist ein Dörfchen bei Rosenheim, welches in der Nähe von München, also in Bayern liegt. Mein Vater verabschiedete mich mit den Worten: »Die Bayern, das sind die mit den Seppelhosen. Alles Naturburschen und starke Jungs, die werden dir dein Mütchen schon kühlen.«

Auch wenn Neubeuern ein wunderschöner kleiner Ort ist und das L.E.H., das hauptsächlich aus einer alten Burg besteht, in einer traumhaften Umgebung liegt, war die erste Zeit für mich dort keine schöne. Ich vermisste meine Eltern, meine Schwester, unseren Hund, meine Schulkameraden und meine wenn auch nur wenigen Freunde. Von nun an wurden Brötchen zu Semmeln und Rotkohl zu Blaukraut. Man wünschte sich keinen guten Tag mehr, sondern grüßte an allen Ecken und Enden Gott. Und während der Rheinländer feinsinnig zwischen »hallo« und »tschüs« unterscheidet, genügt dem Bayern ein plattes »servus« als Allzweckwaffe.

Obwohl ich nach dem eher isolierten Dasein in Hahnwald nun endlich unter einer Menge Gleichaltriger lebte, fiel es mir schwer, mich richtig zu integrieren. Die düsteren Prognosen meines Vaters im Ohr, fühlte ich mich schon in die Enge getrieben, bevor ich auch nur einen Fuß auf das Internatsgelände gesetzt hatte. Wie ein kleiner, aber um so wilderer Stier versuchte ich ein imaginäres Territorium zu verteidigen. Mit meinen Zimmer- und Klassenkameraden stritt und prügelte ich mich wegen jeder Kleinigkeit, was den Verfasser der alljährlich erstellten Charakteranalyse zu dem Satz veranlasste: »Heiner ist bei seinen Mitschülern mehr gefürchtet als beliebt.« Auch meine Lehrer hatten keine Freude an mir. Ich war ausgesprochen vorlaut, wollte immer den Anführer markieren und hatte schulisch nichts auf der Pfanne. Schon bald hatte ich den Spitznamen »der rheinische Rebell« weg.

Das einzige Unterrichtsfach, das mir schon immer Spaß gemacht hatte, war Sport, und über diese Schiene fand ich allmählich auch die Akzeptanz meiner Mitschüler. Ja mehr noch: hier entwickelte ich echte Anführerqualitäten, denn einen guten Mittelstürmer zu verbannen konnte sich keine Klasse leisten. Später kam dann noch der Unterricht im Theaterspielen hinzu, bei dem ich immer wieder glänzen konnte. In meiner Charakteranalyse hieß es dazu: »Heiner hat eine fast schon beängstigende Begabung für das Laienspiel.«

Ich weiß bis heute nicht, wer das geschrieben hat, aber wer immer es war, ich würde ihm eine beängstigende Begabung für Charakteranalysen attestieren. Wenn es überhaupt einen Menschen auf der Welt gibt, der seine Meinung, dass Begabungen beängstigend sein können, teilt, dann ist das wohl mein Vater. Zumindest, was Begabungen im kulturellen Bereich betrifft. Er würde es zwar nie so sagen, aber im tiefsten Inneren ist mein Vater – selbst alles andere als von der Muse geküsst – der Meinung, dass alles, was mit der ausführenden Kunst zu tun hat, in weibliche Hand gehört. In gewisser Weise kann ich seine Meinung nachvollziehen. Auch den Beruf des Schauspielers empfinde ich nicht als besonders männlich, und

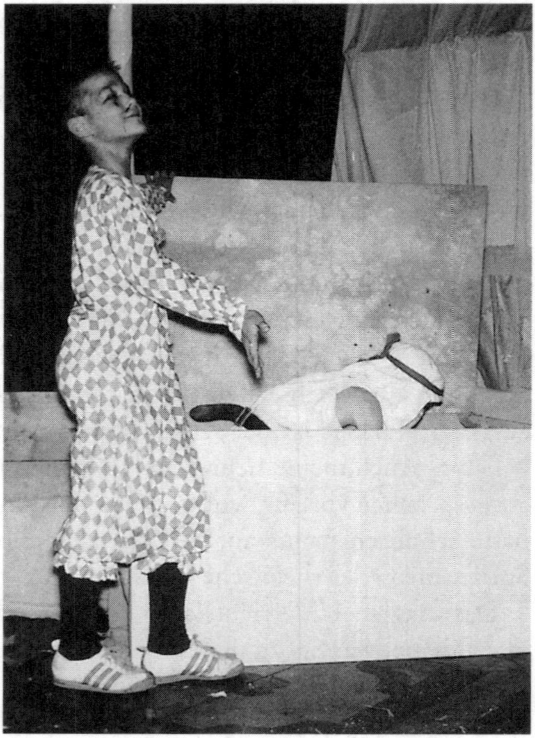

Die Geburtsstunde eines Schauspielers

Ballettanzen beispielsweise sollten wirklich nur Frauen. Ich bin nun mal der Sohn meines Vaters.

Meine Mutter hat zu dem Thema immer gesagt: »Heinchen« – jawohl, ich oute mich: Sie hat mich tatsächlich oft »Heinchen« genannt –, »Heinchen«, hat sie gesagt, »ein Mann verbringt soviel Zeit mit seiner Arbeit – das Wichtigste ist, dass er sie mit Freude und Leidenschaft macht.« Auch das ist für mich bestens nachzuvollziehen. Na ja, schließlich bin ich auch der Sohn meiner Mutter.

Insofern wurde mir beim zweiten Sommerfest im L.E.H. eine in den Augen meines Vaters eher fragwürdige Ehre zuteil. Das Sommerfest war eine große Party zum Abschluss des Schuljahres, an der die Lehrer und alle Schüler sowie deren Eltern teilnahmen. Dieses Fest endete stets damit, dass einige Schüler, die es während des Schuljahres zu besonderen Leistungen in bestimmten Fächern oder Gebieten gebracht hatten, mit einem Preis geehrt wurden. Als

Theater-aufführungen in Neubeuern (1964)

unser Schuldirektor, Dr. Hellmuth Trüper, die Preisverleihung ankündigte, meinte mein Vater lakonisch: »Dann können wir ja schon mal gehen, mein Junge.« Ausnahmsweise konnte und wollte ich ihm hier nicht widersprechen, denn nach meinen Leistungen des vergangenen Jahres war mit allem zu rechnen, nur nicht mit einem Preis. Also nahm ich seine große Hand und dackelte mit ihm Richtung Ausgang. Doch auf halbem Weg war plötzlich mein Name zu hören.

Ich konnte meinen Vater, der zuerst an eine Verwechslung oder Schlimmeres dachte, nur schwer überreden umzukehren und der Sache auf den Grund zu gehen. Schließlich riss ich mich los und stürmte, schon gänzlich dem Entertainment verfallen, auf die Bühne. Denn Verwechslung oder nicht: Die Gelegenheit, sich einer solchen Masse präsentieren zu können, gab es nicht oft, und man musste sie nutzen. Schließlich hatte ich eine Menge zu sagen.

Tatsächlich hatte ich einen Preis gewonnen. Und zwar für »herausragende Leistungen im Laienspiel«. Wie es üblich war, durfte sich der Preisträger mit ein paar Worten bedanken. Ich nutzte diese Gelegenheit, indem ich dem erstaunten Auditorium ausführlich von meinen beruflichen Zukunftsplänen erzählte.

Vielleicht nicht zuletzt wegen meiner ausschweifenden Dankesreden sollte das der einzige Preis bleiben, den ich jemals auf irgendeiner Schule bekam.

*

Es gab nur einen einzigen Lehrer in dem ganzen Institut, mit dem ich mich verstand, und das war der Herr Goldberg. Als Leiter der Mittelstufe war er für mich als »Unterstüfler« eigentlich noch gar nicht zuständig, aber er war der Verantwortliche in Sachen Theater. Er war ein wunderbarer Mann und Lehrer, und ich habe ihm viel zu verdanken. Wie ich vom Theater und der Schauspielerei besessen, fand er in mir den idealen Protagonisten für seine großenteils selbstverfassten Theaterstücke. Für meine jungen Jahre verfügte ich tatsächlich über ein außergewöhnliches Talent und jede Menge Spielfreude. Wenn man dem einen oder anderen Kritiker glauben will, muss beides wohl bei irgendeiner Gelegenheit auf der Strecke geblieben sein.

Ich habe mich oft gefragt, wie mein berufliches Leben ohne Wieland Goldberg wohl verlaufen wäre. Wir sind uns später noch ein paarmal begegnet. Eines Tages stand ich am Kölner Hauptbahnhof für eine Folge der Krimiserie *Eurocops* vor der Kamera, als mir ein älterer Herr auf die Schulter klopfte: »Heiner, Mensch, das ist ja eine schöne Überraschung!«

Ich drehte mich um. »Herr Goldberg, was machen Sie denn hier?« fragte ich ganz selbstverständlich. Immerhin waren seit dem Sommerfest im L.E.H. fast dreißig Jahre vergangen, aber er hatte sich gar nicht verändert. Sein warmes Lächeln und der feste Händedruck versetzten mich gleich wieder in alte Zeiten. Da er, wie er behauptete, alle meine Filme gesehen und auch das eine oder andere in der Presse gelesen hatte – darunter auch manches, was »unser

Heiner ja wohl nicht so angestellt haben konnte« –, hatte er mich hier im Hauptbahnhof sofort erkannt. Wir tauschten unsere Telefonnummern aus und verabredeten ein Treffen in Neubeuern, bei dem er mir sein neuestes Theaterstück beziehungsweise die Generalprobe dazu vorführen wollte. Bei diesem Besuch konnte ich sogar noch mit ein paar Scheinwerfern meiner Filmcrew aushelfen, die seine liebevolle Inszenierung ins optimale Licht setzen sollten.

Das Stück bestand aus etwa fünfzehn weiblichen und männlichen Rollen, die allesamt von den zukünftigen Abiturientinnen gemimt wurden. Selbstverständlich wäre ich auch ohne Kenntnis dieser dramaturgischen Raffinesse zu der Generalprobe erschienen. Aber ich gestehe, dass mich die Vorstellung, fünfzehn weibliche Teenies auf der Bühne herumhüpfen zu sehen, in wohlige Vorfreude versetzt hatte.

Doch zunächst sollte mir dieses Vergnügen verwehrt bleiben. Die jungen Damen hatten davon Wind bekommen, dass ich im Zuschauerraum saß, und nun wollte keine von ihnen die Bühne betreten. Sie waren zu aufgeregt. Oder sie genierten sich. Ich kann es nicht sagen. Gefühle junger Mädchen sind nicht nur schwer zu verstehen, sie sind auch schwer zu beschreiben.

Es bedurfte erst erheblicher mentaler Aufbauarbeit ihres Regisseurs, bevor sich die erste Akteurin überreden ließ, ihren Prolog zu halten, und nach und nach trudelte das ganze blutjunge, herrliche Ensemble auf der Bühne ein und spielte sich die Seele aus dem unschuldigen Leib. Ob sie nun meine leuchtenden Augen gesehen und meine vor Verzückung feuchten Hände erahnt hatten, bleibt dahingestellt, jedenfalls agierten sie sich in einen wahren Rausch, der diesen Nachmittag zu einem der schönsten Theatererlebnisse meines Lebens werden ließ. Angesichts der Spielpläne deutscher Schauspielhäuser und meiner infolgedessen raren Theaterbesuche wäre dazu eigentlich keine allzu große Leistung erforderlich gewesen. Doch ich will die Performance dieser teilweise sehr begabten, in jedem Fall aber äußerst enthusiastischen jungen Damen und die Inszenierung keinesfalls schmälern. Es war wirklich eindrucksvoll und ließ mich richtig melancholisch werden.

Ich erinnerte mich an die wunderbare Zeit meiner ersten eigenen

Auftritte. Das Lampenfieber, das einen in Besitz nahm. Das Pulsieren des ganzen Körpers, von den Zehenspitzen bis in die letzten Haarwurzeln, die damals noch zahlreicher vorhanden waren. Ich spürte wieder dieses Gefühl, das ich hatte, bevor sich das erste Mal auf einer Bühne ein Vorhang vor mir öffnete. Damals dachte ich: Wenn ich noch die Kraft hätte, aus diesem Saal zu verschwinden, würde ich es tun. Ganz bestimmt. Aber ich kann gar nicht weg, weil ich sowieso gleich ohnmächtig werde.

Das Bühnenlicht geht aus. Dann merkt man, dass auf einmal alles um einen herum still wird, und hält es für die Vorstufe der drohenden Ohnmacht. Dabei ist nur das Licht im Zuschauerraum heruntergefahren worden, und das Publikum konzentriert sich auf die bevorstehende Aufführung. Der Vorhang öffnet sich, und man glaubt die Erwartung förmlich zu spüren, die sich im Publikum breitgemacht hat. Mit einem kaum wahrnehmbaren Surren fahren die grellen Scheinwerfer hoch und lassen die Zuschauer im schwarzen, anonymen Dunkel verschwinden. Man könnte eine Stecknadel fallen hören. Verflucht, ich habe auch noch den ersten Satz! Mein Mund zittert, aber kaum habe ich ihn geöffnet, fließt wie selbstverständlich Wort um Wort des mühsam gelernten und wochenlang einstudierten Textes heraus. Auch Mimik und Körpersprache klappen ganz gut. Auf einmal Reaktion im Publikum: Der erste Zuschauer lacht. Ich könnte von der Bühne springen, mich auf seinen Schoß setzen und ihn abküssen, so groß sind meine Freude und Erleichterung!

Jetzt geht es wie von selbst. Man steigert sich in seine Rolle regelrecht hinein, nimmt die Höhen und Tiefen seiner Figur so locker und elegant wie ein durchtrainiertes Springpferd seinen Parcours, bis man voll dankbarer Erschöpfung den verdienten Applaus entgegennimmt.

Ich erinnere mich wirklich gerne an meine ersten Theateraufführungen. Sie haben mich das Blut lecken lassen, von dessen Geschmack ich nicht mehr loskommen und der mich süchtig machen sollte. Seit meiner ersten Premiere im L.E.H. stand für mich fest, dass ich Schauspieler werden wollte. Und zwar Theaterschauspieler. Ich habe als Kind nie davon geträumt, ein Filmstar zu werden.

Ich wollte immer nur spielen, spielen, spielen. Und zwar auf der Bühne.

*

Mein Vater hatte Gott sei Dank davon abgesehen, mich auf ein reines Jungeninternat zu schicken. Er war zwar streng, aber kein Unmensch. An meine erste Fast-Freundin kann ich mich noch genau erinnern (»fast« ist hier im Sinn von »beinahe« zu verstehen und nicht etwa mit dem englischen Wort für »schnell« zu verwechseln). Sie hieß Monika Braun und war unglücklicherweise die Tochter unseres Mathematiklehrers, der gleichzeitig Leiter der Oberstufe war. Und da ich, wie bereits angedeutet, für alle Lehrer ein rotes Tuch war, übte er, was mich betraf, schon geradezu zwangsläufig einen denkbar schlechten Einfluss auf sie aus. Außerdem hatte sie durch ihren Vater die besten Kontakte zu den Jungen von der Oberstufe, die er leitete, und die fand sie letztendlich wohl prickelnder.

Trotzdem brachte ich es, zumindest zeitweise, zu einer Art Tandemfreundschaft. Das heißt: Ich durfte mit ihr »gehen«, aber nur im Verbund mit ihrer Freundin, einer externen jungen Dame, die ganz und gar nicht meinen Vorstellungen entsprach. Sie war riesengroß, hatte eine dicke Brille und sprach ein Bayrisch, dem ich nicht gewachsen war. Aber sie war die beste Freundin meiner Angebeteten, und diese wollte sie »unter die Haube bringen«. Ein »Package Deal« also, auf den sich die abgebrühteren Jungen von der Oberstufe nicht eingelassen hätten, zumal Monika wohl auch noch ein bisschen jung für sie gewesen wäre.

So war ich also eine Zeitlang der Ausgehpartner von der Schönen und dem Biest. Die Schöne hatte ich an der Hand und das Biest am Hals. Viel mehr als Spazierengehen und Händchenhalten war natürlich nicht drin mit unseren elf Jahren. Leider. Monika war wirklich ein Traummädchen. Eine Göttin des Schulhofs sozusagen.

Dreißig Jahre später habe ich sie noch mal am Telefon gesprochen. Ich besuchte gerade meinen Freund Werner Fleischmann, mit dem ich im L.E.H. auf einem Zimmer geschlafen hatte. Werner, der

Fuchs, hatte irgendwie ihre Nummer ausfindig gemacht. Als ich anrief, konnte sie sich sogar noch an mich erinnern. Zumindest tat sie so. Aber aus dem Gespräch war herauszuhören, dass ich keineswegs der Gott *ihres* Schulhofs gewesen bin. Oder sie mochte keine Schauspieler. Oder beides. Auf jeden Fall werde ich sie so in Erinnerung behalten, wie ich sie mein halbes Leben vor Augen hatte: als Königin des Klassenzimmers, als Elfe der Turnhalle, als …

Vielleicht war es ja auch eine völlig andere Monika Braun, mit der ich da am Telefon gesprochen hatte. Mein Freund Werner ist für seine schlampigen Recherchen bekannt.

*

Der ganze Internatskomplex lag auf einer Anhöhe, um die sich eine riesige Waldfläche zog. Durch diesen Park schlängelte sich eine Schlucht, die an ihrer höchsten Stelle wohl um die fünfzig Meter maß, die sogenannte Wolfsschlucht. Für uns war das der ideale Tummelplatz für verwegene Abenteuerspiele. Hier wurden Zweikämpfe ausgetragen, hier fanden Mutproben und dergleichen statt.

Zu den am meisten gefürchteten Dingen, die es zu tun galt, um seine Verwegenheit unter Beweis zu stellen, gehörte das Durchschreiten dieser Schlucht zu mitternächtlicher Stunde. Nicht nur, dass es gruselig war, ganz alleine durch dieses rabenschwarze Nadelöhr zu schleichen, man musste den Ort des Schreckens überhaupt erst mal unbeschadet erreichen, und dazu waren einige Hürden zu nehmen. Zunächst galt es, bis null Uhr wach zu bleiben. Na gut, die Zeit konnte man noch einigermaßen totschlagen. Mit Kissenschlachten und anderem Blödsinn. Aber dann wurde es schon gefährlicher: Man musste sich heimlich anziehen, sein Zimmer über den Balkon verlassen und unbemerkt an dem Apartment des Erziehers vorbeischleichen, der möglicherweise noch fernsah oder ein Buch las und einen jederzeit entdecken konnte.

Hatte man diese weltlichen Hindernisse genommen, stand man nach einem kurzen Weg durch den Wald vor der Schlucht. Spätestens hier wünschte sich der eine oder andere, er wäre vorher erwischt worden. Aber jetzt gab es natürlich kein Zurück mehr, wenn man nicht sein Gesicht verlieren wollte. Gut positionierte Wachposten sorgten dafür, dass niemand auf dumme Gedanken kam.

In solchen Momenten schießen einem die merkwürdigsten Dinge durch den Kopf. Ich wusste, dass es hier keine Bären gab, aber bei meiner ersten Durchquerung fragte ich mich etwa auf halber Strecke: Warum heißt der Ort eigentlich »Wolfsschlucht«? Bei Bären, hatte ich mal gehört, wäre es gut zu pfeifen, um sie zu verjagen. Das berühmte Pfeifen im Wald. Aber ob das bei Wölfen auch half? Vielleicht lockte man sie damit gerade erst an. Ich hätte in der Schule doch besser aufpassen sollen. (Auf was für absurde Gedanken man bei so was kommt!)

Doch ob nun Wölfe oder nicht, die kurze Strecke durch das Tal des Grauens hatte es in sich. Der von Karl May beschriebene Weg durch das wilde Kurdistan kam mir dagegen wie ein Sonntagsspaziergang mit meiner Oma vor. Aber einigen von uns bescherte das nächtliche Verlassen unserer strengen Behausung so ein wohliges Kribbeln in der Magengegend, dass sie nicht mehr darauf verzichten wollten, und so wurden die Ausflüge zur Geisterstunde für den harten Kern der Unterstufe zur lieben Gewohnheit. Ich weiß nicht, was passiert wäre, wenn man uns dabei erwischt hätte. Vermutlich wären wir alle von der Schule geflogen. Vielleicht aber auch nur ich, weil mein Strafregister bereits rappelvoll war.

Der Strafenkatalog im L.E.H. hätte es mit jeder englischen Eliteschule aufnehmen können. Schon für geringe Verstöße musste man an Wochenenden ellenlange Gedichte auswendig lernen, während die anderen in der Wolfsschlucht spielten – was blieb mir da anderes übrig, als die Wolfsschlucht nachts aufzusuchen, da ich sie in meiner Freizeit ja kaum zu Gesicht bekam?

Da ich stets die Top ten der Strafträter anführte, wurde ich entsprechend schnell mit dem deutschen Kulturgut vertraut. Als der Lehrerschaft dann irgendwann die Gedichte ausgingen, ließen sie mich einfach wahllos ausgesuchte Zeitungsartikel auswendig lernen. Dummerweise aber nicht aus dem Sportbereich, sondern vorzugsweise aus dem Wirtschaftsteil, in dem ich jedes zweite Wort nicht kannte. Immerhin entwickelte ich so eine gewisse Routine im

Auswendiglernen, die mir in meinem Beruf heute noch von Nutzen ist.

Auch vor körperlichen Züchtigungen machten sie nicht halt. An allen Ecken und Enden gab es spontane Backpfeifen, und für schwerwiegendere Dinge wurde man ganz schön massiv mit dem Kleiderbügel vermöbelt. Und wenn ein Erzieher mal ein Auge zudrückte, dann in der Regel, um besser zielen zu können.

Wer nachts nicht schlafen wollte und wiederholt irgendwelche Sperenzchen aufführte, musste in den Kofferraum. Das war ein kleines Zimmer, in dem die Gepäckstücke der auf diesem Flur schlafenden Schüler aufbewahrt wurden. Dort konnte der Betreffende dann ein paar Stunden oder auch den Rest der Nacht verbringen und über die Ungerechtigkeit des Lebens nachdenken. Oder sich, wie ich es häufig tat, ungestört den Kummer von der Seele weinen, ohne dafür von seinen Kameraden verspottet zu werden.

Die Ansicht einiger Erwachsener, Kinder hätten es so schön, weil sie noch keine Sorgen kennen, fand ich schon damals ziemlich dämlich. Die Sorgen der Kinder sind nur anderer Natur, aber dadurch keineswegs geringer.

Sieht man von diesen Dingen einmal ab, habe ich auch sehr schöne Zeiten in Neubeuern verlebt. Nicht zuletzt wegen meiner ständigen Konflikte mit Lehrern und Erziehern stieg ich in der Achtung meiner Kameraden, und so wurde ich Schritt für Schritt einer der ihren, frei nach dem Motto: Wer ununterbrochen Ärger mit Lehrern hat, kann kein wirklich schlechter Mensch sein.

So kam bei mir fast ein bisschen Wehmut auf, als meine Eltern mich nach zwei Jahren wieder vom L.E.H. nahmen. Die erste Klasse des Gymnasiums hatte ich mit Müh und Not geschafft, aber für die Versetzung von der zweiten in die dritte hatte mich meine erbarmungslose Lehrerschaft nicht für tauglich genug befunden. Das veranlasste meinen Vater, diesem Laden die pädagogische Kompetenz abzusprechen und mich in ein anderes Internat zu stecken, das den Vorteil hatte, wesentlich näher an Köln, also in Reichweite meiner Eltern, zu liegen. Folgsam packte Klein-Heiner seine Siebensachen, entfernte die L.E.H.-Wäscheeinnäher und vertauschte sie mit »Haus Abendland«-Einnähern.

Das Haus Abendland war eines von etwa zehn Häusern, die allesamt zum »Pädagogium Otto Kühne«, kurz »Päda« genannt, gehörten. Dieses Internat befindet sich in Bad Godesberg bei Bonn, also wirklich nicht weit von Köln.

Da ich die zweite Klasse des Gymnasiums wiederholen musste und weil in Nordrhein-Westfalen die Versetzungen zu einem anderen Zeitpunkt stattfanden als in Bayern, musste ich mich in der neuen Schule am Ende des ersten Jahres wieder »einfädeln«. Anstatt in die dritte Klasse zu kommen, landete ich wieder in der ersten. Wie andere hochbegabte Schüler auch, übersprang ich also eine Klasse. Nur leider in die verkehrte Richtung. Es war wie mit der Leiter, die ungeschickte Menschen eine Sprosse emporklimmen, um dann zwei wieder herabzusteigen.

Dass ich nun als fast dreizehnjähriger, pubertierender Jüngling zwischen lauter Zehnjährigen saß, die zu Hause noch mit der Eisenbahn spielten, machte meinen Einstieg ins Päda auch nicht gerade leichter. Während ich schon einen wachsenden Drang zum anderen Geschlecht verspürte und gerade von Filter auf filterlose Zigaretten umstieg, glaubte eine Vielzahl meiner Mitschüler noch an den Weihnachtsmann und war erst kurze Zeit vorher vom Dreirad aufs Fahrrad umgestiegen. Wenn ich so weitermachte – das hatte ich in einer Unterrichtsstunde, die mich wieder mal nicht näher interessierte, ausgerechnet –, würde ich mit siebenunddreißig Jahren das Abitur machen. Bei ähnlicher Dynamik während des Studiums war damit zu rechnen, dass ich unmittelbar nach dem Staatsexamen in Rente gehen konnte, was nicht gerade als ökonomisch zu bezeichnen ist und aus volkswirtschaftlicher Sicht keinesfalls vorbildlichen Charakter hat.

Auch dass ich jetzt mit Abstand der Größte in der Klasse war, hatte nicht nur Vorteile. Beim Fußball zum Beispiel enthob man mich des begehrten und bei den Mädchen so beliebten Mittelstürmeramts und stellte mich ins Tor, in dem ich mit meiner Länge größeren Schaden abwenden sollte.

Apropos Mädchen: auch damit war im Päda Schluss. Mein Vater war zwar streng geblieben, doch gleichzeitig auf dem besten Wege, auf seine älteren Tage doch noch zum Unmenschen zu mutieren.

Beim zweiten Anlauf hatte er es wohl für sinnvoller gehalten, mich in eine Institution ohne jegliche Ablenkung zu stecken. Und das zu einem Zeitpunkt, zu dem ich nicht nur Interesse am anderen Geschlecht entwickelte, sondern durchaus auch eine gewisse Fertigkeit im Umgang mit der holden Weiblichkeit. Es lief also, das kann man ohne Übertreibung sagen, alles recht antizyklisch in jenen Tagen.

Wegen der doppelten Rückversetzung waren meine schulischen Leistungen zum ersten Mal in meiner Pennälerkarriere durchschnittlich, was für mich schon ein riesiger Erfolg war. Durch die erste Klasse des Gymnasiums flutschte ich nur so durch. Die zweite, die es ja eigentlich zu wiederholen galt, nahm ich – sozusagen mit Anlauf – mehr oder weniger mit links, wogegen ich dann für die dritte, die sogenannte Quarta, wieder beide Hände brauchte. Aber schon allein die Tatsache, dass ich die Versetzung in die Untertertia, also in die vierte Klasse des Gymnasiums, schaffte, ließ meine Eltern gefährlich leichtsinnig werden. Im festen Glauben an meine schulische Läuterung gab mein Vater dem Drängen meiner Mutter nach, nahm mich vom Internat und steckte mich auf ein Kölner Gymnasium, das noch bereit gewesen war, mich aufzunehmen.

Meine Mutter, die von Anfang an von der Internatsidee wenig begeistert war, hatte also ihren eigenen kleinen Wiedervereinigungsplan – ähnlich wie Helmut Kohl viele Jahre später – vorbereitet, in die Wege geleitet und letzten Endes durchgesetzt. Wie von einem kaum spürbaren, aber um so effizienter arbeitenden mütterlichen Magneten angezogen, fand ich mich auf einmal aus den bayerischen Bergen kommend in der niederrheinischen Tiefebene und an den Ufern meines geliebten Vater Rhein wieder. Und im Schoße meiner inzwischen wieder ledigen Mutter, denn meine Eltern hatten sich zwischenzeitlich getrennt.

Obwohl ich nicht gerade damit gerechnet hatte, war ich nicht wirklich überrascht über diesen Schritt. Kinder haben ja für so etwas eine feine Antenne.

4
Zurück daheim

Ich nistete mich also erst mal wieder bei meiner Mutter ein, die zurück nach Köln-Lindenthal gezogen war, in das Haus, in dem ich aufgewachsen war und das ohnehin ihr gehörte, während mein Vater in der Villa in Hahnwald blieb. Hier in Köln besuchte ich das Hansa-Gymnasium. Ich war dreizehn Jahre alt, wechselte zum siebten Mal die Schule, und die Welt war in Ordnung.

Bis auf Latein. Vor die Entscheidung gestellt, welche zweite Fremdsprache ich nach Englisch nehmen wollte, hatte ich Latein vor dem Französischen den Vorzug gegeben. Da ich mit dem »lebendigen« Englisch bereits wenig gute Erfahrungen gemacht hatte, die sich in Form schlechter Noten niederschlugen, versuchte ich es zur Abwechslung mal mit einer »toten« Sprache. Die französische Sprache, so fand ich, passte sowieso viel besser zu Frauen. Außerdem hörte sich Latein irgendwie akademischer und somit wichtiger, zumindest interessanter an. Diese Einschätzung sollte sich als schwerer Fehler entpuppen.

Hatte ich mit Fächern wie Mathematik, Chemie, Physik und dergleichen schon meine liebe Müh, gab mir Latein schier unlösbare Rätsel auf. Mit den vier Fällen der deutschen Grammatik tat ich mich schon schwer genug. Nach dem Motto: Man gewöhnt sich an allem, sogar am Dativ. Und jetzt sollten auch noch zwei Fälle hinzukommen, nämlich der völlig sinnlose Vokativ und der noch sinnlosere Ablativ. Damals begriff ich zum ersten Mal, was Asterix mit dem Satz meint: »Die spinnen, die Römer.« Es ist mir heute noch ein Rätsel, was ein Volk, das sich vorwiegend mit Gladiatorenspielen und ähnlich simplen Dingen beschäftigte, mit so einer komplizierten Sprache wollte. Aber die Römer waren ja weltweit bekannt für ihre maßlosen Übertreibungen. Ihre Säulen waren zu hoch, die Straßen zu breit, die Theater zu groß, der Senat zu voll und ihr Reich zu mächtig. Das Ganze gipfelte in der größenwahnsinnigen, geographisch absurden Behauptung, dass alle Wege nach Rom führen.

Neben der Schule, die ich anfangs noch einigermaßen regelmäßig besuchte, spielte ich in der Jugendmannschaft des 1. FC Köln Fußball und nahm Judounterricht im »Nippon«, einer Schule für asiatische Kampfsportarten am Hansaring. Ansonsten wurde vor, während und nach der Schule Fußball gespielt. Ich hatte ein paar Freunde, die mit mir diese Leidenschaft teilten und die ich auch zu den Heimspielen des 1. FC Köln in die Südkurve begleitete. Ich lebte also das ganz normale Leben eines ganz normalen Vierzehnjährigen.

Bis sich Horst Beil neben mich setzte. Horst war der einzige Junge in unserer Klasse, der sich nicht für Fußball interessierte. Er war ein richtiger Bohemien, mit Schlag beim anderen Geschlecht. Groß, gutaussehend und vor allem pickelfrei. In mir sah er wohl den einzigen in der Klasse, der willens und auch imstande war, seine Interessen zu teilen. Und die bestanden in erster Linie aus Mädchen. Anders als ich hatte er sich, typisch Lebemann, für Französisch entschieden.

Ich habe im Laufe meines Lebens noch häufiger solche Typen getroffen. Es gibt viele Männer, bei denen sich alles nur um das eine Thema dreht. Alles, was sie machen, tun sie letzten Endes nur, um möglichst großen Erfolg bei den Frauen zu haben. Psychoanalytiker werden über meine These nur wissend lächeln. Schließlich wusste schon Sigmund Freud, dass die Triebfeder jeglicher Aktion der Sex ist.

Ich persönlich sehe das nicht so. Es wird Freud zwar wenig jucken, aber ich behaupte, dass ich sehr wohl Dinge in meinem Leben gemacht habe und sicher noch machen werde, die nicht vom Geschlechtstrieb gesteuert waren. Allerdings gab es auch einige Unternehmungen, die zweifelsfrei sexuell motiviert waren. Und dazu gehörte die Planung unseres Partykellers.

Horst war ähnlich pragmatisch veranlagt wie Willi, mein Freund

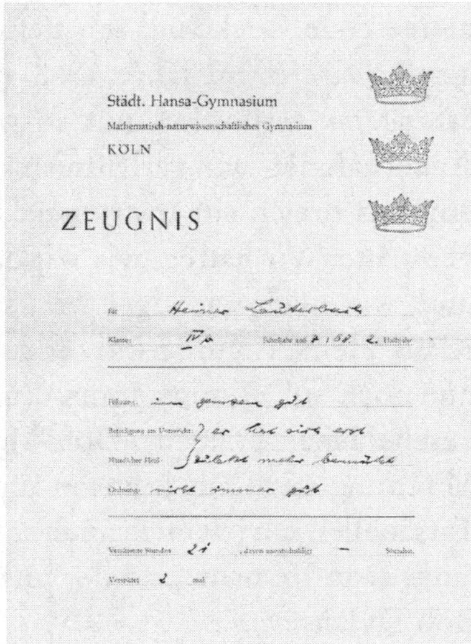

Städt. Hansa-Gymnasium

Mathematisch-naturwissenschaftliches Gymnasium

KÖLN

ZEUGNIS

für Heiner Lauterbach

Klasse: IV a Schuljahr 2. Halbjahr

Führung: im ganzen gut

Beteiligung am Unterricht: } er hat sich erst

Häuslicher Fleiß: } zuletzt mehr bemüht

Ordnung: nicht immer gut

Versäumte Stunden 21, davon unentschuldigt – Stunden.

Verspätet 2 mal

»Er hat sich erst zuletzt mehr bemüht« – ein schlaues Pferd springt eben nicht höher, als es muss

aus frühen Kindertagen. »Wo«, fragte er sich beziehungsweise uns, »lernt man am besten Mädchen kennen?«

Noch bevor ich antworten konnte, fuhr er fort: »Richtig, auf Partys.«

»Aber wir werden auf keine Partys eingeladen«, fasste ich unsere jüngsten Erfahrungen zusammen.

»Eben, deswegen müssen wir selber welche veranstalten.«

Ich sah ihn fragend an.

»Wir brauchen also einen Partykeller.«

Irgendwie schien mein Blick nicht klarer zu werden. Er setzte nach: »Deine Mutter hat doch einen Keller.«

»Ja schon, aber da ist unsere Heizung drin«, versuchte ich das Unheil abzuwenden.

»Um so besser, dann müssen die Mädchen wenigstens nicht frieren«, lachte Horst in seiner unnachahmlichen Art.

Mein Widerstand war gebrochen. Außerdem – wo er recht hatte, hatte er recht. Und da wir gerade so gut im Schwung waren, gründeten wir auch gleich eine Band. Denn, das wusste ja nun wirklich jeder Depp, von auf der Bühne herumhampelnden Rockmusikern fühlten sich die Mädels geradezu magisch angezogen. Also gründete ich mit Horst und unserem gemeinsamen Freund Klaus Henkel meine erste Rockband mit dem klangvollen Namen »The Strangers«. Dass es im Jahre 1968 von Bands mit dem Namen »The Strangers« vermutlich nur so wimmelte, störte uns dabei wenig. Auch nahmen wir verhältnismäßig gelassen in Kauf, dass keiner von uns dreien ein Instrument besaß, geschweige denn eines beherrschte. Wir hatten, wie wir damals fanden, einen tollen Namen und, was noch wichtiger war, schon unsere Künstlernamen. Aus Klaus Henkel wurde kurzerhand »Scott Henkelo«, Horst hörte nur noch auf »Jimmy Jones«, und ich gab mir den, wie ich fand, bescheidenen Namen »Don McDillon«. Heute würde man eine Mischung aus Don Johnson und Bob Dylan dahinter vermuten. Tatsächlich sah ich mich auch so: mit dem verführerischen Charme eines Don Johnson und der introvertiert genialischen Musikalität Bob Dylans.

Leider sahen das die Mädels anders. Überhaupt sollte es noch eine ganze Weile dauern, bis sie mir die gleiche Aufmerksamkeit zukommen ließen, die ich für sie entwickelte. Genaugenommen hatte ich meine erste »richtige« Freundin an meinem fünfzehnten Geburtstag. Soll heißen, an meinem fünfzehnten Geburtstag hatte ich meine erste Freundin *richtig.* Na ja, Sie wissen schon, was ich meine …

Sie hieß Irene. Ich hatte sie ein paar Wochen vorher kennengelernt und schenkte *ihr* praktisch *unsere* gemeinsame Entjungferung zu *meinem* Geburtstag. Bezeichnenderweise lief dabei der wunderbare Bee-Gees-Song »I started a joke«. Wir lagen auf meinem Bett in Hahnwald und fummelten, was das Zeug hielt. Ich war ein großer Fummler in jenen Tagen, vermutlich wie die meisten Jungs in meinem Alter. Was blieb uns auch anderes übrig? Aber an diesem 10. April des Jahres 1968 wollte es Irene wissen. Ich wollte es natürlich schon lange wissen, aber meine Mutter hatte mir schon früh beigebracht, dass man Frauen nicht zu sehr bedrängen darf. Wir fummelten also mit heftig glühenden Backen vor uns hin, bis uns die Leidenschaft übermannte. Irgendwie war es dann passiert und irgendwie doch nicht. Da wir natürlich noch nicht verhüteten, schlüpfte ich kurz vor meinem Orgasmus aus ihr raus. Das wiederum hatte ich von meinem Vater gelernt. Meine Eltern hatten bei meiner sexuellen Erziehung eine wohlgeordnete Arbeitsteilung.

Doch zurück zu unserem Partykeller. Mit viel Liebe zum Detail und nicht immer ganz legalen Mitteln verwandelten wir den tristen Kellerraum in ein Vergnügungseldorado. Ein genauer Beobachter hätte sicherlich festgestellt, dass die Bänke aus dem nahe gelegenen Stadtwald waren, während etliche Petroleumlampen bei den umliegenden Baustellen vermisst wurden. Aber Gott sei Dank war meine Mutter keine genaue Beobachterin. Außerdem wagte sie sich nur selten in unsere psychedelische Behausung.

Unsere Partys wurden zum echten Highlight in Lindenthal und Umgebung. Nicht zuletzt dank unserer gigantischen Lightshow, die jedoch leider manuell betrieben werden musste. So verbrachte »Scott Henkelo« die ganze liebe lange Partynacht hinter unserem Discopult und hackte wie ein Wilder auf den Knöpfen der Lichtorgel herum. Das war für einen zukünftigen Bassisten genau die richtige Beschäftigung, fanden Horst und ich. Die Bassisten in einer Band sind immer die Außenseiter. Sie fühlen sich in aller Regel benachteiligt, weil der Bass das Instrument ist, das bei oberflächlicher Wahrnehmung am wenigsten in Erscheinung tritt. Meistens nehmen sie auch einen nicht gerade bevorzugten Platz auf der Bühne ein, irgendwo hinten in einer Ecke, neben dem zentral positionierten Schlagzeug. Aus diesem Minderwertigkeitsgefühl heraus drehen sie ihren Bass immer zu weit auf. Es ist Ihnen vielleicht schon aufgefallen: Je schlechter die Band, desto lauter der Bass.

Eine passable Stereoanlage hatten wir auch und natürlich reichlich »Mucke«, also jede Menge Musik. Wenn auch nur, in Ermangelung eigener musikalischer Kreativität, Schallplatten von angesagten Bands, zum Beispiel »Yummy Yummy« von Ohio Express, »Eloise« von Barry Ryan und natürlich das legendäre »Sergeant Pepper«-Album der Beatles.

Ich wurde schnell in die Lindenthaler Clique aufgenommen, eine Anhäufung junger, wilder Gesellen. Leider nur Jungen. Die Mädchen in unserem Alter liefen entweder noch Rollschuh, oder sie suchten schon die Nähe der mehr Abenteuer versprechenden Innenstadt. Also blieb uns nichts anderes übrig, als unser Kampfgebiet ebenfalls in die Innenstadt zu verlagern. Präziser: zum Rudolfplatz und dem daneben gelegenen Zülpicher Platz.

Die Schule, die ich nur noch als ein Übel empfand, das mich in meiner jugendlichen Entfaltung störte, vernachlässigte ich mehr und mehr. Die Lateinnote hatte meinen Versetzungschancen den Rest gegeben, und da ich mittlerweile die Unterschrift meines Vaters perfektioniert hatte, war es für mich ein leichtes, mir die Entschuldigungen für die versäumten Unterrichtstage selber zu schreiben. Außerdem war ich mittlerweile fünfzehn, hatte ein Mofa und eine Freundin. Alles Interessen, die, wie ich fand, mit schulischen Anforderungen nicht unter einen Hut zu bringen waren.

Meine Freundin Irene, die ich über alles liebte, stammte aus sehr einfachen Verhältnissen. Bis heute habe ich mir einen Hang zu sogenannten einfachen Menschen bewahrt. Zum einen bin ich selber ein eher schlichtes Gemüt, also ganz und gar kein Intellektueller, und zum anderen habe ich immer wieder die Erfahrung gemacht, dass einfache Leute über ein größeres Maß an Aufrichtigkeit verfügen. Wobei selbstverständlich auch hier die Ausnahmen die Regel bestätigen. Jedenfalls handelte es sich bei Irene und mir um die klassische erste Liebe, komplett mit Freundschaftsring, Verlobungskettchen und Schwüren von ewiger Treue.

Unsere Ewigkeit dauerte exakt acht Monate. Einige Zeit vorher schon hatte mein Vater mir den Umgang mit Irene verboten, weil er von meinem Schuleschwänzen Wind bekommen hatte. Ich war nachlässig geworden und hatte eines Tages vergessen, mir eine Entschuldigung zu schreiben, woraufhin die Schule meinem Vater, bei dem ich zu der Zeit wohnte, einen Brief schrieb. Darin stand, dass die letzte Woche von den insgesamt zwanzig Wochen, die ich in diesem Jahr bereits gefehlt hatte, noch nicht entschuldigt sei.

Als ich dann nachmittags – angeblich von der Schule – nach Hause kam, fragte mein Vater mich, wie er es manchmal zu tun pflegte, was wir in der Schule denn so alles getrieben hätten. Als phantasievoller junger Mensch leierte ich den ganzen Sermon herunter, den er, wie ich glaubte, hören wollte und der ihn zufriedenstellen sollte. Aber noch ehe ich meine Erzählung beenden konnte, gab es schon die erste Backpfeife, gefolgt von einer ordentlichen Tracht Prügel.

Bevor er sich dann zu seinem rituellen Mittagsschlaf zurückzog, gab er mir zu verstehen, dass das noch nicht alles war und mit einer Fortsetzung der Züchtigung zu rechnen sei. Kaum hatte er sich hingelegt, beschloss ich, weiteren erzieherischen Maßnahmen aus dem Weg zu gehen, und machte mich aus dem Staub.

Insgesamt bin ich viermal von zu Hause weggelaufen. Ich will das keinesfalls auf meine Eltern schieben. Zwar hatte ich durch die beiden Internatsaufenthalte, die Trennung meiner Eltern und die Hektik im Zusammenhang mit den neuen Partnern meiner Elternteile eine nicht gerade harmoniebetonte Jugend, konnte mir aber stets der Liebe meines Vaters und meiner Mutter sicher sein. Es war vielmehr so, dass ich immer das Gefühl hatte, nicht der richtige Sohn für meine Eltern zu sein. Speziell mein Vater und ich waren einfach nicht kompatibel. Zumindest für eine gewisse Zeit. Ich will es mal mit Mark Twain sagen: Als ich zehn Jahre alt war, hat mein Vater mich überhaupt nicht verstanden. Mit zwanzig haben wir uns nur gestritten. Als ich dreißig war, ging es einigermaßen. Mit vierzig hatten wir uns dann zusammengerauft, und was soll ich Ihnen sagen: Heute bin ich fünfzig, und wir haben das beste Verhältnis auf der Welt. Ist doch erstaunlich, wie der sich verändert hat. – Ein kluger Mann, dieser Mark Twain.

5
Durst ist schlimmer als Heimweh

Meine erste Flucht von zu Hause würde ich heute als eine »Hals-über-Kopf-Aktion« bezeichnen. Ich lief, so schnell ich das mit meinem wunden Hintern konnte, den Rhein entlang. (Wenn einem Kölner nichts mehr einfällt, läuft er immer den Rhein entlang.) Und zwar direkt am Ufer und nicht über die Uferstraße, denn ich musste jederzeit mit dem Auftauchen meines wütenden Vaters rechnen, der die Verfolgung schon aufgenommen haben konnte. Am Dom bog ich links ab in Richtung Rudolfplatz, wo ich ein paar Freunde von mir vermutete. Tatsächlich fand ich dort einen Schulkameraden, der sich – obwohl ich in der Schule ein so seltener Gast war – noch an mich erinnerte und der mir Unterschlupf im Speicher seiner Eltern gewährte.

Es war eine lausige Nacht, zumal ich einen irrsinnigen Durst hatte und bei dem Versuch, die Flasche Cola, die mein Freund mir hochgeschmuggelt hatte, ohne passendes Utensil zu öffnen, ihr vor lauter Gier den Hals abbrach. Der Spruch »Durst ist schlimmer als Heimweh« bestätigte sich mir daraufhin gleich in doppelter Hinsicht, war ich doch von Heimweh nicht sonderlich geplagt. Hinzu kam, dass es auf dem Speicher kalt, hart und staubig war, also keinesfalls der passende Ort für eine weitere Übernachtung. So verließ ich diese »unheimelige« Stätte früh am nächsten Morgen und passte meine Freundin Irene auf ihrem Weg zur Arbeit ab.

Irene war schon völlig aufgelöst, weil mein Vater sie angerufen hatte und wissen wollte, wo ich steckte. Sie hatte ihm wahrheitsgetreu gesagt, dass sie keine Ahnung habe. Daraufhin nötigte er ihr das Versprechen ab, dass sie mich überredete, ihn zu kontaktieren, sobald ich mich bei ihr gemeldet hatte. Und das versuchte sie auch. Aber alle Raffinesse und selbst der Einsatz weiblicher Hilfsmittel nutzten nichts. Ich blieb hart, zu tief saß mir diese Demütigung noch in den Knochen. Ich bin zwar von Haus aus kein nachtragender Mensch, aber gewisse Dinge brennen sich einfach ein. Außerdem bin ich Doppelwidder und somit mit der nötigen Portion Sturheit ausgestattet.

Also wandte Irene einen, wie ich im nachhinein finde, recht simplen Trick an, den zu durchschauen ich trotzdem nicht imstande war: Sie ging in eine Telefonzelle, vermeintlich um einen Freund von mir anzurufen, und reichte den Hörer dann an mich weiter. Sie ahnen es schon: Am anderen Ende war mein Vater, der mich in ein unerwartet freundschaftliches Gespräch verwickelte. So weich, zart und verständnisvoll hatte er vorher noch nie mit mir geredet. Er musste sich große Sorgen gemacht haben, was mich sehr berührte. Ich verspürte nicht etwa Genugtuung wegen dieses für seine Verhältnisse geradezu anbiedernden Verhaltens, sondern war einerseits erleichtert, dass ich seiner Liebe und Fürsorge gewiss sein konnte, und andererseits hatte ich ein schlechtes Gewissen, weil ich ihn in die Situation gebracht hatte, sich so zu entblößen. Nach der »Twainschen Theorie« hatten wir danach die erste Phase überwunden.

Reumütig fuhr ich zurück zu meinem Vater, und wir hatten eine lange Aussprache, in der ich Besserung gelobte und er zumindest signalisierte, auch mehr Verständnis für mich aufzubringen. Was er unter anderem dadurch zum Ausdruck brachte, dass er mir eine Zigarette anbot. Er wusste längst, dass ich rauchte, machte es aber hiermit offiziell. Auch mit Irene durfte ich mich wieder treffen, weil er einsah, dass sie nur einen verschwindend geringen Teil meiner schulischen Ablenkung ausmachte.

Es gab einfach zu viele Dinge in meinem Leben, die mir wichtiger waren als die Schule. Unter anderem mein Freund Wolfgang Müller. Er wohnte bei meiner Mutter um die Ecke und war einer von den Jungs aus der Lindenthaler Clique, mit denen ich mich besonders angefreundet hatte. Als wir uns auf einer Fete in unserem

Mein Freund Wolfgang Müller, genannt »Cooksy« (1971)

Partykeller kennenlernten, wurde er von allen nur »Cooksy« genannt. Ich fragte einen anderen Jungen, wo dieser seltsame Name herkäme, und der sagte, das müsse irgendwas mit »Koks« zu tun haben. Das war, wie sich herausstellen sollte, natürlich Quatsch, machte Cooksy, das muss ich zugeben, in meinen Augen aber nicht unbedingt uninteressanter. Die Vorstellung, einen echten »Sniffer« oder »Schnüffler« zu kennen, reizte mich.

In Wahrheit hatte er bis dato, wenn überhaupt, höchstens mal an einer Pattex-Dose geschnüffelt, um sich einen kurzen Kick abzuholen. Das war seinerzeit eine Unsitte bei einigen Jugendlichen. Man inhalierte die ausströmenden Dämpfe aus einer Klebstoffdose, um dann für Sekunden wie benebelt dazusitzen und dämlich aus der Wäsche zu gucken. Ich selber habe das nie probiert, weil ich mich davor irgendwie ekelte. Außerdem konnte ich bei meinen Freunden beobachten, dass die Wirkung nach einem winzigen Moment vorbei sein musste, und das fand ich der ungesunden Mühe nicht wert. Aber ansonsten waren wir alle wirklich keine Kinder von Traurigkeit.

Die Ausläufer des Wirtschaftswunders schwemmten uns Teenies mit in das wunderbare Reich des kontinuierlich wachsenden Konsums. Wir schrieben das Jahr 1968, in dem in Deutschland so viel passierte. Um Rudi Dutschke zu verstehen oder uns gar der APO, der »außerparlamentarischen Opposition«, anzuschließen, waren wir noch ein wenig zu jung, doch wir brachten unseren Protest auf andere Weise zum Ausdruck. Da wir aber nicht genau wussten, gegen was wir protestierten, fiel er ziemlich planlos aus.

Auf der einen Seite fühlte ich mich zu der Hippiebewegung hingezogen. Der Gedanke an eine Welt, die nur aus Frieden, Musik und Kiffen bestand, reizte mich schon sehr. Auf der anderen Seite rebellierte aber auch etwas in mir, und ich spürte einen Drang, mich dem staatlich organisierten Phlegma anders zu widersetzen als nur durch Flowerpower. Und Sätze wie »Wer zweimal mit demselben pennt, gehört schon zum Establishment« waren mir sozusagen aus der Seele gesprochen. Irgendwann fand ich dann aber diese stets wie auf Eiern laufenden, sich verrenkenden und die Augen verdrehenden Hippies doof. Allmählich beschlich mich das Gefühl, dass das einzige, was aus ihren Köpfen hervorkam, der Qualm von ihren Joints war, und das war selbst mir, einem vorzugsweise auf Spaß ausgerichteten Gesellen, zuwenig.

Aber auch mit diesen andauernd nörgelnden »berufsunzufriedenen« APO-Leuten hatte ich nicht wirklich was am Hut. Ich fand, dass sie mit ihrem Protest, den sie immer lautstärker zum Ausdruck brachten, keine wirklichen Lösungen verbunden hatten. Wer Unordnung stiften will, sollte zumindest einen Plan für eine spätere Ordnung haben, und der kann sich ja nicht darin erschöpfen, dass alle in Kommunen leben und sich nicht mehr waschen. Das war sogar für einen alten Freigeist wie mich zu simpel. Natürlich erhebe ich nicht den Anspruch, dass das der Weisheit letzter Schluss ist. Aber wer hat schon die Weisheit mit Löffeln gefressen?

Statt mich einer dieser beiden Bewegungen anzuschließen, zog ich mir quasi aus beiden »Weltanschauungen« die mir angenehmen Seiten heraus und kombinierte sie so miteinander, dass sie den größtmöglichen Spaß beim geringstmöglichen Aufwand versprachen. So wurde aus mir ein kiffender, freiheitsliebender Hippie, in dem Che Guevara schlummerte. Nicht unbedingt konsequent und üblich, aber dafür um so aufregender, fand ich.

Das alles stellte sich natürlich breitbeinig den Anforderungen in den Weg, die das Land Nordrhein-Westfalen an seine Schüler hatte, und als ich erneut eine Klasse wiederholen sollte, hatten meine armen Eltern ein Einsehen und nahmen mich von der Schule. Mein Vater beschloss kurzerhand, dass ich eine Installationslehre in seinem Betrieb machen sollte, was mich seinem Ziel einen Schritt näher bringen sollte, einmal die Firma zu übernehmen. Wenn ich seinen Vorstellungen schon nicht in akademischer Hinsicht entsprach, dann vielleicht in praktischer. Ich war so glücklich, dass ich der Horrorinstitution Schule endlich den Rücken kehren durfte, dass ich vermutlich auch einen Pakt mit dem Teufel unterzeichnet hätte.

Die drei Jahre auf dem Bau waren für mich eine ebenso harte wie aufschlussreiche Zeit. Dass Lehrjahre keine Herrenjahre sind, hatte ich schon gehört, und ich beging auch nicht den Fehler, mich der Illusion hinzugeben, dass das in meinem Fall anders sein würde. Bei unerzogenen Lehrburschen verstehen die Leute vom Bau keinen Spaß, und ihre Humorlosigkeit macht auch vor Möchtegern-Juniorchefs nicht halt. Obwohl vorwiegend mit Hammer, Meißel und Zange beschäftigt, hieß es für mich also kleine Brötchen backen.

In den ersten beiden Jahren wurde ich den Brüdern Karl und Toni Wirtz zugeteilt, zwei Installateursgesellen, Bären von Männern, fest verwurzelte Kölner Originale, die schon seit der Firmengründung meinem Vater zur Seite standen. Sie begleiteten mich in der wohl schwierigsten Phase meiner Pubertät mit der nötigen Strenge und mindestens ebensoviel Güte. Die Brüder Wirtz lehrten mich nicht nur das Installationshandwerk, Löten und Schweißen, sondern auch, mit Begriffen wie Anstand und Sitte einfach und schnörkellos umzugehen. Fernab von irgendwelchen tiefenpsychologischen Erklärungen vermittelten sie mir, wie sich ein anständiger Kerl zu verhalten hat und wie nicht. Wenn mir das im weiteren Verlauf meines bisherigen Lebens nicht immer gelungen ist, lag das bestimmt nicht an ihnen.

6
Sex, Drugs & Rock 'n' Roll

Nach meinem glanzlosen Austritt aus der Schule gründete ich erneut eine Band, diesmal mit meinem Freund Cooksy. Er spielte schon ganz passabel Gitarre und hatte eine fabelhafte Stimme, und ich hämmerte damals auf allem rum, was nicht niet- und nagelfest war. So konnte ich meinen alten Traum, ein Schlagzeuger zu werden, endlich in die Tat umsetzen. Wir fanden noch einen Jungen aus der Nachbarschaft, der ebenfalls Gitarre spielte, und degradierten ihn kurzerhand zum Bassisten. Er hieß Adrian Albert und brachte nicht nur die für Bassisten so dringend erforderliche Außenseitermentalität und das dazugehörige Maß an Eigenwilligkeit mit, sondern hatte darüber hinaus noch eine bildhübsche Schwester, die hervorragend Klavier spielen konnte. Was lag da näher, als sie mit in unsere Band aufzunehmen und hinter die Hammondorgel zu setzen?

Ich weiß noch ganz genau, als ich das erste Mal das Haus der Alberts betrat. Während unserer Suche nach einem Bassisten hatte Cooksy eines Tages gesagt: »Hey, ich kenne da einen Jungen, mit dem ich in die Volksschule gegangen bin: Adrian Albert. Der spielt Gitarre, und wer Gitarre spielen kann, der kann auch Bass spielen. Lass uns mal zu dem hinfahren.«

Wir schwangen uns auf unsere Mofas und fuhren ein paar Ecken weiter zum Haus der Alberts in der Robert-Koch-Straße. Nachdem wir geklingelt hatten, öffnete uns ein siebzehnjähriges Mädchen die Tür, und ich war, wie die Sizilianer so treffend sagen, vom Blitz getroffen. Pushy war das süßeste Lebewesen, das ich bis dato zu Gesicht bekommen hatte. Eigentlich hieß sie Roswitha, aber so hatte sie außer dem Pfarrer, der sie getauft hatte, noch nie ein Mensch auf der Welt genannt.

Sie erschien mir in diesem Türrahmen wie eine Göttin oder ein Wesen von einem anderen Stern: geladen mit erotischer Spannung und mit einer solchen Schönheit und Anmut, dass einem die Knie weich wurden. Ich konnte die Augen einfach nicht von ihr abwenden. Aber auch sie schien es erwischt zu haben, denn sie erwiderte meine feurigen Blicke keinesfalls ungehemmter. So stierten wir uns den ganzen Abend an, während Cooksy und ihr Bruder Adrian, denen das natürlich nicht verborgen blieb, nur die Augen verdrehten und immer wieder versuchten, das Thema auf die richtige Spur zu bringen und sich dem zu widmen, weswegen wir gekommen waren: der Gründung unserer Band.

Dieser Abend war das Fundament für eine der schönsten und unbeschwertesten Zeiten meines Lebens. Ich war die Schule los, hatte mich kurz vorher von meiner ersten Freundin getrennt, der Weg für eine neue, große Liebe war also frei, und wir gründeten unsere erste richtige Band, »Sit Down«. Das Leben konnte kommen. Ich war bereit.

*

Während der ersten Lehrjahre wohnte ich abwechselnd bei meiner Mutter und bei meinem Vater. Mein Tagesablauf sah ungefähr so aus:

6 Uhr: aufstehen, 6.30 Uhr: frühstücken, 7 Uhr: mit dem Mofa auf die Baustelle fahren und dort bis 16.15 Uhr arbeiten. Zurück nach Hause fahren, schnell baden und essen. Um 18 Uhr hatten wir Probe. Leichtsinnigerweise hatten die Eltern von Pushy und Adrian uns gestattet, ihren Keller als Übungsraum zu benutzen. Eine Entscheidung, die sie mehr als einmal bereut haben dürften. Um 19 Uhr wurde die Probe unterbrochen, weil da Familie Albert gemeinsam zu Abend aß. In dieser Dreiviertelstunde hatte ich Zeit, mein Schlagzeugsolo zu üben. Meine Schießbude wurde von mir so malträtiert, dass Pushys Vater oben der Blumenkohl von der

Gabel hüpfte. Um 19.45 Uhr probten wir weiter bis 22 Uhr. Dann bestanden die Alberts auf ihrer eigenen und der nachbarlichen Nachtruhe. So ging das tagein, tagaus.

Mein erstes Schlagzeug kaufte ich dem Drummer einer Band namens »Crusade« ab. Für dreihundertfünfzig Mark. Es war ein altes RKB und jeden verdammten Pfennig wert.

Unseren ersten Verstärker hatten wir, wie fast alle unsere Instrumente und das sonstige Equipment, per Ratenvertrag gekauft. Wir leisteten eine Anzahlung und stotterten den Rest monatlich ab. Es war ein Dynacord S 100, ein Verstärker für unsere Gesangsanlage mit zwei 100-Watt-Boxen, über den wir erst einmal sämtliche Instrumente spielten. Nachdem wir ihn in den Keller geschleppt hatten, verdunkelten wir den Raum und stellten den Power-Knopf auf »on«. Das winzige rote Lämpchen, das daraufhin anging, erfüllte uns mit so viel Stolz und Freude, dass wir einen wilden Indianertanz um das kleine Gerät vollführten. Das war, davon waren wir alle überzeugt, der erste Schritt zu unserer Weltkarriere.

Nach einiger Zeit hatten wir ein ansehnliches Repertoire auf der Pfanne, das die ganze Hitparade und einige Stücke von Deep Purple, Led Zeppelin und sogar Pink Floyd umfasste. Natürlich hatten wir auch Eigenkompositionen im Programm. An den Wochenenden gaben wir unser Können zum besten, meist in Jugendheimen, manchmal in Turnhallen, in irgendwelchen Spelunken oder auf kleineren Bühnen in nahe gelegenen Bürgerhäusern. Etwa in der Eifel oder im Bergischen Land.

»Sit Down« hatten wir uns genannt, weil die Leute sich hinsetzen und zuhören sollten. Wir fanden unsere Musik zu wertvoll, um darauf zu tanzen – eine Einstellung, die unsere Zuhörerschaft bedauerlicherweise nur selten teilte.

Mit Pushy verband mich eine große Liebe. Obwohl wir beide eigentlich grundverschieden waren, glaube ich schon, dass sie das auch so gesehen hat. Während ich, ganz der Junge vom Bau, mich vorwiegend für Fußball und dergleichen interessierte, hatte sie schon für Andy Warhol geschwärmt, als dieser in Deutschland noch ziemlich unbekannt war. Sie war, obwohl sie noch so jung war, schon ein richtiger Feingeist. Oft haben wir uns über unsere unterschiedlichen Ansichten in die Haare gekriegt. Wenn sie mir Zitate von Warhol um die Ohren warf wie: »All is pretty« (»Alles ist schön«), war ich in meiner Wut über solchen Schwachsinn nur schwer zu bremsen. In erster Linie regte ich mich über ihre bedingungslose Hingabe an solche neuzeitlichen Propheten auf. Was sie auch von sich gaben, wurde zum Nonplusultra des modernen künstlerischen Denkens erklärt. Vielleicht war es aber auch meine Angst, ihr intellektuell nicht gewachsen zu sein, die mich so erzürnte.

Ungehemmt und harmonisch waren wir nur miteinander, wenn wir unsere jungen Körper gegenseitig inspizierten oder miteinander musizierten. Wenn wir mit unserer Band »A Whiter Shade of Pale« von Procol Harum spielten, was damals unser beider Lieblingsstück war, waren wir uns sehr, sehr nah.

*

Zu unserer Band gehörte auch so eine Art Maskottchen, und das war Axel Völler, ein weiterer Freund von uns. Ich kannte Axel schon eine ganze Weile. Er war sozusagen die leibliche Fortsetzung meines früheren Freundes Horst Beil, des Gitarristen ohne Gitarre aus meiner ersten Band. Was Horst versäumt hatte, mir an Blödsinn beizubringen, brachte Axel zu Ende. Wir begannen gemeinsam zu kiffen und stahlen die ersten Mopeds zusammen. Einmal, als wir zusammen mit Cooksy einen Zigarettenautomaten knacken wollten, erwischte uns die Polizei. Man brachte uns auf die Wache am Kölner Waidmarkt, und von mir wurden zum ersten Mal die Fingerabdrücke genommen.

Wir probierten sämtliche Rauschgifte, die auf dem Markt zu haben waren. Und in Köln war alles zu beschaffen. Nur von Heroin ließen wir die Finger. Alle von unserer Band. Bis auf Axel, der leider später zu »schießen« anfing.

Ich kann mich noch sehr gut an meinen ersten LSD-Trip erinnern. Axel (wer sonst) hatte ihn besorgt und holte mich von einem Gig ab. Wir hatten irgendwo im Bergischen Land auf einer Schulveranstaltung gespielt und wollten im Anschluss daran unseren

Die erste große Liebe: Pushy an den Tasten,
ich am Schlagzeug (1969)

ersten Trip werfen. Wir hatten das Ganze absichtlich auf einen Freitagabend gelegt, um am Wochenende etwas Zeit zu haben, uns wieder zu regenerieren. Bei Axel wäre das eigentlich egal gewesen, weil er sowieso keine Schule mehr besuchte oder irgendeiner Arbeit nachging. Doch ich machte ja nach wie vor meine Lehre. Wir ahnten an diesem Freitagabend nicht, wie nötig wir die zwei freien Tage noch brauchen würden.

Axel und ich fuhren auf meinem Roller zu unserem gemeinsamen Freund Arthur Pfeil. Arthur wohnte mit seiner Mutter und seinem Bruder ebenfalls in Lindenthal, direkt bei uns um die Ecke. Die Pfeilsche Wohnung war der alltägliche Treffpunkt unserer Clique. Wir verbarrikadierten uns in Arthurs Keller, warfen den Trip ein und legten unsere Lieblingsplatte auf, eine LP von Deep Purple, die auf dem Cover ein Bild von Hieronymus Bosch hat. Wir stellten den Plattenspieler so ein, dass er immer wieder von selbst auf Anfang sprang.

Nachdem wir zwanzig Minuten gewartet hatten und immer noch nichts passierte, wurde Axel ungeduldig. »Was is 'n das für'n

Dreck? Wenn der ›Dealer Hein‹ mich beschissen hat, hau ich ihm aufs Maul.«

Der Typ wurde wirklich »Dealer Hein« genannt. Ein Faktotum, das tagein, tagaus auf dem Zülpicher Platz herumlief und alles verkaufte, was ungesund war. Wenn man etwas brauchte, das qualmte oder einen dicken Kopf hinterließ, brauchte man bloß Dealer Hein zu fragen.

»Komm, wir werfen noch einen hinterher, und wenn dann nix passiert, fahren wir zum Zülpicher und schnappen uns das Arschloch.«

Gegen diese Strategie war aus meiner Sicht nichts einzuwenden, also warfen wir noch einen Trip nach.

Kaum hatten wir den zweiten Trip intus, begann der erste zu wirken. Wir waren gerade noch soweit bei Sinnen, um uns dieses fatalen Fehlers bewusst zu werden, aber es war zu spät. Zwar hatten wir vorher schon mehr als genug Erfahrungen mit Haschisch und Marihuana gemacht, aber gegen LSD ist Haschisch die reinste Kindergartendroge. Wenn man Rauschgift überhaupt mit Kindern in Verbindung bringen sollte.

Wir saßen also vor dieser weißen Kellerwand und hörten Ian Gillan »April« singen. Dann gingen wir, wie das Wort »Trip« ja schon sagt, auf eine lange Reise. Am Anfang nahm ich Axel noch wahr, aber ganz langsam wurde der Raum vier- und fünfdimensional. Alle Gegenstände wurden von einem grünen Schleier überzogen, die Wände erschienen mir wie aus Gummi, so elastisch. Der Keller begann sich ganz langsam zu drehen. Dann schneller, schneller und schneller, bis nur noch knallbunte Farben um mich herumtanzten. Immer rasender drehte sich der Raum. Ich krallte mich mit beiden Händen an irgend etwas fest, um nicht von diesem Strudel aufgesogen zu werden. Meine ganze Umgebung begann nun heftig zu vibrieren. Ich kam mir vor wie ein Astronaut in seiner Kapsel kurz vor dem Start und wartete nur darauf, dass sich diese gigantische Kraft freisetzte, um mich in einen apokalyptischen, immer enger werdenden, in einem winzigen Punkt endenden Farbtunnel zu katapultieren.

Meine Arme verkrampften, dann mein Rücken. Ich stemmte

mich mit beiden Beinen gegen diesen kaleidoskopischen Abgrund und merkte, dass meine Kräfte schwanden und ich mich diesem irren Sog nicht länger entziehen konnte. Und auf einmal wurde mir klar, dass ich nur eine Chance hatte: einfach loszulassen. Was sollte schon groß passieren? Ich war sowieso nicht mehr von dieser Welt. Schlimmer konnte es nicht werden. Also versuchte ich zu entkrampfen und merkte, wie ganz, ganz langsam die Spannung aus meinem Körper wich. Gleichzeitig schoss ich in den Farbtunnel und wusste nicht mehr, wo oben und unten ist. Dann verlangsamte sich das Tempo, und ich glitt mit einem Gefühl der Schwerelosigkeit durch die flimmernde Röhre. Ich hatte abgehoben.

Ich war felsenfest davon überzeugt, nicht mehr auf der Erde zu sein. Oder zumindest nicht mehr am Leben. Aber wo war ich? War das der Tod? Komisch, den hatte ich mir immer anders vorgestellt. Dunkel oder schwarz. Ganz allmählich beschlich mich das Gefühl, dass das hier das richtige Leben war und ich bisher nur geträumt hatte. Es war auf einmal alles so klar. Ich fing an, mich an meine neue Welt zu gewöhnen. Ich konnte auch ganz logisch denken. Ja mehr noch, es fiel mir überhaupt nicht schwer, an drei, vier, fünf Sachen gleichzeitig zu denken. Dazu hörte ich diese wunderbare Musik, die ich das erste Mal richtig verstand. Wie konnte ich das vorher nicht gehört haben? Mein Körper, mein Geist, meine Seele, die Farben und diese irrsinnig schöne Musik verbanden sich und wurden zu einem »Etwas«.

Die Panik war nun vollends aus mir gewichen, und ich fühlte mich wohl in meiner Haut. Ja mehr noch, ich begann die Reise zu genießen. Und zwar so sehr, wie ich noch nie zuvor in meinem Leben irgend etwas genossen hatte. Ich wurde immer wieder von regelrechten Glücksschüben überwältigt. Nie mehr wollte ich etwas anderes denken, sehen und fühlen als in diesem Moment. Das war meine Welt, wo und wie auch immer sie geartet war. Und wenn es der Tod war, was soll's? Dann wollte ich immer tot sein.

Ich konnte mich ausschütten vor Lachen, wenn ich daran dachte, was für Belanglosigkeiten in der »anderen« Welt wichtig waren. Ich konnte das ganz klar und messerscharf analysieren und philosophisch auseinandernehmen. Ich begann auch Axel wieder wahrzunehmen. Er war zwar ebenfalls vierdimensional und schoss mitunter um mich rum, aber er war da. Und so nah, wie niemals zuvor. Er sah mich an und sagte: »Wahnsinn … Heiner, ist das nicht irre?«

Er sah eine ganze Weile auf seine Armbanduhr, bevor er sie mir vor die Augen hielt. »Hier …«

Ich wusste nicht, was er meinte.

»Wie spät ist es?« hallte seine Stimme an mein Ohr.

Jetzt sah ich auf die Uhr. Auch eine ganze Weile. Ich sah die Uhr und auch die Zeiger, aber ich konnte sie nicht lesen. Ich wusste, dass die Uhr irgend etwas mit der Zeit zu tun hatte, aber ich hatte kein Verhältnis mehr zur Zeit. Für mich waren das zwei beliebige Zeiger auf einem Zifferblatt, deren Anordnung keine Bedeutung für mich hatte. Es störte mich auch nicht. Da ich nicht wusste, was Zeit überhaupt ist, vermisste ich auch nicht deren Bestimmung. Ich lehnte mich wieder zurück und ließ mich auf meiner Reise weitertreiben.

So muss Stunde um Stunde vergangen sein. Immer wahnwitziger wurden die optischen Eindrücke, immer intensiver die Musik. Ich schätze, wir haben die eine Seite dieser LP fünfzigmal gehört, und doch war sie immer wieder anders. Ich kannte die Wirkung von Musik ja schon unter Einfluss von Haschisch, aber bei LSD, oder überhaupt bei halluzinogenen Drogen, ist sie noch tausendmal intensiver.

Gegen Mittag des nächsten Tages fing der Trip ganz langsam an nachzulassen. Aber wie das bei Drogen meistens der Fall ist, ist der Austritt wesentlich weniger euphorisierend als der Antritt der Reise. Man kann sich das in etwa wie eine Bergbesteigung vorstellen: Voller Kraft, Elan und Tatendrang steht man am Fuß des Berges, sieht mit übermütiger Erwartung auf das zu erreichende Ziel, das in Form des Gipfelkreuzes verlockend in der Sonne glitzert. Dann geht's mit Volldampf und der nötigen Energie nach oben. Man meistert die ersten Steilwände oder Überhangpassagen. Die Luft wird zwar dünner, aber auch klarer. Die Sicht weiter. Bis man endlich das Gipfelkreuz umklammert und ein unbeschreibliches Glücksgefühl empfindet. Man ist im wahrsten Sinn des Wortes auf dem Zenit. Doch der Abstieg wird von Meter zu Meter ernüchternder. Es ist wie ein Film, der rückwärts läuft. Man entfernt sich von seinem eigentlichen Ziel, die Sicht wird begrenzter, die Luft wieder schlechter und die Laune auch. Man nähert sich wieder seinem Alltag und den damit verbundenen Unannehmlichkeiten.

Und ich sage Ihnen: Der Abstieg von einem Berg ist nichts, verglichen mit dem Heimweg von einem Trip, denn dieser ist mit körperlichen Schmerzen, Schweißausbrüchen und Übelkeit verbunden. Außerdem hat man das Gefühl, dass einen dieses Paradies, in dem man sich gerade noch befand, wieder – ja: auskotzt ist wohl das richtige Wort. Obwohl das Ganze durchaus nicht stoßweise vonstatten geht. In jeder Phase des »Rückwegs« wünscht man sich, dass der Normalisierungsprozess doch hier ein Ende haben sollte. Aber du wirst Stück für Stück klarer. Die Farben lassen nach, die Musik normalisiert sich ebenfalls, und deine Laune geht ganz allmählich den Bach runter.

Ich schaltete den Plattenspieler aus und machte den ultimativen Test: Ich sah auf meine Uhr. Der kleine Zeiger stand auf der Eins und der große auf der Zwölf. Es war Samstag, dreizehn Uhr. Ich betrachtete die weiße Kellerwand. Ein paar Flecken waren darauf, sonst nichts. Jetzt wusste ich: Die Reise war zu Ende.

Ich habe in meinem Leben vielleicht fünfzig Trips geschmissen. Meistens LSD. Aber auch Meskalin oder Acid. Oft wussten wir auch gar nicht, was für ein Zeug das genau war, was wir uns da reinwarfen. Hauptsache, es flimmerte.

Es waren noch ein paar ganz schöne Trips dabei, aber alles in allem zeigte die Kurve nach unten. Irgendwie versucht man immer, diesen einen, ganz großen Kick noch einmal zu erleben, muss sich dann aber doch meistens mit lauen Aufgüssen begnügen. Nach einer gewissen Zeit werden sie dann regelrecht unschön, bis sie schließlich in unerträglichen Horrortrips enden. Spätestens dann sollte man aufhören.

Man hört ja auch hier und da, dass Leute auf einem Trip »hängengeblieben« sind. Eine grauenhafte Vorstellung. Obwohl ich noch nie gehört habe, dass ein Mensch von LSD oder einer anderen halluzinogenen Droge körperlich abhängig geworden ist. Ich kann mir das auch nicht vorstellen. Der Rausch ist viel zu explosionsartig, langwierig und anstrengend, als dass man ihn in kurzen Zeit-

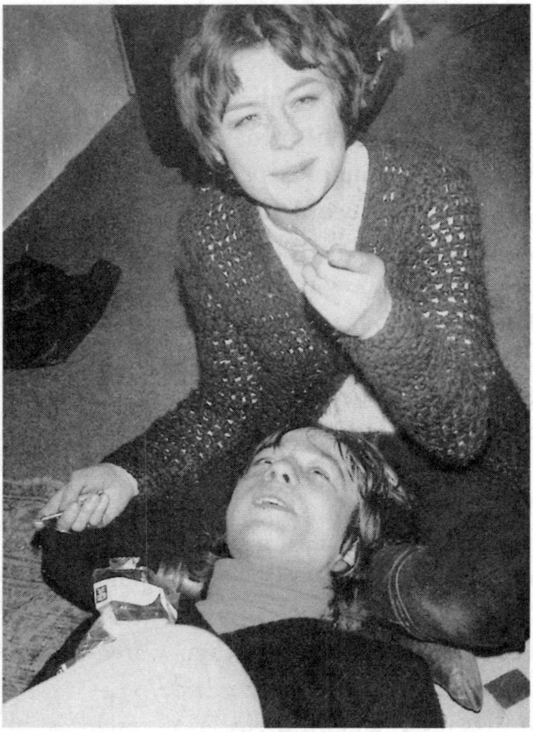

Pushy hatte mich umgehauen

abständen wiederholen könnte. Das Gefährliche bei den süchtig machenden Rauschgiften ist ja, dass man sie anfangs nimmt, weil sie einen stimulieren. Die Stimulation lässt dann immer mehr nach, und man nimmt die Droge nur noch, um die Entzugserscheinungen zu verringern und sich in einen einigermaßen normalen, halbwegs erträglichen Zustand zu bringen. Bei Alkoholikern ist das ja ähnlich.

*

Ein einziges Mal haben wir Jungs von unserer Band eine eiserne Regel durchbrochen, die da lautete: kein Rauschgift während der Auftritte. Das war dann allerdings auch so krass, dass wir für alle Zeiten geheilt waren. Unser damaliger »Manager«, ein Freak namens Udo, holte uns vom Übungsraum ab, um uns mit seinem VW-Bus zu einem Gig zu fahren. Er war, was unser Management betraf, eine totale Pfeife. Aber er konnte hervorragende Joints drehen, und das in einer affenartigen Geschwindigkeit. Und da sich unsere Haschischabstinenz ja nur auf die Auftritte beschränkte und die Übungsabende nicht betraf, war das ein Faktor, der nicht zu unterschätzen war. Außerdem war er schon achtzehn, hatte einen Führerschein und – was noch viel wichtiger war – einen VW-Bus.

Ansonsten war er aber zu nichts zu gebrauchen. Im Gegenteil, er machte so ziemlich alles falsch, was ging. Wir dürften damals aufgrund seiner Verträge die so ziemlich billigste Band nördlich des Rio Pecos gewesen sein. Aber eine große Klappe hatte er und log, was unsere Qualifikation anging, dass sich meine Trommelstöcke bogen.

Während wir unser überschaubares Equipment in den VW-Bus schleppten, gab er uns noch kurze Instruktionen: »Ich hab der Landpomeranze, die uns für diesen Gig engagiert hat, erzählt, dass ihr früher als Vorgruppe von Pink Floyd aufgetreten seid.«

Das war wieder mal typisch Udo. »Sag mal, hast du 'n Knall?« wollte Pushy unnötigerweise wissen. Sie war die mit Abstand Wahrheitsliebendste von unserer Band. Wir Jungs hingegen konnten uns mit dem Gedanken verhältnismäßig schnell anfreunden. Anders als Pushy, die von uns vieren musikalisch noch am meisten auf der Pfanne hatte, fanden wir die Vorstellung gar nicht *sooo* absurd. Aber das ist ja oft so im Leben: dass die Besten auch die Bescheidensten sind.

Um uns auf die bevorstehende musikalische Herausforderung richtig vorzubereiten, zog Udo auch gleich einen Plan aus dem Ärmel. Besser gesagt aus seiner Hosentasche.

»Hier, das wird euch 'n bisschen in Stimmung bringen.«

Damit brachte er ein kleines Plastiksäckchen mit vier Trips zum Vorschein. Während Cooksy, Adrian und ich nicht wirklich lange überredet werden mussten, war mit Pushy darüber gar nicht zu reden. Aber bevor sie noch größere Proteste anbringen konnte, hatten wir die Dinger schon geschluckt. Wir verstauten den Rest der Anlage und machten uns auf die Reise ins Bergische. Kurz bevor wir unser Ziel erreicht hatten, begann der Trip zu wirken, was unter anderem in Udos Fahrweise zum Ausdruck kam, der Pushys Trip, den sie ja nicht wollte, genommen hatte.

Adrian glotzte ihn aus seinen pupillenlosen Augen fassungslos an: »Hast du etwa auch einen geschmissen?«

Udo war gerade dabei, ein sehr eigenwilliges Überholmanöver abzuschließen. »Na klar, bevor das Zeug schlecht wird«, war sein lakonischer Kommentar.

Na, das konnte ja ein lustiger Abend werden.

Irgendwann fanden wir die Dorfdisco, in der wir spielen sollten, und schafften es gerade noch, den Bus vor dem Hintereingang zu plazieren. Udo war so stolz, als hätte er gerade eigenhändig ein Ufo gelandet. Und wir kamen uns so vor wie die Marsmännchen, die aus dem Ufo stiegen.

Das folgende weiß ich nur noch aus Pushys Erzählungen. Ich war bereits voll auf dem Trip und hatte damit genug zu tun. Ich muss etwa eine Stunde gebraucht haben, um das Schlagzeug einigermaßen funktionstüchtig aufzubauen. Etwa zur selben Zeit hatten Cooksy und Adrian ihre Instrumente eingestöpselt, während Pushy schon fingernägelkauend hinter ihrer Orgel saß. Was dann musikalisch folgte, war selbst für Pushy nur schwer zu beschreiben. Es muss so unsagbar grauenhaft geklungen haben, dass selbst die von musikalischen Darbietungen bestimmt nicht gerade verwöhnten Discobesucher während der ersten Akkorde fluchtartig das Weite gesucht haben. Das heißt diejenigen, die zu der Zeit noch da waren. Die meisten waren sowieso schon gegangen, weil sie keine Lust hatten, drei Jungen zu beobachten, die über eine Stunde lang mit wirrem Blick ihre Instrumente auf der Bühne hin und her schoben.

Unser »Manager« hatte von alldem gar nichts mitbekommen. Er lag in irgendeiner Ecke, glotzte in die mickrige Lightshow und grinste debil vor sich hin.

Gäbe es im Guinness-Buch der Rekorde eine Rangliste der schlechtesten Konzerte aller Zeiten, hätten wir mit der Darbietung dieses Abends garantiert die Wildecker Herzbuben vom ersten Platz verdrängt.

*

Natürlich haben wir uns in der damaligen Zeit viele bekannte Bands angehört. Unser erstes Konzert, das wir Bandmitglieder gemeinsam besuchten, fand in der Kölner Sporthalle statt. Dort trat Barry Ryan mit seinem Zwillingsbruder Paul auf. Als Vorgruppe spielten die Equals, eine Band, die uns damals nicht sonderlich interessierte.

»Was wollt ihr euch denn diese Fuzziband reinziehen?« nörgelte Adrian schon im Vorfeld.

Er war dann der erste, der über die Absperrung kletterte, um in den Innenraum zu gelangen und näher an die Akteure auf der Bühne heranzukommen. Wir anderen folgten ihm und waren total begeistert von dieser »Fuzziband«. Als dann Barry Ryan auf die Bühne kam und schließlich »Eloise« sang, waren wir nicht mehr zu halten. Es ist aber auch ein hammerharter Song, den ich heute noch gerne höre. Für mich ist es eines der Jahrhundertstücke, die diese musikalisch so fruchtbare Zeit hervorgebracht hat. Hätte mir damals einer erzählt, dass ebendieser Barry Ryan fast fünfunddreißig Jahre später auf meiner zweiten Hochzeit »Eloise« singen würde, hätte ich ihn wohl für verrückt erklärt.

Im September 1970, unmittelbar nach dem Tod von Jimi Hendrix, waren wir auf einem Rolling-Stones-Konzert, ebenfalls in der Kölner Sporthalle. Mick Jagger trug einen orangefarbenen Samtanzug, und Charlie Watts drohte damals schon hinter seinem Schlagzeug einzuschlafen. Die Stones widmeten das Konzert Jimi Hendrix, der durch seinen frühen Tod endgültig zur Legende wurde. Wenn mir an diesem Abend einer gesagt hätte, dass ich wiederum fünfunddreißig Jahre später die Rolling Stones in fast gleicher Besetzung mit meinem fünfzehnjährigen Sohn im Zirkus-Krone-Bau in München sehen würde, hätte ich ihn ebenfalls für verrückt erklärt.

Während sich Jagger bei seiner Show verrenkte, nahm ich Oscar in den Arm: »Weißt du, dass ich diesen alten Mann da oben schon vor fünfunddreißig Jahren auf der Bühne rumhampeln gesehen hab?« brüllte ich ihm ins Ohr.

»Echt?«

Ich sah meinen Sohn an und schrie dann melancholisch zurück, sofern man überhaupt melancholisch schreien kann: »Da war ich so alt wie du jetzt.«

»Geil.«

Mein Sohn ist für seine knappen Dialoge bekannt.

Ich muss schon sagen: Hut ab vor diesen Stones. Mick Jagger ist einfach jünger geblieben als ich. Und das, obwohl er einer der wenigen Menschen auf der Welt ist, dem ich eine ähnlich wilde und ungesunde Lebensweise wie mir selbst attestieren würde.

Aber wir waren mit unserer Band damals natürlich nicht nur bei den Stones, sondern auch bei den meisten anderen angesagten Gruppen. Es war eine wilde, verrückte und – mit den Worten meines Sohnes gesprochen – geile Zeit.

*

Jeden Winter über Weihnachten und Neujahr fuhr ich zum Skilaufen, meistens nach Zermatt in der Schweiz. Bis 1969 mit meinem Vater, seinen jeweiligen Freundinnen und ein paar Freunden von uns. Aber 1970 und 1971 war ich mit Cooksy da. Wir wohnten immer im Hotel Post. Der Laden machte seinem Namen alle Ehre. Hier ging tatsächlich die Post ab. Unten im Keller war eine riesige Discobar, das »Village«, mit unendlich vielen Gewölben und Katakomben, in denen man sich verlaufen konnte.

Ich hatte mich schon bei meinen Aufenthalten Ende der Sechziger mit einer Band namens Ashton Gardner & Dyke angefreundet, die jedes Jahr um die Weihnachtszeit im »Village« spielte. Ganz besonders gut verstand ich mich mit Tony Ashton, dem Keyboarder und Sänger. Tony war einer der angenehmen, typisch kontaktfreudigen Engländer, der Spaß an uns musizierenden Jungs hatte. Jedes Jahr erkundigte er sich genau nach dem Werdegang unserer Band.

Im Winter 1971 stellte er uns ein paar Freunden aus London vor. Cooksy und ich staunten nicht schlecht, als sich diese als Mitglieder unserer Lieblingsband Deep Purple entpuppten: Ian Paice, der Schlagzeuger, John Lord, der Keyboarder, und Roger Glover, der Bassist. Auch sie waren genau wie ihr Freund Tony ausgesprochen nett und nahmen uns direkt in ihre Clique auf. Na ja, soweit man

Siebzehnjährige eben an Unternehmungen irgendwelcher Art teilnehmen lässt. Für uns war das natürlich eine riesige Ehre. Immerhin hatten diese Jungs mit *Deep Purple in Rock* das bestverkaufte Album weltweit in diesem Jahr. Wir machten abends im Village sogar ein paar Sessions miteinander. Danach saß ich dann oft mit Ian Paice an der Bar, und wir unterhielten uns bis in den frühen Morgen über Schlagzeuge oder berühmte Schlagzeuger. Das waren Erlebnisse, die meine Kumpels daheim vor Neid erblassen ließen.

Noch mehr hätte ich freilich angeben können, wenn ich damals schon gewusst hätte, dass ein Junge, der uns bei diesen Sessions zusammen mit seinen Geschwistern begleitete, einmal der größte Popstar aller Zeiten werden würde. Dass einer der Knirpse, die damals wie die Orgelpfeifen auf der Bühne aufgereiht standen und uns gesanglich begleiteten, der kleine Michael Jackson war, hatte ich lange Zeit gar nicht realisiert.

Irgendwann in den Achtzigern, Michael Jackson hatte gerade sein *Thriller*-Album herausgebracht, rief mich Cooksy an und sagte: »Weißt du eigentlich, Schmal, dass wir mit Michael Jackson zusammen gespielt haben?« (»Schmal« ist ein kölsches Kosewort, mit dem Cooksy mich seit dreißig Jahren belegt.)

»Mach keinen Quatsch«, sagte ich überrascht, »wo soll das denn gewesen sein?«

»Na, im Village damals, als er noch bei den Jackson Five gespielt hat. Er muss eins von den süßen fünf kleinen Negerlein gewesen sein.«

»Ach, du Scheiße!« fuhr es mir heraus. »Wenn wir damals geahnt hätten, was aus dem mal wird, hätten wir denen vielleicht nicht immer die Stecker aus ihrer Gesangsanlage gezogen.«

Cooksy konnte sich noch gut daran erinnern. Wenn die Jungs von Deep Purple und Ashton Gardner & Dyke bereit waren, mit uns eine Session zu machen, die Jackson Five sich aber nicht von der Bühne trollen wollten, halfen wir eben ein bisschen nach. Ich schätze, heute bräuchte man das Know-how eines Computerspezialisten und die Logistik eines Weltmachtgeheimdienstes, um dem guten Michael den Strom abzudrehen. So ändern sich die Zeiten.

7
Das Ende der romantischen Sechziger

Es war im Frühjahr 1969, als ich zum ersten Mal den »Lovers Club« betrat. Mein Freund Axel Völler, wer sonst, schleppte mich mit rein. »Es wird Zeit, sich mal ins Großstadtgetümmel zu schmeißen«, meinte er.

Wir waren erst sechzehn, und ich hatte meine Bedenken, was unsere Einlasschancen betraf. Axel wischte das vom Tisch: »Jetzt oder nie.« Er hatte mittlerweile angefangen, mit kleinen Mengen Haschisch zu dealen, und sah es als angenehmen Begleiteffekt, dass in dem Underground-Club auch noch die größten Umsatzchancen zu erwarten waren.

Mit meinem Eintritt in die Szene des Lovers Club bekam ich eine völlig neue Welt zu sehen. Was ich bis jetzt an Skurrilem und Phantastischem noch nicht zu Gesicht bekommen hatte, hier wurde es mir auf einem goldenen Tablett serviert. Viele Jahre später war ich mal in dem berühmten New Yorker Studio 54. Aber gegen den Lovers Club kam es mir dort vor wie in einer Tanzschule.

In dieser verwinkelten, katakombenartigen Kellerdisco gab es wirklich alles zu sehen, was mein junges, neugieriges Herz begehrte. Vom Joints rauchenden Fußballstar mit Ferrari vor der Tür bis zum schäbigsten Vorstadtdealer. Hier gaben sich ein Großteil der Kölner Zuhälter und einige Politiker ein Stelldichein. Huren waren dort genauso zu finden wie echte Prinzessinnen oder in- und ausländische Filmstars. Hier rauchte der Boxer Norbert Grupe, genannt »Prinz von Homburg«, vielleicht den einen Joint zuviel, der ihn dann später im *Aktuellen Sportstudio* dazu brachte, ein Interview zu geben, ohne auch nur ein einziges Wort zu sagen. Mörder, Diebe, Räuber gab es hier, Dealer, Künstler, Adlige, Politiker, Sportler, Polizisten, Journalisten, Studenten, Professoren, Transvestiten und jede Menge durchgeknallte Hippies, bunt bemalt, mit Federn auf dem Kopf oder Bergarbeiterhelmen mit Grubenlampen vorne dran. Alles, aber auch wirklich alles, war in dieser Kölner Subkultur zu finden. Alles, was vom »Langen Tünn« reingelassen wurde.

Toni, wie er eigentlich heißt, ist eines der großen Kölner Originale und stand damals im Lovers vor der Tür. Er hatte die phänomenale Eigenschaft, mit zehn Leuten gleichzeitig reden zu können. An schönen Sommerabenden unterhielt er eine ganze Traube von Menschen vor dem Lovers, wobei er mit jedem einzelnen in blitzartig wechselnder Folge ein Schwätzchen hielt. Zwischendurch kassierte er noch den Eintritt. Ich hatte manchmal den Eindruck, dass viele nur zum Lovers kamen, um mit Toni ein wenig über die Dinge des Lebens zu plaudern.

Ab zweiundzwanzig Uhr tobte das Leben auf dem Ring, in der Kölner Innenstadt. Hier gab's den besten Strammen Max bei Bruno, einem Restaurantbesitzer, der nebenbei als Hehler seine Brötchen verdiente. Die fettigste Wurst war bei Würstchen-Willi zu finden, der insgesamt über vierzig Jahre auf dem Ring stand und seine Köstlichkeiten an den Mann brachte. Oder an eine der unzähligen Nutten, die sich in den Gassen tummelten. Und die jungen Türken vertickten ihr selbstgeschmuggeltes Haschisch auf den Straßen oder in den Cafés.

Hier auf dem Ring, am Zülpicher Platz, lernte ich meine späteren Freunde Josef Franken und Jürgen Zeltinger kennen. Beide waren nur drei Jahre älter als ich, hatten sich in der Kölner Szene aber schon einen Namen gemacht.

Franken war Einbrecher, Dealer und Trickbetrüger. Er war ein smarter Bursche, der stets großen Wert auf sein Äußeres legte. Man sah ihn selten ohne dunklen Anzug und die obligatorische Ray-Ban-Sonnenbrille, die er sogar nachts im Lovers Club nicht von der Nase nahm. Zeltinger war das krasse Gegenteil von ihm. Ein in der Stadt bekannter und gefürchteter Schläger, der aussah wie ein Pirat:

klein, kräftig, mit Bart, Glatze und unzähligen Tätowierungen an beiden Armen. Eine Erinnerung an diverse Knastaufenthalte, die er mit seinen gerade mal neunzehn Lenzen schon hinter sich hatte. Dass er trotz seiner rauhbeinigen Vergangenheit und seines furchteinflößenden Aussehens schwul war, machte seine Erscheinung noch absurder.

Die beiden waren ein echt seltsames Paar. Auf der einen Seite hingen sie aneinander wie Pech und Schwefel. Auf der anderen trauten sie sich nicht über den Weg. Und zu diesen beiden Verrückten sollte ich mich dazugesellen und das Ganze zum neuen Kölner »Dreigestirn« werden lassen. Mit meiner unbändigen Abenteuerlust hatte ich hier die richtigen Lehrmeister gefunden.

Bis in die Vorortgebiete hinein waren wir gefürchtet. Unsere Zechtouren, die sich oft über mehrere Tage (und Nächte selbstverständlich) hinwegzogen, waren legendär. Am Anfang dieser wilden Zeit war ich noch in der Installationslehre, konnte meine Freunde also nur an den Wochenenden begleiten und auch das nur, wenn wir nicht gerade einen Auftritt mit der Band hatten. Das sollte sich mit den Jahren ändern.

*

Ende 1969 lief ich das zweite Mal von zu Hause weg. Ich wohnte zu diesem Zeitpunkt bei meiner Mutter, mit der ich mich ein bisschen gestritten hatte. Aber das war nicht der eigentliche Grund. Vielmehr hatte mich Pushy verlassen beziehungsweise war auf dem besten Wege dazu. Sie hatte einen siebenundzwanzigjährigen Galeristen kennengelernt, der einen Jaguar fuhr und aussah wie Peter Fonda. Mit dem konnte sie sich natürlich besser über Andy Warhol unterhalten. Na ja, was weiß ich, was sie mit ihm alles besser konnte. Ich war noch keine siebzehn und, obwohl ich schon des öfteren blau war, hinter den Ohren wohl noch ein bisschen grün. Jedenfalls rief sie mich eines Abends an und sagte, sie wäre bei ihm. Ich gab ihr eine Frist von einer Stunde (reichlich Zeit für knapp drei Kilometer Luftlinie, wie ich fand), um zu mir zu kommen, aber sie kam nicht, und ich machte Schluss mit ihr.

Natürlich hatte eigentlich sie unsere Beziehung beendet. Ich schätze mal, sie wollte mir nur das Gefühl geben, dass ich es tat. Als Trost sozusagen. Den hatte ich auch bitter nötig, weil ich sie wirklich sehr geliebt habe. Es war nicht so, dass ich nicht selber meine kleinen Affären und Abenteuer gehabt hätte. Die hatte ich ein Leben lang, bei allen meinen Beziehungen. Hundertprozentig treu war ich keiner einzigen Frau. Aber das ist bei einem Mann ja bekanntlich etwas ganz anderes als bei einer Frau. (Oder sollte das doch noch nicht jedem bekannt sein?)

Spaß beiseite, ich sah das wirklich so. Meine kleinen, winzigen, nichts bedeutenden Seitensprünge hatten doch nichts mit unserer Liebe zu tun. Ganz im Gegenteil: Wenn das Prickeln einzuschlafen drohte, frischten sie das Ganze wieder auf. Außerdem war ich nun mal ein Hallodri, bei dem man sowieso nichts auf die Goldwaage legen durfte.

Ganz anders Pushy. Sie war ein so ernsthaftes, vernünftiges Mädchen. Wenn sie so etwas tat, musste das viel mehr Bedeutung haben. Der Geschlechtsverkehr war für sie eine fast heilige Sache. Wenn sie sich jemandem hingab, dann hieß das doch etwas. Während ich meistens fremdging, um mir die Langeweile zu vertreiben, bedeutete das für sie garantiert das Ende des Bisherigen und gleichzeitig den wunderbaren Anfang von etwas Neuem. Bei den Frauen war doch immer gleich wieder Liebe und das ganze Trara im Spiel. Das sollte ein noch nicht mal siebzehnjähriger Junge verstehen. Ich jedenfalls tat es nicht und war stocksauer.

Ich suchte Axel auf und schüttete ihm mein Herz aus.

»Was soll's, das Leben geht weiter.« Sein Mitleid hielt sich offensichtlich in Grenzen. »Wir sollten uns ein bisschen fremde Luft um die Nase wehen lassen, dann kommst du auf andere Gedanken.«

Wo er recht hatte, hatte er recht. Wir beschlossen, nach München zu trampen, wo es von Pushys nur so wimmelte, kamen aber mangels Masse nur bis Mainz. Diese Schmach wollten wir natürlich nicht auf uns sitzen lassen, und so starteten wir nach ein paar Monaten den zweiten Versuch. Diesmal kauften wir uns am Kölner Hauptbahnhof zwei Tickets zweiter Klasse, um wenigstens unsere Ankunft in der bayrischen Metropole sicherzustellen. Axel nahm eine Handvoll LSD-Trips mit, die er verdealen wollte, und ich hatte immerhin ein paar Mark für die ersten Mahlzeiten. Danach würde man schon weitersehen.

In München angekommen, suchten wir den Rauschgiftumschlagplatz, um die Trips in Geld umzusetzen. Doch da war tagsüber wenig los. Nachdem wir die Leopoldstraße zehnmal rauf- und runtergelaufen waren, ohne auch nur einen Trip verkauft zu haben, nahmen wir aus lauter Frust und Langeweile selber einen. Was soll ich sagen: Mit der Langeweile war schlagartig Schluss. Voll angedröhnt gingen wir in ein Kino am Hauptbahnhof, in dem man für einmaliges Eintrittsgeld den ganzen Tag drinbleiben konnte. Einen bunteren Film hatten wir in unserem Leben noch nicht gesehen. Um so erstaunter waren wir, als wir am nächsten Tag feststellten, dass es sich um einen Schwarzweißfilm gehandelt hatte.

München war ein Reinfall. Zwar wimmelte es hier tatsächlich von Pushys, aber die wollten nichts von uns wissen. Auch unsere Bemühungen, Fuß zu fassen, scheiterten kläglich. Sowohl unsere Suche nach einer Bleibe als auch nach Arbeit war erfolglos, und so blieb uns nichts anderes übrig, als tagein, tagaus in den Schwabinger Straßen herumzulungern. Als uns das Geld ausging, versetzten wir unsere Mäntel, was wir schon in der ersten Nacht bitter bereuten, weil wir uns den Arsch abfroren. Wenigstens kamen wir zwei Nächte bei meinem alten Internatsfreund Werner Fleischmann unter, so dass wir uns zumindest mal ausschlafen und satt essen konnten, aber das brachte uns nicht wirklich weiter. Wir mussten uns eingestehen, dass auch dieser »Ausflug« gescheitert war, und so traten wir erneut die reumütige Heimreise an.

Da ich in der nächsten Zeit immer öfter mit Cooksy unterwegs war, verlor ich Axel Völler etwas aus den Augen. Er kam auch nur noch selten zu den Übungsabenden unserer Band, bis er uns schließlich gar nicht mehr besuchte. Auch von meinem Schulfreund Horst Beil hatte ich lange nichts mehr gehört. Wie ich später erfahren sollte, hatten beide angefangen, Heroin zu spritzen. Axel habe ich bis zu seinem Tod zwei Jahre später nicht mehr zu Gesicht bekommen. Ob Horst noch lebt, weiß ich nicht.

Ich habe viele Bekannte und ein paar Freunde verloren, weil sie mit diesem Scheißzeug angefangen haben. Einmal war ich bei einem Jungen aus meiner Nachbarschaft zu Hause, der gerade clean geworden war und wieder zu schießen anfangen wollte. Ich habe mich mit ihm geprügelt und anschließend die Polizei angerufen, um ihn in eine Suchtstation einliefern zu lassen. Aber der Beamte im Polizeirevier meinte nur, da könne er nichts machen. Drei Wochen später war der Junge tot. Er wurde keine siebzehn Jahre alt. Auch Axel starb vor seinem achtzehnten Geburtstag. Ich war damals, wie man sich vorstellen kann, sehr traurig. Auch heute noch denke ich des öfteren an ihn und unsere verrückte Zeit zurück. Manchmal meine ich, ich hätte besser auf ihn aufpassen müssen. Aber es waren so viele, die mir quasi unter den Fingern weggestorben sind.

Ich habe ein ambivalentes Verhältnis zu den Rauschgiften. Wenn ich so ausführlich über den »Genuss« von LSD und ähnlichen Drogen schreibe, will ich damit lediglich beschreiben, in welche Gefühlslage man kommt und welche optischen Eindrücke einen überwältigen. Aber auch wenn die Erfahrung eines LSD-Trips noch so außergewöhnlich, einzigartig und mit nichts anderem im Leben zu vergleichen ist – wenn Heroin letztendlich der Preis für diese Erfahrung ist, lohnt es sich nie und nimmer. Jedes Rauschgift beinhaltet immer zwei Aspekte: Rausch und Gift. Ein Rausch kann, wie das Wort schon sagt, berauschen, euphorisieren, und das kann man durchaus auch positiv sehen. Aber das Gift bleibt. Ein Gift, das mehr oder weniger stark, je nach Art und Dosierung der Droge, letztlich Körper, Geist und Seele zersetzt.

8
Die Schauspielschule

Im Sommer 1970 meldete ich mich mit meinem Freund Cooksy an der Schauspielschule beim Kölner »Theater der Keller« an. Diese kleine Bühne war 1955 gegründet worden und verstand sich selbst als »Antwort auf verkrustete Strukturen an Stadt- und Staatstheatern und als Angriff auf überholte Inhalte und verstaubte Ästhetik«. Also machten Cooksy und ich uns auf, die Kölner Kunst zu entstauben. Damals war Marianne Jentgens noch die Leiterin, die aber schon vor vielen Jahren gestorben ist. Es wäre wohl nicht ganz aus der Luft gegriffen zu behaupten, dass Cooksy und ich zwei ihrer Sargnägel waren.

Cooksy hatte, was die Schauspielerei betraf, schon seine Erfahrungen: kurze Auftritte in Kölner Schauspielhäusern und im Fernsehen, beim Kindertheater und im Hörfunk. Dagegen war ich, von meinen paar Auftritten im Internat mal abgesehen, noch völlig unbeleckt. Nach dem Motto »Was kostet die Welt?« stolzierten wir beide in die Schauspielschule und meldeten uns zur Aufnahmeprüfung an, die wir auch verhältnismäßig glatt bestanden. Ich wählte beim Vorsprechen eine Passage aus der *Glasmenagerie* von Tennessee Williams. Den kurzen Auszug aus dem Dialog zwischen Jim und Laura kann ich heute noch.

Die Schauspielschule besuchte ich an den Abenden und am Wochenende. Immerhin musste ich ja auch noch meine Installationslehre beenden. Das heißt: Eigentlich besuchten wir nur unsere Einzelunterrichtsstunden und den Ensembleunterricht. Den Rest wie Tanzen, Fechten, Steppen oder gar den gähnend langweiligen Dramaturgieunterricht betrachteten wir eher als vorübergehendes Übel.

Ich wurde in den Einzelstunden anfangs noch von der alten Jentgens selber und später von Gundel Blatt unterrichtet. Der Mann hieß tatsächlich Gundel. Und so spielte er auch. Um nicht missverstanden zu werden: Ich habe weder etwas gegen Schwule noch gegen Schauspiellehrer. Zumindest nicht, wenn der Lehrer auch hetero spielen kann. Aber das war in Gundels Fall undenkbar. Er war eine Vollbluttunte, vom Scheitel bis zur Sohle. Jede Figur, die er einem vorspielte, hatte seinen betörenden Augenaufschlag und diese Teekannen-Armhaltung. Ich bin sicher, er hätte auch den Terminator so angelegt, wenn man ihn nur gelassen hätte. Er war launisch, blitzschnell beleidigt und verfügte über einen beißenden Sarkasmus. Aber sonst war er ein prima Kerl, auf den man zählen konnte, wenn's drauf ankam.

Cooksy und ich hatten nur wenige Freunde auf der Schauspielschule. Etablierte Schauspieler legen ja mitunter schon enervierende Verhaltensweisen an den Tag, aber bei Schauspielschülern ist das noch viel schlimmer. Ich hatte damals den Eindruck, dass viele versuchten, fehlende Berufserfahrung und mangelndes Können mit übertriebener Blasiertheit und Wichtigtuerei zu kompensieren. Im übrigen gilt für Schauspielschüler das gleiche Gesetz wie für ihre ausgebildeten Kollegen: Die wirklich guten sind meistens auch die netten. Leider greift dieses Gesetz in seiner Umkehrung nicht immer. Will heißen: Nicht alle netten sind auch wirklich gut. Aber noch eine andere Gesetzmäßigkeit ist mir an der Schauspielschule aufgefallen: Von den ganzen extrovertierten Strebern, die den Saint Just aus *Dantons Tod* schon nach dem ersten Semester rauf- und runterbeten konnten, hat man nie wieder etwas gehört, während aus einigen anderen, die das Ganze etwas lockerer nahmen, wirklich etwas geworden ist.

Es ist aber auch nicht leicht, für sich den richtigen Weg in die Schauspielerei zu finden. Meines Erachtens gibt es zwei Grundmöglichkeiten, sich einer Figur zu nähern. Diese unterschiedlichen Ausdrucksformen werden exemplarisch durch zwei berühmte deutschsprachige Schauspieler verkörpert: Heinz Rühmann und Klaus Maria Brandauer.

Heinz Rühmann reißt jede Rolle an sich und fragt sich, wie er wohl wäre, wenn er das Schicksal dieser Person zu durchleben hätte. Der Hauptmann von Köpenick ist, wenn Rühmann auf der Bühne oder vor der Kamera steht, nicht länger der Hauptmann, sondern Heinz Rühmann mit dem Schicksal des Hauptmanns. Das hat in meinen Augen den Vorteil, dass alles mit einer großen Natürlichkeit und entsprechend ehrlich dargestellt werden kann. Die Reaktionen und Gefühlsschwankungen sind mehr durchlebt als ausgestellt. Der Nachteil dieser Variante besteht zweifellos darin, dass es dem Betrachter so vorkommen kann, als spiele man jede Rolle gleich oder, wie es dann landläufig gerne heißt, als spiele man nur »sich selber«. Ich kann Ihnen aber versichern, dass es verdammt schwer ist, sich selber zu spielen, weil das eigentlich gar nicht möglich ist. Im Grunde genommen ist es ein wunderbares Kompliment, wenn so etwas von einem behauptet wird, weil es einem ein hohes Maß an Natürlichkeit attestiert.

Klaus Maria Brandauer hingegen schlüpft in die Figur hinein und »spielt« dann den Hauptmann von Köpenick. Und zwar »legt er ihn so an«, wie er meint, dass ein Hauptmann zu sein hat. Er verleiht ihm Gesten und Manierismen, die nicht seine eigenen sind. Ich habe bei Schauspielern dieser Art oft das Gefühl, dass sie nicht in sich ruhen, sondern neben sich stehen und sich selber beobachten. Schlimmstenfalls merkt man ihnen sogar an, wie toll sie das finden, was sie da gerade zum besten geben. Der Nachteil dieser Variante liegt in meinen Augen darin, dass es sehr schwer sein dürfte, eine unbedingte Ehrlichkeit an den Tag zu legen. Wirklichen Fachleuten bleibt dieses Manko nur selten verborgen. Der Vorteil liegt in der Wandelbarkeit eines Schauspielers. Der Laie neigt daraufhin zu der Beurteilung: Das ist ein toller Schauspieler, der ist wirklich jedes Mal anders.

Da ich persönlich der Meinung bin, dass das höchste Gut eines Schauspielers seine Ehrlichkeit ist, bin ich logischerweise ein Verfechter der ersten Kategorie. Aber letztlich ist das Geschmackssache, und es gibt sicherlich einen Haufen guter Schauspieler, die der zweiten Kategorie angehören. Klaus Maria Brandauer ist einer davon.

Da wir also die anderen Unterrichtsfächer nur sporadisch besuchten, kam es, wie es kommen musste. Eines schönen Tages erkundigte sich Frau Jentgens bei dem Dramaturgielehrer nach uns: »Wie machen sich denn Müller und dieser Lauterbach?«

»Wer ist das?« lautete seine knappe Gegenfrage.

Als sie von anderen Lehrern ähnliche Reaktionen zu hören bekam, zitierte sie uns in ihr Büro. Da standen wir nun vor ihr. Cooksy war alles andere als ein Hasenfuß, und auch ich hatte ja schon in der Volksschule nichts für pädagogische Autorität übriggehabt, so dass wir der Sache nicht allzu aufgeregt entgegensahen. Das hinderte die gute Frau Jentgens, immerhin selber Schauspielerin, aber nicht daran, uns eine erboste Schauspielschulleiterin zu »geben«. Und zwar mit allen Mitteln, die ihr zur Verfügung standen.

»Ihr wollt also Schauspieler werden?« begann sie ihren Monolog. Eine Frage, die wir angesichts unseres halbjährigen Aufenthalts auf der Schauspielschule ziemlich überflüssig fanden. Entsprechend einsilbig fielen auch unsere Antworten aus.

»Klar«, sagte Cooksy.

»Unbedingt«, erwiderte ich immerhin dreisilbig.

»Verstehe ...« – die anschließende dramaturgische Pause geriet ihr ein wenig zu lang. »Und da habt ihr euch gedacht, da wir ja so begnadete Künstler sind, die ihr Talent schon mit der Muttermilch aufgesogen haben, setzen wir uns mal über alle üblichen Normen hinweg und boykottieren einfach die belanglosen Anforderungen dieses Instituts?«

Treffender hätte sie das eigentlich nicht ausdrücken können. Aber da wir den Sarkasmus sehr wohl erkannten, vermieden wir, ihr das zu bestätigen. Statt dessen gaben wir nun unsererseits die reumütigen Schüler, die Besserung gelobten.

»Wir dachten«, begann ich stotternd einen Erklärungsversuch, »wir dachten, wir konzentrieren uns erst mal auf unsere Ausdrucksformen, bevor wir ins Inhaltliche gehen.«

Diese Begründung war ziemlich fadenscheinig, doch ich war irgendwie stolz darauf. Frau Jentgens brachte sie dagegen in Rage.

»Papperlapapp!« – das hatte ich von meinem Opa schon mal gehört – »Ihr seid stinkend faul und glaubt, es fliegt euch alles nur so zu. Ihr meint, ihr könnt diesen schwierigen Beruf erlernen, ohne euch eine fundierte Basis zu schaffen, die sich unter anderem in Form von dramaturgischem Wissen und künstlerischen Inhalten ausdrückt. Ihr glaubt, mit ein bisschen Faxenmacherei sei es getan.«

Wieder hatte sie, was unsere Vorstellungen betraf, den Nagel auf den Kopf getroffen.

»Nein, nein, überhaupt nicht«, logen wir, dass sich die Bühnenbretter bogen – die Bretter, die wir so schnell nicht mehr betreten sollten. Denn die gute Frau Jentgens tat, was sie tun musste: Sie warf uns von der Schule.

Cooksy und ich waren uns einig darin, dass sie unserem Entschluss, freiwillig zu gehen, nur einige Tage zuvorgekommen war. Das hier war definitiv nicht unsere Welt. Also beschlossen wir, uns auf dem freien Markt umzusehen. Was in unserem Fall nichts anderes hieß, als die kleinsten Theaterklitschen abzugrasen, die wir finden konnten. Denn welches vernünftige Theater nimmt schon zwei Siebzehnjährige, die noch nicht mal das erste Semester einer Schauspielschule überlebt, geschweige denn schon mal irgendwo gespielt hatten?

9
Die Kumpels aus'm Miljö

Meine Suche nach einem Theaterengagement wurde von zwei Dingen nachhaltig gebremst. Zum einen von der Tatsache, dass ich noch meine Lehre beenden musste, und zum anderen von Josef Franken und Jürgen Zeltinger, der auch »De Plaat« genannt wurde. »Plaat« heißt auf hochdeutsch Platte, also Glatze. Bei den Kölnern besteht in der Regel ein sehr direkter und kompromissloser Bezug zwischen ihren Spitznamen und ihrem Äußeren. Wenn jemand Peter heißt und schielt, nennen sie ihn beispielsweise »der scheele Pitter«, der schielende Peter. Ein anderer heißt »Schäfers Nas«. Das ist ebenfalls ein Mann aus dem Kölner Milieu, der allerdings nicht *nur* durch seine mächtige Nase auffällt. Der »Kastekopp« war einer der ersten Rolls-Royce-Fahrer aus der Kölner Halbwelt, der seinen Namen seinem quadratischen Schädel verdankte, mit dem er aussah wie der direkte Nachkomme von Fred Feuerstein.

Bei manchen Bezeichnungen muss man aber auch die Legende dahinter kennen, sonst kann man mit ihnen nicht viel anfangen. So gab es zum Beispiel einen lustigen Gesellen, der in Köln nur »die Banan« gerufen wurde. Diesen exotischen Namen hatte er einer Marotte zu verdanken, die ihn stadtbekannt werden ließ. Und zwar pflegte er junge Damen zu einem vermeintlich unverfänglichen Kinobesuch einzuladen. Vorher kaufte er an einem Obststand eine Tüte Bananen. Im Kinosaal nahm er dann heimlich die Bananen heraus und riss die untere Spitze der Tüte ab. Durch das so entstandene Loch steckte er sein schon erigiertes Glied und bot den

Damen dann vom Obst an, indem er ihnen die Tüte hinhielt. Diese staunten natürlich nicht schlecht, als sie statt der Bananen *seine* pulsierende Frucht in Händen hielten.

Die Reaktionen auf dieses Täuschungsmanöver waren unterschiedlichster Art und wohl auch ein bisschen abhängig von der Herkunft der Auserwählten. Während die einen sich wohl ihren akuten Vitaminmangel vor Augen hielten und das verführerische Obst gleich mit Haut und Haaren verschlingen wollten, brachten die anderen ihr Missfallen durch eine schallende Ohrfeige zum Ausdruck. Aber so oder so – die »Banan« war hart im Nehmen.

Immer häufiger traf ich mich nun mit Josef Franken und Jürgen »De Plaat« Zeltinger und geriet zunehmend in den Sumpf der Kölner Halb- und Unterwelt. Wenn ich mit ihnen zusammen war, hatten wir nur einen Plan: fürchterlich saufen, durch die Stadt stromern und die Zeit totschlagen. Wobei man nur von den wenigsten Aktivitäten, mit denen wir uns die Zeit vertrieben, behaupten kann, dass sie rechtens waren.

Da wir chronisch pleite waren, mussten wir zwangsläufig die Zeche prellen, und ein entsprechend schlechter Ruf ging uns bei den Kölner Wirten voraus. Aber darüber setzten wir uns hinweg, indem wir entweder die Angst der armen Wirtsleute vor uns ausnutzten oder es mit List und Tücke irgendwie schafften, wieder einen neuen Deckel zu machen.

Ein bewährtes Mittel, an Geld zu kommen, war der Löffeltrick. Nachdem wir den ganzen Tag und fast die ganze Nacht in einer Kneipe gesoffen hatten, fingen wir an, am Tresen über den Löffeltrick zu diskutieren. Erst leise, dann immer lauter werdend, bis sich der Wirt schließlich einmischte und mehr darüber erfahren wollte. Zuerst zierten wir uns ein bisschen.

»Dieser Trick ist so unbegreiflich, den kapierst du sowieso nich«, dozierte die Plaat.

»Außerdem sind wir im magischen Zirkel«, warf Josef ein, »den dürfen wir gar nich verraten, selbst wenn wir es wollten.«

»Aber vielleicht könnten wir ja bei Jupp (oder wie immer der Wirt gerade hieß) eine Ausnahme machen«, gab ich meinen Senf dazu.

Nach der anfänglichen Entrüstung meiner Mitstreiter gaben sie schließlich nach, und wir versprachen dem Wirt, ihn einzuweihen. Natürlich bedurfte es noch einiger Utensilien, um den Trick vorzuführen.

»Tu uns doch mal nen Fuffi, zwei Zwanziger, vier Zehner und acht Fünfmarkstücke«, nuschelte die Plaat eher beiläufig.

»Plaat, du bist zu blöd, um 'n Loch in 'n Schnee zu pissen.« Josef wandte sich an den Wirt: »Wir brauchen zwei Fuffis und nur einen Zwanziger, der Rest wie gehabt. Und 'nen Löffel natürlich.«

Günstig war es, wenn die Kneipe keine Küche hatte und der Wirt sich erst einen Löffel besorgen musste. Zum einen lenkte ihn das von der Bargeldforderung ab, und zum anderen konnten wir durch konsequentes Beharren auf dem Löffel unsere Glaubwürdigkeit unterstreichen und vermitteln, dass es keineswegs ausschließlich um das Geld ging.

Während ich dem zunehmend verwirrten Wirt bei der Zusammenstellung der Requisiten half, fingen Josef und die Plaat einen handfesten Streit an. Damit die Sache möglichst glaubwürdig war, musste man, wenn der Wirt einen kleinen Löffel anbrachte, auf einem großen bestehen und umgekehrt. Beim Trickbetrug kommt es auf Winzigkeiten an, die zusammengenommen ein rundes Bild ergeben müssen.

Die Plaat und Josef stritten sich nun so heftig, dass in Bälde mit einer körperlichen Auseinandersetzung zu rechnen war. Eher beiläufig nahm ich das Geld und den Löffel an mich und schlug dem Wirt vor, für die Vorbereitung des Löffeltricks, die ohnehin etwas Zeit in Anspruch nehmen würde, nach draußen zu gehen und die beiden Streithähne gleich mitzunehmen. Vor lauter Erleichterung, der drohenden Kneipenschlägerei entgangen zu sein, stimmte der Wirt zu. Draußen machten wir uns dann möglichst geräuschlos vom Acker.

Wieder einmal hatten wir uns einen kostenlosen Tag um die Ohren gehauen, die Bäuche mit allerlei Ungesundem vollgeschlagen und sogar noch ein bisschen »Rollgeld« in der Tasche. Von solchen Darbietungen hatten wir einige auf der Pfanne, die wir je nach Lust und Laune und den Umständen entsprechend variierten.

Die Haare eines Drummers

In den nächsten Jahren erweiterte sich mein Bekanntenkreis in der Halb- und Unterwelt immer mehr.

Nicht, dass ich besonders stolz darauf wäre, aber eine Biographie ist nun mal kein Wunschkonzert. Insofern will ich auch vor weniger ruhmreichen Erfahrungen nicht zurückschrecken. Andererseits muss ich gestehen, dass mich viele verbotene Dinge, die wir damals unternahmen, einfach fasziniert haben. Viele Figuren in der Halb- und Unterwelt sind ausgesprochen unterhaltsam. Es gibt sogar ein paar korrekte Gesellen unter ihnen, auf die man sich wirklich verlassen kann. Aber dass wahre Freundschaften nur dort zu finden seien, halte ich für ein Gerücht. Auch auf den sogenannten Ehrenkodex, den man vorzugsweise bei Ganoven antreffen soll, kann man sich nicht verlassen. Hier wie überall sonst auch gibt es solche und solche.

Das zeigten auch meine Erfahrungen auf dem Bau, wo ich mit meinen Haaren, die mir mittlerweile weit über die Schultern hingen, mitunter meine liebe Mühe hatte. Für den Schlagzeuger einer Band gehörte sich das natürlich, aber für viele Arbeiter hatte ein Hippie auf dem Bau nichts verloren, und so gab es oft Streitereien, wenn nicht sogar Handgemenge.

So schlängelte ich mich jeden Tag aufs neue durch die gesellschaftlichen Schichten: Frühstück in der Luxusvilla, Mittagessen im Rohbau, und abends und nachts mit Hippies kiffen oder mit Dieben, Verbrechern und Zuhältern saufen.

10
Auf nach Ibiza

Mittlerweile war ich mit Mo Jäger befreundet, einem süßen Hippiemädchen, das ich im Lovers Club kennengelernt hatte. Mo war ein Jahr jünger als ich, also erst zarte siebzehn, sah aber schon wesentlich älter aus und verfügte auch über die Erfahrungen ihres Aussehens. Sie war ein richtiger »Schuss«, wie man in Köln zu sagen pflegt: ein Mädchen, nach dem man sich auf der Straße umdreht. Sie sah aber nicht nur blendend aus, sondern hatte auch noch was im Kopf und einen einwandfreien Charakter. Sie war der klassische Typ zum Pferdestehlen. Leider war sie, wie so viele liebenswerte und gutmütige Menschen, etwas labil.

Im Sommer 1971 arbeitete ich im »Keks« als Türsteher. Das Keks gehörte einem verrückten Kölner, der hauptsächlich damit beschäftigt war, mit seinem Lotus super seven durch die Stadt zu rasen. Er hatte gleich um die Ecke vom Keks noch eine Kneipe, namens »Drops«. Dort traf sich unsere ganze Clique jeden Tag. Wir tranken, spielten Billard, kickerten, würfelten oder hingen einfach nur rum und blödelten vor uns hin.

Eines schönen Abends in der Adventszeit 1971 hingen wir wieder mal im Drops ab. Die Plaat war dabei, irgendeinen Jüngling anzubaggern, Josef versuchte einen Studenten beim Würfeln zu übervorteilen, und Benni, ein Junge, der ebenfalls zum harten Kern unserer Clique gehörte, drehte die Joints. Mo und ich fläzten auf der Bank rum und knutschten. Auf dem Plattenteller drehte sich unser geliebter Joe Cocker und flehte mit seiner rauh-weichen Stimme um »a little help from his friends«. Obwohl gerade der zehnte Joint kreiste, wollte keine richtige Stimmung aufkommen. Das kam selten genug vor und wenn, dann war es meistens nur von kurzer

Dauer. Plötzlich schlug Josef vor, einen kleinen Ausflug zu machen.

»Ich hab sowieso genug von der kölschen Luft«, hauchte Benni, der kaum noch aus seinen knallroten Augen gucken konnte.

Es wurden die unterschiedlichsten Ziele erwogen. Immer weiter spannte sich der Bogen um Köln, bis wir schließlich bei Ibiza landeten. Das war 1971 zwar noch ein Geheimtip, aber Mo war schon mal da gewesen und wusste nur Gutes von der Insel zu berichten. Ich hatte gerade mal wieder die Schnauze voll vom Bau und war direkt dabei. Josef musste man bei unnützen Aktionen nie zweimal fragen, und Benni war viel zu bekifft, um ernsthaften Protest einzulegen. Mo zog es vor, sich erst noch standesgemäß von ihren Eltern zu verabschieden und dann nachzukommen. Plaat wollte nicht ohne seine neue Liebe los, der dazu aber noch nicht bereit war. Also schwangen sich Benni, Josef und ich in den grünen VW-Variant, den mein Vater mir zur bestandenen Führerscheinprüfung als Firmenwagen vor die Tür gestellt hatte, und ab ging die Post. Mit Mo verabredete ich mich eine Woche später am Hafen von Ibiza.

Die bevorstehenden Abenteuer vor Augen, waren wir bester Laune. Der Tank war voll, und unser Proviant belief sich immerhin auf eine Flasche Wasser, drei Flaschen Kölsch, die letzten hartgekochten Eier aus dem Drops und vier Gramm Haschisch, die Benni noch in der Tasche hatte. Genug, wie wir fanden, für einen interkontinentalen Ausflug. Lediglich unsere Bargeldmasse ließ zu wünschen übrig. Trotz mehrmaligen Zählens kamen wir nicht über achtzig Mark. Da mussten wir uns also noch was einfallen lassen.

Die Lösung für das Tankproblem hatten wir schnell gefunden: Wir besorgten uns an einer Tankstelle ein Stück Schlauch und einen Zehn-Liter-Benzinkanister. Dann suchten wir uns in abgelegenen Straßen, vorzugsweise nachts, Autos, aus deren Tank wir mit dem Schlauch Benzin in den Kanister zapften, um es dann in unseren eigenen Wagen zu füllen.

Das Nahrungsproblem lösten wir ähnlich unspektakulär: Zu dritt rein in einen kleinen Laden mit wenig Personal und möglichst ohne Kundschaft. Dann sternförmig bis in die hintersten Ecken und Winkel ausschwärmen. Wer sich nun unbeobachtet fühlte, klaute das, was wir so brauchten. Die kleinen französischen Orte wurden von uns regelrecht heimgesucht. Manchmal klingelte schon das Telefon, wenn wir ein Geschäft betraten. Das war dann der Besitzer des Ladens, den wir zuvor durchstöbert hatten, der seinen Kollegen warnen wollte. Manchmal, wenn wir erwischt wurden, mussten wir unseren Rückzug etwas zügiger gestalten, aber alles in allem funktionierte das prima, und wir vagabundierten quer durch das schöne Frankreich bis nach Marseille.

Nur einmal hatten wir ernsthafte Probleme. Und zwar mussten wir uns, weil wir nachts nicht »vollgetankt« hatten, tagsüber Sprit besorgen. Benni stand Schmiere, während sich Josef und ich auf einem großen Parkplatz an einem fremden Simca vergingen. Plötzlich stand ein wild fluchender Parkplatzwächter hinter uns, den Ben offensichtlich übersehen hatte. Der gute Mann machte Anstalten, uns festhalten zu wollen und die Polizei zu rufen.

Wir machten ihm mittels unserer Körpersprache deutlich, dass wir keinesfalls gewillt waren, uns auf sein Vorhaben einzulassen, und packten unser »Werkzeug« ruhig, aber resolut ein, um dann das Weite zu suchen. Den Schlauch, das einzig verräterische Indiz, schmissen wir unterwegs vorsichtshalber aus dem Fenster. Das sollte sich ein paar Kurven später als weiser Entschluss bestätigen, denn hier war eine Polizeisperre aufgebaut. Wir hatten da wohl einen ungewöhnlich pflichtbewussten Parkplatzwächter erwischt.

Ben, der auf der Rückbank saß, während ich fuhr, raunzte mir ins Ohr: »Gib Gas!«

Zum einen, das wusste ich, war er ein Freund von Steve-McQueen-Filmen. Zum anderen hatte er vermutlich keine Lust, die restlichen Krümel Haschisch herunterzuschlucken, was bei einer Durchsuchung durch die Polizei zu empfehlen gewesen wäre. Die eine Sekunde, die mir Zeit blieb, über seinen Vorschlag nachzudenken, genügte mir allerdings, um mich gegen Steve McQueen zu entscheiden. Das war die Sache wirklich nicht wert. Den Schlauch hatten wir ja glücklicherweise rausgeschmissen, und wenn Ben, was ich doch sehr hoffte, seinen restlichen Pot noch irgendwie loswurde, hatten wir ja nichts zu befürchten.

Ich bremste also vor der Sperre ab, und wir wurden von den

Polizisten so empfangen, wie man sich das auf einer französischen Landstraße vorstellt. Zumindest, wenn man, wie ich, Alain-Delon-Filme liebte. Nach dem vollen Programm (Beine auseinander, Hände aufs Dach) schleppten uns die misstrauischen Dorfpolizisten mit auf die Wache. Dort versuchten sie uns zu verhören. Da aber keiner von uns französisch sprach und von denen wiederum keiner deutsch oder englisch, wurde es ein verhältnismäßig kurzes Verhör. Ich meine bei der Verabschiedung noch verstanden zu haben, wir sollten auf direktem Weg das Land verlassen und nie wiederkommen.

Doch bevor wir das Land verlassen konnten, verließ Benni erst einmal seinen Körper. Er hatte den Shit gefressen, was ihm aber gar nicht zu bekommen schien. Man muss wissen, dass die Wirkung von Haschisch, wenn man es schluckt, zwar länger auf sich warten lässt, dann aber um ein vielfaches stärker ist.

Benni war der festen Überzeugung, in einem Flugzeug zu sitzen. Josef redete sanft auf ihn ein, gab ihm zu verstehen, dass der Variant wirklich viel könne und zweifellos das beste Fahrzeug wäre, das man sich vorstellen könne. Aber fliegen – fliegen könne selbst der Variant nicht …

Wir kamen spät abends in Marseille an und beschlossen, uns im Hafen eine Arbeit zu suchen. Wir mussten unbedingt etwas Geld verdienen, um mit dem Wagen später von Barcelona aus mit der Fähre nach Ibiza übersetzen zu können.

Erst einmal gönnten wir uns aber einen freien Tag, suchten eine öffentliche Duschanstalt auf und brachten uns ein bisschen auf Vordermann. Abends wollten wir dann auf dem Markt das Nötigste zu essen stehlen. Das sollte sich als schwieriger herausstellen, als wir erwartet hatten. Marseille ist ein kriminelles Pflaster, in dem es von Ganoven jeglicher Kragenweite nur so wimmelt. Dort irgend jemandem auch nur einen Hosenknopf zu stehlen schien uns fast unmöglich, aber Josef war ein sturer Hund und gab keine Ruhe, bis er uns einigermaßen versorgt hatte. Gegen Abend setzten wir uns in den Wagen, verteilten die Beute und machten uns über sie her. Wir tranken noch ein Bier und fühlten uns pudelwohl – bis Josef feststellte, dass sie ihm seinen Pass gestohlen hatten. Die französischen Ratten hatten den Kölner Mäuschen gezeigt, wo der Hammer hängt.

Dass Josef sich nun nicht mehr ausweisen konnte, hatte zur Folge, dass wir von nun an sämtliche noch zu überschreitenden Grenzen mehr oder weniger illegal passieren mussten. Aber auch das tat unserer guten Laune keinen wirklichen Abbruch. Wir mummelten uns in unsere Decken und Mäntel, quatschten noch ein bisschen über die Dinge des Lebens und schliefen schließlich, von Joe Cocker begleitet, ein.

In den nächsten Tagen arbeiteten wir im Hafen und brachten so das Geld für die Fähre nach Ibiza zusammen. Die Hafenarbeiter waren im Gegensatz zu ihrem Aussehen ganz umgängliche Kerle. Einige waren sogar recht nett. Bis Josef das Zocken anfing und ihnen die hart verdienten Francs aus der Tasche ziehen wollte. Das hatten die natürlich gar nicht gerne, und so wurde es wieder mal Zeit für einen kleinen Standortwechsel.

Wir fuhren also Richtung Barcelona und überquerten in einem kleinen Dörfchen die spanische Grenze. Während Benni und ich ganz offiziell einreisten, passierte Josef ein paar hundert Meter weiter die grüne Grenze, und wir trafen uns auf spanischem Territorium wieder. Wir fuhren dann über Valencia nach Barcelona, von wo aus wir nach Ibiza übersetzten. Auf der Fähre hatten wir die erste härtere Begegnung mit »Osborne 103«, dem spanischen Brandy.

Ibiza war 1971 wirklich noch eine tolle Insel. Speziell jetzt, im Dezember, war es wunderschön dort. Man fing gerade erst an, die Insel für den Tourismus zu erschließen. Außer ein paar wenigen hartgesottenen Hippies und den Ibizenkos war dort niemand zu finden. Wir mieteten uns für fünfzig Mark im Monat eine kleine Finca in den Bergen, nördlich von Ibiza-Stadt. Wie verabredet, stieß dann noch Mo zu uns, und wir verlebten eine glückliche, harmonische Zeit.

Benni hatte schon nach ein paar Tagen ein Mädchen kennengelernt: Susi aus Braunschweig. Da sie keine feste Bleibe hatte, zog sie bei uns ein.

Ich schickte meinen Eltern, die ja keine Ahnung hatten, wo ich abgeblieben war, einen Brief, in dem ich ihnen mitteilte, dass es mir gutginge und dass sie sich keine Sorgen zu machen brauchten.

Unsere beiden Mädchen lernten auf einem ihrer Bummel durch die Altstadt den Bauherrn des ersten Appartementkomplexes auf Ibiza kennen und bezirzten ihn so, dass er Benni, Josef und mich schließlich als Hilfsarbeiter einstellte. Das sah dann so aus, dass Benni und Josef die Gräben aushoben für die Leitungen, die ich dann zu verlegen hatte. Wir verputzten aber auch Fincas, um sie später zu weißeln, oder machten andere Arbeiten, die gerade anfielen.

Obwohl ich im Moment, wie zu Hause auch, auf dem Bau arbeiten musste, war ich glücklich. Ich lebte in diesem Winter meine Interpretation der Freiheit, die unter anderem darin bestand, dass wir mitunter die Partner tauschten. Susi und ich hatten schon so ziemlich von Anfang an ein Auge aufeinander geworfen, und Mo und Benni kannten sich von früher und waren einander immer noch sehr verbunden. Es war wie in einer alten Berliner Kommune. Mit dem Unterschied, dass wir in der Sonne lagen, anstatt in verrauchten Küchen über Politik zu diskutieren. Lediglich Josef guckte sexuell ein bisschen in die Röhre, aber der verbrachte sowieso die meiste Zeit damit, sich durch die ibizenkischen Botegas zu saufen.

Im Februar 1972 hatten wir die Schnauze voll vom Inseldasein und fuhren nach Köln zurück. Zu Hause war natürlich schlechte Stimmung. Meine Eltern waren sauer, weil ich mich so klammheimlich aus dem Staub gemacht hatte und dass nun auch noch die Lehre meinem Freiheitsdrang zum Opfer fallen sollte. Wir einigten uns darauf, dass ich erst mal meine Ausbildung beendete und dann eine ausgedehnte Weltreise machen dürfte. Das hörte sich doch ganz gut an, zumal die verbleibende Lehrzeit sowieso nur noch ein halbes Jahr betrug. Ich ging also wieder auf den Bau und wartete auf den Tag der Abschlussprüfung. Die absolvierte ich dann, wenn auch mit Hilfe einiger Spickzettel und vorgefertigter Arbeiten, einigermaßen ansehnlich.

11
Die Asienreise

Im März 1973 machte ich mich mit Cooksy auf, die Welt zu erobern. Ein Jahr lang wollten wir durch Asien reisen. Wir kratzten unsere letzten Ersparnisse zusammen, ich verscherbelte sogar mein Schlagzeug, und kauften uns einen fünfzehn Jahre alten Unimog, der weiß Gott schon bessere Tage gesehen hatte. Aber für unsere Zwecke war der Wagen ideal. Er hatte ein Tropendach, war also besonders wärmeisoliert, eine Seilwinde unter dem Kühler und noch vielen anderen exotischen Schnickschnack. Wir ließen den Unimog safarimäßig im Zebramuster lackieren. Das war zwar komplett überflüssig, sah aber toll aus. Dann bauten wir zwei übereinanderliegende Schlafpritschen ein und packten eine riesige Werkzeugkiste, einen Spirituskocher, unsere beiden Gitarren, große Mengen an Proviant und eine Machete ein. Man konnte ja nie wissen. Auf dem Tropendach befestigten wir, mittels einer schweren Eisenkette, die mit einem Vorhängeschloss gesichert wurde, acht Zwanzig-Liter-Benzinkanister. Für den Fall, dass wir einmal längere Strecken ohne Tankmöglichkeit zurücklegen mussten. So ausgerüstet, machten wir uns auf den Weg.

Der alte Unimog fuhr maximal neunzig Stundenkilometer, so dass wir in München schon das erste Mal übernachten mussten. Über Österreich, Jugoslawien und Rumänien kamen wir an den Bosporus.

Istanbul war die erste wirklich aufregende Stadt auf unserer Reise. In dieser hupenden, stinkenden, schwitzenden Stadt spürte man förmlich, wie man langsam in den Orient eintauchte. Die Türkei hinterließ einen nachhaltigen Eindruck bei mir. Die Türken sind ein unheimlich sympathisches Volk und dazu noch sehr deutschfreundlich. Wenn man bedenkt, wie sie hierzulande mitunter behandelt werden, ist das um so erstaunlicher.

Kurz vor Ankara streikte unser Auto. Es wollte morgens einfach nicht mehr anspringen. Wir kontrollierten die Zündkerzen und einiges mehr, konnten den Fehler aber nicht finden. Also ließen wir es in eine kleine Werkstatt schleppen. Es handelte sich um den klassischen türkischen Einmannbetrieb. Der Inhaber, Geselle, Meister und Prokurist in einer Person, hieß Refik und war ein feiner Kerl. Er brachte uns mit Händen und Füßen bei, dass unsere Zylinderkopfdichtung gerissen sei. Also machten wir es uns ein paar Tage auf seinem Hof bequem und warteten darauf, dass Refik unseren Wagen reparierte. Seine riesige Familie hatte uns schnell ins Herz geschlossen und kümmerte sich rührend um uns. Seine Söhne zeigten uns die Umgebung, während seine Frau und die Töchter für uns kochten. Während Cooksy mit der asiatischen Küche nichts anfangen konnte, ließ sie für mich keine Wünsche offen. Meine Mutter hatte immer schon sehr scharf für mich gekocht, so dass ich mich diesbezüglich nicht umstellen musste. Überhaupt mag ich jedes Gericht, in dem frische Zwiebeln und frischer Knoblauch enthalten sind. Na ja, außer Vanillepudding vielleicht.

Refik hatte ein riesengroßes türkisches Bad in seinem Häuschen, das wir auch benutzen durften. Uns ging es also rundum gut, so dass wir fast ein wenig traurig waren, als Refik uns nach ein paar Tagen mitteilte, dass der Wagen wieder lief. Wie immer, wenn er sprach, bewegte sich sein riesiger Schnauzer lustig auf und ab, und seine pechschwarzen Augen funkelten einen an. Als wir uns voneinander verabschiedeten, glaubte ich in diesen Augen so etwas wie Trauer zu entdecken. Sie waren etwas glänzender als sonst. Er zwinkerte mir zu, nachdem er mich umarmt hatte.

Sie mögen mir das vielleicht nicht glauben, aber ich muss oft an Refik denken. Obwohl ich viele türkische Bekannte und auch ein paar Freunde aus diesem Land habe, sehe ich ausgerechnet ihn immer wieder vor mir. Zum Beispiel, wenn es um die Integration von Ausländern geht. Oder wenn ich in irgendeinem Amt stehe und sehe, wie manche Beamte unsere türkischen Mitbürger behandeln, wenn diese versuchen, ihre mühsam erworbene Arbeitserlaubnis zu verlängern. Oder wenn ich einen Türken einsam auf der Straße stehen sehe. Sein Gebetskettchen in der Hand, die dunklen Augen traurig in die Ferne gerichtet. Immer dann muss ich an den Kfz-Mechaniker aus diesem kleinen Örtchen in der Nähe von Ankara denken, der uns in den paar Tagen, in denen wir Fremde in einem so großen Land waren, behandelt hat wie seine eigenen Söhne.

Mit unserem Unimog, der wieder schnurrte wie ein Kätzchen, machten wir uns auf den Weg nach Persien, dem heutigen Iran. Über Teheran erreichten wir die persische Salzwüste. Man hatte uns vorher gesagt, dass wir etwa eine Woche brauchen würden, um sie zu durchqueren. Und dass wir genug Sprit mitnehmen sollten. Wir machten also unsere Benzinkanister randvoll und versorgten uns mit der nötigen Menge an Lebensmitteln und Trinkwasser.

Durch die gesamte Wüste führte eine sogenannte Wellblechpiste – eine Sandpiste, die durch Wind und Wetter eine wellblechartige Oberfläche bekommen hatte –, so dass wir nur im Schrittempo vorankamen. Wir hatten fast schon die Hälfte der Strecke hinter uns, bevor wir an die erste Tankstation gelangten, an der wir unsere Reservekanister, das Trinkwasser und unsere Lebensmittelvorräte wieder auffüllen und uns ein bisschen frisch machen konnten. Cooksy und ich staunten nicht schlecht, als wir auf der Toilette den ersten Lufthändetrockner unseres Lebens sahen.

Am nächsten Tag kamen wir in einen Sandsturm, der uns veranlasste, unsere Fahrt zu unterbrechen. Gegen Abend wurde der Sturm so heftig, dass an ein Weiterfahren beim besten Willen nicht zu denken war. Wir beschlossen also, an Ort und Stelle zu übernachten, aßen noch eine Kleinigkeit und machten es uns in den Betten gemütlich, die sich in dem abgeschlossenen Heck des Unimogs befanden. Ich las noch ein wenig, und Cooksy schrieb in unserem Tagebuch.

Als er das Datum eintragen wollte, fiel ihm auf, dass ich in ein paar Stunden Geburtstag hatte. Wir sprangen also wieder auf und beschlossen, die Sache gebührend zu feiern. Immerhin wurde ich zwanzig. Ich reifte sozusagen im Sturm vom Teenie zum Twen.

Da an ein Verlassen des Wagens nicht zu denken war, beschlossen wir, uns wenigstens einen Tee zu machen, mit dem wir dann anstoßen konnten. Cooksy aktivierte den Spirituskocher, und ich suchte in unserer Proviantkiste nach ein paar Keksen. Dabei kamen wir uns so ungeschickt in die Quere, dass der Spirituskocher umfiel und sich ziemlich schnell ein recht ansehnlicher Zimmerbrand ausbreitete. Blöderweise befand sich der Brandherd vor der einzigen Tür, durch die wir den Unimog hätten verlassen können. Und diese Tür war nur von außen mittels eines Schlüssels abzusperren. Wir hatten uns aus Sicherheitsgründen angewöhnt, die Tür zu verriegeln, wozu wir durch ein kleines Fenster greifen und sie von außen abschließen mussten. Selbstredend ließ sie sich auch nur auf diesem Wege öffnen. Dieses Prozedere nahm aber so viel Zeit und Fingerspitzengefühl in Anspruch, dass es nur zu bewerkstelligen war, wenn einem nicht gleichzeitig der Arsch wegbrannte.

Wir mussten also sehen, dass wir die Flammen unter Kontrolle bekamen. Da wir unsere Trinkwasservorräte nicht verantwortungslos reduzieren durften, nahmen wir, was uns in den Weg kam, um die Flammen zu ersticken. Rein zufällig fielen mir hauptsächlich Cooksys Sachen in die Hände, während er vorzugsweise mit meinen Klamotten löschte. Aber wie sagte Bertolt Brecht so schön? »Erst kommt das Fressen, dann die Moral.« Auf unseren Nenner gebracht: »Erst kommt Cooksys Hose, dann kommt mein Anorak.«

Letztlich schafften wir es, das Feuer zu ersticken. Zwei Dinge hatten wir aus dieser fatalen Situation, die uns fast das Leben gekostet hätte, gelernt. Erstens: Nie ein Feuer in verschlossenen Räumen entfachen. Noch dazu, wenn sie nur von außen zu entriegeln sind. Und zweitens: An Geburtstagen nicht mit Tee anstoßen. An beide Regeln habe ich mich bis heute strikt gehalten. Man wäre ja auch zu blöd, wenn man aus so einschneidenden Erfahrungen nicht lernen würde.

*

Hinter Mesched passierten wir die afghanische Grenze. In Afghanistan war zu dieser Zeit, davon gingen wir jedenfalls fest aus, Haschisch legalisiert, was wir zum Anlass nahmen, uns gleich beim afghanischen Zöllner für zwei Dollar einen fetten Klumpen Schimmelafghane zu erwerben, den er uns freizügig zum Kauf angeboten hatte. Wir fuhren noch am gleichen Tag bis nach Herat, wo wir uns im »Friend's Hotel« niederließen, einer Art Campingplatz, auf dem die durchreisenden Hippies gerne ihre Autos parkierten, um sich eine Weile von den Strapazen der Reise zu erholen.

Hier lernten wir »Plauscher Fred« kennen, einen siebenundzwanzigjährigen, kauzigen Wiener, der schon seit geraumer Zeit durch Asien fuhr. Er war ebenfalls mit einem Unimog unterwegs, auf den er sich ein gläsernes Isetta-Dach montiert hatte. So konnte er nachts, wenn er vollgedröhnt im Bett lag, die Sterne beobachten. Fred fraß uns gleich am ersten Abend unsere letzte Salami aus Deutschland weg. Aber er war der Typ Wiener, dem man einfach nicht böse sein konnte. Mit dem typischen Wiener Schmäh ausgerüstet, war er, wie sein Spitzname schon sagt, immer für einen kleinen Plausch zu haben.

Am nächsten Morgen mussten wir feststellen, dass der plauschige Fred auch unsere letzte Dose Ölsardinen verputzt hatte. Wir verbrachten noch einen gemütlichen Tag und Abend im Friend's Hotel, den Fred nutzte, um sich den Rest unserer Kekse einzuverleiben, und machten uns dann vom Acker. Wir wollten ziemlich zügig nach Kathmandu. Außerdem mussten wir dieser fleischgewordenen Nahrungsvernichtungsmaschine irgendwie entkommen.

Unser Weg sollte uns über Kandahar nach Kabul führen. Die Tatsache, dass wir uns mit dem Unimog jeden Kilometer der Strekke mühsam »erarbeiten« mussten, war für unser Bewusstsein von dieser Reise enorm wichtig. Wir näherten uns dadurch immer wieder sehr vorsichtig und behutsam einem Land und beschnupperten es gewissermaßen erst einmal, bevor wir uns seiner exotischen Anziehungskraft hingaben. Das betraf die Landschaft, die Menschen, die Kultur und die Religion gleichermaßen. So tauchten wir ganz langsam in den herrlich schillernden Orient ein. Das ist ganz etwas anderes, als sich in ein Flugzeug zu setzen und nach Kathmandu zu fliegen. Dort steigt man dann aus und steht nicht nur klimatisch vor einer Wand. Man ist zwar physisch da, aber mental und seelisch noch lange in Europa.

Kabul hielt, was Herat und Kandahar versprochen hatten. Obwohl einen die Bauweise in den afghanischen Städten nicht gerade vom Hocker riss, fühlte man sich gleich zu Hause. Das lag zum einen an der Bevölkerung, zum anderen waren die Städte herrlich unprätentiös. Die Gebäude waren einfach da. Man hatte nicht das Gefühl, dass sie ein überkandidelter Baumeister geschaffen hatte, um seine Nachwelt zu beeindrucken.

Vielleicht habe ich als gebürtiger Kölner, den Kölner Dom immer vor Augen, diesbezüglich aber auch eine Paranoia. Und dann waren da natürlich diese irrwitzig intensiven Gerüche, über deren Herkunft man zunehmend mehr erfuhr und die man immer besser voneinander unterscheiden konnte. Ein Teil unseres Wohlseins entsprang vermutlich auch der patriarchalischen Lebensweise in diesen Ländern, die unserem jungen chauvinistischen Gedankengut natürlich zusagte.

In den einsamen Nächten auf unserer Reise führten Cooksy und ich Gespräche über Gott, Mohammed und die Welt. Wie die meisten Freunde und Bekannten von uns waren wir damals nicht wirklich gläubig. Wir schlossen zwar eine höhergestellte Existenz nicht unbedingt aus, glaubten aber auch nicht an den lieben Gott, wie er uns im Religionsunterricht dargestellt wurde. Eigentlich war ich ein Nihilist, der sich aus Feigheit vor der Rache des lieben Gottes ein Hintertürchen zur Religion offenhielt. Wie so oft in meinem Leben, bezog ich auch in der Religionsfrage nicht wirklich Stellung. Ich finde es auch nach wie vor schwer, für sich zu entscheiden, ob man an Gott glaubt oder nicht. Eigentlich glaubt man ja schon indirekt an Gott, wenn man behauptet, dass man nicht an ihn glaubt. Denn damit meint man, dass man nicht an diesen einen Gott, nämlich unseren, den christlichen, glaubt. Man sagt ja nicht: Ich glaube nicht an Allah oder Zeus. Die schließt man in der Glaubensfrage völlig aus und bestätigt damit unfreiwillig die zumindest zweifelhafte Existenz eines »eigenen« Gottes.

Cooksy und ich waren verliebt in Afghanistan. Vom ersten Moment an hatte uns dieses Land fasziniert. Und wie das meistens so ist: auch seine Bevölkerung. Wenn man sagt: Ich liebe Italien, meint man ja auch: Ich liebe die Italiener. *Ich* zumindest halte es da *nicht* wie Alfred Polgar, der einmal sagte: »Wien wäre eine wunderbare Stadt, wenn es die Wiener nicht gäbe.«

In Kabul gab es auch ein Friend's Hotel, in dem wir uns niederließen. Wir gönnten uns sogar den Luxus, für eine Nacht ein Zimmer zu nehmen, was uns die Möglichkeit eröffnete, mal wieder richtig zu duschen und unsere Klamotten zu waschen.

Unser neuer Freund »Plauscher Fred« war ebenfalls hier. Es ist so, dass man auf einer derartigen Reise immer wieder die gleichen Typen trifft. Manchmal verabredet man sich in der nächsten Stadt oder im nächsten Land mit jemandem, oder man fährt sogar ein Stück gemeinsam, im Konvoi sozusagen. Freds Wiedersehensfreude wurde allerdings etwas getrübt, als er feststellen musste, dass unsere deutschen Nahrungsvorräte zu Ende waren. Trotzdem lud er uns am Abend auf einen Joint ein. Wir hatten vorher schon für nur vier Dollar ein ganzes Kilo Haschisch gekauft, aber er schien über eine noch bessere Quelle zu verfügen und schenkte uns einen Klumpen von seinem Pot. Da wir jetzt mehr Haschisch an Bord hatten, als wir jemals rauchen konnten, schmissen wir unser Kilo Schimmelafghane kurzerhand in den brennenden Kamin des Zimmers. Als wir am nächsten Morgen aufwachten, waren wir so stoned, dass wir die folgenden Tage erst mal die Schnauze voll hatten vom Kiffen.

Während unseres Aufenthalts im Friend's Hotel machte Fred uns mit einem jungen Schweizer Pärchen bekannt, das ebenfalls schon seit einiger Zeit in Asien unterwegs war. Herby, so hieß der Schweizer, hatte vorher eine Diskothek in Zürich. Seine Freundin hieß Maya wie meine Mutter und war eine dieser dreiundzwanzigjährigen, umwerfend gut aussehenden Blondinen mit Traumfigur. Sie stammte aus der französischen Schweiz – eine wunderbare Melange aus Schweizer Natürlichkeit und französischer Erotik.

Mitten in Kabul diese Bekanntschaft zu machen war für mich ebenso unerwartet wie irritierend. In der folgenden Zeit konnte ich eine auffällige Veränderung meiner Persönlichkeit feststellen: Ich fing an, Gedichte zu schreiben. Vornehmlich Liebesgedichte. Mein plötzliches Interesse an Wilhelm Tell und meine Wissbegier, den

Rütlischwur betreffend, überraschten mich selbst. Ich wurde galant, ja bisweilen sogar kokett. Vorbei war es mit der inneren Ruhe und Ausgeglichenheit. Bevor ich noch über irgendwelche Konsequenzen nachdenken konnte, hatte ich mich bis über beide Ohren in diese Frau verliebt.

Damit nahm das Drama seinen Lauf. Dieses Schweizer Fräuleinwunder machte aus mir, was Millionen von Frauen seit zigtausend Jahren aus Millionen von Männern gemacht haben: Spielbälle ihrer Gefühle, Marionetten ihrer Lust und Sklaven ihrer Launen. Warum sollte es mir anders ergehen als Attila, dem Hunnenkönig?

Den anderen war meine Veränderung natürlich nicht entgangen. »Dich hat's ganz schön erwischt, was?« fragte Cooksy mich eines Nachts vor dem Einschlafen.

»Merkt man das so doll?«

»Ja, und zwar jeder«, erwiderte er.

Es war klar, wen er damit meinte. Auch Herby war nicht entgangen, dass ich stets die Nähe seiner Freundin suchte. Dabei sah es anfänglich gar nicht danach aus, als ob Maya meine Gefühle erwidern würde. Wir spielten das alte Spiel vom röhrenden Hirschen und dem Reh, das auf dem Hügel steht und kokett den Arsch hinhält. Kaum läuft der Hirsch zu ihr, geht sie wieder auf Distanz, aber gerade so weit, dass der Arsch noch zu sehen ist. Das weckt selbstverständlich den Jagdtrieb jedes Mannes. Und schon wird der Jäger zum Gejagten.

Der Kesseldruck zwischen Maya und mir stieg. Und damit zwangsläufig auch der zwischen Herby und mir, wobei ich sagen muss, dass er sich erstaunlich gut im Griff hatte. Das hatte, wie ich glaubte, mehrere Gründe. Zum einen war er ein Schweizer, die ja bekanntlich nichts aus der Ruhe bringen kann. Außerdem war er ein wirklich toleranter Mensch, ja, mehr noch: Er gab sich den Anschein, als würde er das Ganze von der humorvollen Seite sehen. (Für einen Schweizer, wie ich fand, ebenfalls erstaunlich.) Das hat mir damals sehr imponiert. Der Hauptgrund seiner Gelassenheit lag aber meines Erachtens in mir: Er nahm mich nicht wirklich ernst. Das beruhigte mich zwar, ärgerte mich aber auch irgendwie. Vielleicht war das Ganze ja sogar ein abgekartetes Spiel, und die beiden machten sich über mich lustig, wenn sie abends in ihren Schlafsäcken lagen.

Aus dieser Ungewissheit heraus, die bei mir schnell zur Unsicherheit führte, zog ich mich zurück. Ich war nie ein wirklicher Draufgänger, was Frauen betraf, und mit einem eher durchschnittlichen Selbstbewusstsein ausgestattet.

Taktisch gesehen war mein Rückzug aber das Beste, was ich machen konnte, denn er wurde von Maya als Desinteresse interpretiert. Und das können Frauen bekanntlich überhaupt nicht vertragen.

Ich habe das im Laufe meines Lebens immer wieder feststellen können: Der sicherste Weg, einer Frau begehrenswert zu erscheinen, ist, von ihr wegzugehen. Darin ähneln die Frauen den Katzen. Die kommen auch nie, wenn man sie ruft. Läuft man ihnen hinterher, zischen sie ab. Und sollte man gar versuchen, sie zu streicheln, winden sie sich so lange, bis sie einem aus den Fingern schlüpfen. Wenn man sie aber nicht beachtet und sich von ihnen abwendet, kommen sie immer näher, bis sie einem schließlich um die Hosenbeine streichen und wohlig schnurren. Kurz darauf sitzen sie einem dann auf dem Schoß.

Maya und Herby trieb es nach Goa im Südwesten Indiens, während Cooksy, »Plauscher Fred« und ich nach Nepal wollten, genauer gesagt nach Kathmandu, also viel weiter nach Norden. Wir beschlossen aber, im Konvoi wenigstens zusammen bis nach Neu-Delhi zu fahren.

Die Strecke wurde immer abenteuerlicher. In Pakistan wurden wir zum ersten Mal mit dem Linksverkehr konfrontiert und hatten unsere liebe Mühe, die drei schweren Autos durch die engen Gässchen und über die holprigen Straßen zu schleusen. Auch die Hitze wurde bei der enorm hohen Luftfeuchtigkeit langsam unerträglich. Man schwitzte den ganzen Tag, ununterbrochen. Lediglich die Abende brachten ein wenig Abkühlung. Wir suchten uns dann meistens ein einigermaßen sauberes Plätzchen in der Nähe der Hauptstraße, stellten unsere Wagen in Form eines Dreiecks auf und machten ein Feuer in der Mitte. Dann legten wir uns mit unseren Schlafsäcken rund um das Feuer. Einer von uns schob eine Kassette von Cat Stevens oder Elton John in den Rekorder, und wir starrten kiffenderweise in den sternklaren Himmel.

Maya und ich lagen meistens so, dass wir uns mit irgendwelchen Körperteilen berühren konnten, entweder mit den Händen oder wir »fußelten« nur. Obwohl das ja nun wirklich nicht viel war, fand ich es unheimlich erotisch. Ich freute mich schon den ganzen Tag auf unser abendliches »Gefummel«.

Ein paar Tage später passierten wir hinter Lahore die Grenze. In Indien fiel mir die Armut der Menschen zum ersten Mal richtig auf. Man konnte regelrecht zusehen, wie die Bettler auf den Straßen verhungerten. So viele kranke, arme und ausgehungerte Menschen hatte ich noch nie auf einem Haufen gesehen.

Ich machte mir in dieser Zeit viele Gedanken über die Ungerechtigkeiten des Lebens. Ich hatte mir noch nie viel aus Geld gemacht, was angesichts meiner Herkunft und meines sorgenfreien Lebens keine große Leistung war. Menschen, die viel Geld hatten, waren mir immer erst einmal suspekt gewesen. Viele von ihnen waren oberflächlich, viel zu materiell orientiert und großkotzig. Ich hatte also mit der unangenehmen Wirkung von Geld schon meine Erfahrungen gemacht – mit der Wirkung von Geld, das im Überfluss vorhanden war. Hier aber machte ich die Erfahrung, dass die Wirkung von Geld noch viel schlimmer ist in Gebieten, in denen es nicht vorhanden ist. Auch hier dreht sich alles ums Geld – nur ist es eben nicht da. Was zur Folge hat, dass sich jeder um die paar Rupien, die es zu verteilen gibt, streitet, seine Mitmenschen belügt, betrügt und verletzt, wenn nicht sogar tötet.

In der Nähe von Neu-Delhi stellten wir unsere Wagen in einem kleinen Park ab. Cooksy fühlte sich seit einigen Tagen miserabel, deshalb suchten wir einen Arzt auf. Die Arztpraxis bestand aus einem Raum, der mittels eines alten Bettlakens in Behandlungszimmer und Warteraum unterteilt war. Es war ein Ort, der dazu prädestiniert schien, sich die Infekte zu holen, die man noch nicht hatte, keinesfalls aber eine Stätte, die Heilung versprach. Bevor sich der Mann, der sich als Arzt ausgab, mit seinem unordentlich herumliegenden, sicherlich nicht desinfizierten Werkzeug an meinem schwächelnden Freund vergehen konnte, verließen wir dieses

Bazillenmutterschiff wieder. Cooksy wollte am nächsten Tag lieber das Krankenhaus aufsuchen.

Als wir am späten Nachmittag wieder zu den anderen stießen, hatten die schon ein kleines Abschiedsmahl vorbereitet. Ab morgen würden sich unsere Wege trennen.

In einem unbeobachteten Moment steckte mir Maya einen Zettel zu, auf dem stand:

»Lieber Heiner,
ab morgen werden wir uns ja nun nicht mehr sehen. Wer weiß, vielleicht sehen wir uns nie mehr wieder. Es war eine wunderschöne Zeit, die wir zusammen, wenn auch nicht miteinander, verbracht haben. Ich finde es sehr schade, dass wir nie wirklich alleine waren. Was hältst Du davon, wenn wir uns wenigstens ›unter Ausschluss der Öffentlichkeit‹ verabschieden. Ich werde morgen mittag am Connaught Place noch Lebensmittel für unsere Weiterfahrt nach Goa kaufen. Ich werde um 12 Uhr vor dem ›Cellar‹ sein und auf Dich warten.

Maya.«

Ich hatte einer oberflächlichen Verabschiedung zwischen uns schon mit Schrecken entgegengesehen. Solange ich Maya kannte, verspürte ich den sehnlichen Wunsch, mit ihr einmal, wenn auch nur für kurze Zeit, alleine zu sein. Nachdem ich ihr Brieflein gelesen hatte, setzte ich mich mit vor Glück glänzenden Augen zu den anderen ans Lagerfeuer, und kniepte ihr zu. Sie blinzelte selig zurück, und der Fisch war gegessen.

Während Cooksy am nächsten Tag das Krankenhaus aufsuchte und Herby noch Kleinigkeiten am Wagen reparieren ließ, machte ich mich mittags auf zum Connaught Place, dem größten Platz im Herzen von Neu-Delhi.

Wir waren beide eine Viertelstunde zu früh und liefen uns vor dem Cellar in die Arme.

»Schön, dass du es einrichten konntest«, sagte Maya mit der verführerischsten Stimme, die sie bei dieser Hitze aufbringen konnte.

»Was heißt einrichten«, dachte ich und nahm sie fest in die Arme.

Es war das erste Mal, dass wir uns so frei bewegen konnten, und ich war erstaunt, wie selbstverständlich das klappte. So aufgeregt und erregt wie ein Sextaner bei seinem ersten Date spürte ich ihren warmen Körper an meinem pulsieren.

Nach einer Weile lösten wir uns aus der Umklammerung und sahen uns an. Maya kramte in ihrer Jeanstasche und brachte einen Schlüssel mit einem alten Holzanhänger zum Vorschein: »Wir haben ein Hotelzimmer.«

»Wo?« Die Frage war albern, aber mir fiel nichts Besseres ein.

»Um die Ecke. Ich habe zwei Stunden.«

»Das wird nicht reichen«, haute ich auf den Putz.

»Dann sollten wir keine Zeit verlieren.«

Sie nahm mich bei der Hand und führte mich zu der Absteige, die sie für uns angemietet hatte. In meinen kühnsten Träumen hätte ich nicht geglaubt, dass das Ganze so reibungslos vonstatten gehen würde. Ich liebte Maya für ihre unkomplizierte Art. Bis wir im Hotel waren, sagten wir kein einziges Wort. Wir hielten uns nur an der Hand und schwebten über die Straße. Eigentlich war ja auch alles gesagt.

Nachdem wir das Zimmer betreten hatten, schloss ich die Tür ab. Als ich mich wieder zu ihr drehte, hatte sie schon ihre Bluse ausgezogen. Ich wollte zu ihr gehen, aber sie hielt mich mit einer Handbewegung auf.

»Bleib da«, flüsterte sie und zog sich weiter aus, ihre Jeans und ihren Slip. Schließlich stand sie nackt da. Sie lächelte selbstbewusst. Aber ihre prallen Brüste, die heftig auf und ab stiegen, verrieten mir, dass auch sie aufgeregt war.

»Jetzt du«, hauchte sie.

Ich zog mein T-Shirt über den Kopf.

Provozierend blickte sie auf meinen schweißnassen Oberkörper. »Weiter«, sagte sie.

Ich tat, wie mir befohlen, und so standen wir uns nun nackt gegenüber.

Sie grinste mich frech an. Ich versuchte, ihrem Blick standzuhalten, was mir nicht wirklich leichtfiel. Dann kam sie langsam auf mich zu und kniete sich auf dem knarzenden Parkettboden vor mich hin. Ich hörte noch so etwas wie: »Allah ist groß, Allah ist mächtig«, und dann hörte ich gar nichts mehr.

Wenn ich an diesen Mittag zurückdenke, habe ich nur Fragmente im Kopf. Ich sehe ihren Körper aus den unterschiedlichsten Perspektiven. Ich höre den Rhythmus unserer nassen Körper, die immer wieder zueinanderfanden. Ich schmecke das Salz auf ihrer Haut und rieche diesen wunderbaren, lieblichen Duft ihrer Haare.

Nach zwei Stunden verabschiedeten wir uns ähnlich unspektakulär, wie wir zusammengefunden hatten.

»Es war sehr schön«, sagte sie und lächelte mich an. Es war aber nicht dieses freche, aufreizende Lächeln, das sie noch am Mittag aufgelegt hatte, sondern hatte etwas Ernsthaftes, ja fast schon Melancholisches. Zumindest habe ich das damals so gedeutet. Männer neigen ja zu der Hoffnung, dass Frauen traurig sind, wenn sie sich nach einer gemeinsamen Nacht verabschieden müssen. Wahrscheinlich wird diese Trauer aber genauso oft vorgespielt wie der Orgasmus davor.

Vor dem Hotel gaben wir uns noch einen letzten Kuss und gingen auseinander. Ich habe Maya nie mehr wiedergesehen.

*

Cooksy hatte an diesem Tag ein ähnlich einschneidendes, aber weniger schönes Erlebnis. Im Krankenhaus hatte man bei ihm eine schwere Hepatitis diagnostiziert und ihm empfohlen, sich in Deutschland behandeln zu lassen. Am nächsten Tag kauften wir ihm ein Ticket Delhi–Frankfurt–Köln, und ich brachte ihn zum Flughafen. Er versprach mir, nach überstandener Krankheit in Kathmandu wieder zu mir zu stoßen.

Nun war ich also für unbestimmte Zeit ohne Begleitung unterwegs. Eigentlich bin ich ja eher der gesellige Typ. Aber so alleine durch Asien zu reisen, nur mein Unimog und ich, das hatte auch was.

Mein nächstes Zwischenziel auf dem Weg nach Nepal war Lakhnau, eine größere Stadt im Norden Indiens. Nachdem ich den ganzen Tag durchgefahren war, machte ich abends etwas abseits der Piste halt und stellte den Wagen unter einen großen Baum, der mir am folgenden Morgen den nötigen Schatten spenden sollte. Ich brühte mir einen Tee auf, setzte mich in den Campingstuhl vor meinen Wagen, streckte die Beine von mir und aß ein paar Mangos, die ich unterwegs am Straßenrand erworben hatte. Der süße Saft lief mir über das Kinn, als ich auf einmal das Gefühl hatte, dass jemand hinter mir war. Ich drehte mich um.

Der Mann hatte weiße, lange, wellige Haare und einen weißen, langen Bart. Sein ebenfalls weißer Kaftan schien schon bessere Tage gesehen zu haben. Die untergehende Sonne im Rücken, stand er mit verschränkten Armen hinter mir und sah auf mich herab. Im Gegenlicht konnte ich anfangs nur seine Silhouette sehen. Er ging langsam um mich herum, bis er seinerseits im Glanz der Abendsonne stand. Er hatte ein sonnengegerbtes Gesicht, aus dem überraschend stahlblaue Augen funkelten. Sein Blick war von einer beklemmenden Neutralität. Er signalisierte weder Aufgeregtheit noch Neugier oder Interesse. Man lächelt doch eigentlich, wenn man jemanden an einem so abgelegenen Ort trifft. Oder man fragt etwas, macht Small talk oder wünscht sich wenigstens einen »guten Tag«. Nichts dergleichen tat er. Er stand einfach nur da und beobachtete mich.

Normalerweise hätte ich auf solch eine Situation ziemlich gereizt reagiert. Ich hielt nicht viel von Menschen, die sich hinter meinem Rücken anschlichen und sich dann vor mir aufbauten, um mich nur anzustarren und nichts von sich zu geben. Aber bei diesem Mann war das anders. Seine Erscheinung und seine Ausstrahlung zogen mich in ihren Bann. Da mir nichts Besseres einfiel, sprach ich ihn auf englisch an.

»Hallo, kann ich Ihnen irgendwie behilflich sein?«

»Nicht wirklich«, erwiderte er im feinsten Pidgin-Englisch.

Seine Stimme war fest und klar und ließ ihn jünger erscheinen als die Mitte Sechzig, auf die ich ihn geschätzt hatte.

»Aber vielleicht kann ich *Ihnen* helfen«, fuhr er fort.

»Ich wüsste nicht, wie«, erwiderte ich.

Ohne um Erlaubnis zu fragen, setzte er sich auf das Trittbrett des Unimogs neben mich.

»Ich kann Ihnen Ihre Zukunft voraussagen.«

Daher wehte also der Wind. In Indien waren viele Leute unterwegs, die vom Mythos dieses Landes lebten und den Menschen irgendwelche spirituellen Geschichten erzählten. Ich hatte mir mit der Zeit angewöhnt, nichts mehr darauf zu geben.

»Vielen Dank«, sagte ich, »ich ziehe es vor, mich von meiner Zukunft überraschen zu lassen.«

Er sah mich weiter unbeirrt an. Zum ersten Mal konnte ich so etwas wie ein Lächeln in seinen Augen ausmachen.

»Ich verstehe, Sie glauben mir nicht.«

»Das hat weniger mit meinem Glauben zu tun, als mit der Tatsache, dass ich es als nicht angenehm empfinden würde, zu wissen, was morgen passiert«, sagte ich nicht ganz wahrheitsgetreu.

»Ich mache Ihnen einen Vorschlag.«

»Ich höre.« Er hatte es nur seiner außergewöhnlichen Erscheinung zu verdanken, dass ich weiter auf ihn einging.

»Könnte ich wohl auch einen Becher Tee haben?«

»Selbstverständlich.« Ich holte aus dem Wagen noch einen Becher und schenkte ihm Tee ein. »Also, wie lautet Ihr Vorschlag?«

Er nahm einen Schluck und sah mich wieder mit diesem unmöglich zu deutenden Blick an.

»Ich werde Ihnen etwas aus Ihrer Vergangenheit sagen, was Sie von meinen Fähigkeiten überzeugen wird.«

Jetzt wurde ich neugierig.

»Was wollen Sie mir sagen?«

»Immer der Reihe nach. Zunächst muss ich Sie bitten, ein Blatt Papier und einen Stift zur Hand zu nehmen. Auf diesem Zettel werden Sie dann einige Dinge notieren, nach denen ich Sie fragen werde. Diese Aufzeichnungen dienen mir gewissermaßen als Kontrolle. Damit Sie mich nicht beschwindeln können.«

»Wenn hier jemand beschwindelt werden kann, dann ja wohl *ich*«, grinste ich. Die Sache fing an, mir Spaß zu machen. Ich holte einen Schreibblock und einen Stift aus dem Auto und setzte mich wieder neben ihn.

»Es ist notwendig, dass Sie mir gegenübersitzen, so dass ich Sie sehen, aber nicht erkennen kann, was Sie schreiben.«

Ich rückte meinen Stuhl also so zurecht, dass ich ihm direkt gegenübersaß, und winkelte die Beine an, so dass die Oberschenkel mir als Schreibunterlage dienen konnten. Zudem verdeckten sie ihm die Sicht auf den Block.

»Wie gesagt, es ist wichtig, dass ich nicht sehen oder deuten kann, was Sie schreiben.«

»Schon klar.« Darauf konnte er sich verlassen. Ich war viel zu sehr Zocker, um mir in die Karten schauen zu lassen.

»Jetzt möchte ich, dass Sie Ihr Geburtsdatum aufschreiben.«

Das tat ich, wobei ich versuchte, ihn durch zusätzliche Kreise und Striche, die ich knapp über dem Papier in die Luft malte, zu irritieren.

»Darunter schreiben Sie bitte Ihre Initialen.«

Wieder tat ich auf die gleiche Weise, wie mir befohlen.

»Nun schreiben Sie das Geburtsdatum Ihrer Freundin auf, Sie sind ja noch nicht verheiratet.«

Ich sah ihn prüfend an. Lohnte sich das Ganze hier wirklich? Es gehörte weiß Gott nicht viel Weissagungskraft dazu, um zu erahnen, dass ein Zwanzigjähriger, der mutterseelenallein durch Asien reiste, nicht verheiratet war. Die Wahrscheinlichkeit, dass ich gerade in den Flitterwochen war und meine Frau im Wagen versteckt hielt, war ziemlich gering. ›Aber was soll's. Ich hab ohnehin nichts anderes zu tun‹, dachte ich und beschäftigte mich lieber mit dem Problem, vor dem ich stand. Da ich in Köln keine aktuelle Freundin zurückgelassen hatte, wusste ich nicht, welche Initialen ich auf den Zettel schreiben sollte. Schließlich entschied ich mich für Pushy. Aber schrieb ich jetzt ein P oder ein R für Roswitha, was ja ihr richtiger Name war?

»Und deren Geburtsdatum«, sagte er.

Ich schrieb also P und darunter 19.8.52.

»Jetzt falten Sie den Zettel mehrmals und halten ihn in Ihrer rechten Hand.«

Auch das tat ich.

»Wenn Sie mir jetzt ebenfalls ein Blatt und den Stift geben, werde ich die Initialen und Geburtsdaten auch aufschreiben, und wir können sie vergleichen.«

Ich riss das unterste Blatt des Blocks ab, damit er nicht lesen konnte, was sich eventuell beim Schreiben durchgedrückt hatte, und reichte es ihm zusammen mit dem Stift. Nun notierte er etwas auf dem Zettel, wobei er mich zwischendurch immer wieder beobachtete. Dann bat er mich, mein Blatt vor mich auf den Boden zu legen. Nachdem ich das getan hatte, legte er seins daneben. Ich beugte mich hinab, um besser lesen zu können. Die Zahlen und Buchstaben sprangen mir entgegen, wie Steve McQueen beim Pokern in *Cincinnati Kid,* als Edward G. Robinson ihm seinen Street-Flush unter die Nase hielt. Immer wieder blickte ich von einem Zettel auf den anderen. Die Aufzeichnungen waren tatsächlich identisch. Dann blickte ich zu meinem Propheten. Der machte gar keine Anstalten, die beiden Blätter miteinander zu vergleichen, so sicher war er seiner Sache. Er lächelte mich milde an.

»Möchten Sie jetzt etwas über Ihre Zukunft wissen?«

Ich lehnte mich im Stuhl zurück und sah ihn lange an. Was sollte ich von diesem Mann halten? Wer war das überhaupt? Wo kam er auf einmal her? Ich hatte kein Fahrzeug kommen gehört, bevor er aufgetaucht war. Er konnte in dieser unendlich weiten Steppe doch unmöglich zu Fuß unterwegs gewesen sein. Zugegeben, sein Vortrag hatte mich beeindruckt, aber war er deswegen tatsächlich in der Lage, in die Zukunft zu blicken? Und selbst wenn er es konnte – wollte ich das wirklich wissen? Wollte ich wissen, wann ich heiraten werde, ob ich einen Sohn bekomme oder wann meine Mutter sterben wird? Eigentlich nicht. Bei genauer Überlegung fand ich es schön, wie das Leben es eingerichtet hatte. Dass man nie weiß, was morgen passieren wird. Dass man immer auf dem Sprung ist – vor dem Schicksal. Dass nie etwas gewiss ist bis zum nächsten Tag, dass man immer kämpfen muss für sein Glück. Und hoffen.

Ich fand auf einmal alles richtig, wie es war. Das Leben mit all seiner Ungewissheit und seinen Zweifeln. Wer dieser Mann auch sein mochte und wozu er auch immer imstande war – ich wollte seine Antworten nicht hören.

»Nein«, sagte ich entschlossen, »ich will nicht wissen, was mir die Zukunft bringt.«

»Warum nicht?« fragte er, keinesfalls überrascht.

Ich überlegte kurz.

»Weil ich glücklich in der Gegenwart bin. Und das würde sich vielleicht ändern, wenn ich wüsste, was morgen passiert.« Wieder glaubte ich, ein Lächeln in seinen Augen zu sehen.

»Das kann ich verstehen.«

»Es hat mir aber trotzdem Spaß gemacht, mich mit Ihnen zu unterhalten«, fügte ich hinzu und ging zum Unimog, um etwas Geld zu holen. Er hatte zwar nicht darum gebeten, aber ich wollte mich in irgendeiner Weise erkenntlich zeigen.

Als ich wieder aus dem Wagen kam, es mochten vielleicht zwanzig Sekunden verstrichen sein, war er weg. Ich ging um den Unimog herum und sah in alle Richtungen, doch er war spurlos verschwunden. So mysteriös, wie er aufgetaucht war, hatte er sich auch wieder entfernt.

An diesem Abend saß ich noch lange in meinem Campingstuhl, hielt die beiden Zettel in der Hand und blickte in den sternenklaren Himmel. Als die Mücken mich aufzufressen drohten, ging ich ins Bett.

*

Die Strecke zwischen Lakhnau und Kathmandu wurde richtig abenteuerlich. Da es jetzt keine Straßen mehr gab, musste ich mich auf den Kompass verlassen, um meinen Weg durch diese immer wilder werdende Landschaft zu finden. Und das stellte einen Navigationstrottel wie mich vor eine schier unlösbare Aufgabe. Es war mir immer schon ein Rätsel gewesen, wie Leute bestimmen konnten, wo Norden oder Süden ist, indem sie einfach in den Himmel guckten. Meine diesbezüglichen Bestimmungsmöglichkeiten beschränkten sich darauf, dass ich feststellen konnte, wann Tag und wann Nacht war. Wenn ich mich amüsierte, war es Nacht. Aber Norden oder Süden? Gut, ich wusste, dass es im Norden meist kälter ist als im Süden. Und dass man im Westen demokratischer war als im Osten. Aber von Magellan und Konsorten hatte ich dank meiner schulischen Phobien noch nie etwas gehört. Noch suspekter waren mir Menschen, die an sternenklaren Nachthimmeln unter zigtausenden von Sternen Große Wagen und Kleine Bären ausfindig machen konnten. Kleine Bären waren mir zwar geläufig, aber in anderen Lebenslagen. Aber was soll's? Ich hatte ja meinen Kompass und musste mich nordöstlich halten, um nach Nepal zu kommen.

Die Nepalesen sind ein erstaunlicher Menschenschlag. Niemals zuvor hatte ich ein ähnlich sanftmütiges Volk kennengelernt. Hier war nichts zu spüren von indischer Habgier oder afghanischer Wildheit. Die Menschen lebten in friedlicher Harmonie auf einem der beeindruckendsten Plätze der Erde zusammen. Es kam bestimmt nicht von ungefähr, dass sich hier die tibetischen Flüchtlinge versammelten, die, wenn das überhaupt vorstellbar war, ein noch friedvolleres Dasein führten.

Ich richtete mich darauf ein, einige Zeit in Kathmandu zu verbringen, weil ich mit Cooksy ja ausgemacht hatte, hier auf ihn zu warten. Mittlerweile hatte der Monsun Einzug gehalten. Es regnete drei bis vier Wochen lang mehrmals am Tag, praktisch von einer Sekunde auf die andere. Unglaubliche Mengen von Wasser verwandelten die Landschaft in ein einziges Meer aus Matsch. Die vorher schon grottenschlechten Straßen waren nun völlig unbefahrbar. Es blieb einem eigentlich nur eine Möglichkeit, nämlich diese Zeit auszusitzen. Und das tat ich auch, indem ich fast den ganzen Tag im Café saß, Gitarre oder Schach spielte und las.

Nach der kurzen, aber dafür um so heftigeren Regenzeit stand das Land in vollem Saft. Man konnte förmlich zusehen, wie sich die Natur von der langen Dürre und der anschließenden Regenorgie erholte und Mutter Erde, vollgetankt mit der Energie von Wasser und Sonne, fast minütlich ihre kleinen, unzähligen Wunder ans Tageslicht brachte.

Eines schönen Tages lernte ich in unserer Stammkneipe eine Schweizerin kennen, die mir ausnehmend gut gefiel. Sie war zwar schon Mitte Dreißig, also für mich eigentlich viel zu alt, verfügte aber über das gewisse Etwas. Zu meiner großen Freude konnte ich ihren Erzählungen entnehmen, dass sie allein unterwegs war. Sie hörte auf den klangvollen Namen Isolde, wirkte aber weit weniger antiquarisch, als der Name vermuten ließ.

Ich suchte zunehmend ihre Nähe, und es gelang mir sogar, mich ein bisschen mit ihr anzufreunden. Aber die Sache hatte einen winzigen Haken, den ich auch bald in Form eines bildhübschen sechsundzwanzigjährigen Yogalehrers namens Krishna kennenlernen sollte. In den war Isolde nämlich bis über beide Ohren verliebt. Nachdem sie immer häufiger von ihm gesprochen hatte, wollte ich diesen Wunderknaben schließlich kennenlernen, und sie erfüllte mir meine Bitte.

Als ich Krishna in seinem kleinen Häuschen in der Nähe von Swayambu das erste Mal sah, war mir sofort klar, warum Isolde ihm so verfallen war. Er war wirklich ein unverschämt gut aussehender, enorm charismatischer Mann, der zudem noch sehr belesen war. Allerdings gehörte zu seinen teilweise fast weltfremden, aber nicht unintelligenten Ansichten sehr zum Leidwesen von Isolde auch die, dass er es kategorisch ablehnte, mit Frauen zu schlafen. Das machte Isolde natürlich nur noch rasender. (Sie erinnern sich an die Katzen?)

In einem späteren Gespräch erläuterte mir Krishna einmal seine Einstellung zu diesem Thema.

»Weißt du, Heiner, das höchste Gut des Mannes ist seine Würde. Es ist auch das einzige, was er fern von irgendwelchen zivilisatorischen oder wirtschaftlichen Einflüssen erlangen und sich bewahren kann. Und mit diesem Bewusstsein betrachte dir mal einen Mann, wenn er eine Frau besteigt. Wie er auf ihr rumzappelt und gierig hechelt. Wie er alles Menschliche eigentlich vergisst und zum Tier wird. Wie er trotz seines Wissens um diese albernen Bewegungen wie ein Kaninchen drauflosrammelt. Und nun sag mir, ob das würdevoll ist, geschweige denn so aussieht.«

In gewisser Weise musste ich ihm recht geben.

»Aber Spaß machen tut es«, gab ich fast trotzig von mir, weil mir im Moment nichts Besseres einfiel. Vielleicht auch, weil ich Isolde vorsichtshalber verdeutlichen wollte, dass ich seine Ansichten keinesfalls bedingungslos teilte.

Krishna war nicht bereit, seinen Standpunkt aufzugeben, und so entwickelte sich eine komische Konstellation: Sie wollte ihn, aber er sie nicht, und ich wollte sie, aber sie mich nicht. Die Dinge lagen zwar jetzt klar auf der Hand, waren aber für keinen wirklich befriedigend. Und das war leider durchaus wörtlich zu nehmen.

Mittlerweile hatte Krishna angefangen, mich, wie Isolde auch, in die Kunst des Hatha-Yogas einzuführen. Wir wohnten alle drei in seinem Häuschen und meditierten fast den ganzen Tag. Ich erlangte dabei Bewusstseinssphären, die ich sonst, wenn überhaupt, nur mit Rauschgift erreicht hatte.

Ich verbrachte diese Wochen in Krishnas Häuschen wie in Trance, und meine Erinnerung an diese Zeit ist entsprechend benebelt. Woran ich mich allerdings noch ganz gut erinnere, ist die Nacht, in der ich Isolde liebte. Besser gesagt: die Nacht, in der *sie mich* liebte. Oder noch besser: die Nacht, in der Isolde *Krishna* liebte und *meinen* Körper dafür nahm.

Man sagt einigen Frauen ja nach, dass sie an Tarzan oder was weiß ich wen denken, während sie mit ihren Männern schlafen. Ich bin mir sicher, dass Männer ebenfalls solchen Phantasien unterliegen. Aber normalerweise versucht man das dann wenigstens geschickt zu kaschieren. Nicht so Isolde, nicht in dieser Nacht.

Nachdem sie von Krishnas theoretischem Geschwafel mal wieder die Schnauze voll hatte, nahm sie mich einfach wie eine Gummipuppe von Beate Uhse mit ins Bett, um dort mit mir ihre wilden erotischen Träume von Krishna auszuleben. Sie sah mich wohl als ihren fleischgewordenen Dildo. Ich war ihr Massagestab, dem plötzlich sinnloserweise noch Arme und Beine gewachsen waren. Und sie machte sich nicht die geringste Mühe, das vor mir zu verbergen. Ihr ganzer Frust über Krishnas schöngefärbte Weisheiten entlud sich in dieser Nacht. Isolde schien all ihre aufgestauten Phantasien in einer hemmungslosen Orgie ausleben zu wollen. Sie ließ mich exakt wissen, wie, wo und wie oft ich sie zu befriedigen hatte.

Nun könnte man glauben, dass mich ihr Verhalten empört hätte. Dass ich zumindest beleidigt gewesen wäre wegen ihrer egoistischen Vorgehensweise. Aber zu meiner Verwunderung machte mich das Ganze auch noch an. Ich fand Gefallen an dem eigenartigen, für mich völlig neuen Spiel. Und ich lernte schnell die Regeln dieses Spiels und erlaubte mir nun meinerseits, meine eigenen sexuellen Phantasien auszuleben. Und Phantasie, das hatten mir selbst die böswilligsten Lehrer meiner Jugend bestätigt, hatte ich ja im Überfluss.

Während sich also in dieser wilden, verrückten, völlig durchgedrehten Nacht Isolde immer wieder aufs neue und auf die unterschiedlichste Weise von Krishna beglücken ließ, indem sie mich hernahm, verzupfte ich sämtliche Frauen, auf die ich in meinem jungen Leben immer schon scharf gewesen war, und das waren beileibe nicht wenige. Unser meditatives Leben kam uns hier zugute, indem es uns half, uns ganz in die immer wieder neuen Situationen hineinzudenken. Vermutlich bewahrte mich das auch letztlich davor, einen indischen Turban aufsetzen zu müssen. Das hätte ich dann vielleicht doch zu albern gefunden.

Seit dieser Nacht bin ich ein vehementer Gegner der These, dass Schweizer langweilig sind.

Isolde und ich versuchten dieses Spektakel übrigens noch einmal zu wiederholen, aber es war bei weitem nicht so schön. Es gibt eben Dinge im Leben, die nur beim ersten Mal richtig aufregend und prickelnd sind. Ich bin auch gar nicht böse darüber. Langfristig gesehen, gefällt mir die klassische Art, Liebe zu machen, einfach besser. Ich bin eben doch ein Konservativer.

Während meiner Zeit bei Krishna erzählte ich ihm einmal von meiner Begegnung mit dem Alten, der mir aus meiner Vergangenheit weissagte. Er hörte sich meine Geschichte genau an und winkte dann ab.

»Du bist auf einen Scharlatan reingefallen. Der Mann, dem du begegnet bist, war nur ein einfacher Gedankenleser.«

»Was heißt hier ›einfacher Gedankenleser‹?«

»Na, wie das Wort schon sagt: Er hat deine Gedanken gelesen.«

Es ärgerte mich ein bisschen, dass Krishna mir nicht zutraute, diese Schlussfolgerung selber zu ziehen, darum wurde ich deutlicher: »Und wie, bitte, soll er das deiner Meinung nach angestellt haben?«

»Indem er dich beobachtet. Genauer gesagt, deine Augen beobachtet und daraus Schlussfolgerungen zieht über das, was du denkst.«

Ich sah ihn skeptisch an. Er schien zu merken, dass ich seinen Erklärungen keinen Glauben schenkte, und versuchte mir die Sache zu erklären.

»Sieh mal, dir ist es doch möglich, an meinen Augen zu erkennen, wie ich mich fühle. Ob ich traurig bin oder amüsiert. Ob ich dich gerade mag oder du mir auf die Nerven gehst. Mit ein bisschen Einfühlungsvermögen und vor allem Training kann man diese Fähigkeit sensibilisieren. Und mit sehr viel Training und starker Konzentration sowie einem Talent dafür kann man so weit kommen, dass man die Gedanken seines Gegenübers anhand der Reaktionen seiner Augen erkennen und deuten kann.«

Ich versuchte mir vorzustellen, wie das funktionieren sollte, und malte mir aus, wie es wäre, wenn ich diese Fähigkeit besäße.

»Aber dann war das doch kein Scharlatan, sondern ein hochsensibler – ja: Künstler, wenn man so will«, versuchte ich meinen Weissager noch zu verteidigen. Aber Krishna war nicht davon abzubringen, dass es sich nur um einen billigen Jahrmarktstrick gehandelt hatte.

»Er hat versucht, dir vorzugaukeln, dass er die Zukunft vorhersagen könne, und das kann er definitiv nicht. Also ist er ein Betrüger.«

Aber wie Krishna das auch immer sehen mochte: In meinen Augen blieb dieser Mann ein großer Künstler und konnte sich meiner Hochachtung sicher sein.

12
Hinter indischen Gardinen

Plötzlich stand Cooksy wieder auf der Matte. Er hatte seine Krankheit in Deutschland auskuriert und war nach Kathmandu geflogen. Dort hatte er einfach nach dem großen Wagen mit dem Zebramuster gefragt. Und da war er nun und strahlte übers ganze Gesicht.

Nachdem wir unser Wiedersehen mit einer Kanne Tee und ein paar Joints gebührend gefeiert hatten, beratschlagten wir, wie und wo wir die nächste Zeit verbringen wollten. Rasch waren wir uns einig, unsere Zelte hier nach ein paar Tagen abzubrechen und über Burma nach Thailand zu fahren. Auf dem thailändischen Konsulat jedoch, wo wir uns die nötigen Visa in unsere Pässe stempeln lassen wollten, erfuhren wir, dass man durch das Königreich Burma nur in Begleitung eines Militärkonvois fahren durfte. Und dazu hatten wir keine Lust. Schließlich beschlossen wir, nach Südamerika zu fahren, genauer gesagt nach Brasilien. Ein bisschen Copa Cabana mit den dazugehörigen Mädels, so fanden wir, war nach den ganzen Tempeln, Mönchen und meditierenden Krishnas genau das Richtige für uns.

Wir wollten also in das Land, in dem die Strände länger zu sein schienen als die Autobahnen. Nur, wie sollten wir dort hinkommen? Wenn wir unseren Wagen mitnehmen wollten, wozu wir fest entschlossen waren, hatten wir ein kleines Problem finanzieller Art. Cooksys kurzer Ausflug nach Deutschland hatte unsere Reisekasse in nicht unerheblichem Maße schrumpfen lassen, und eine Überführung mit dem Schiff, von wo auch immer, würde eine

Stange Geld kosten. Wir gingen von ungefähr fünftausend D-Mark aus, die uns für unsere neuen Reisepläne fehlten. Aber woher nehmen, wenn nicht stehlen?

Nun hatte ich in Kathmandu Bob Jefferson kennengelernt, der sich als Gründer der legendären Rockband Jefferson Airplane ausgab und damals gerade mit einem Freund in Asien unterwegs war. Er mochte tatsächlich so heißen, aber wie ich später erfahren sollte, hat es einen Bob Jefferson im Zusammenhang mit der gleichnamigen Band nie gegeben. Trotzdem war Bob ein cooler Zeitgenosse, der seinen momentanen Lebensunterhalt mit Schmuggeln verdiente. Er reiste mit zwei großen Hunden und hatte riesige Mengen an Konservendosen mit Hundefutter im Gepäck seines Wagens. In ein paar dieser Dosen ließ er Haschisch verpacken und schleuste das Dope so über diverse Grenzen in Europa.

Cooksy und ich brauchten nicht lange, um zu beschließen, es ihm gleichzutun. Wir gingen in den »Eden Hashish Shop«, einen Supermarkt für sanfte Drogen. Dieser Laden war nicht nur bekannt dafür, Haschisch in jeder Preisklasse und Menge an den Mann zu bringen, sondern kümmerte sich auch darum, dass man es unentdeckt über die Grenze bringen konnte. Nach kurzen Verhandlungen mit dem Verkäufer entschieden wir uns für die Schmuggelvariante mit den »Printing blocks«. Das waren flache Holzblöcke, die auf der Vorderseite mit Schnitzereien versehen waren, von denen man Abdrucke machen konnte, wenn man Farbe darüberstrich. In diese Blöcke wurde das Haschisch eingearbeitet.

Wir kauften vier Kilo feinsten nepalesischen Temple Balls, des besten Haschischs, das dieses Land zu bieten hatte, für den Spottpreis von fünfzig Dollar. Als wir die Printing blocks am nächsten Tag abholten und begutachteten, waren wir wirklich überrascht. Es war beim besten Willen nicht zu erkennen, dass man in diesen vier Druckstöcken vier Kilo Haschisch versteckt hatte. Sie hatten die Blöcke so geschickt verarbeitet, dass wir selber schon daran zweifelten, ob darin wirklich die versprochene Menge verborgen war. Aber Bob, der den Dealer schon länger kannte, bürgte für ihn, und das reichte uns.

Unser Plan, so fanden wir jedenfalls, war so einfach wie genial:

Einer von uns würde mit den vier Kilo nach Zürich fliegen, um von dort aus mit dem Zug nach München weiterzureisen. An der deutschen Grenze brauchte er dann nur seinen Personalausweis vorzuzeigen, in dem ja nicht die verräterischen Stempel aus Asien zu sehen waren, die sich in unseren Pässen befanden. Wenn die Zöllner nämlich anhand der Stempel im Pass feststellten, dass Reisende in unserem Alter und mit unserem Aussehen aus Asien kamen, durchsuchten sie einen in der Regel höchst genau nach Rauschgift. Die Schweizer Zöllner, das wussten wir von Bob, waren da etwas verschlafener, so dass die Einreise in die Schweiz kein Problem sein sollte.

Blieb also nur noch die Frage, wer von uns beiden sich auf diese nicht ungefährliche Reise begab. Aber auch das hatten wir schnell geklärt. Da Cooksy gerade die Strecke Delhi–Köln, Köln–Kathmandu geflogen war, was in seinem Pass anhand der Stempel zu sehen war, war es sinnvoller, dass ich diese Aktion übernahm. Wir kauften also ein Ticket nach Zürich, und ich wartete auf den Tag der Abreise.

Natürlich war ich mir der Risiken dieses Unternehmens bewusst, und ich schätzte sie als nicht gerade gering ein. Wir hatten in Erfahrung gebracht, dass man mit einer Gefängnisstrafe von bis zu drei Monaten rechnen musste, wenn man in diesen Gegenden beim Rauschgiftschmuggel erwischt wurde. In Deutschland musste man sich bei einer solchen Menge Haschisch allerdings schon eher auf drei Jahre einstellen. Bei guter Führung und angesichts meiner verhältnismäßig unbescholtenen Vergangenheit wäre man wohl nach ungefähr einem Jahr wieder in Freiheit. Ich war bereit, dieses Risiko für unsere Sache auf mich zu nehmen und die eventuellen Konsequenzen zu tragen.

Viel wichtiger war mir aber der moralische Aspekt. Konnte ich das vor mir selber verantworten? Es war nicht so, dass ich prinzipiell nichts Ungesetzliches machen wollte. In diesem Punkt hielt ich es mit Goethe, der einmal gesagt haben soll: »Wer einen guten Charakter hat, braucht keine Prinzipien.« Aber ich wollte nichts Unrechtes tun, und so musste ich für mich klären, was recht und unrecht in diesem Zusammenhang war. Ich sah Haschisch nicht als sogenannte Einstiegsdroge, wie es gerade in dieser Zeit immer wieder publiziert wurde. Ich war ja selbst das beste Gegenbeispiel: Ich hatte schon unzählige Joints geraucht, ein paar Trips geschmissen, aber immer die Finger von den ganz harten Sachen wie Heroin gelassen. Nie im Leben hätte ich auch nur ein Gramm Heroin geschmuggelt. Die Leute, die das taten, waren für mich Verbrecher, ja potentielle Mörder. Haschisch hingegen fand ich ebenso harmlos oder schädlich wie Alkohol, den jeder ganz legal kaufen kann. Nur weil der Staat Alkohol besteuerte und Haschisch nicht, war in meinen Augen das eine erlaubt und das andere nicht. In einigen Punkten sehe ich das heute noch ähnlich. Jeder Mensch sollte für sich selber verantwortlich sein. Jeder sollte die Freiheit haben, alles zu tun, solange er andere damit nicht belastet. Jeder, der moralisch einwandfrei denkt, der Begriffe wie Ehre und Gewissen hochhält, bräuchte eigentlich keine Gesetze, um zu wissen, was rechtens ist.

Trotzdem sind solche Überlegungen ein zweischneidiges Schwert. Weil die Menschen sich gerne anders sehen, als sie wirklich sind. Weil es ihnen schwerfällt, sich selber zu beurteilen.

Ich habe damals einen Fehler bei meinen Überlegungen gemacht, als ich davon ausging, dass Haschisch keine Einstiegsdroge ist, nur weil das bei mir nicht der Fall war. Ich habe die Möglichkeit ausgeschlossen, dass das bei anderen Menschen, die vielleicht labiler sind als ich oder in anderen Verhältnissen aufgewachsen, anders sein könnte. Heute würde ich kein Haschisch mehr schmuggeln, um es an wildfremde Menschen zu verkaufen. Weil ich zugeben muss, dass wir Gesetze brauchen und dass es notwendig ist, sich an sie zu halten. Allein schon um fehlerhafte Selbsteinschätzungen zu vermeiden. Es fällt mir nicht leicht, das zu sagen, denn in meinem Herzen schlummert immer noch ein kleiner Che Guevara.

Vor dem Flug nach Zürich ließ ich mir noch die Haare schneiden und rasierte mir den Bart ab, um mein Äußeres ein bisschen auf Geschäftsmann zu trimmen, was mir natürlich nicht wirklich gelang. Auch achtete ich darauf, dass sich unter meinen Gepäckstücken nichts befand, was auf ein Hippie-Dasein schließen ließ.

Ich hatte mit Cooksy vereinbart, dass er, sollte ich irgendwo geschnappt werden, meine Eltern nicht aufklärt. Ich wollte vermeiden, sie unnötig aufzuregen. Er sollte ihnen dann sagen, ich würde ein kleines Pop-Festival in Goa organisieren und wäre für einige Zeit unabkömmlich.

Cooksy brachte mich zum Flughafen und wünschte mir viel Glück, das ich zweifellos gut brauchen konnte. Die vier Holzblöcke waren in meinem großen Koffer, der noch durch den Zoll musste, bevor ich ihn aufgeben konnte. Also stellte ich mich in eine kleine Schlange von Menschen, die ebenfalls darauf warteten, abgefertigt zu werden. Obwohl ich mir vorgenommen hatte, die Sache cool durchzuziehen, merkte ich, wie sich mein Puls beschleunigte, und das ärgerte mich.

Vor mir stand ein Hippie-Pärchen, das nicht aufhören wollte, sich zu knutschen. Obwohl die Blumenbraut den typischen, mich so nervenden: »Seht her, ich trage Sonne in meinem Herzen«-Blick draufhatte und auch sonst meilenweit von meinen Idealvorstellungen entfernt war, hätte ich jetzt gerne mit ihrem Freund getauscht und dieses elegisch blickende, fetthaarige Etwas geküsst, wenn *er* dafür meinen Koffer übernommen hätte. Vermutlich wäre ich sogar eine Ehe mit ihr eingegangen, so unwohl fühlte ich mich plötzlich in meiner Haut. Den Beruf des Schmugglers, das wusste ich jetzt, konnte ich getrost von meiner Liste möglicher Berufe streichen.

Ich war gerade dabei, mir auszumalen, wie unsere Kinder wohl aussehen würden, als der Zöllner, den das Geknutsche offensichtlich genauso nervte wie mich, die Aufmerksamkeit der beiden auf sich zu lenken versuchte. Nur äußerst unwillig unterbrachen sie ihre Pettingorgie und schnallten ihre wohnzimmergroßen Rucksäcke ab. Mein stiller Wunsch, dass sich in ihrem Gepäck lauter unerlaubtes Zeug befinden möge und ich so, bei dem folgenden Getümmel, unerwischt durch den Zoll schlüpfen könnte, ging natürlich nicht in Erfüllung. Es sei denn, die nepalesische Regierung hätte über Nacht die Ausfuhr von Räucherstäbchen verboten. Dann hätten die beiden locker lebenslänglich mit Sicherheitsverwahrung bekommen.

Der Zöllner war ein alter Nepalese, mit einem grauen Bart und einer Uniform, die er vermutlich von seinem Opa geerbt hatte. Zu meiner großen Freude schien er seinen Beruf nicht mit der nötigen Leidenschaft auszuüben. Eher lustlos kramte er in den Rucksäcken der beiden Hippies zwischen Batikslips, einer Million Räucherstäbchen und Peace-Emblemen in allen Größen, Farben und Formen.

Ich hatte mich oft gefragt, was die Einheimischen dieser asiatischen Länder wohl von den jungen Leuten hielten, die ihr Land bereisten. Anfangs mussten sie dieses ewig tanzende und nie arbeitende Völkchen für Menschen von einem anderen Stern gehalten haben. Während sich ihr eigener Nachwuchs schon in der Kindheit mit Ackerbau und Viehzucht beschäftigen musste, um die Familien mit zu ernähren, dachten diese Fremden offensichtlich überhaupt nicht daran, irgend etwas Sinnvolles zu machen oder gar zu arbeiten, um ihren Lebensunterhalt zu finanzieren. Angesichts solcher Botschafter musste Deutschland als riesiges Hippie-Land erscheinen, in dem jeder von morgens bis abends zugekifft durch die Gegend tanzte und seinen Spaß hatte. Allen voran unser Bundeskanzler, mit wallendem Batik-Gewand und einem Peace-Zeichen auf der Brust. Da zu dieser Zeit ja noch keine anderen Europäer als diese herumlungernden Hippies in Asien zu sehen waren, mussten die Menschen das ja denken.

Der Zöllner hatte jetzt wohl genug Dinge gesehen, mit denen er nichts anfangen konnte, denn er winkte die beiden durch. Nun sah er mit diesem »Na, was haben wir denn Schönes dabei?«-Blick zu mir. So gelangweilt wie möglich stellte ich meinen Koffer vor ihn.

»Anything to declare?« stellte er seine Routinefrage und gab mir gleichzeitig mit einer Handbewegung zu verstehen, dass ich den Koffer öffnen sollte.

»No, nothing,« sagte ich möglichst beiläufig und hoffte inständig, dass sein Blick nicht auf meine heftig pulsierende Halsschlagader fiel. Ich öffnete den Koffer.

Nach einem kurzen Blick auf den Inhalt winkte er mich mit einer lässigen Handbewegung weiter.

Wenn es nicht zu entlarvend gewesen wäre, hätte ich diesen edlen Mann in seiner schmucken Uniform küssen können. Statt dessen zwang ich mich dazu, den Koffer ebenso langsam und unbeteiligt zu schließen, wie ich ihn geöffnet hatte. Jetzt erst spürte ich, was für ein Druck sich in den letzten Tagen in mir aufgebaut hatte, der sich nun mit einem Mal entlud. Ich war regelrecht euphorisiert. Dieses Glücksgefühl war fast schon den ganzen Stress wert, den ich vorher auf mich genommen hatte. Vielleicht sollte ich ja doch Schmuggler werden.

In Neu-Delhi hatte ich wegen einer Zwischenlandung einen Tag Aufenthalt. Da ich die Stadt schon kannte und sie mir nicht sonderlich gefiel, fuhr ich gleich in das nahe gelegene Flughafenhotel. Ich stellte die Klimaanlage auf Maximum und genoss nach sieben Monaten Hitze, dass mir endlich einmal nicht der Schweiß in Strömen runterlief. Dann nahm ich ein Schaumbad, zog mir frische Sachen an und ging hinunter an die Bar. Hier nahm ich einen Scotch mit Eis, blickte cool in die Runde und war mit mir und der Welt zufrieden. Ja, so hatte ich mir das Leben eines Schmugglers meines Kalibers vorgestellt. Interkontinental rumjetten und in den besten Hotels der Welt verkehren, das war's.

Der Zwischenstop in Neu-Delhi hatte den Nachteil, dass ich mein komplettes Gepäck wieder durch den Zoll bringen musste. Aber darin hatte ich ja nun Übung. Im Vertrauen auf meine Schauspielkünste und die Dusseligkeit der indischen Beamten ging ich zur Zollkontrolle.

Ich hatte es absichtlich so eingerichtet, dass ich verhältnismäßig spät dran war, um den Zöllner, sollte er allzu neugierig werden, mit der nahenden Abflugzeit unter Druck setzen zu können. Ich stellte dem Beamten meinen Koffer vor die Nase, und schon überkam mich wieder diese unglaubliche Nervosität, die ich aber, da war ich mir sicher, souverän überspielte.

Der Zöllner war, wie mir sein Erscheinungsbild verriet, ein Sikh. Er hatte einen roten Turban, die Barthaare auf die für Sikhs typische Art geflochten und trug den obligatorischen Armreif am linken Handgelenk. Ich schätzte ihn auf ungefähr fünfzig Jahre. Milde lächelnd forderte er mich auf, den Koffer zu öffnen. Er erinnerte mich an den lieben Onkel Doktor aus meiner Kindheit, der gutmütig darum bat, mich auszuziehen, damit er nachsehen konnte, was mir fehlte. Aber auch der konnte ganz schön gemein werden, indem er einem bittere Medizin oder irgendwelche Spritzen verpasste.

Fein säuberlich und in aller Ruhe nahm der Zöllner alle Kleidungsstücke aus dem Koffer, bis er auf die Holzblöcke stieß. Er nahm einen Printing block heraus und betrachtete ihn von allen Seiten. Zwischendurch sah er immer wieder zu mir.

Eigentlich nur, um von den entstehenden Schweißperlen auf meiner Stirn abzulenken und um irgend etwas zu machen, fragte ich: »Problems?«

Er sah mich an, und sein Lächeln begann mich langsam zu irritieren: »Nein, ich habe keine Probleme«, antwortete er in dem für die Sikhs so typischen Englisch, »aber Sie.«

Was zum Teufel meinte er denn damit? Die Schlagzahl meines Herzens erhöhte sich noch einmal. ›Jetzt kommt's drauf an, Heiner, jetzt zählt nur eins: Ruhe.‹ Ich beschloss, seine Anspielung einfach zu übergehen, und sah provozierend langsam auf meine Uhr. Ich kam mir ein bisschen so vor wie ein Kind, das sich verstecken will, die Augen schließt und davon ausgeht, so nicht mehr gesehen zu werden. Indem ich seine Bemerkung ignorierte, hoffte ich, sie aus der Welt zu schaffen.

»In der Tat könnte ich gleich Probleme bekommen, weil mein Flugzeug in wenigen Minuten startet.« Ich glaubte, die richtige Mischung aus Selbstbewusstsein und Respekt in meinen Tonfall gelegt zu haben.

Doch den freundlichen Zöllner mit dem lieben Onkel-Doktor-Blick schien mein Tonfall wenig zu interessieren. Er sah mich an und sagte, auf einen der Holzblöcke zeigend: »Da ist Haschisch drin.«

Erstaunlicherweise wurde ich jetzt, da ich mit dem Rücken zur Wand stand, ganz ruhig. »Was soll da drin sein?« fragte ich, nun meinerseits milde lächelnd.

»Haschisch. Wissen Sie etwa nicht, was das ist?«

Für Bruchteile von Sekunden dachte ich darüber nach, wie ich diese Frage beantworten sollte. »Natürlich weiß ich, was das ist«, entschied ich mich für die glaubwürdigere Variante. Um der Sache aber nicht allzuviel Bedeutung beizumessen, sah ich wieder auf die Uhr: »Aber ich rauche kein Haschisch.«

»Da ist aber welches drin.« Der Alte grinste mich an. Ihm schien die Situation Spaß zu machen. Da er aber keine Anstalten machte, seine Behauptung zu beweisen, konnte es auch sein, dass er darauf wartete, dass ich ihn bestechen würde.

Ich hatte diese Möglichkeit mit Cooksy vorher schon durchgespielt, und wir waren so verblieben, dass ich es von der Situation abhängig machen sollte. Wir hatten noch fünfhundertfünfzig Dollar in unserer Reisekasse gehabt, von denen ich vierhundertfünfzig mitgenommen hatte, die ich jetzt in meiner rechten Hosentasche umklammerte. Was tun? Wenn ich ihm Geld anbot, offenbarte ich mich ihm gegenüber als Schmuggler, ohne zu wissen, ob er bestechlich war oder nicht. Wenn ich es nicht tat, hatte ich immerhin die Chance, dass er von seiner fixen Idee abließ, bevor ich seinetwegen meine Maschine verpasste. Ich beschloss, ihm kein Geld anzubieten. Irgendwie hatte ich auch keine Lust, diesen debil grinsenden Fettsack um vierhundert Dollar reicher zu machen. ›Angriff ist die beste Verteidigung‹, dachte ich und legte los.

»Hören Sie, guter Mann«, ich wurde eine Spur ungeduldiger, eben so, wie es jemand mit einem reinen Gewissen auch geworden wäre, »ich habe jetzt wirklich nicht mehr viel Zeit. Meine Maschine geht in ein paar Minuten. Wenn Sie mir partout nicht glauben wollen, dass da nichts drin ist, dann brechen Sie in Gottes Namen einen Holzblock auf.« Ich sah ihn an und versuchte einzuschätzen, wie das gesessen hatte. »Und bezahlen ihn dann natürlich, wenn nichts drin ist«, setzte ich vorsichtshalber nach.

»Ich werde gar nichts bezahlen, denn da ist Haschisch drin.«

Obwohl er ja recht hatte, fing mich sein monotoner Vortrag allmählich zu nerven an. »Ich kann Ihnen nur immer wieder sagen, dass ich nicht weiß, wovon Sie reden.«

»Sie wissen ganz genau, wovon ich rede. Ich kenne diese Printing blocks, da ist Haschisch drin.«

Ich nahm mir vor, ihm diesen verdammten Holzblock über den Schädel zu ziehen, wenn er noch einmal »Da ist Haschisch drin« sagen sollte. Doch statt dessen rief er zwei Polizisten, die gelangweilt in einer Ecke gestanden hatten. Nachdem die drei sich eine Weile in irgendeinem indischen Dialekt unterhalten hatten, verschwand einer der Polizisten. Der andere und der Zöllner drehten sich wieder zu mir und fixierten mich. Da ich momentan keine Lust auf das »Wer kann wem länger in die Augen sehen«-Spielchen hatte und auch sonst nicht wusste, was ich tun sollte, sah ich zur Abwechslung mal wieder auf die Uhr und mimte den Ungeduldigen.

»Hätten Sie vielleicht die Güte, mir zu sagen, was jetzt passieren soll? Meine Maschine kann jeden Moment starten.«

Keine Reaktion. Der Polizist sprach wohl kein Englisch, und mein grinsender Zöllner zog es vor, die Konversation mit mir zu unterbrechen. Ich wollte meine Frage gerade wiederholen, als der andere Polizist mit einer Säge zurückkam. ›Tja, das war's dann‹, dachte ich bei mir. ›Das heißt, eine Chance habe ich noch: Wenn der Dealer mich beschissen und in die Holzblöcke gar kein Haschisch eingearbeitet hat.‹ Aber irgendwie wollte ich an diese Möglichkeit nicht so recht glauben.

Während die drei mit vereinten Kräften versuchten, den Holzblock aufzubrechen, wünschte ich mir zum ersten Mal im Leben, betrogen worden zu sein. Ich stand da und sah zu, wie mein Schicksal in Form einer Laubsägearbeit besiegelt wurde. Ich nahm mir vor, alles abzustreiten, Ruhe und vor allen Dingen Haltung zu bewahren. Ich hatte nicht vor, dem Dicken die Genugtuung zu verschaffen, dass ich hier einen Nervenzusammenbruch bekam.

Endlich hatten sie den Block von beiden Seiten so angesägt, dass sie ihn auseinanderbrechen konnten.

Wie man mir später mitteilte, befanden sich genau dreitausendneunhundertfünfundachtzig Gramm Haschisch in den vier Holzblöcken. Also bis auf fünfzehn Gramm exakt die vereinbarte Menge. Ich war also, was meine Hoffnung auf einen unaufrichtigen Dealer betraf, auf Seife getreten.

Nachdem mein Zöllner seinen Triumph gebührend gefeiert hatte, indem er mindestens genauso oft »Ich hab doch gewusst, dass da Haschisch drin ist« gesagt hatte wie vorher »Da ist Haschisch drin«, transportierte man mich ins Polizeipräsidium. Dort wurde ich verhört und anschließend ins Untersuchungsgefängnis gebracht.

Das Untersuchungsgefängnis in Neu-Delhi bestand, jedenfalls 1971, aus mehreren Dreißig-Mann-Zellen, die sich direkt auf dem Gerichtshof befanden. Der bestand aus mehreren Baracken, die auf einem großen Platz standen, auf dem man zu dieser Jahreszeit im Matsch versank. Das ganze Gelände sah aus wie ein riesiger verwahrloster Schrottplatz. Nur die Richter und Anwälte, die ihre abgewetzten Roben hochzerrten, während sie durch den Schlamm staksten, erinnerten einen daran, dass hier eigentlich Justitia bemüht war, ihre Waagschalen im Gleichgewicht zu halten. Und die Gefangenen natürlich, die ausnahmslos mit Fuß- und Handschellen und meist in kleinen Grüppchen, von Polizisten streng bewacht, über den Platz geführt wurden.

Nach einer Fahrt mit dem riesigen vergitterten Polizeitransporter hatte man mich, an Händen und Füßen gefesselt, in eine dieser Dreißig-Mann-Zellen gebracht. Als ich die Zelle betrat, wurde mir schlagartig schlecht, solch ein Gestank herrschte dort.

Nur durch ein kleines Fenster unter der Decke, gerade so groß, dass sich niemand hindurchzwängen konnte, fiel Licht in den Raum. Es dauerte einen Moment, bis sich meine Augen an die Dunkelheit gewöhnt hatten. Dann tat sich das ganze Grauen dieses abscheulichen Platzes vor mir auf.

Ich befand mich, Schulter an Schulter mit dreißig anderen Häftlingen, auf einer Fläche von ungefähr fünfzehn Quadratmetern. Aus Platzmangel mussten in dieser Zelle, bis auf wenige Ausnahmen, alle stehen. In der rechten Ecke war ein Plumpsklo, auf dem ein alter Inder saß, der es offensichtlich gerade benutzte. In der linken Ecke waren gerade zwei Gefangene dabei, einen jungen Mithäftling zu vergewaltigen. Der eine lag mit runtergelassener Hose auf seinem Rücken, während ihm der andere den Mund zuhielt, um zu vermeiden, dass die jämmerlichen Schreie des Jungen die Wärter herbeiriefen.

Als wollte ich dieses ekelhafte Szenario vervollständigen, kotzte ich meinem Nachbarn auf die Füße. Der war zwar alles andere als eine reinliche Erscheinung, fand das aber trotzdem nicht komisch und rammte mir seinen Ellbogen gegen die Schläfe. Bevor ich ohnmächtig wurde und in meinem Erbrochenen landete, dachte ich an das schöne Hotel, in dem ich gestern noch genächtigt hatte. So schnell ändern sich die Zeiten.

*

Als ich wieder zu mir kam, lag ich auf dem Boden der Zelle, gekrümmt vor Schmerzen und Übelkeit, umringt von den stinkenden, dreckigen Füßen meiner Mitgefangenen. Plötzlich packte mich eine Hand am Fuß. Ich versuchte, mich aus der Umklammerung zu befreien, und wollte mit dem anderen Fuß zustoßen, als dieser schon von einem weiteren Händepaar gepackt wurde. Nun schleifte man mich quer durch den Raum in die Ecke, in der sie sich eben noch an dem Jungen vergangen hatten.

Es lag auf der Hand, was diese Schweine jetzt mit mir vorhatten, zumal ich der einzige Europäer im Raum war. Ein zwanzigjähriger blonder Jüngling in diesem schwulen Haufen hier – ich konnte mir leicht ausmalen, wo das enden sollte. Ich war wild entschlossen, es nicht soweit kommen zu lassen. Ich würde alles, aber auch wirklich alles tun, um meinen Kopf beziehungsweise meinen Arsch aus dieser Schlinge zu ziehen, und ich war mir hundertprozentig sicher, dass mir das gelingen würde. Ich konnte förmlich spüren, wie sich mein Körper mit Energie lud, wie sich die Kraft in meinen Muskeln sammelte. Alles in mir konzentrierte sich auf den Moment, in dem es loszuschlagen galt.

Ich ließ mich mehr oder weniger ohne Gegenwehr bis an die Stelle ziehen, an der sie mich haben wollten. Nach einem kurzen Palaver einiger Gefangener, das fast in einer handfesten Auseinandersetzung endete, weil sie wahrscheinlich darum stritten, wer mich entjungfern dürfte, machte sich jemand an meiner Hose zu schaffen.

Jetzt musste alles sehr schnell gehen. In einem Punkt war ich dieser Bande gegenüber im Vorteil, nämlich dass ich wesentlich fitter war, als sie annahmen. Ich musste mir diesen Umstand zunutze machen.

Sie rollten mich auf die Seite. Vorsichtig öffnete ich die Augen einen Spaltbreit, um die Situation besser einschätzen zu können. Über mir kniete ein etwa dreißigjähriger glatzköpfiger Mann mit pockennarbigem Gesicht. Er war gerade im Begriff, mir die Hose runterzuziehen, als ich mit einem animalischen Schrei meine in Handschellen gefesselten Arme hochriss. Bevor er noch reagieren konnte, riss ich ihn herum, schlang die Handschellen um seine Kehle, legte die Hände in seinen Nacken und zog zu. So schleifte ich ihn, unablässig wild schreiend, in die Ecke des Raumes und benutzte ihn quasi als Schutzschild, während ich mit dem Rücken zur Wand hockte und die Handschellen um seinen Hals schnürte, so fest ich konnte. Er versuchte sich natürlich zu wehren und schlug mit den Fäusten hinter sich, aber ich verbarg meinen Kopf direkt hinter seinem Nacken, so dass es ihm fast unmöglich war, mich zu erwischen. Noch mehr war er allerdings bemüht, meinen Griff zu lockern, aber das war ein aussichtsloses Unterfangen, denn wie Schraubstöcke presste ich meine Fäuste in sein Genick.

Dabei schrie ich immer noch wie am Spieß, um meine Entschlossenheit zu untermauern und von meiner Angst abzulenken. Langsam drohte mir allerdings die Luft auszugehen. Die Mitgefangenen, anfangs wohl zu überrascht, um sich einzumischen, schalteten sich nun in den Kampf ein und traten gegen meine Rippen und den Kopf. Ein paar versuchten mich an den Füßen von der Wand wegzuziehen. Immer wieder schrie ich: »Ich werde ihn töten, ich schwöre, ich töte ihn!«

Ich habe mich später oft gefragt, ob ich bereit gewesen wäre, meine Drohungen in die Tat umzusetzen.

Die Wahrheit ist: Ich weiß es nicht. Ich spürte nur, wie sich meine Arme verkrampften, so dass ich willentlich gar nicht mehr in der Lage gewesen wäre, diese Umklammerung zu lösen. Es war wohl eine Art Überlebensreflex, den ich nicht mehr imstande war zu kontrollieren.

Doch Gott sei Dank kam es nicht soweit, dass ich diese Entscheidung treffen musste. Ein paar Häftlinge hatten wohl so heftig gegen die Tür gedonnert und um Hilfe geschrien, dass zwei Wärter hereingestürzt kamen und der Sache mittels ihrer Schlagstöcke ein

Ende bereiteten. Ich spürte ein paar Schläge auf mich niederprasseln, dann verlor ich abermals das Bewusstsein.

Als ich erwachte, lag ich auf der Krankenstation des Central Jail von Neu-Delhi. Man hatte mich direkt ins Hauptgefängnis gebracht, weil das Untersuchungsgefängnis über keine eigene Krankenstation verfügte.

Irgend jemand rüttelte an meiner Schulter. Gleichzeitig vernahm ich ein schreckliches Gejammer und Wehklagen neben mir. Ich versuchte, Herr über den Schmerz in meinem Kopf zu werden. Mein Schädel fühlte sich an, als ob er jeden Moment zerspringen würde, und dieses Gerüttel war Öl aufs Feuer meiner Schmerzen. So gut es ging, öffnete ich die Augen und sah die Quelle meines Martyriums in Form eines Inders, der über mich gebeugt stand und mich zu wecken versuchte.

»Wake up, Mister, wake up«, wiederholte er mehrmals.

Ich wollte ihm sagen, dass er aufhören konnte, mich zu schütteln, da ich ja nun wach war, aber mein Gaumen war so trocken, dass ich nichts Verständliches hervorbrachte. Endlich registrierte der Mann, dass ich wach war, und hörte auf, an mir zu zerren. Wie er so über mich gebeugt stand, mit seinem roten Turban und dem geflochtenen Bart, hätte man ihn für den Zwillingsbruder des Zöllners vom Flughafen halten können. Sofort wurde mir wieder schlecht. Hinzu kam der ekelhafte Geschmack von getrocknetem Blut in meinem Mund.

»Wie geht es Ihnen?« fragte er mit dem gleichen milden Lächeln wie der Zöllner.

Als ob ich die Frage damit besser beantworten könnte, sah ich an mir runter und befühlte meinen Körper. Nachdem ich die letzten Feuchtigkeitsreserven meines Mundes aktiviert hatte, versuchte ich eine ebenso knappe wie wahrheitsgetreue Antwort herauszubringen. »Beschissen.«

Der Mann mit dem Turban hatte ein Einsehen und besorgte mir eine Karaffe mit Wasser, die ich ohne abzusetzen austrank. Jetzt erst merkte ich, was für einen Durst ich gehabt hatte. Ich reichte ihm die leere Karaffe. »Wer sind Sie?«

»Ich bin Ihr Anwalt.« Erneut dieses Lächeln. Aber dieses Mal bewegte es mich. Zum ersten Mal hatte ich das Gefühl, einen Verbündeten in diesem Land zu haben. Wenn meine Hände nicht verbunden gewesen wären, hätte ich ihm dankbar die Hand gedrückt, so gerührt war ich mit einem Mal. Soweit es mein Kopfverband zuließ, versuchte ich zurückzulächeln. Er setzte sich ans Fußende des Bettes.

»Sie haben sich in der Zelle ja ganz schön aufgeführt.«

»Die wollten mich vergewaltigen.«

Er nickte nur. Es schien ihn nicht sonderlich zu beeindrucken.

»Ich habe mir Ihre Akte durchgesehen und werde versuchen, Sie bis zur Verhandlung auf freien Fuß setzen zu lassen.« Er sah mich von oben bis unten an. »Das heißt, sobald Sie wieder auf Ihren Füßen stehen können.«

»Wie geht es nun weiter?« wollte ich wissen.

»Sie werden ein paar Tage in der Krankenstation bleiben müssen, bis Sie sich wieder einigermaßen auskuriert haben. In der Zwischenzeit bekomme ich hoffentlich vom Richter die Verfügung, dass Sie bis zur Verhandlung … nennen wir es einmal Freigänger sind. Dann hoffen wir auf ein mildes Urteil von ein bis zwei Monaten, die Sie gleich im Anschluss an die Verhandlung hier im Central Jail absitzen müssen.«

Die Aussicht, bald, wenn auch nur vorübergehend, wieder in Freiheit zu sein, ließ mich neuen Mut schöpfen.

»Aber freuen Sie sich nicht zu früh. Ich kann es, wie gesagt, nur versuchen. Mit etwas Glück sparen wir uns die Untersuchungshaft, aber an der eigentlichen Gefängnisstrafe werden Sie nicht vorbeikommen.«

Meine Gesichtszüge, obwohl eigentlich von dem Kopfverband zusammengehalten, fielen wieder in sich zusammen.

»Die Polizei hat vierhundertfünfzig Dollar bei Ihnen konfisziert, ist das richtig?«

»Ja.« Ich wunderte mich, dass sich nicht irgendein korrupter Bulle das Geld unter den Nagel gerissen hatte.

»Davon geht ein Teil für meine Kosten drauf.« Er legte den Kopf auf die Seite und schien zu überschlagen, wieviel er mir für sein Mandat abnehmen wollte. »Den Rest könnten wir dem Richter als

Geldstrafe anbieten. Das sollte dann die Gefängnisstrafe etwas verkürzen.« Um meine aufkeimende Hoffnung gleich wieder zu dämpfen, fuhr er fort: »Allerdings muss ich Sie von der Illusion befreien, dass das Central Jail ein angenehmerer Aufenthaltsort als das Untersuchungsgefängnis ist.«

Die Vorstellung, zwei Monate unter ähnlichen Umständen verbringen zu müssen, wie ich sie gerade erlebt hatte, gab mir den Rest. Alles schnürte sich in mir zusammen. Unkontrolliert liefen mir die Tränen über die Wangen. Weil ich mich schämte, drehte ich den Kopf zur Seite.

Er legte eine Hand auf meinen Arm und sprach weiter zu mir: »Ich muss Ihnen vielleicht zu den indischen Gefängnissen etwas erklären.«

Ich wischte mir mit dem Ärmel die Tränen aus dem Gesicht und versuchte wieder Haltung zu bewahren.

»Wie lange sind Sie schon in Indien?«

»Was weiß ich, ein paar Monate vielleicht.«

»Dann haben Sie doch schon viel hier gesehen.« Das konnte man wohl sagen. »Sie konnten sich von der entsetzlichen Armut in diesem Land mit eigenen Augen überzeugen. Und von den Ausmaßen dieser Armut. Jeden Tag sterben mehrere tausend Menschen von unseren sechshundert Millionen Einwohnern, und es ist kein Ende abzusehen. Die Menschen tun die unglaublichsten Dinge, um dem Hungertod zu entgehen. Sie stehlen, morden, ja sie verstümmeln sogar ihre leiblichen Kinder, um effektiver mit ihnen betteln zu können. Können Sie erahnen, was in einem Vater vorgehen muss, der seiner eigenen Tochter ein Glied abschneidet, weil er dadurch eine größere Barmherzigkeit seiner Mitmenschen zu gewinnen hofft?«

Er sah mich an und wartete wohl auf eine Reaktion. Als ich gerade etwas entgegnen wollte, fuhr er fort: »Verstehen Sie jetzt, warum die indischen Gefängnisse so grausam sein müssen?«

Ja, allmählich hatte es selbst mein dröhnender Kopf geschafft, die Zusammenhänge zu begreifen.

»Sehen Sie, wenn es für die Menschen im Gefängnis nicht deutlich unangenehmer wäre als draußen, wo sie sowieso schon verhungern, wenn sie nicht vorher getötet werden, wären die Gefängnisse morgen schon total überfüllt, denn hier bekämen sie wenigstens noch etwas zu essen. Jeder, der auf der Straße den sicheren Hungertod vor Augen hat, würde dann in den Knast wollen. Deswegen *müssen* die Vollzugsanstalten so brutal und unmenschlich sein. Als Abschreckung sozusagen.«

Das leuchtete mir zwar ein, trug aber in keiner Weise zu meiner Beruhigung bei. Ich hatte die Schnauze voll von diesem Land und seinen Problemen. Ich war wütend über die Behandlung, die man mir hier zukommen ließ. Und ich war enttäuscht über die Unmenschlichkeit inmitten so vieler Menschen. Am allermeisten aber war ich wohl von mir selber enttäuscht. Von meiner Naivität und den infantilen Plänen, die ich gehabt hatte. Aber das war mir damals nicht bewusst. Oder ich wollte es mir nicht eingestehen.

»Sie werden auch diese Zeit, die zweifellos nicht leicht werden wird, überstehen.« Er war aufgestanden und reichte mir die Hand. »Und dann werden Sie wieder zurück in Ihr schönes Land fahren und diesen Moloch vergessen, so wie das alle Europäer tun, die eine Zeitlang Zeuge der menschenunwürdigen Umstände hier geworden sind.«

Ich gab ihm meine linke, nicht ganz so zugepflasterte Hand und fragte: »Wann sehe ich Sie wieder?«

»Sobald ich etwas Neues weiß, melde ich mich.« Damit ging der Mann durch die Tür der Krankenstation und ließ mich allein zurück.

Ich sah mich zum ersten Mal richtig um. So alleine, wie ich gedacht hatte, war ich gar nicht. Es waren noch sechs weitere Betten in dem Raum. Ich betrachtete die Kreaturen neben mir. Im Vergleich zu diesen armen Würstchen war ich in der Verfassung eines austrainierten und ausgeruhten Zehnkämpfers. Von einem »Bild des Grauens« zu sprechen wäre angesichts dieses Szenariums wie ein naives Gemälde, das spielende Kinder auf einem Kornblumenfeld zeigt. Wenigstens hatte mein Nachbar zur Linken aufgehört zu jammern. Dass er gestorben war, merkte ich erst später.

Nach neun Tagen hatten mich die Pfleger, die im übrigen kränker zu sein schienen als ich, soweit hochgepäppelt, dass ich wieder aufstehen konnte. Meinem Anwalt war es tatsächlich gelungen, dass ich bis zur Verhandlung auf freien Fuß gesetzt wurde.

Ich suchte mir eine kleine Klitsche in Old Delhi, in der ich für ein paar Rupien die Nacht wohnen konnte. Cooksy schrieb ich einen postlagernden Brief nach Kathmandu, in dem ich ihm mitteilte, was vorgefallen war. Auf die Rückseite des Kuverts schrieb ich meine neue Adresse. Dann fuhr ich zur Deutschen Botschaft, in der Hoffnung, dass die irgendwas für mich machen konnten. Nachdem ich vier Stunden gewartet hatte, kam ein Angestellter und fragte, was mein Anliegen sei. Da er mir das Gefühl vermittelte, dass er nicht viel Zeit hatte, erklärte ich ihm in wenigen Sätzen meine Lage.

Er sah mich nur ausdruckslos an und sagte: »Wissen Sie, wenn es nach mir ginge, könnte das ganze Gesocks, das wegen Rauschgift festgenommen wurde, im Gefängnis sitzen, bis es schwarz wird.«

Ich merkte, wie mich eine unheimliche Wut überkam. Mühsam beherrschte ich mich: »Dafür, dass Sie im diplomatischen Dienst sind, sind Sie ganz schön undiplomatisch.«

»Ich würde vorschlagen, Sie überlassen die Beurteilung des diplomatischen Gehalts meiner Aussagen anderen und konzentrieren sich auf Ihre eigenen Probleme, die ja nicht allzu geringer Natur sein dürften, wenn ich Ihren Erzählungen Glauben schenken darf.«

Ich versuchte ihm ebenso geschwollen, aber unmissverständlich klarzumachen, worum es *mir* ging: »Und ich würde vorschlagen, Sie halten jetzt das Maul, weil ich Sie sonst trotz meiner juristisch nachteiligen Lage aus diesem Fenster da schmeiße.«

Mit dem ausgestreckten Arm deutete ich auf das Fenster hinter ihm. Prompt drehte er sich um und sah in die vorgegebene Richtung, was darauf schließen ließ, dass er den wesentlichen Teil meines Satzes verstanden haben musste. Offensichtlich war er von dem Klartext jedoch überfordert, denn der gute Mann rief den Sicherheitsdienst und ließ mich aus der Botschaft entfernen, nachdem er mir vorher noch Hausverbot erteilt hatte.

Nach dieser überaus lehrreichen Lektion über den Umgang mit deutschen Staatsbürgern in Not war klar, dass ich von offizieller Seite nicht mit Unterstützung rechnen konnte. Ich ließ mir von den Behörden hundert Dollar von meinem Geld auszahlen und verbrachte drei alles andere als romantische Wochen mit Warten auf meine Verhandlung. Um der sengenden Hitze zu entgehen, blieb ich die meiste Zeit in meinem Kabuff. Ich fing wieder an, Gedichte zu schreiben, und las, was mir in die Finger kam. Neben vielen englischsprachigen Büchern las ich auch *Die fröhliche Wissenschaft* von Friedrich Nietzsche, der mir mit seinem nihilistischen Gedankengut aus der Seele sprach, war ich doch von Gott und seiner Barmherzigkeit im Moment nicht sonderlich überzeugt.

Neben mir hausten zwei Fixer aus Deutschland, die ich aber so gut wie nie zu Gesicht bekam. Ich hatte das Gefühl, sie verließen ihr Loch nur, wenn sie neuen Stoff brauchten.

Nach ungefähr vierzehn Tagen stand völlig unvermittelt Cooksy vor der Tür. Er hatte meinen Brief bekommen und sich gleich auf den Weg gemacht. Nach kurzer Beratschlagung verabredeten wir, dass er den Wagen zurück nach Deutschland bringen sollte, während ich meine Haftstrafe absaß. Das Geld für die Benzinkosten sollte Cooksy sich beschaffen, indem er trampende Hippies mitnahm. Die knapp vierhundert Dollar, die von unserer Reisekasse noch übrig waren, behielt ich, um davon die zu erwartende Geldstrafe bezahlen zu können.

Dann kam endlich der Tag der Verhandlung, an dem ich mich pünktlich im »Justizpalast« einfand. Vor der Tür wartete bereits mein Anwalt, der mich dann in die Baracke führte. Drinnen ging es zu wie in einem Taubenschlag. Es waren ungefähr fünfzig Leute in dem kargen Raum, von denen achtundvierzig hier garantiert nichts zu suchen hatten. Alle quatschten durcheinander und wuselten herum.

Mein Anwalt zog mich hinter sich her. Es dauerte eine Weile, bis er sich den Weg zum Richterpult freigeschaufelt hatte. Erst als ich unmittelbar vor ihm stand, erkannte ich, wer unter den vielen anderen Anwesenden hier der Richter war. Mein Fall wurde mit einer Geradlinigkeit durchgezogen, an der sich deutsche Gerichte, wenn auch vielleicht nicht in dieser extremen Form, ein Beispiel nehmen könnten: Die Verhandlung dauerte weniger als eine Minute. In dieser knappen Zeit sprach der Richter ausschließlich mit meinem Anwalt. An den Erklärungen, die ich mir sorgfältig zurechtgelegt hatte, war er nicht im geringsten interessiert. Ich glaube, er wusste gar nicht, welcher der vielen Menschen, die da vor ihm standen, der Angeklagte war.

Genauso mühsam, wie er mich hineinbugsiert hatte, zerrte mich mein Anwalt wieder hinaus ins Freie, wo er mir den Urteilsspruch übersetzte: zwei Monate Gefängnis ohne Bewährung und zweihundertfünfzig Dollar Geldstrafe. Sein eigenes Honorar veranschlagte er auf hundert Dollar, so dass die dreihundertfünfzig Dollar, die noch bei der Polizei deponiert waren, auf wundersame Weise bis auf den letzten Cent verbraucht waren. Es hatte wenig Sinn, sich über das korrupte Verhalten der Beteiligten aufzuregen, zumal die Sicherheitskräfte schon bereitstanden, um mir wieder Hand- und Fußschellen anzulegen und mich im Polizeitransporter ins Central Jail zu bringen.

Das Gefängnis, von dem ich bisher nur die Krankenstation kannte, war ein großes, parkähnliches Gelände, welches von einer etwa fünfzehn Meter hohen Mauer umschlossen wurde. Wie Mithäftlinge mir später erzählten, hatte die Höhe der Mauer weniger etwas mit der Ausbruchsicherheit zu tun als damit, dass die Gefängnisdirektion das Gelände auch für höhere Gebäude in der Nachbarschaft uneinsehbar gestalten wollte. Und das hatte, wie mir ziemlich schnell klar wurde, seinen guten Grund.

Grundsätzlich unterschied man in der Anstalt zwischen A- und B-Klasse. Wenn man etwas Geld auf der Seite hatte und die Wärter bestechen konnte, kam man in die A-Klasse. Hier lebten die Gefangenen in verhältnismäßig ordentlichen Großraumzellen. Sie hatten zumindest einigermaßen funktionierende sanitäre Anlagen, eine Pritsche, auf der sie nachts schlafen konnten, und hier und da sogar einen Ventilator, der nicht kaputt war. Ein Ventilator war *der* Luxusgegenstand überhaupt in diesem Brutkasten, in dem die Temperaturen nicht selten über fünfzig Grad im Schatten stiegen. Und das bei einer Luftfeuchtigkeit von achtundneunzig Prozent.

Wenn man, wie in meinem Fall, nicht über die nötigen finanziellen Mittel verfügte, kam man in die B-Klasse am anderen Ende des Parks. Hier gestaltete sich das Ganze wesentlich ungemütlicher, denn die B-Klasse bestand aus vielen winzigen, aneinandergereihten Drei-Mann-Zellen, die komplett vergittert waren: vorne Gitter, seitlich Gitter, hinten Gitter und oben Gitter. Das hatte unter anderem zur quälenden Folge, dass man den ganzen Tag, oder zumindest solange man sich in der Zelle befand, der stechenden Sonne ausgesetzt war. Ansonsten gab es nichts in diesen Käfigen. Kein Bett, keine Pritsche, keine Matratze, keinen Tisch, keinen Stuhl. Sie legten einem noch nicht einmal eine dünne Decke hinein, mit der man sich hätte zudecken können. Im hinteren Teil der Zelle diente ein Loch, das an einen Abwasserkanal angeschlossen war, als Toilette. Dahinter tropfte aus einer Wasserleitung spärlich, aber unaufhörlich Wasser, welches man mittels eines Behälters sammelte und dann benutzte: zum Trinken, zum Waschen und anderen Verrichtungen.

Um sieben Uhr morgens wurden alle Zellen aufgesperrt, und man konnte sie verlassen. Um neunzehn Uhr wurden sie wieder verriegelt. Wer dann nicht in seiner Behausung war, musste mit massivem Ärger rechnen. Ebenso wer sich bei einem bestimmten Sirenenton nicht in die nächste Zelle begab, egal ob es seine eigene war oder nicht. Die Sirene kündigte in der Regel eine Razzia an. Die Wärter hatten das Recht, jeden, der sich nach diesem Sirenenton noch im Freien befand, gnadenlos zusammenzuschlagen, und sie machten von diesem Recht aufs sadistischste Gebrauch, indem sie den dicken, breiten Ledergürtel, der Teil ihrer Uniform war, als Waffe benutzten.

Eine Besonderheit im Central Jail war, dass die Wärter selber allesamt Gefangene waren. Die meisten von ihnen lebenslängliche. Und der schlimmste von allen, so hatte man mir erzählt, war ihr Chef, der Gefängnisdirektor. So hatte man sich die grausame Kettenreaktion zunutze gemacht, deren Logik mir schon mein Anwalt erläutert hatte: Wer war schon willens und in der Lage, Herr über einen Haufen skrupelloser, von den denkbar schlimmsten Lebensumständen gezeichneter Ratten zu sein? Doch nur die Oberratte.

Ich machte mir keine Illusionen darüber, was ich in dieser Institution zu erwarten hatte. Bestimmt verschwendete hier niemand einen Gedanken an Resozialisierung oder dergleichen Gefühlsduseleien. Ich hatte ein ganz klares Ziel, das mir immer vor Augen stand. Jeden Tag, jede Stunde, jede Minute: überleben.

Ich kam in die Arbeitsgruppe der Stühleflechter. Hier wurden die Basteinsätze für Holzstühle geflochten. Das verschaffte einem nicht nur ein wenig Ablenkung, sondern fand vor allem im Schatten statt, so dass man wenigstens für ein paar Stunden der unmenschlichen Sonne entgehen konnte.

An Nahrung hatte die B-Klasse, außer dem Wasser, das aus der Leitung tropfte, nur noch Fladenbrot zu bieten, Chapati, wie es die Inder nennen. Zweimal in der Woche gab es ein linsenähnliches Gericht und sonntags eine Kanne Tee und ein hartgekochtes Ei, welches aber von den meisten gegen ein Stück Opium eingetauscht wurde. Überhaupt konnte man sich über die korrupten Wärter, wenn man Geld hatte, das beste Rauschgift besorgen. In Indien, wie an so vielen anderen Orten in der Welt auch, waren die hochwertigsten Betäubungsmittel im Knast zu finden. Das hatte zwei Gründe: Erstens hatte die Gefängnisleitung den unmittelbaren Draht zur Asservatenkammer, wo unter anderem auch meine vier Kilo hinkamen, nachdem sie vom Zoll konfisziert worden waren, und zweitens verstanden die Jungs im Knast überhaupt keinen Spaß, wenn man ihnen schlechtes Dope andrehte. So war zwar das Essen hundsmiserabel, aber man konnte zumindest sicher sein, dass der Stoff, den man hier bekam, allererste Wahl war.

Alles in allem hatte ich noch Glück, dass meine Strafe nicht höher ausgefallen war, denn viel länger als zwei Monate hätte ich in der B-Klasse nicht überlebt. Im Knast gab es einen Spruch: Mehr als ein halbes Jahr in der B-Klasse schaffst du nicht. Wer nicht vorher schon an allem möglichen gestorben war, gab spätestens nach sechs Monaten wegen Vitaminmangels den Löffel ab.

Mit zwei Goldschmugglern aus Düsseldorf, die in der A-Klasse zwei Jahre absaßen, hatte ich mich ein bisschen angefreundet. Sie hatten genug Geld, um es sich den Umständen entsprechend gutgehen zu lassen, wovon ich manchmal ein wenig profitierte, wenn sie mir einen Apfel oder ein paar Bidis, diese kleinen indischen Zigaretten, zusteckten.

Ansonsten hatte ich im Central Jail nichts zu lachen. Ich verlor täglich an Gewicht, da ich, außer nachts, wo es mitunter unangenehm kühl werden konnte, ununterbrochen schwitzte und so gut wie nichts Nahrhaftes zu mir nahm. Als erstes Anzeichen meines Vitaminmangels entstand eine dicke Eiterblase an meinem rechten Zeigefinger. In der Krankenstation, die ich aufsuchte, um den Finger behandeln zu lassen, weigerte man sich strikt, das kleine Skalpell, mit dem die Blase aufgeschnitten werden sollte, zu desinfizieren.

»Tu doch etwas Alkohol an das Messer, bevor du die Blase damit aufritzt, oder halt es wenigstens über eine Flamme«, hatte ich den Pfleger gebeten. Der fühlte sich wohl in seiner Berufsehre verletzt und grabschte nach meiner Hand: »Quatsch, das ist nicht nötig.«

»Dann leck mich am Arsch«, sagte ich und entzog ihm den Finger wieder, den er sich schon zurechtgelegt hatte. Ich würde schon irgend etwas finden, womit ich die Wunde behandeln konnte.

Aufgrund der Verletzung konnte ich für ein paar Tage nicht zur Arbeit gehen, denn genau diese Stelle wurde beim Stühleflechten sehr beansprucht. Während die anderen arbeiteten, ging ich in den Park, wo ich mich meist unter einem Baum in den Schatten legte.

Ich versuchte im Gefängnis oft, das Yoga anzuwenden, das Krishna mir beigebracht hatte, aber meistens gelang es mir nicht. Ich war einfach zu schlapp, zu unkonzentriert und vor allem zu hungrig. Permanent musste ich an Essen denken. Immer wieder malte ich mir aus, was ich alles zu mir nehmen würde, wenn ich endlich frei wäre. Erfahrene Yogis hätten es sicher geschafft, sich darüber hinwegzusetzen, denn gerade darin besteht ja die Kunst beim Yoga: seine Gedanken trotz aller Ablenkungen auf das Wesentliche zu richten.

Als ich eines Nachmittags mit geschlossenen Augen dalag – es gelang mir wieder mal nicht, mich zu konzentrieren –, traf mich etwas mit voller Wucht in die Rippen. Ich schrie auf und öffnete die Augen.

Über mir stand einer der Wärter, die uns bei der Arbeit beaufsichtigten. Er war mir schon beim Stühleflechten als der ekligste von allen aufgefallen. Er hatte ungefähr meine Größe, war aber wesentlich korpulenter und ungefähr zwanzig Jahre älter. Ansonsten sah er aus wie Frankensteins Gesellenstück. Es fehlte wirklich nur noch der Nagel durch den Kopf.

»Was machst du hier? Warum arbeitest du nicht?« wollte er wissen.

»Weil ich krank bin.« Ich hielt ihm meinen notdürftig verbundenen Finger hin.

»Wenn du morgen nicht beim Stühleflechten erscheinst, wirst du garantiert noch kränker.« Er zog seinen Gürtel aus, und ich machte mich darauf gefasst, dass er mich verprügeln würde. Er sah sich nach allen Seiten um, um sicher zu sein, dass uns auch niemand beobachtete. Das machte mich noch nervöser, denn normalerweise scherte es sie einen Dreck, wenn ihnen jemand bei ihren Züchtigungen zusah. Wohl um besser zuschlagen zu können, wikkelte er den Gürtel um seine Faust. Aber dann öffnete er seine Hose, ließ sie bis auf die Fußknöchel runterrutschen und fummelte mir mit seinem Glied vor der Nase rum.

»Und jetzt zeig mal, was du kannst«, griente er.

Von einem Moment auf den anderen wurde ich von schnell wechselnden Gefühlsschüben geschüttelt. Schlagartig wurde mir angesichts seiner Genitalien kotzschlecht. Eine fast lähmende Furcht überkam mich. Im nächsten Augenblick fühlte ich mich verletzt und gedemütigt, um unmittelbar darauf, vermutlich ausgelöst durch einen mächtigen Adrenalinstoß, unglaublich wütend zu werden. Es schien sich wieder eine Art Überlebenshormon gebildet zu haben, das mich eiskalt werden ließ. Mit hasserfüllten Augen sah ich ihn an.

»Wenn du darauf bestehst, lutsch ich dein Ding«, sagte ich mit leiser Stimme, »aber du wirst danach keine Freude mehr mit ihm haben.«

»Wieso?« Es fiel ihm sichtlich schwer, meine Worte zu verstehen.

»Weil ich dir deinen verdammten Schwanz abbeißen werde. Und sobald ich ihn ausgespuckt habe, werde ich dir die Kehle durchbeißen.« Ich legte alle Entschlossenheit und Ruhe in diesen Satz, die ich aufzubringen vermochte, und sah ihm fest in die

Augen. Ich spürte förmlich, wie das Spatzenhirn, das sich hinter seinem riesigen Schädel verbarg, arbeitete.

Nachdem er mich eine Weile fixiert hatte, brachte er ein gekünsteltes Lachen hervor, raffte seine Hose hoch und machte sich davon. Im Weggehen raunte er mir zu: »Morgen bist du wieder bei der Arbeit, sonst setzt es was.«

Ich sah ihm noch lange nach. Allmählich normalisierte sich mein Zustand wieder. Nun verspürte ich fast so eine Art Glücksgefühl und war sogar ein bisschen stolz auf mich. Diese Klippe hatte ich souverän umschifft. Sicherlich hatte mir mein schauspielerisches Talent dabei geholfen, aber für mich war sonnenklar: Ich hätte es zwar nicht gerne gemacht, wenn es aber erforderlich gewesen wäre, hätte ich exakt das getan, wovor ich ihn gewarnt hatte.

*

Das einzige Buch, das ich im Gefängnis in die Finger bekam, war die Bibel. Also las ich sie. Genauer gesagt las ich das Neue Testament, also die Lehre von Jesus Christus. Die Darstellung seines Lebens hat mich damals sehr beeindruckt. Noch heute versuche ich mich an seinen Handlungsweisen zu orientieren, was mir, weiß Gott, nicht immer gelingt. Aber ich glaube, es kann kein Fehler sein, sich das Denken und Handeln, die Nächstenliebe von Jesus zum Vorbild zu nehmen. Auch wenn ein Gefängnis nicht gerade der ideale Ort ist, um ein christliches Leben zu führen. Zu sehr ist man hier mit Überleben beschäftigt, als dass man sich um seine Nächsten kümmern könnte.

Nach ungefähr fünf Wochen, also gut der Hälfte meiner Haft, lernte ich einen jungen Engländer kennen, der mir, wie das unter Gefangenen so üblich ist, seine Leidensgeschichte erzählte. Er hatte versucht, sechzehn Kilo Haschisch auf die gleiche Weise wie ich zu schmuggeln. Damit nicht genug, schienen wir auch noch an denselben Zöllner geraten zu sein. Da der Engländer das Ganze zwei Wochen vor mir in Angriff genommen hatte, kannte der Zöllner natürlich diese Tour und wusste Bescheid, als ich dann vor ihm stand. Dieser bescheuerte Engländer hatte versucht, sechzehn mehr oder weniger wertlose Holzblöcke über die Grenze zu bringen, und dafür auch noch das Übergewicht bezahlt. Nur deshalb war die Sache aufgeflogen. Ich verfluchte ihn und redete bis zu meiner Entlassung kein einziges Wort mehr mit ihm. Habe ich schon erwähnt, dass Menschen, die auf der verkehrten Straßenseite fahren und das Bier ohne Schaum trinken, nicht zu trauen ist?

Nach sieben Wochen hatten die Behörden ein Einsehen und erließen mir die letzte Woche meiner Strafe. Mein Anwalt verkündete mir die frohe Botschaft, nicht ohne darauf hinzuweisen, was für eine Mühe ihn das gekostet hatte. Er wollte wissen, ob ich mich nicht noch in irgendeiner Form erkenntlich zeigen könnte, aber ich konnte ihm glaubhaft versichern, dass bei mir definitiv nichts mehr zu holen war. Außer ein paar Dollar und meinem Flugticket hatte ich nichts mehr, was ich ihm hätte geben können. Entsprechend abrupt endete dann auch seine Fürsorge. Er wickelte noch den Schreibkram wegen meiner Entlassungspapiere ab, schrieb mir die Adresse jener Behörde auf, bei der ich meinen Pass abholen konnte, und verabschiedete sich von mir vor den Toren des Central Jail.

Da stand ich nun, mein Köfferchen in der Hand, das nun rund zehn Kilo leichter war, da ja die vier Printing blocks samt Inhalt fehlten. Aber nicht nur mein Gepäck, auch ich hatte zehn Kilo an Gewicht verloren.

Eine ganze Weile stand ich so vor dem Tor und starrte auf die belebte Straße. Ich genoss es, die pulsierende Masse zu beobachten und das Gefühl zu haben, wieder einer der ihren zu sein und mich jederzeit unter sie mischen zu können. Erstaunt stellte ich fest, nach wie kurzer Zeit ich schon das Gefühl vermisst hatte, frei zu sein. Obwohl meine Lage alles andere als rosig war, zählte für mich nur eins: Ich war nicht mehr eingesperrt! Was mochte da wohl erst in einem Menschen vorgehen, der nach einer zwanzigjährigen Haftstrafe wieder auf freien Fuß gesetzt wird?

Als erstes schlug ich mir an der nächsten Straßenbude die Wampe voll. Leider konnte ich nur einen Bruchteil dessen essen, was ich mir alles bestellt hatte, dann wurde mir schlecht. Ich musste meinen Magen erst langsam wieder an eine größere Nahrungsaufnahme gewöhnen.

Da ich meinen Pass frühestens mit Ablauf der regulären Strafe zurückbekommen würde, stand ich jetzt für mindestens eine Woche auf der Straße und wusste nicht wohin. Bei der Deutschen Botschaft hatte ich Hausverbot, und abgesehen davon verspürte ich nicht die geringste Lust, dort zu Kreuze zu kriechen. Meine gerade erst glücklich wiedergewonnene Freiheit stellte mich schon nach wenigen Stunden vor ernsthafte Probleme.

Weil mir nichts Besseres einfiel, marschierte ich erst einmal zu der Absteige, in der ich vor meiner Haft gehaust hatte. Sie lag im Zentrum von Old Delhi, so dass ich dort erst am frühen Abend ankam. Meine Nachbarn, die zwei Fixer aus Deutschland, wohnten immer noch dort. Nachdem ich ihnen meine Situation geschildert hatte, boten sie mir an, bei ihnen auf dem Fußboden zu schlafen, was ich dankbar annahm.

In der folgenden Woche wurde ich Zeuge eines Fixerlebens in Old Delhi. Es war grausam, diese beiden heruntergekommenen Kreaturen dahinsiechen zu sehen. Rund um die Uhr waren sie damit beschäftigt, sich Stoff zu besorgen. Einen Großteil davon verschnitten sie dann, das heißt, sie streckten oder verdünnten ihn, um ihn gewinnbringend weiterzuverkaufen und so ihre Sucht zu finanzieren.

Da ich keine Rupie mehr in der Tasche hatte, mussten sie mich auch noch mit durchfüttern, was sie trotz ihrer Sucht erstaunlich sozial durchzogen. Normalerweise kennen Fixer da überhaupt keine Verwandten und denken ausschließlich an sich und ihren nächsten Schuss, für den sie alles tun würden. Mitgefühl für andere ist ihnen gänzlich fremd. Aber zum Glück für mich bildeten meine beiden Landsleute hier wirklich eine Ausnahme.

Nach ein paar Tagen bekam ich Fieber, das schnell auf über vierzig Grad stieg. Auch in dieser Situation sorgten sie sich um mich und bezahlten den Arzt oder was immer der Mann gewesen sein mochte, der mich behandelte. Das Fieber war so stark, dass ich mich an die nächsten Tage beim besten Willen nicht mehr erinnern kann. Später erzählten mir meine beiden neuen Freunde, dass sie sich große Sorgen gemacht hätten. Immer wieder sei der Arzt gekommen und hätte mir irgendwelches Zeug gespritzt, während sie damit beschäftigt waren, mir Nahrung und Flüssigkeit zuzuführen.

Ich glaube, ihre Sorge um mich hat sie ihre eigene schäbige Existenz eine Zeitlang vergessen lassen. Sie hatten auf einmal eine Aufgabe. Dass sie diese letztlich meisterten, gab ihrem Leben wieder einen Sinn. Ich war gerührt. Einmal abgesehen davon, dass sie mich wahrscheinlich vor dem sicheren Tod bewahrt hatten, war ich froh um die Erkenntnis, dass man von den Ärmsten der Armen auf Hilfe hoffen konnte, auch wenn die Situation noch so ausweglos zu sein schien. War ich den beiden wenige Tage zuvor noch naserümpfend begegnet, wurden sie auf einmal zu meinen Rettern, denen ich aufrichtig dankbar war.

Nach zwei weiteren Wochen, die ich mit zahlreichen Behördengängen zubrachte, war es dann endlich soweit, und ich hielt den langersehnten Pass in meinen Händen. Die Gewissheit, bald wieder deutschen Boden betreten zu dürfen, ließ mich geradezu euphorisch werden.

Nur einmal noch wurde mein Hochgefühl kurzfristig beeinträchtigt, als ich in der Maschine nach Frankfurt über Bordlautsprecher hören musste: »Es begrüßt Sie an Bord Kapitän Krishna.«

Die Vorstellung, dass ein Inder mit Turban da vorne im Cockpit saß und diesen riesigen Jumbo flog, machte mich doch ein bisschen nervös. Ich vertraute diesen Sikhs einfach nicht. Aber selbst wenn sie mir gesagt hätten, dass dieses Flugzeug von den zwei Opas aus der Muppetshow gelenkt würde, hätten mich keine zehn Pferde mehr von meinem Platz bekommen. Ich wollte nur noch raus aus diesem Land und ab nach Hause.

*

In Frankfurt machte das Flugzeug eine Zwischenlandung, die mir einen zweistündigen Aufenthalt bescherte. Ich hatte keinen einzigen Pfennig in der Tasche und musste mir eine Mark schnorren, um Cooksy anrufen zu können und ihn zu bitten, mich in Köln vom Flughafen abzuholen. Ich war ziemlich aufgeregt, als ich die Münze einwarf. Schließlich wusste ich ja nicht einmal, ob Cooksy überhaupt schon in Deutschland angekommen war. Er war ja ganz ohne Geld aufgebrochen und musste eine lange und unangenehme Reise hinter sich haben. Ich war mir nicht mal mehr sicher, ob ich überhaupt noch seine Nummer im Kopf hatte. Aber zumindest ertönte schon mal das Klingelzeichen.

»Hallo?«

Ich erkannte seine Stimme sofort.

»Cooksy, ich bin es …«

»Heiner …« Dass er mich nicht Schmal nannte, bewies nur, wie überrascht er war. »Wo bist du?«

»Am Frankfurter Flughafen. Ich komme in zwei Stunden in Köln an. Kannst du mich abholen?«

»Moment mal, du bist am Frankfurter Flughafen?«

»Sag ich doch. Cooksy, ich hab nicht viel Geld im Apparat, holst du mich ab?«

»Sekunde mal, dein Alter ist gerade auf dem Weg nach Neu-Delhi …«

»Was?« unterbrach ich ihn. »Du solltest meinen Eltern doch nichts erzählen!«

»Hab ich auch nicht. Ist doch jetzt auch egal. Warte mal …«

Er machte eine Pause, und ich sah auf die Geldanzeige. Noch vierzig Pfennig.

»Er müsste auch gerade am Frankfurter Flughafen sein.«

»Mach keinen Scheiß.« Obwohl ich sicher war, dass er es ernst meinte, fiel mir nichts Besseres ein.

»Wenn ich's dir sage. Er fliegt heute über Frankfurt nach Neu-Delhi …«

Die Verbindung war beendet.

Ich wusste nicht, was ich von der Sache halten sollte. Einerseits war ich natürlich froh, meinen Vater so nah bei mir zu wissen. Aber was, wenn ich ihn hier nicht erwischte und er umsonst nach Neu-Delhi flog? Außerdem war mir nicht klar, inwieweit er über meine jüngste Vergangenheit aufgeklärt war. Egal. Zunächst einmal musste ich versuchen, ihn hier noch abzufangen. Ich lief zum nächsten Informationsschalter und erklärte der Dame gerade so viel, wie sie wissen musste, um ihn ausrufen zu lassen.

»Herr Hans Lauterbach, kommen Sie bitte dringend zum Informationsschalter in der Halle A.«

Ich bedankte mich bei der Frau, die ihre Durchsage sinnloserweise noch auf englisch wiederholte, und drehte mich um, um Ausschau nach meinem Vater zu halten. Doch der stand schon völlig unvermittelt vor mir. Wie er später erzählte, hatte er die Durchsage gar nicht wahrgenommen, sondern die Dame an der Information lediglich etwas fragen wollen.

Wir standen uns für Sekunden fassungslos gegenüber. Mein Vater, der mich wegen meines Gewichtsverlustes nicht sofort erkannt hatte, war kreidebleich geworden.

»Heiner, mein Junge«, stammelte er, und dann fielen wir uns in die Arme.

Wie um sich zu vergewissern, dass ich es wirklich war, schob er mich noch mal von sich und sah mich an. Er hatte Tränen der Rührung in den Augen, was ich noch nie zuvor bei ihm gesehen hatte.

»Wie kommst du denn hierher?«

Auch ich war so betroffen, dass ich nicht wusste, was ich sagen sollte. Anstelle einer Antwort nahm ich ihn einfach wieder in den Arm.

Dass wir uns nach so langer Zeit am selben Tag, zur selben Stunde und in derselben Minute an einem der meistbesuchten und unübersichtlichsten Plätze, die man sich vorstellen kann, direkt gegenübergestanden hatten, war so ungeheuerlich und unwahrscheinlich, dass wir das beide erst einmal verdauen mussten. Wir gingen ins nächstgelegene Café, um uns langsam von der Aufregung zu erholen. Dann begann ich, meinem Vater eine lange Geschichte zu erzählen von den vielen Dingen, die ich in der letzten Zeit erlebt hatte. Den versuchten Schmuggel und meinen Gefängnisaufenthalt ersetzte ich dabei durch andere Abenteuer, die mir angeblich widerfahren waren.

Mein alter Herr hörte sich geduldig an, was ich in den letzten Monaten alles erlebt haben wollte, und sah mich dann ernst an.

»Willst du mir nicht sagen, was wirklich los war?«

Mir war sofort klar, dass er die Wahrheit schon kannte, und ich

Mit meinem Vater (1989)

kam mir ziemlich dämlich vor. Wie ein kleiner Junge, den man beim Lügen erwischt hatte.

»Findest du nicht, dass deine Mutter und ich ein Recht darauf haben zu erfahren, was ihr Sohn macht, egal wie schlimm es auch gewesen ist?«

Doch, das fand ich, aber ich konnte oder wollte das jetzt nicht zugeben.

»Es lässt sich doch sowieso nicht rückgängig machen, ob ich es euch nun erzähle oder nicht.«

Er sah mich ob dieser reichlich trotzigen Antwort nur mitleidig an.

»Du solltest langsam erwachsen werden, mein Junge, und zu den Dingen stehen, die du angestellt hast. Wenn du zu mir, deinem Vater, nicht aufrichtig sein willst, wem gegenüber willst du es dann sein? Vor allen Dingen aber musst du ehrlich zu dir selber sein, sonst wirst du keinen Spaß haben im Leben.«

Ich glaubte ihn zu durchschauen und musste grinsen. Er wollte mich also mit dem Spaßfaktor ködern, ein guter Mensch zu werden. Aber er hatte recht, und das wusste ich.

Wir fuhren mit dem Wagen meines Vaters gemeinsam nach Hause. Mein Gepäck, das automatisch nach Köln durchgecheckt wurde, würde ich später noch vom Flughafenzoll abholen können. Eine ganze Weile saßen wir im Auto nebeneinander und sagten kein Wort.

»Was wolltest du eigentlich in Neu-Delhi?« unterbrach ich irgendwann unser Schweigen.

»Dich aus dem Knast holen, was sonst?«

»Ja, aber wie?«

»Das weiß ich nicht. Notfalls hätte ich ein Loch in die Gefängnismauer gesprengt.«

Ich sah ihn von der Seite an und stellte fest, dass er das alles andere als spaßig gemeint hatte. Dann lehnte ich mich in meinem Sitz zurück und schloss die Augen, froh, einen Vater zu haben, der so etwas für mich durchgezogen hätte. Ich nahm mir vor, später einmal genauso bedingungslos für meine Familie zu kämpfen, wie er es zweifellos getan hätte.

»Irene und ich wollen heiraten«, riss er mich aus meinen Gedanken. »Was hältst du davon?«

Irene, nur sieben Jahre älter als ich, war seit zwei Jahren seine Freundin. Sie war Kamerafrau beim WDR und sah verdammt gut aus. Nach leichten anfänglichen Schwierigkeiten hatten wir mittlerweile ein prima Verhältnis zueinander. Wegen des geringen Altersunterschieds waren ihr meine Ansichten in vielen Dingen vertrauter als die meines Vaters.

»Find ich gut«, sagte ich, »ihr passt zueinander.«

Spätestens seit sich meine Eltern vor zwei Jahren hatten scheiden lassen, hatte ich die Hoffnung aufgegeben, dass sie noch einmal zueinanderfinden würden. Deshalb war es für mich letztlich egal, ob er Irene heiratete oder nicht.

In den nächsten Tagen beratschlagten meine Eltern und ich, wie es mit mir weitergehen könnte. Wir kamen zu dem Schluss, dass ich Schritt für Schritt die Firma meines Vaters übernehmen und auch erst mal bei ihm wohnen sollte. Nach ein paar Wochen fand ich das aber keine so gute Idee mehr und nahm mir mit Cooksy eine kleine Wohnung in Köln-Lindenthal.

Ich bekam einen Firmenwagen, einen schnittigen BMW Touring, und stürzte mich in die Arbeit. Aber die Beschäftigung mit Heizungen, Bädern, Toiletten und Küchen fiel mir nicht leicht, und immer wieder musste ich an eine der asiatischen Weisheiten denken, die ich auf meiner Reise gehört hatte: »Wer in die Fußstapfen eines anderen tritt, kann ihn nicht überholen.« Obwohl ich gar nicht vorhatte, meinen Vater irgendwann zu überholen, beunruhigte mich dieser Spruch, aber das verdrängte ich vorerst.

13
Back to the roots

In Köln traf ich meine ganzen Freunde wieder, die immer noch in den gleichen Lokalen herumlungerten. Mehr und mehr verlegte ich meine Freizeitaktivitäten in die Kölner Kneipen und führte ein strammes Doppelleben: Tagsüber gab ich, wohl nicht sehr glaubhaft, den zukünftigen Juniorchef (selbst das war ich noch nicht einmal), und abends ging es mit den Hallodris auf die Piste. Nicht selten kam ich erst um drei Uhr morgens oder noch später nach Hause und musste um sechs wieder aufstehen. Nur an den Wochenenden pennte ich mich richtig aus. Da kam ich dann, bevor es dunkel wurde, gar nicht aus dem Bett, in dem ich meistens mit Mo oder einem der anderen Mädchen aus unserer Clique lag.

In jener Zeit ging es in meinem Bekannten- und Freundeskreis ziemlich zügellos zur Sache, was Sexualität und andere Dinge betraf. Das brachte mir unter anderem die goldene Ehrennadel meines Hautarztes ein, die man nach der zehnten Tripperbehandlung überreicht bekommt. Diese Geschlechtskrankheit grassierte in unseren Kreisen wie eine lästige Grippe, die man von Zeit zu Zeit bekam. Da wir von schlimmeren Krankheiten wie Aids noch verschont waren, lehnten die meisten von uns den Gebrauch von Kondomen ab. Lieber ließen wir uns regelmäßig pieksen und mit Penicillin oder Stanilo vollpumpen.

Das Leben in diesen unterschiedlichen Welten konnte auf Dauer natürlich nicht gutgehen. An einem verregneten Herbstmorgen im Jahre 1974 kam ich wieder mal zu spät, unausgeschlafen und mit kleinen, knallroten Augen ins Büro und setzte mich meinem Vater gegenüber, der bereits seit einer Stunde bei der Arbeit war.

»Heiner, so geht das nicht weiter«, sagte er.

Als Juniorchef auf dem Gabelstapler – ich stellte mir meine Zukunft anders vor

Irgendwie hatte ich auf dieses Gespräch gewartet.

»Nein«, kam ich ihm zuvor, bevor er mir eine Predigt halten konnte, »so geht das wirklich nicht weiter, da hast du völlig recht.«

»Schön, dass du das wenigstens einsiehst«, meinte er säuerlich. »Und was gedenkst du dagegen zu tun?«

»Ich weiß es nicht, Hans.«

Was ich ihm nun sagen musste, fiel mir nicht leicht, weil ich wusste, wie sehr es ihn enttäuschen würde.

»Es macht mir keinen Spaß, hier zu arbeiten. Du sagst zwar immer: ›Wer Arbeit sucht, der findet sie auch‹, aber für mich gibt es hier nichts zu tun. Eigentlich weiß ich gar nicht, in welcher Funktion ich hier was machen soll. Und selbst wenn ich hier voll eingespannt wäre, würde es mir keinen Spaß machen. Es ist einfach nicht mein Leben, Badezimmer zu verkaufen.«

Er lehnte sich in seinem großen ledernen Bürosessel zurück,

schlug die Beine übereinander und setzte diesen Gesichtsausdruck auf, den ich so gar nicht mochte.

»Aha.«

Das musste er erst einmal verdauen. Er hatte wohl nicht damit gerechnet, dass ich heute früh schon so massiv auf meine nähere und weitere Zukunft einwirken wollte.

»Und was *ist* dann dein Leben, wenn man fragen darf?«

»Das weiß ich selber noch nicht so genau. Woher sollte ich auch? Ich hab ja noch nichts anderes probiert.«

Er sah mich nur stumm an. Jetzt musste ich nachsetzen.

»Ich würde zum Beispiel gerne mal versuchen, mich als Schauspieler durchzuschlagen.«

Cooksy hatte sich mittlerweile ein kleines Theater gesucht, in dem er auftrat. Ich beneidete ihn um dieses Leben, das soviel Freiheit und künstlerische Entfaltung versprach. Nur zu gern hätte ich mit ihm getauscht.

»Als Schauspieler?«

Ich kannte ja seine Einstellung zu Künstlern und alles, was mit ihnen zu tun hatte.

»Ja«, kam es etwas einsilbig aus mir hervor.

»Durchschlagen?«

»Genau.«

Jetzt bekam er das Gesicht, das ich noch weniger mochte. Regelrechte Verachtung spiegelte sich in seinen Augen wider. Er stand auf, ging zum Fenster und sah auf den verregneten Innenhof, wo vereinzelte Kundendienstfahrzeuge mit der Aufschrift »Lauterbach & Söhne« parkten. Das »Söhne« stand bis heute für ihn und seinen Bruder und sollte später einmal für mich und die Söhne seines Bruders stehen. Nach einer Weile drehte er sich wieder zu mir.

»Gut«, sagte er erstaunlich gefasst. »Dann steh auf deinen eigenen Füßen und leb das Leben, von dem du träumst.«

Das ging mir entschieden zu glatt hier. Da musste irgendwo ein Haken sein.

Als wäre nichts geschehen, setzte er sich wieder hin und fuhr mit seiner Arbeit fort.

»Ich werde die Buchhaltung anweisen, deine Gehaltszahlungen

mit sofortiger Wirkung einzustellen. Den Schlüssel von deinem Firmenwagen kannst du im Kundendienstbüro abgeben.«

Aha, das war also seine Strategie. Er wollte mich auf Sparflamme setzen und hier den Harten geben. Bitte, das konnte er haben. Ich hätte eine Lohnfortzahlung oder die weitere Benutzung des Wagens sowieso niemals in Anspruch genommen, aber das konnte man ja auch etwas netter sagen. Andererseits war es mir sehr recht, dass hier keine Sentimentalitäten ins Spiel kamen. Das bewahrte mich vor einem noch schlechteren Gewissen. Denn ein schlechtes Gewissen hatte ich, ohne Frage.

Für meinen Vater muss es eine enorme Enttäuschung gewesen sein. Er hatte mir ein gemachtes Bett aufgeschlagen, und ich war zu faul, überheblich oder einfach unfähig, mich hineinzulegen. Das musste ihn ja auf die Palme bringen. Dabei war es gar nicht so, dass ich unbedingt auf eigenen Füßen stehen wollte und zu stolz war, mich in dieses gemachte Bett zu legen. Auch wenn mir das später in Interviews immer wieder in den Mund gelegt oder so interpretiert wurde. Zweifellos hört sich das in einer Biographie besser an: Der junge Heiner schiss auf den goldenen Käfig und ging seinen eigenen Weg. Aber so war das damals nicht. Ich hätte liebend gerne sämtliche Vorteile dieses Lebens in Anspruch genommen, wenn die Nachteile mir nicht die ganze Lebensfreude geraubt hätten. Negativ betrachtet, war ich einfach zu faul für ein stinknormales, geregeltes Büroleben. Außerdem spürte ich, dass ich kein guter Kaufmann werden würde. Positiv formuliert, war ich ein zu großer Freigeist und viel zu musisch, um meinem erlernten Beruf nachzugehen. Meine Interessen lagen einfach woanders. Ich malte, schrieb, musizierte und hatte einen Hang zum Theater.

Fairerweise sollte ich erwähnen, dass mein Vater mir immer ein Türchen offenhielt. Ich hätte jederzeit in die Firma zurückkommen können. Überhaupt war er nicht lange nachtragend, sondern nahm immer teil an meinem Leben. So saß er zum Beispiel bei jeder Premiere, die ich in den nächsten Jahren spielen sollte, in der ersten Reihe. Wie meine Mutter übrigens auch. Ganz gleich, wie klein das Theater auch sein mochte oder wie abgelegen es war: Die beiden hockten im Zuschauerraum und fieberten mit.

14
Endlich frei

In den ersten Wochen und Monaten nach meinem Austritt aus der Firma ließ ich es richtig krachen. Ich genoss die Freiheit, nichts tun zu müssen, und lebte regelrecht in den Tag hinein. Dabei konnte ich selbstverständlich mit der vollen Unterstützung meiner Freunde aus dem Milieu rechnen. Die waren froh, dass ich endlich genügend Zeit mitbrachte, um mit ihnen den ganzen Unsinn anzustellen, den sie auf der Pfanne hatten. Ich bezog für eine geringe Miete eine Wohnung, die gerade im Haus meiner Mutter frei geworden war, und hatte ein verhältnismäßig sorgenfreies Leben. Jürgen »de Plaat« Zeltinger und Josef Franken, mit denen ich wieder täglich zusammenhing, waren ja Spezialisten fürs bargeldlose Dasein. Was ich zum Leben brauchte, verdiente ich mir mit Kneipenjobs und irgendwelchen halbseidenen Geschäften.

Ansonsten hingen wir in den Kaschemmen ab, die uns noch Kredit gaben oder die uns schlichtweg noch duldeten. Unsere Hauptanlaufstelle war 1974/75 das »Exil«, eine Künstlerkneipe in der Innenstadt. Das heißt, eigentlich war nur ihr Besitzer Bernd Schmitz ein Künstler. Er war ein begnadeter Maler, allerdings mit stark anarchistischen Tendenzen, wie sich das für einen Kölner Künstler gehörte. Aber seine Gäste waren, wenn überhaupt, bestenfalls Lebenskünstler.

Wie auch immer, das Exil war für uns Ausgangspunkt der wildesten Exkursionen. Es war praktisch die Tankstelle unserer Phantasien, die Schaltzentrale unseres unnützen Daseins. Wenn wir Langeweile hatten, fielen uns die verrücktesten Dinge ein. Manchmal fuhren wir nachts zum Aachener Weiher, »liehen« uns ein paar Ruderboote aus und spielten Seeräuber. Dann galt es, das gegnerische Boot zum Kentern zu bringen oder, wenn möglich, sogar zu entern. Oder wir spielten auf dem Kölner Hauptbahnhof Kriminalpolizei und kontrollierten »verdächtig aussehende Personen«. Es war erstaunlich, was wir dabei für ein Händchen hatten. Fast jeder zweite wollte türmen. Mit denen lieferten wir uns dann wilde Verfolgungsjagden durch die Katakomben des Bahnhofs. Einmal waren uns dabei sogar zwei Streifenpolizisten behilflich, die uns für Zivilbeamte hielten.

An den Wochenenden verbrachten wir unsere Nächte nach wie vor im Lovers Club, der mit seinem Besitzer Mac in jenen Jahren den Zenit zwar schon leicht überschritten hatte, aber immer noch das Beste an Nachtclub war, was es in der Gegend gab. Carol Martin, der Diskjockey des Lovers und ein Freund von uns, hatte, was die Musikauswahl in dem Laden betraf, wirklich ein goldenes Händchen. Es wurde ihm aber auch nicht allzu schwergemacht, denn in den Siebzigern gab es meines Erachtens die beste neuzeitliche Musik.

Josef und die Plaat waren im Lovers ständig auf der Suche nach potentiellen Opfern, die sie in irgendeiner Form linken konnten. So hatte Josef zum Beispiel immer ein paar Hausschlappen in der Innentasche seines Anzugs. Wenn die Plaat dann einen Freier aufgerissen hatte, der zum Beispiel Haschisch kaufen wollte, gab er Josef heimlich ein Zeichen, und der fuhr dann zu einer verabredeten Stelle, einem Hochhaus am Rand der Stadt, wo er durch einen Hintereingang ins Treppenhaus gelangen konnte. Dort wartete er, bis die Plaat mit dem Freier auftauchte, und öffnete ihnen, mit den Pantoffeln an den Füßen, schlaftrunken die Haustür. Die Plaat entschuldigte sich dann vielmals bei ihm. Er wüsste ja, dass er eigentlich nicht zu ihm nach Hause kommen sollte, aber er bräuchte dringend ein paar hundert Gramm, und Josef hätte ja nun mal das beste Zeug in der Stadt. Außerdem sei um die Uhrzeit sonst nirgendwo was aufzutreiben. Nachdem Josef sich ein bisschen geziert hatte, nahm er schließlich das Geld von dem Freier und tat so, als ginge er in seine Wohnung, um den Stoff zu holen. In Wirklichkeit türmte er mit der Kohle durch den Hinterausgang. Kurze Zeit später mimte die Plaat dann den Ungeduldigen und folgte ihm unter dem Vorwand, mal nach dem Rechten zu sehen. Der Freier stand alleine im Treppenhaus und wartete vergebens auf den Stoff, aus dem seine Träume sein sollten.

*

Cooksy hatte mich zwischenzeitlich überredet, ein wenigstens einigermaßen geregeltes Leben zu führen und ebenfalls an dem Theater anzufangen, an dem er schon seit einiger Zeit spielte. Das »Coom Theater« war eine kleine Klitsche in der Maastrichter Straße in der Kölner Innenstadt. Ich stellte mich dort vor, und der Theaterleiter, ein junger Mann namens Rainer Maria Zick, hatte auch gleich Arbeit für mich. Ich sollte den Scarron in der *Hose* von Carl Sternheim spielen. Trotz der nicht gerade üppigen Gage von sechshundert Mark im Monat sagte ich zu. Die Rolle war gut, und ich wollte Schauspieler werden. Außerdem, so dachte ich, war ich damit zumindest zeitweise von der Straße.

Aber diese Rechnung hatte ich ohne den guten Rainer Maria gemacht, der es glänzend verstand, sein winziges Ensemble rund um die Uhr einzuspannen. Wir mussten das Bühnenbild erstellen, also die Kulissen bauen, die Kostüme besorgen beziehungsweise herstellen, Plakate aufhängen, die Toiletten putzen, die Bühnenlichtregler betätigen, den Ton fahren und in den Pausen die Getränke ausgeben. Ganz nebenbei hatte noch jeder seine Rolle in dem jeweiligen Stück zu spielen oder die nächste Rolle für das kommende Stück zu lernen und einzuprobieren.

Damit nicht genug, hatte sich Rainer Maria, um die Durchführung dieser Arbeiten zu gewährleisten, einen im Vergleich zu der Größe und Bedeutung des Theaters außerordentlich komplexen Strafenkatalog ausgedacht. So mussten wir zum Beispiel anhand von Stempeln der jeweiligen Boutiquen, Kaufhäuser oder Tankstellen nachweisen, wie viele Plakate wir aufgehängt hatten. Unterschritten diese Stempel dann eine bestimmte Mindestzahl, wurden die sowieso schon minimalistischen Gagen drastisch gekürzt. Auch wer vergaß, die Toiletten zu putzen, oder dies nicht ordentlich tat, musste mit Abzügen rechnen.

Im Coom Theater galt die für Kleinbühnen übliche Regelung: Es wird nur gespielt, wenn mehr Menschen im Zuschauerraum sind als Darsteller auf der Bühne. Cooksy und ich waren von den Beschäftigungen, die uns tagsüber in Anspruch nahmen, meistens so geschlaucht, dass wir abends keine Lust mehr hatten, unserem eigentlichen Beruf nachzugehen und Theater zu spielen. Um die Vorstellung ausfallen zu lassen, bedienten wir uns aller möglichen Tricks. Manchmal schlossen wir einfach die Eingangstür des Theaters ab. Da sich das ganze Ensemble im Keller befand, bekam das keiner mit. Rainer Maria wunderte sich allenfalls, dass noch nicht mal eines der fünf vorbestellten Tickets an der Abendkasse abgeholt wurde.

Eines Abends hatten sich sieben Zuschauer eingefunden, die unsere Schauspielkünste bewundern wollten. In dem Stück, das wir gerade spielten, kamen sechs Schauspieler vor und der Hund von Rainer Maria, ein riesiger Bernhardiner, den er in jede Inszenierung einbaute. Cooksy und ich waren der Meinung, dass wir mit dem Hund sieben Darsteller auf der Bühne seien und bei sieben Zuschauern folglich nicht zu spielen bräuchten. Rainer Maria wollte seinen Hund aber nicht als Darsteller gelten lassen, schließlich bekäme er ja auch keine Gage, und bestand darauf, dass wir spielten. Daraufhin ließen wir ihn wissen, er könne uns am Arsch lecken, und gingen in den Lovers Club, was uns die Höchststrafe von fünfzig Mark einbrachte. Da ich mir aber in dem Monat schon so viele Strafen eingefangen hatte, dass ich sowieso nur noch vierzig Mark zu bekommen hatte, war ich nun sogar zehn Mark im Soll, hätte also dem guten Rainer Maria noch zehn Mark dafür geben sollen, dass ich in seiner Klitsche spielen durfte. Das war uns dann bei aller Leidenschaft zuviel, und wir kündigten im Coom Theater.

15
Szenenwechsel

Cooksy und ich waren ohnehin der Meinung, dass das provinzielle Köln nicht das adäquate Pflaster für zwei Schauspieler unseres Kalibers sei. Wir gehörten in die Stadt der großen Schauspielhäuser, wo Filme wie *Zur Sache, Schätzchen* produziert und innovatives Fernsehen gemacht wurde. Nur gut, dass mein Vetter Molli in München lebte und eine feste Größe im Filmgeschäft war.

Kurzerhand zogen wir also nach München in Mollis Wohngemeinschaft, zu der unter anderem auch meine Schwester Marina gehörte, die schon seit einem Jahr in München lebte. Außerdem waren da noch Lothar, ein Freund von Molli, und Uschi, eine alte Achtundsechzigerin, die aber ganz in Ordnung war. Die vier machten Cooksy und mir ein Zimmer in ihrer riesigen Schwabinger Altbauwohnung frei, in das wir dann einzogen.

Molli war zwar beim Film, wenn auch weniger künstlerisch tätig, als wir gehofft hatten. Genaugenommen war er Aufnahmeleiter bei der Rapid Film, einer Produktionsfirma, die damals im wesentlichen damit beschäftigt war, Sexfilme aus der Reihe *Schulmädchenreport* herzustellen. Lothar war als Fahrer bei Rapid Film angestellt und arbeitete nebenbei für Fred Zankapfel, einen Freund meines Vetters, der Pornofilme herstellte. Weil Lothar vom lieben Gott mit einer prachtvollen, überdimensionalen Männlichkeit versehen worden war, eigentlich ständig spitz war und dementsprechend immer konnte, verdingte er sich nebenbei bei Fred als Pornodouble.

Da Fred meistens zu geizig war, seinen Darstellerinnen, die in der Regel aus Paris kamen, ein Hotel zu bezahlen, ließ er sie oft bei uns schlafen. Molli wurde dann von Fred dazu verdonnert, aufzupassen, dass Lothar, Cooksy und ich die niedlichen Französinnen des Nachts auch in Ruhe ließen. Zumindest dann, wenn sie am nächsten Morgen früh aufstehen und den ganzen Tag vor der Kamera stehen oder besser gesagt liegen mussten. Im großen und ganzen hatte Molli diese Aufgabe im Griff. Lediglich wenn einer dieser alten Western im Fernsehen lief, die er sich immer besonders gern ansah, witterten wir unsere Chance. Dann krochen wir wie die Indianer an der Küche vorbei, wo er vor dem Fernseher saß, und schlichen uns ins Zimmer der niedlichen Französinnen.

Überhaupt war es eine wunderbare Zeit in dieser WG in der Ungererstraße. Direkt um die Ecke war das Café »Münchener Freiheit«, gegenüber der sogenannte Fuchsbau, ein stufenförmig angelegtes Hochhaus, in dem sich unten ein kleines Theater inklusive Theatercafé befand. Und ein paar Meter weiter war das Ungererbad, in dem wir im Sommer von morgens bis abends Fußball spielten. Nachts machten wir dann meist gemeinsam unsere Streifzüge durch die Schwabinger Kneipen.

Molli schaffte es immer wieder, mir kleinere Rollen zu besorgen. So spielte ich zum Beispiel in den Folgen neun, zehn und elf von *Schulmädchenreport* mit. Da ich so ziemlich der einzige in dem Haufen mit schauspielerischer Erfahrung war, bekam ich meistens die »Charakterrollen« und spielte zum Beispiel einen verklemmten Studenten, der kein Mädchen abbekam. Das hatte den Vorteil, dass ich mich nicht ausziehen und nackt rammeln musste.

In dieser Zeit machte ich auch meine ersten beiden Theatertourneen. In Sartres Stück *Die Fliegen* spielte ich eine von drei Fliegen, die auf der Bühne rumklebten, hatte vier Sätze zu sprechen und bekam eine satte Abendgage von achtzig Mark. Meine Kollegen waren unter anderem Ernst Fritz Fürbringer und Dina Hinz. Das zweite Stück, in dem ich mitwirken durfte, hieß *Der Schulfreund* und stammte aus der Feder von Johannes Mario Simmel. Hier spielte ich einen kleinen Judenbub, hatte acht Sätze und verdiente immerhin schon hundert Mark am Abend. Außerdem hatte ich die Ehre, mit Wolfgang Kieling spielen zu dürfen, der nicht nur ein hervorragender Schauspieler war, sondern sich auch menschlich meiner rührend annahm. Leider nahm er sich auch meiner Partnerin an, mit der ich gleich während der Proben ein Verhältnis angefangen hatte, und spannte sie mir aus. Das dämpfte meine Bewunderung für diesen großen Schauspieler etwas.

Eine deutlich größere, wenn auch nicht so sichere Einnahmequelle fand ich in unserer Wohngemeinschaft daheim in München. An zwei bis drei Abenden in der Woche pokerten wir nämlich regelmäßig. Die Einsätze waren dabei für unsere Verhältnisse angeberisch hoch, und die Spiele zogen sich oft bis in den frühen Morgen. Überhaupt wurde in jenen Tagen unheimlich viel gezockt. So reichte es zum Beispiel nicht, uns in den Kneipen einfach vollaufen zu lassen, sondern es musste anhand der unterschiedlichsten Spiele oder Wettstreite ermittelt werden, wer die nächste Runde zu zahlen hatte. Wir knobelten mit Streichhölzern, spielten Karten, würfelten oder wetteten einfach, wer noch die meisten Liegestütze schafft. Dass zum Schluss dann doch alle fast das gleiche auf dem Deckel hatten, störte uns dabei wenig.

Jeden zweiten Sonntag gingen wir zum Zocken auf die Trabrennbahn nach Daglfing, weil Molli sich einmal nach einem größeren Pokergewinn einen Traber zugelegt hatte. Das Pferd hörte auf den hochtrabenden Namen Hamlet, wurde aber von den eingefleischten Zockern wegen seiner miserablen Plazierungen nur »Kotelett« oder »das Dreibein« genannt.

Nicht gerne erinnere ich mich an einen Herbstmorgen 1975. Wir saßen in unserer Wohnküche und spielten, wie so oft, Seven Stud Poker. Molli, der einzige Groß- beziehungsweise Normalverdiener von uns, hatte gerade wieder einmal einen dicken Pott eingesackt (man kennt das ja: Der Teufel scheißt immer auf den größten Haufen). Er gab das nächste Spiel und vergaß dabei nicht, einen seiner dämlichen Sprüche loszulassen, die er im Falle größerer Gewinne gerne von sich gab.

»Ja, ja, das Leben ist kein Wunschkonzert«, flötete er fröhlich in die Verliererrunde und teilte die Karten aus. Erst zwei verdeckt, dann vier offen und die letzte wieder verdeckt. Nach der dritten Karte, also der ersten offenen, darf gesetzt werden. Mein Blatt dümpelte vor sich hin, aber ich ging, wie alle anderen, bis zur letzten Karte mit. Mit dieser hatte ich meinen vierten Buben gekauft. Ein Hammerblatt, weil es unter anderem ausschließt, dass einer einen Street- oder Royal-Flush haben kann. Nur Gott konnte mich schlagen, und der pokerte ja nicht – schon gar nicht mit offenen Karten. Es lag schon jede Menge im Pott, was Molli aber nicht daran hinderte, nochmals unmoralisch viel zu setzen. Schweren Herzens trennte ich mich von meiner Stereoanlage und wuchtete sie, samt Kabel und Boxen, auf das Bargeld.

Molli hatte vier Könige und ich die Schnauze voll. Zocker sagen, man macht in einem Zockerleben nur wenige ganz große Spiele – aber die sollte man gewinnen. Na prima – mein erstes hatte ich schon mal verloren.

*

Da ich das Ziel, Schauspieler zu werden, nicht gänzlich aus den Augen verlieren wollte, stellte ich mich bei der Münchner ZBF vor. Das ist die Zentrale Vermittlung für Bühne und Film, eine staatliche Agentur oder ein Arbeitsamt für Schauspieler, wenn man so will, die es in mehreren deutschen Städten gibt.

Die damalige Leiterin fragte mich, ob ich etwas vorsprechen könne. Da ich von meinem letzten Engagement am Coom Theater noch den Scarron aus Sternheims *Hose* auf der Pfanne hatte, trug ich den vor einem Konsortium von sechs alten Damen vor. Es wäre wohl übertrieben zu behaupten, dass meine schauspielerische Darbietung sie vom Hocker gerissen hätte, was angesichts ihrer Körperfülle auch schwierig geworden wäre, aber sie ließen sich zumindest dazu hinreißen, mir zu bestätigen, dass ich wüsste, was ich sage. Soll heißen: Ich vermittelte den Eindruck, dass ich das, was ich sagte, auch dachte. Nun könnte man meinen, das sei ja wohl das mindeste, was man von einem Schauspieler erwarten dürfe, aber dem ist nicht so. Ganz im Gegenteil. Es gibt Schauspieler, bei denen man regelrecht ausschließen kann, dass sie gerade denken, was sie sagen.

Jedenfalls legten die sechs Damen mir nahe, erst einmal für ein paar Jahre in die Provinz zu gehen und den Beruf von der Pieke auf zu erlernen. Da ich aber keine Lust hatte, in Wolfenbüttel den vierten Zwerg im Nachmittagsmärchen zu geben, und ich mich sowieso für den legitimen Nachfolger von James Dean, zumindest aber für die deutsche Antwort auf ihn, hielt, maß ich der Beurteilung dieses Oldie-Konsortiums nur wenig Bedeutung bei. Immerhin hatte ich es zumindest versucht. Meine Zeit würde schon noch kommen.

Im Grunde genommen war ich froh, dass mein Tagesablauf im Moment noch nicht von lästigen Theaterauftritten unterbrochen wurde.

Es hatte sich auch langsam, aber sicher ein ganz anderer Gedanke in meinem Kopf festgesetzt: Ich wollte Stuntman werden. Ich war ja ein sportlicher junger Mann, und dieser Beruf, den ich schon als meine Berufung sah, würde ganz sicher meinen Abenteuerdurst stillen. Also nahm ich Kontakt zu in- und ausländischen Stuntmanschulen auf. Nach einigen vergeblichen Anläufen landete ich bei Jean Sinny, einem Franzosen, der sich auf Autostunts spezialisiert hatte. Ich musste jedoch schon nach kurzer Zeit feststellen, dass das Ganze wenig Zweck hatte, wenn man nicht die Sprache des Landes beherrschte. Gerade die Franzosen sind ja bekannt dafür, kein einziges Wort in einer fremden Sprache von sich zu geben.

Also fuhr ich wieder zurück nach Deutschland und besuchte die Berlitz School in Köln. Hier belegte ich einen einmonatigen Crashkurs in Französisch. Das hieß: einen Monat lang sechs Tage die Woche, zehn Stunden am Tag Einzelunterricht mit drei Lehrern, die sich abwechselten. Abends nahm ich noch Kassetten mit, die ich mir im Schlaf reinzog. Das Ganze war so eine Art Gehirnwäsche, aber durchaus erfolgreich. Immerhin sprach ich nach den vier Wochen fließend französisch. Natürlich hätte ich keinen Vortrag über Atomphysik halten können, aber für den normalen Tagesgebrauch reichte es allemal. Gott sei Dank hatte ich bei meinem Vater noch neuntausend Mark Guthaben, die ich bei einem gemeinsamen Pokerurlaub mit seinen Freunden gewonnen hatte, so dass ich den Kurs aus eigener Tasche bezahlen konnte.

Anschließend ging ich nach Paris auf die Zirkusschule. Mitten in der Stadt, in der Rue Réaumur, Ecke Boulevard Sebastopol, stand ein kleines blaues Zirkuszelt, an das eine Schule für Artisten angegliedert war.

*

In Paris wohnte ich in den ersten Wochen in einer Art Jugendherberge für Künstler und Artisten. Da man das, was ich hier tat, als Ausbildung oder Fortbildung bezeichnen konnte, erklärte sich mein Vater bereit, mir finanziell ein bisschen unter die Arme zu greifen, und gab mir tausend Mark im Monat, wovon ich Miete, Zirkusschule, Metro und Lebensmittel bezahlen musste.

Paris ist bestimmt eine schöne Stadt – wenn man Geld hat ... und Leute dort kennt ... und die Sonne scheint. Aber ich hatte kein Geld, außer eben dem allernötigsten, auch kannte ich keine Sau dort, und von den hundertachtzig Tagen, die ich da war, regnete es mindestens hundertzwanzig. Ich war Mitte Oktober angekommen und verbrachte den ganzen Winter in der Stadt. Ich kam mir vor wie der einsamste Mensch auf der Welt. Da ich keinen Franc übrighatte, ging ich meistens direkt nach der Zirkusschule nach Hause und verbarrikadierte mich auf meinem Zimmer. Glücklicherweise hatte ich meine Gitarre mitgenommen, so dass ich abends wenigstens etwas zu tun hatte.

Die einzigen netten Leute, die ich in Paris getroffen habe, waren auf der Schule. Während der gemeine Franzose auf der Straße Menschen, die er als deutschstämmig identifiziert, in der Regel schlecht behandelt oder gar nicht erst beachtet, ist der französische Artist, wie alle Artisten auf der Welt, kosmopolitisch. Das ist mit ein Grund, warum ich den Zirkus und die Artisten immer schon geliebt habe. In diesen Kreisen interessiert es wirklich keinen Menschen, woher du kommst oder was für eine Hautfarbe du hast. Ich will nicht behaupten, dass es nicht auch hier Streit und Eifersüchteleien gibt, aber sie haben zumindest nichts mit der Herkunft eines Menschen zu tun.

Ich war bei den Bodenakrobaten und musste feststellen, dass das ein knochenharter Job ist. In den ersten Wochen hatte ich einen Muskelkater, wie ich ihn vorher noch nicht gekannt hatte. Ich glaube, kein anderes Training – vielleicht mit Ausnahme des Boxtrainings – ist dermaßen anstrengend.

So überwinterte ich in Paris, der Stadt der Liebe, die ich so wenig liebte und die mich auch nicht zu lieben schien. Nur mit einem israelischen Bildhauer, den ich in der Jugendherberge kennengelernt hatte, ging ich ab und zu mal in ein billiges Restaurant zum Essen. Nach ein paar Wochen freundete ich mich mit einer französischen Akrobatin marokkanischer Herkunft an, zu der ich später in ihr kleines Appartement zog. Dort verbrachte ich das wohl tristeste und unromantischste Weihnachten meines Lebens. Wir kauften uns eine Flasche Whiskey, soffen sie aus und fielen übereinander her. Kein Weihnachtsbaum, kein Zweig, keine Kerze, kein Lied – Hose runter und happy Christmas. Es war nicht gerade das, was ich mir unter einer Liebe in Paris vorgestellt hatte. – Na ja, zumindest hätten wir wohl, so gelenkig, wie wir beide waren, gute Haltungsnoten für unseren Sex bekommen.

Nach vier Monaten sollte es noch unromantischer werden – die Plaat kam mich besuchen. Unvermittelt stand er eines Tages vor der Tür. Er meinte, ihm sei es in Köln wegen irgendwelcher Deals zu heiß geworden, und da erinnerte er sich an seinen alten Kumpel Heiner, der ja in Paris weilte, also weit weg vom heißen Pflaster Köln.

Von Stund an war es natürlich vorbei mit meinen Trainingseinheiten. Erst einmal feierten wir in sämtlichen Kneipen von Saint Michel drei Tage lang unser Wiedersehen, bis uns das Geld ausging. Wir kauften uns ein Songbook von Simon & Garfunkel, genauer gesagt stahl es die Plaat, und studierten ein paar Stücke von ihnen ein. Da wir schon früher zusammen musiziert hatten, verfügten wir recht bald über ein ansehnliches Repertoire, das wir dann in der Metro, in der eine phantastische Akustik herrschte, vortrugen. So verdienten wir uns, was wir zum Leben brauchten. Das war: ein bisschen Geld, um was zu essen zu kaufen, viel Geld für Alkohol und den Rest für unsere Übernachtungen in der Jugendherberge. Dort mussten wir nämlich wieder schlafen, weil meine französische Freundin uns nach der zweiten durchzechten Nacht rausgeschmissen hatte.

Aber auch dem Leiter der Jugendherberge waren wir ein Dorn im Auge. Ich konnte anfangs noch verhindern, dass die Plaat seine Lustknaben mit in unser Zimmer nahm, indem ich ihnen erzählte, dass er ein strafgefangener Sittlichkeitsverbrecher war, der gerade Knasturlaub hatte. Weil er kein Französisch sprach, musste ich ständig für ihn übersetzen. Sobald es ans Eingemachte ging, erzählte ich den Jungs dann die Sache mit dem Freigang, und sie suchten das Weite. Aber schon bald roch die Plaat den Braten und ließ mich nicht mehr übersetzen. Als seine Anmache dann von Erfolg gekrönt wurde, schmiss uns der Leiter der Jugendherberge raus. Kurze Zeit später gondelte die Plaat wieder nach Köln, wo es einfacher war, seinem ausgefallenen Sexualleben zu frönen.

Nach einem halben Jahr strich auch ich meine durchnässten Pariser Segel und fuhr nach Köln zurück. Hier ließ ich mich beim WDR als frischgebackener Stuntman oder »Sensationsdarsteller«, wie man in Deutschland zu sagen pflegte, eintragen. Als man mir die Tarife nannte, die sie zu zahlen bereit waren, ließ ich mich gleich wieder austragen. So wollten sie etwa für einen Leitersturz in einer Dokumentation über Unfälle im Haushalt schlappe hundertfünfzig Mark berappen. Nach dieser Information beerdigte ich meine Pläne, Stuntman zu werden.

16 Zurück auf dem Kölner Kiez

Ich zog wieder in die Wohnung über meiner Mutter und stürzte mich mit meinem durchtrainierten Körper kopfüber ins Kölner Nachtleben. Sehr zur Freude meiner chaotischen Kölner Freunde war ich von meinen asketisch-artistischen Exzessen geheilt und konnte mich wieder ganz ihnen und ihren nichtsnutzigen Gepflogenheiten widmen.

Wir schrieben das Jahr 1976. Im April feierte ich meinen dreiundzwanzigsten Geburtstag, aber da ich sowieso jeden Tag feierte, fiel mir das nicht weiter auf. Dabei gab es im Grunde gar nichts zu feiern. Ich war in einem Alter, in dem Alexander der Große beispielsweise schon die ganze damalige Welt erobert hatte, und konnte mir, außer einer abgeschlossenen Installationslehre, nichts an die Fahne hängen. Ganz im Gegenteil: Ich hatte meinen Alltag vollends der Blödelei verschrieben. Ich soff von morgens bis abends mit meinen Kumpels und war dabei, ein verkorkstes Leben einzuläuten.

Meine Freundinnen wechselte ich so schnell, dass ich sie schon gar nicht mehr meiner Mutter vorstellte, die immerhin im selben Haus wohnte. Sie konnte nur am Küchenfenster beobachten, wie sich morgens oder manchmal auch erst mittags immer wieder andere Mädchen aus dem Haus schlichen. Nicht selten wurde sie nachts von mir und meinen Freunden geweckt, wenn wir polternd nach Hause kamen, lautstarke Schlägereien mit irgendwelchen angefressenen Taxifahrern hatten oder morgens um vier anfingen, Gitarre zu spielen. Hin und wieder fuhr auch die Polizei vor, was meiner Mutter hinsichtlich der Nachbarn besonders peinlich war.

Wir wohnten in der Tat in einem sehr ruhigen Viertel. Wenn man da mal nach zweiundzwanzig Uhr einen Sektkorken knallen hörte, sprach man schon von Orgien in der Nachbarschaft. Man kann sich vorstellen, wie meine illustren Freunde, die Damen, die wir oft dabeihatten, und ich in das Bild der Lindenthalschen Idylle gepasst haben.

Meine arme Mutter hat in dieser Zeit wirklich einiges mitgemacht. Um ihr hin und wieder eine Ruhepause zu gönnen, schlief ich oft außer Haus. Zu diesem Zweck hatte ich eine Zeitlang immer meine Zahnbürste dabei. Entweder ich übernachtete bei irgendwelchen Chaoten, bei einer meiner Freundinnen oder bei einer neuen Damenbekanntschaft vom jeweiligen Abend. Wenn ich morgens aufwachte, waren das nicht immer Lichtblicke, die sich da auftaten. Aber das mögen sich einige der Damen auch gedacht haben. Jedenfalls galt es dann, sich möglichst schnell, am besten noch vor dem Frühstück, andererseits aber nicht zu lieblos zu verabschieden. Wenn die Behausung besonders ungemütlich war oder ich schnell feststellte, dass ich mit der Dame keine harmonische Beziehung, und sei es auch nur für kurze Zeit, aufbauen konnte, zog ich mitunter schon mal den ruckartigen Rückzug vor.

Wir lagen zum Beispiel nach mäßigem Amüsement zusammen im Bett und rauchten eine Zigarette. Auf einmal sprang ich auf und sah mich hektisch im Zimmer um.

Ich: »Wo is 'n mein Hund?«

Sie: »Welcher Hund?«

Ich: »Na, mein Hund. Ich hatte doch 'n Hund dabei.«

Sie: »Quatsch, du hattest keinen Hund dabei.«

Jetzt begann ich mich blitzschnell anzuziehen.

Ich: »In der Kneipe, in der wir uns kennengelernt haben, da hatte ich doch 'n Hund dabei.«

Sie: »Was laberst du immer von 'nem Hund. Ich hab keinen Hund gesehen.«

Ich: »Aber du *musst* meinen Hund gesehen haben. Der lag doch die ganze Zeit unter der Bank.«

Sie: »Warum sollte ich unter die Bank schauen?«

Ich: »Na, zum Beispiel, um zu gucken, ob mein Hund noch da is.«

Sie (jetzt leicht ungeduldig): »Hör mal, ich schau doch nich nach 'nem Hund, von dem ich gar nich weiß, dass er da is.«

Ich beugte mich über sie und küsste sie flüchtig.

Ich: »Is doch auch scheißegal. Auf jeden Fall muss ich ihn jetzt suchen.«

Und schwupps war ich aus der Wohnung. Sie rief mir noch hinterher: »Aber die Kneipe hat doch schon längst zu!«

Ich (aus dem Treppenhaus): »Ich kenn den Besitzer, ich klingel ihn aus dem Bett.«

Das war zweifelsfrei der schonungsloseste Rückzug, hatte aber den Vorteil, dass man auf die lästigen gegenseitigen Versprechungen wie »Ich meld mich bei dir« oder »Lass uns doch mal ins Kino gehen«, die ohnehin nie eingehalten wurden, verzichten konnte.

Es gab natürlich auch sanftere Methoden, die man, je nach Gefühlslage und seelischer Verfassung des Gegenübers (oder Untendrunters), variieren konnte.

*

Im Spätsommer 1976 hatte ich mit der Plaat wieder mal ein größeres Ding am Laufen, dessen Abwicklung sich unser »Geschäftspartner« allerdings etwas anders vorgestellt hatte. Jedenfalls konnten wir uns über einen kurzfristigen Gewinn von mehreren tausend Mark freuen, den es nun unter die Leute zu bringen galt. Dummerweise wollte unser Geschäftspartner den Deal rückgängig machen und ließ uns zu diesem Zweck auf ziemlich unkonventionelle Weise in der ganzen Stadt suchen. Die Leute, mit denen er uns verfolgte, waren uns so unsympathisch, dass die Plaat vorschlug, einen kleinen Ortswechsel vorzunehmen.

»Heinerchen«, sagte er und rieb sich dabei seine riesigen Hände, wie er es zu tun pflegte, wenn ihm wieder mal etwas vermeintlich Geniales eingefallen war, »ich würde vorschlagen, wir wechseln mal das Städtchen.«

Er sah mich mit diesem lieblichen Grinsen an, das so gar nicht zu seinem Piratenschädel passte. Immer wenn er dieses breite Grinsen auflegte und jedes Substantiv mit einem »chen« versah, führte er nichts Gutes im Schilde. Aber diesmal musste ich ihm recht geben.

Der Typ, der uns auf den Fersen war, machte auch mich nervös, und außerdem wollte ich sowieso mal wieder meine Münchner Freunde besuchen.

»Wie wär's mit München?« fragte ich ihn deshalb.

»Ausgezeichnete Idee«, flötete er, drehte sich im selben Moment um und rief uns ein Taxi. Offensichtlich konnte er nicht schnell genug vom Rudolfplatz, wo wir gerade waren, wegkommen. Hier standen wir aber auch wirklich wie auf dem Präsentierteller. Wenn man damals einen Kölner aus der Szene suchte, musste man nur auf den Rudolfplatz gehen.

Wir ließen uns von dem Taxifahrer zu dem VW-Käfer kutschieren, den sich die Plaat ein paar Tage zuvor von einem Bekannten geliehen hatte, und fuhren zum Flughafen. Dort ließen wir das Auto mit dem Schlüssel im Zündschloss in der Kurzparkerzone stehen und kauften uns zwei Tickets nach München.

Nachdem wir uns die Wartezeit bis zum Abflug mit einer Flasche Wodka vertrieben hatten, kamen wir schon bester Stimmung in das Flugzeug. Hier wollten wir gleich die nächste Flasche bestellen, bekamen aber von der Stewardess einen Korb. Es sei während des Fluges mit Turbulenzen zu rechnen, und deshalb würden keine größeren Mengen Alkohol ausgegeben.

Mit den Worten: »Wenn es wackelt, brauche ich Platz!« sprang die von schwerer Flugangst gepeinigte Plaat auf und verschwand in der ersten Klasse, die es damals auch bei Inlandsflügen noch gab. Da ich keine Lust hatte, alleine mit den »Normalos« zu fliegen, dackelte ich ihm hinterher.

Der schwule Steward in der ersten Klasse wusste nicht so recht, was er von uns zu halten hatte. Aber die Plaat mit seinem einnehmenden Wesen hatte ihn schnell im Griff. Zum Schluss fraß er uns aus der Hand, beziehungsweise wir tranken aus der seinen. Bis zur letzten kleinen Wodkaflasche soffen wir die Bestände dieses Fluges auf. Die Rechnung für die Umbuchung auf die erste Klasse, die wir schon in bar bezahlen wollten, ließ er uns nach Hause schicken, was uns natürlich lieber war. Die Plaat erzählte mir später, dass er mit dieser Rechnung zum Sozialamt gegangen sei. Wie der zuständige Sachbearbeiter darauf reagierte, ist nicht überliefert.

17
Nix mit bayrischer Gemütlichkeit

Wir kamen abends in München an und fuhren gleich, immer noch bester Stimmung, ins »Memoland«. Das war eine Jazzkneipe mit Livemusik in der Siegesstraße, im Herzen von Schwabing. Der Besitzer, Memo, war ein alter Kumpel von mir, bei dem ich mit Lothar, meinem Freund aus den Wohngemeinschaftstagen, immer mal wieder gejobbt hatte. An diesem Abend saß Memo an der Kasse, und Lothar arbeitete im Service. Die beiden staunten nicht schlecht, als ich mit der fröhlichen Plaat und 2,5 Promille im Gepäck in dem Laden einlief.

Die Wiedersehensfreude war groß und musste dementsprechend begossen werden. Die Feier zog sich, wie das in unseren Kreisen üblich war, über mehrere Tage. Genauer gesagt feierten wir eine Woche durch. Die Plaat und ich hatten ja einiges an Bargeld dabei und ließen in München so richtig die Sau raus. Wenn einer mal müde wurde, was selten vorkam, legte er sich für ein paar Stunden in ein provisorisches Bett, das Memo für uns in seiner Wohnung, die sich über seiner Kneipe befand, hergerichtet hatte.

In der Nacht des vierten Tages hatte ich die Plaat irgendwie aus den Augen verloren. Aber das beunruhigte mich nicht weiter. Es kam häufig vor, dass sich während einer Sauftour unsere Wege trennten, aber früher oder später fanden wir immer wieder zusammen.

Ich stand, mit ein paar Zufallsbekanntschaften, im »Podium« am Tresen. Auch das Podium war eine Jazzkneipe mit Livemusik, schräg gegenüber vom Memoland, und gehörte Fredl, einem anderen Kumpel von Lothar und mir. Ich war gerade im Gespräch mit einem schnuckeligen Schwabinger Mädchen und wollte die Überreste meines versoffenen Charmes spielen lassen.

»Was is, trinkst du 'n Apfelkorn mit?«

Apfelkorn war 1976 das angesagte Getränk und hervorragend geeignet, um unentschlossenen Damen ein wenig auf die Sprünge zu helfen. Der Apfelsaft neutralisierte den Korn fast vollkommen und ließ die Mädels gar nicht merken, wieviel Alkohol sie eigentlich zu sich nahmen.

»Ja, schon, aber ...« Sie beendete ihren Satz nicht, sondern sah mich nur verwundert an.

»Was aber?« Ich rückte näher an sie ran und war entschlossen, ihre eventuellen Bedenken vom Tresen zu wischen.

»Es ist alles so komisch heute«, druckste sie herum, während sie – wahrscheinlich wegen meiner enormen Alkoholfahne – unseren alten Abstand wiederherzustellen versuchte.

»Was ist denn komisch?« fragte ich sie mit meinem »Du kannst mir vertrauen«-Blick.

»Na, du lädst mich zum Apfelkorn ein, und gegenüber im Memoland war gerade einer, der hat auf der Bühne nackt ›Tuttifrutti‹ gesungen und Apfelkorn für das ganze Lokal bestellt.«

Nach dieser Schilderung wusste ich natürlich sofort, wer da sein Unwesen trieb. Ich ließ die Dame stehen und marschierte ins Memoland. Tatsächlich stand die Plaat pudelnackt auf der Bühne und unterhielt das ganze Lokal.

Als ich reinkam, schrie er gerade: »Noch mal zweihundertfünfzig Apfelkorn auf mich!« und nötigte die biedere Jazzband, komplett bestehend aus Studenten im hundertsten Semester, weitere Rock-'n'-Roll-Nummern anzustimmen. Diese, sonst auf Dixieland programmiert, spielte brav Bill Haleys »Rock around the clock«.

Man kann Jürgen Zeltinger bestimmt viel vorwerfen, aber nicht, dass er nicht in der Lage wäre, in einem Lokal für Stimmung zu sorgen. Wenn überhaupt keine Freude aufkommen wollte, bestach er eben sein Publikum wie in diesem Fall mit riesigen Mengen von Alkohol.

»Was is, ihr lahmen Säcke? Auf die Tische mit euch und clap your hands, ihr Asis!«

Er klatschte selber in die Hände und sprang dazu auf und ab, so dass sein Geschlechtsteil wild durch die Gegend schlenkerte. Die Plaat hatte das komplette Auditorium im Griff. Die Mädchen standen kreischend auf den Tischen, während die Studenten, die sonst nur sachte zu Miles Davis wippten, ausgelassen durch die Gegend hüpften und Luftgitarre spielten.

Memo stand mit offenem Mund hinter seiner Bar und verstand die Welt nicht mehr. Ich kannte das Programm natürlich. Wenn irgendwo eine Liveband spielte und die Plaat gut drauf war, war er nur schwer zu halten. Nur seine exhibitionistischen Neigungen stießen nicht immer auf Gegenliebe. Aber in diesem Fall johlte das Publikum, und er war in seinem Element. Den Gästen im Memoland musste es vorkommen, als hätte man Fasching und Silvester auf einen Tag gelegt. Dabei war es für die Plaat und mich nur ein verhältnismäßig normaler Abend.

Aber auch an uns alten Kampftrinkern ging diese ununterbrochene Hardcore-Druckbetankung nicht spurlos vorüber. Nach einer Woche bekam die Plaat eine seiner gefürchteten Kreislaufattacken. Wir standen gerade in der U-Bahn-Station Münchener Freiheit, als er kreidebleich auf eine Bank sackte und sich ans Herz fasste.

»Oh, Scheiße, ich hab 'ne Herzattacke!«

Dicke Schweißperlen klebten an seinem Schädel. Trotzdem war ich nicht sonderlich beunruhigt. Die Plaat war ein Hypochonder. Wenn sein Körper nach tagelangem Suff ein bisschen rebellierte, was ihm nun wirklich keiner verübeln konnte, machte er gleich auf schwerbeschädigt. Gerne rief er dann den Rettungsdienst, um sich in der Notaufnahme wieder aufpäppeln zu lassen. Wenn wir in Köln irgendwo ein Martinshorn hörten, war der gängige Spruch: »Die Plaat hat sich ein Taxi gerufen.« Es gab in Köln viele Rettungsdienstler, die ihn schon gar nicht mehr mitnahmen. Aber hier in München war die Plaat unbekannt, und das wusste der Strolch.

»Heinerchen, du musst mir 'n Notarzt rufen.«

Ich sah ihn an. Wie er da leichenblass und schweißnass auf der

Bank lag, war wirklich ein grausiger Anblick. Außerdem konnte er bei, wie er es nannte, »unterlassener Hilfeleistung« von Freunden ungemütlich werden und hysterische Anfälle kriegen. Um also größeres Aufsehen zu vermeiden, rief ich den Notarzt. Kaum lag er im Rettungswagen, wurde auch mir schlagartig schlecht. Ich klopfte an die Tür und ließ mich gleich mit einweisen.

Die diensthabende Ärztin im Schwabinger Krankenhaus attestierte uns einen überdimensionalen Kater und hängte uns an einen Tropf, der so wunderbare Sachen wie Kalzium, Kalium und dergleichen enthielt.

Die Plaat hatte immer gesagt, wenn er einmal zu Geld kommen sollte, würde er sich einen privaten Notarzt zulegen, komplett mit Rettungswagen, Sauerstoffzelt und allem, was dazugehört. Der müsste ihm dann, immer wenn er solche Symptome hatte, irgend etwas spritzen, damit es »weitergeht«, wie er sich auszudrücken pflegte.

Die Ärztin schien in der Auswahl ihrer Substanzen ein glückliches Händchen gehabt zu haben, denn schon beim Verlassen der Klinik fühlten wir uns wieder pudelwohl, bis auf dieses schmuddelige Gefühl, das man ja von Krankenhausbesuchen kennt, und das wollten wir uns im Olympiastadion vom Leibe waschen. Voller neuem Elan und mit Magnesiumpower bestiegen wir immer wieder den Zehnmeterturm und sprangen übermütig ins kühle Nass. Abends gaben wir uns dann wieder bis zum nächsten Mittag die Kante, so dass wir abermals den Notarzt rufen mussten.

Als die Plaat zwei Tage später dieses Spielchen zum dritten Mal durchziehen wollte, behielten sie ihn gleich im Krankenhaus. Am nächsten Morgen ging ich ihn besuchen. Sie hatten ihn auf eine andere Station verlegt, was mir schon merkwürdig vorkam. Tatsächlich war er in einer Art Warteraum zur Klapsmühle.

»Die wollen mich in eine ruhigere Station verlegen, wo ich mit den anderen Patienten Spiele machen kann und so.«

Offenbar hatte man ihm schon Beruhigungsmittel verpasst, die ihn benebelten, sonst wäre er vermutlich draufgekommen, was die da mit ihm vorhatten. Besorgt nahm ich seine Hand und sah in seine glasigen Augen.

»Ja, ja, Plaat, mach das. Tu schön spielen mit den anderen Patienten«, sagte ich beruhigend. Gleichzeitig wusste ich, dass ich irgend etwas unternehmen musste. Ich konnte ihn unmöglich seinem Schicksal überlassen.

In diesem Moment ging die Tür auf, und die Schwester betrat das Zimmer.

»Da ist ein Neurologe aus Köln, Herr Zeltinger, der würde Sie gerne sprechen.«

Die Plaat und ich sahen uns an.

»Aus Köln?« fragten wir unisono.

»Ja, ein Doktor Franken.«

Die Plaat grinste, und auch ich konnte mir ein Lachen kaum verkneifen.

»Sofort reinlassen«, befahl die Plaat.

Josef kam ins Krankenzimmer und machte auf oberwichtig. Er sah uns beide prüfend an.

»Dachte ich's mir doch. Der Lauterbach ist auch dabei. Kein guter Umgang für Sie, Herr Zeltinger, das habe ich Ihnen doch gesagt.« Er drehte sich zu der Schwester um. »Danke, Schwester, ich würde mit meinem Patienten jetzt gern alleine reden.«

»Aber natürlich, Herr Doktor«, antichambrierte die Schwester. »Wenn Sie noch was brauchen …«, kokett hob sie ihre Hand in Richtung Klingelknopf, »… einfach läuten.«

»Ja, ja, danke,« murmelte Josef seriös, konnte sich allerdings nicht verkneifen, ihr noch auf den Arsch zu glotzen, als sie rausging. Kaum war die Schwester draußen, warf er der Plaat den *Kölner Express* aufs Bett, den er mitgebracht hatte.

»Hier, lies den Sport, dann zieh dich an und lass uns die Mücke machen.«

Zu zweit konnten wir die Plaat überreden, sein gemütliches Bettchen zu lüften, und bugsierten ihn aus dem Krankenhaus.

Nun war das komplette »Kölner Dreigestirn« in München. Wie man sich vorstellen kann, war es von Stund an vorbei mit der Gemütlichkeit in Bayerns Weltstadt mit Herz.

Als uns das Geld auszugehen drohte, arbeitete ich bei Memo hinter der Bar. Die Plaat war bei ihm mittlerweile schwer verschuldet, weil er seine Apfelkornarien natürlich nicht sofort bezahlt hatte, so dass er im Memoland in der Küche eingesetzt wurde, um seinen Deckel abzuarbeiten. Aber da hatte Memo den Bock zum Gärtner gemacht. Die Plaat, der gewöhnliche Arbeit, genau wie sein Freund Franken, mied wie der Teufel das Weihwasser, war der wohl faulste und unproduktivste Koch, den eine Küche jemals zu Gesicht bekommen hat. Immer wieder verstand er es, sich vor der Arbeit zu drücken. Entweder war kein Fleisch im Kühlschrank, oder die Zutaten fehlten. Wenn Memo ihm dann doch nachweisen konnte, dass alle Lebensmittel und Utensilien vorhanden waren, um die von Haus aus einfachen Gerichte herzustellen, ging die Plaat heimlich zu dem Gast und brachte diesen durch hygienische Horrormeldungen aus der Küche dazu, seine Bestellung zu stornieren. Und wenn er mal gar nicht umhinkam, eine Mahlzeit zu kochen, vertilgte er sie mit den Worten: »Dat sah so lecker aus, dat hab ich selbst gefressen« selber.

Schon nach wenigen Tagen sah Memo ein, dass mit der Plaat in der Küche kein Staat zu machen war, und kündigte ihm fristlos. Franken und die Plaat pumpten sich das Geld für ein Zugticket zusammen und fuhren zurück in ihre heimischen Gefilde.

Ich blieb in München, und da Memo auf meine Kölner Freunde und mich etwas angefressen war, arbeitete ich in Fredls Podium hinter der Bar. Immerhin ließ mich Memo noch in seiner Wohnung schlafen.

So verbrachte ich mit Lothar, der mittlerweile auch bei Fredl arbeitete, eine lustige, unbeschwerte Zeit. Tagsüber gingen wir, wie gehabt, im Ungererbad Fußball spielen, und abends arbeiteten wir im Podium, immer abwechselnd einer hinter der Bar, der andere im Service. Mit den Jazzmusikern waren wir im Dauerclinch, weil wir weder sie noch ihre Musik sonderlich mochten, aber das störte uns wenig.

Eines Abends, ich arbeitete gerade hinter der Bar und schenkte einem besonders nervenden Trompeter, der sich einen Rémy Martin mit Cola bestellt hatte, gerade einen Asbach Cola ein, betrat mein alter Freund Cooksy in Begleitung einer Frau, die ich noch nicht kannte, das Lokal. Wir hatten uns in den letzten Monaten etwas aus den Augen verloren und auch nur selten telefoniert. Entsprechend groß war meine Überraschung.

Während meines Pariser Ausflugs war Cooksy in München geblieben, wo er ein kleines Appartement bewohnte. Er hatte sich immer zurückgezogen, wenn ich mit meinen chaotischen Freunden unterwegs war. Er trank kaum Alkohol und hatte dann wenig Spaß mit uns. Ich verstand das auch. Seit einiger Zeit arbeitete er nun als Synchronsprecher und verdiente ganz gutes Geld.

Die Dame in seiner Begleitung hieß Nina Roll. Sie mochte ungefähr zehn Jahre älter sein als wir und war ebenfalls in der Synchronbranche tätig, als Aufnahmeleiterin.

Die beiden setzten sich an die Bar, und wir lästerten gemeinsam über die nervende Jazzmusik. Nachdem ich Feierabend gemacht hatte, gingen wir noch in den »Alten Simpl« in der Türkenstraße. Der Simpl war die Anlaufstelle für arbeitslose, versoffene oder einfach nur einsame Künstler und ab ein Uhr nachts auch unser zweites Wohnzimmer geworden. Hier traf man wirklich alles, was in der Münchener Kunstszene Rang und Namen hatte. Ich erinnere mich an wunderbare Nächte mit Ottfried dem »Bullen von Tölz« Fischer oder mit Helmut »Monaco Franze« Fischer. Die Leute von der Lach- und Schießgesellschaft waren hier genauso zu Hause wie Günter »Harry Brent« Ungeheuer, Harald »der Ölprinz« Leipnitz oder Tommy Piper, die markante Stimme von Alf.

Cooksy hatte sich mit Nina schon ein bisschen angefreundet, aber irgendwie lief da nichts Wirkliches zwischen den beiden. Um so mehr knisterte es dafür bei Nina und mir. Wir verabredeten uns für den nächsten Tag in der Schornstraße, in den Bavaria Musikstudios, in denen auch Sprachaufnahmen gemacht wurden und wo Nina zur Zeit damit beschäftigt war, einen Film zu synchronisieren. Sie bat mich, ein paar Fotos von mir mitzubringen, die sie dann an ihre Besetzungs-Pinnwand hängen wollte.

Vor allem um sie wiederzusehen, erschien ich am nächsten Tag in der Schornstraße. In einer Drehpause ließ sie mich ein paar Probetakes aufnehmen, um zu sehen, ob ich überhaupt synchronisieren konnte. Ich hatte ihr erzählt, dass ich schon ein paar Filme synchronisiert hätte, was so nicht ganz stimmte. In den drei

Folgen *Schulmädchenreport* hatte ich mich lediglich selber nachsynchronisiert.

Beim Synchronisieren läuft das so: Man steht in einem dunklen Studio hinter einem Pult, auf dem ein Buch mit der Synchronfassung, also dem deutschen Text, liegt. Dieser Text ist eingeteilt in verschiedene »Takes«, die unterschiedlich lang sind. Manchmal ist es nur ein Atmer, meistens aber sind es ein bis vier Sätze. Außerdem befindet sich an dem Pult ein Knopf, um den Originalton ein- und auszuschalten. Vor sich sieht man auf der Leinwand das passende Bild zu diesem Text, das mittels einer Schleife immer wieder erscheint. Nun hört man sich einmal den Originalton an, um zu sehen, wie das der Schauspieler im Bild macht, und versucht dann den deutschen Text auf die Lippen des Schauspielers im Bild zu »legen«.

Das Probesprechen verlief ganz gut, so dass ich in der folgenden Zeit immer wieder für kleinere Synchronarbeiten beschäftigt wurde und mir so ein bisschen Geld verdienen konnte. Außerdem fing ich ein Verhältnis mit Nina an und zog schon nach ein paar Tagen bei ihr ein. Sie hatte einen Sohn, der Michael hieß, aber nur auf den Namen Bolli hörte. Von seinem Vater, dem Kameramann Gernot Roll, war Nina schon ein paar Jahre getrennt.

So war ich 1977 quasi über Nacht zu einer kleinen Familie gekommen. Ich hatte auf der einen Seite immer schon einen Hang zum Familienleben, was meine andere Seite hingegen nicht zuließ. Dem Wunsch nach einem geborgenen Zuhause widersprach mein unstetes, Abenteuer suchendes Leben. Dank Ninas Reife und Toleranz hatte ich hier die Möglichkeit, beide Neigungen auszuleben, was mir natürlich gefiel. Auch sonst verstanden wir uns ausgesprochen gut. Wir konnten über dieselben Dinge lachen, was meines Erachtens immer eine gute Voraussetzung für eine harmonische Beziehung ist.

Obwohl ich nur gerade mal neun Jahre älter war als Bolli, wurde er für mich so etwas wie ein Sohn. So lebten wir zu dritt in einer kleinen Wohnung in der Herzogstraße in Schwabing. Wir gingen gemeinsam ins Ungererbad, spielten Fußball oder Tennis, fuhren nach Bad Tölz ins Alpamare, gingen ins Kino oder Theater. Ich

Mein Hang zum Familienleben
fand bei Nina Roll eine Heimat

brachte den beiden Pokern bei, und oft spielten wir nächtelang durch. Auch bei seinen ersten Gehversuchen in Sachen Alkohol, Nikotin und Mädchen war ich Bolli ein guter, zumindest ein erfahrener Lehrer. Wobei ich natürlich versuchte, ihm einen weniger exzessiven Umgang mit diesen Dingen zu vermitteln. Auch legte ich ihm sehr ans Herz, die Finger von jeder Art von Drogen zu lassen.

18
Zwei Kölner in Amerika

Als im Sommer 1977 mein Vetter Detlef in Ninas Wohnung anrief und fragte, ob ich nicht Lust hätte, mit ihm für zwei Monate durch die USA zu reisen, war ich gleich mit von der Partie. Zumal er mit der Dame, mit der er die Reise eigentlich unternehmen wollte, gerade Schluss gemacht hatte und mir das gesamte Package, inklusive Flüge und Hotels, besonders günstig anbieten konnte. Das Fernweh juckte mich sowieso schon wieder, und so verabschiedete ich mich für zwei Monate von meiner kleinen Familie.

Da wir der Ansicht waren, dass es praktischer sei, nur ein einziges Gepäckstück dabeizuhaben, nahmen wir lediglich einen riesigen Überseekoffer mit, in den wir unsere ganzen Sachen schmissen. Aber schon als wir dieses monströse Teil durch den Frankfurter Flughafen wuchteten, merkten wir, dass das eine beschissene Idee war, und beim Gedanken an die unzähligen Flughäfen, die wir auf unserem Trip noch zu bewältigen hatten, lief mir der Schweiß den Nacken runter.

Detlef hatte mit seiner Ex eine beachtliche Reiseroute ausgeklügelt: New York, Chicago, Niagarafälle, Salt Lake City mit einwöchiger Floßfahrt über den Colorado River, New Orleans, Las Vegas, Los Angeles, San Francisco und Hawaii standen auf dem achtwöchigen Programm. Wenn sie sich nicht vorher schon getrennt hätten, wäre ihre Beziehung wohl spätestens auf dieser Mammutreise in die Brüche gegangen.

In New York angekommen, wurde uns die ganze »Tragweite« unseres Überseekoffers bewusst, denn wir hatten wirklich weit zu tragen. Etwa anderthalb Stunden lang zogen, zerrten und schleiften wir das unhandliche Teil quer durch die galaktischen Weiten des Kennedy-Airports. Endlich am Ausgang angekommen, wollten wir ein Taxi nehmen, aber schon beim Anblick unseres sargähnlichen Gepäckstücks weigerte sich jeder Taxifahrer, uns mitzunehmen. Uns blieb nichts anderes übrig, als eine Stretch-Limo zu nehmen, die unsere Urlaubskasse eigentlich gar nicht hergab. Immerhin hatten wir damit einen gebührenden Auftritt vor dem Ramada-Inn – eine Hotelkette, für die wir schon in Deutschland Übernachtungsgutscheine erworben hatten.

Nachdem Detlef die vier Gepäckträger, die das Ungetüm auf unser Zimmer verfrachtet hatten, durch ein ansehnliches Trinkgeld wieder freundlicher stimmen konnte, begaben wir uns aufs Dach, wo sich der Swimmingpool befand. Detlef, gegen den ich, was die Schürzenjägerei betraf, ein wahrer Klosterschüler war, legte sich neben die einzigen zwei Mädchen, die am Pool lagen. Mit halsbrecherischem Englisch quatschte er sie an.

Wir hatten uns vorgenommen, den amerikanischen Mädels zu erzählen, dass wir deutsche Fußballprofis wären, die in diesem wunderbaren Land ein bisschen Urlaub machen wollten. Mein Vetter war der kindischen Überzeugung, dass diese Vita unseren Lauf bei den erfolgsorientierten amerikanischen Frauen erheblich steigern würde, und ich, mit meinen vierundzwanzig Jahren selber noch reichlich kindisch, fand seine Argumente ganz einleuchtend. Ich hoffte allerdings, dass nie ein Ball in unserer Nähe sein würde, da uns unsere Bolzplatztechnik schnell entlarvt hätte.

Noch bevor Detlef unseren beiden Neueroberungen diesen Bären aufbinden konnte, entpuppten sie sich jedoch als waschechte Münchnerinnen, die ebenfalls hier Urlaub machten. Es war schon verrückt: Man flog Tausende von Kilometern in eine Stadt mit rund acht Millionen Einwohnern und traf als erstes zwei Mädchen, die praktisch bei einem zu Hause um die Ecke wohnten.

Obwohl wir uns auf einen heißen Flirt mit noch heißeren amerikanischen Cheerleadern eingestellt hatten, bekamen wir mit unseren bayrischen Mädels viel Spaß. Sie kannten sich in Manhattan schon ein bisschen aus und schleppten uns in die exklusivsten

Schuppen. Schade war lediglich, dass die beiden an chronischem Bargeldschwund zu leiden schienen und wir bei unseren nächtlichen Exkursionen für sie »ins Futter« gehen mussten. So schleppten sie uns zum Beispiel zu dem angesagtesten Japaner der Stadt, bei dem ich dann am Ende knappe fünfhundert Dollar auf den Tisch legen durfte. Überhaupt schien New York eine Geldvernichtungsmaschine zu sein.

Am zweiten Tag lagen wir wieder mit den beiden am Hotelpool. Während ich noch höfliche Konversation betrieb, war mein Vetter angesichts des stark gesunkenen Pegels unserer Reisekasse schon etwas einsilbiger geworden und hatte sich in das einzige Buch vertieft, das er dabeihatte, irgendwas von Simmel.

»Heute macht in der Vierundfünfzigsten eine neue Diskothek auf. Da würden wir unheimlich gerne hin«, sagte die eine und begann ihrer Freundin den Rücken einzucremen.

Während ich wenigstens noch ein Interesse vortäuschendes »Ah ja?« hervorbrachte, vergrub sich mein Vetter noch mehr hinter seinem Schinken.

»Genau. Und vorher könnten wir in der Fünfzigsten zu dem schnuckligen Franzosen gehen«, antwortete die Gesalbte ihrer Freundin.

»Wenn wir da überhaupt noch 'n Platz kriegen«, schob die Cremende ein.

Jetzt hielt mein Vetter sich das Buch so dicht vor die Augen, dass er unmöglich noch darin lesen konnte. Dafür konnte ich jetzt den Titel erkennen: *Bis zur bitteren Neige.* Hätte er wenigstens *Es muss nicht immer Kaviar sein* dabei, dachte ich. Das hätte man den beiden noch als Wink mit dem Zaunpfahl vor Augen führen können.

»Was ist, habt ihr Lust? In der Disco gibt's zwar heute keinen Alkohol, aber dafür ist alles umsonst.«

Ruckartig erschienen die Augen meines Vetters über dem Bücherrand.

»In Amerika bekommen sie erst drei Monate nach der Eröffnung eines Ladens die Alkoholkonzession, dafür sind bei der Eröffnung alle nichtalkoholischen Getränke frei«, dozierte die Cremende weiter.

»Wie heißt denn die Disco?« wollte mein Vetter wissen, der unter die Lebenden zurückgekehrt zu sein schien.

»Studio 54. Das muss ein wirklich abgefahrenes Teil sein.«

Sie sollte recht behalten.

Wir schmissen uns in unsere dunkelsten Anzüge, die vor dem Transport im Überseekoffer schon knitterfreiere Tage gesehen hatten, und fuhren unter Auslassung des schnuckligen französischen Restaurants in die Vierundfünfzigste.

Vor dem verhältnismäßig kleinen, grell angeleuchteten Eingang des Studio 54 befanden sich ungefähr fünfhundert Leute. Gut zwei Drittel von ihnen warteten in einer Schlange, die sich um den halben Block zog. Die anderen, vermutlich bereits Abgewiesene, standen in kleinen Grüppchen rund um das Entree, das man mit dem klassischen roten Samtseil abgeschirmt hatte. Vor der Eingangstür standen drei Typen in schwarzen Anzügen, die entschieden, wer reindurfte und wer nicht. Höchstens jeder vierte schien den Herren passend für ihren Laden, die anderen wurden wieder nach Hause geschickt.

Wir sahen uns das Spielchen eine Weile an und beschlossen, uns gar nicht erst anzustellen. Als wir gerade darüber diskutierten, was wir mit dem Abend anfangen sollten, sprang einer der Typen in den schwarzen Anzügen über die Absperrung, kam zu uns und fragte, ob wir reinwollten. Ich warf vorsichtshalber einen Blick über die Schulter, ob er vielleicht jemanden hinter uns meinte, aber er lächelte nur smart und sagte: »Come in, you'll enjoy it.«

Recht sprachlos ob dieser unerwarteten Ehre betraten wir die Diskothek. Und hier kamen wir aus dem Staunen gar nicht mehr raus. Für das Studio 54 hatte man ein altes Opernhaus umgebaut. Das riesige Foyer war aus edelstem Marmor, ebenso die kaum weniger großen Toiletten. Der Innenraum bestand aus einem tennisplatzgroßen Dancefloor, der von drei Balkonen umringt war.

Wir stellten uns an den Rand der Tanzfläche und beobachteten das Spektakel rings um uns herum. Auf einmal übertönte eine ohrenbetäubende Sirene die sowieso schon an die Schmerzgrenze gehende Musik. Parallel dazu fuhren aus dem früheren Theaterhimmel zehn runde, leuchtende und sich drehende Säulen herab.

Auf der anderen Seite schwebte eine ziemlich nackte Dame auf einem überdimensionalen Sichelmond von der Decke herunter auf ein Podest, auf dem sie den abgefahrensten Tanz hinlegte, den ich bis dato gesehen hatte.

Einer von den unzähligen blutjungen, nur mit Lendenschurz bekleideten Kellnern riss mich aus meinem paralysierten Zustand und fragte, was wir trinken wollten. Das war schnell geklärt, da es ohnehin nur Orangen- oder Grapefruitsaft gab, den er uns dann aus riesigen Karaffen einschenkte.

Schließlich stürzten wir uns unters Volk und tanzten bis in den frühen Morgen. Es war wirklich eine abgefahrene Party in diesem Studio 54.

Nach ein paar Tagen mussten wir unsere bayrischen Gourmetmädels verlassen und flogen nach Chicago. Ausgerechnet hier, in der Stadt Al Capones, wo die Prohibition sabotiert worden war, mussten wir mit Rücksicht auf unseren Kassenstand auf Sparflamme leben. Was aber auch nicht verhinderte, dass wir wenige Tage später, kaum in San Francisco angekommen, pleite waren.

Detlef hatte die Idee, unsere Väter anzurufen und ihnen zu erzählen, dass wir in der Bronx ausgeraubt worden seien. Obwohl ich die Geschichte als nicht sehr glaubwürdig empfand, stimmte ich zu. Wir konnten ihnen ja schlecht sagen, dass wir bereits nach einem Viertel unserer Reise die komplette Urlaubskasse verpulvert hatten. Unsere Väter waren von der Idee, uns Geld zu schicken, wenig begeistert. Wir mussten uns erst einen Vortrag über angemessene Verhaltensweisen in exotischen Ländern anhören, bevor sie sich doch dazu überreden ließen. Bei diesem Telefonat erfuhr ich auch, dass Irene, die zweite Frau meines Vaters, einen gesunden Sohn namens Tillmann zur Welt gebracht hatte. Ich hatte ein Brüderchen bekommen.

Bis die Geldüberweisung in San Francisco einging, lebten wir bei Wasser und Brot. Doch dann stürzten wir uns um so intensiver in das kalifornische Nachtleben.

Ich erinnere mich noch, dass ich ziemlich überrascht war zu hören, dass »Frisco« nur achthunderttausend Einwohner hatte. Von den vierhunderttausend Männern, die demzufolge in dieser

Stadt leben mussten, war gut die Hälfte homosexuell. Ich fragte mich, wo die ganzen harten Typen für die Hollywoodfilme herkamen. In San Francisco konnten die kaum gecastet worden sein.

Trotz unserer Fußballprofigeschichte wollten uns die amerikanischen Damen nicht so recht zur Hand. Wahrscheinlich wussten die meisten gar nicht, was Fußball überhaupt ist. Und nur mit unserem niederrheinischen Tiefebenencharme konnten wir im hügeligen San Francisco keinen Blumentopf gewinnen. Zwar hatte jedes zweite Mädchen, das wir ansprachen, irgendeine Tante in Karlsruhe oder einen Opa in Buxtehude, aber an einem feurigen Liebhaber aus dem schönen Köln am Rhein waren sie nicht interessiert.

Wir hockten wieder einmal in einer Disco, nippten an überteuerten Drinks und sannen darüber nach, was wir wohl falsch machten, als uns ein Typ von der Sorte Malibu-Beach-Surfer anquasselte. Nachdem wir ihm brav erzählt hatten, wo wir herkamen, wo wir noch hinwollten und wie gut es uns in den USA gefiel, fragte er relativ unvermittelt: »Are you open minded?«

Wir hatten zwar nicht die geringste Idee, warum er wissen wollte, ob wir aufgeschlossen wären, und was er damit überhaupt meinte, wollten das aber auch nicht verneinen.

»Na klar sind wir aufgeschlossen«, meinte ich, und Detlef setzte noch nach: »Aber so was von aufgeschlossen!«

Ein Leuchten, das mich eigentlich hätte stutzig machen müssen, erfüllte die Augen unseres Gesprächspartners. Vertraulich beugte er sich näher zu uns und meinte, er wüsste, wo eine total abgefahrene Party am Laufen wäre.

Na, das hörte sich doch mal vernünftig an. Wir exten unsere Drinks und folgten dem Surfer.

Auf der Party angekommen, musste ich meine weiter oben aufgestellte Rechnung revidieren. Es musste deutlich mehr als zweihunderttausend Schwule in dieser Stadt geben. Hier jedenfalls war ausnahmslos jeder schwul. Auch unser sonnengebräunter Surfer zeigte plötzlich sein wahres Gesicht und wollte sich gleich meinen Vetter unter den Nagel reißen. Dieser wurde auf einmal extrem »un-open-minded« und wollte gleich im Türrahmen eine Kehrtwendung machen. Ich, schon ein wenig lebenserfahrener und gelassener, konnte ihn aber noch überreden, wenigstens nicht sofort zu gehen. Außerdem wusste ich, dass man den Schwulen vielleicht vieles vorwerfen kann, nur dass sie nicht wissen, wie man feiert, kann man ihnen nicht nachsagen.

»Was soll's, Alter. Bei den amerikanischen Weibern haben wir sowieso keinen Lauf«, versuchte ich ihm die Situation schönzureden. »Hier bist du wenigstens das Objekt der Begierde. Genieß das doch!«

Bevor ich mir sein Protestgejammer anhören musste, verschwand ich in der Küche des riesigen Lofts und ließ mir von einem zarten Jüngling einen Martini mixen. Vorsichtshalber nur gerührt und nicht geschüttelt. Auch hier kam mir wieder meine Erfahrung zugute: Wenn's nicht so läuft, wie es sollte, einfach ein paar Martinis kippen, und alles sieht gleich viel rosiger aus.

Obwohl es hier auch so schon rosa genug aussah, befolgte ich diese Lebensweisheit und kippte mir ordentlich einen hinter die Binde. Ich hatte das übrigens von dem berühmten spanischen Regisseur Luis Buñuel. Der hat mal, selber schwerer Alkoholiker, seine reichhaltigen Erfahrungen über Bars zu Papier gebracht und unter anderem beschrieben, welche Drinks für welche Lebenslagen geeignet sind. So empfiehlt er zum Beispiel bei Flugangst Gin Tonic. Und um in eine stimmungsvolle Flirtlaune zu kommen, meinte Buñuel, müsse man nur die nötige Menge Martinis zu sich nehmen.

Nach dem achten Martini musste ich ihm recht geben. Ich schäkerte mit den Tunten, dass es eine Freude war. Ich schätze, ich hätte auch mit einem Bernhardiner geflirtet, wenn einer zur Stelle gewesen wäre. Wenn man schon Alkohol trinkt, sollte man das Zeug nicht wahllos in sich hineinkippen, sondern wissen, was man in welchen Situationen zu trinken hat.

Mein Vetter Detlef, dem ich diese Erkenntnis leider vorenthalten hatte, klammerte sich an eine Flasche Campari, den Buñuel, soweit ich mich erinnern konnte, für überhaupt keine Lebenslage empfohlen hatte. Entsprechend griesgrämig hockte er in einer Ecke und schüttelte, wann immer ich zufällig zu ihm sah, nur seinen Kopf. Wahrscheinlich war er überrascht, wie »open minded« ich sein konnte.

Da ich befürchtete, meine Zunge am nächsten Tag als Krawatte tragen zu können, wenn ich noch mehr klebrige Martinis trank, und obwohl ich nicht wusste, was Buñuel dazu gesagt hätte, wechselte ich irgendwann auf Wodka Tonic. Ich weiß zwar bis heute nicht, welche Gefühle belebt oder welche Ängste besänftigt werden, wenn man nach acht Martinis eine Flasche Wodka zu sich nimmt, kann aber Buñuel an dieser Stelle versichern, dass man dann garantiert sternhagelvoll ist. Deshalb muss ich mich hinsichtlich der weiteren Ereignisse dieses Abends auf den Bericht meines Vetters verlassen, was ich nur ungern tue, weil er leicht zu Übertreibungen neigt.

Detlef zufolge soll ich in ungewöhnlich ausgelassener Form mit allem getanzt haben, was mir in die Arme lief. Mein Vetter meinte, dass ich lediglich darauf geachtet hätte, bei engeren Tänzen der Führende zu sein. Irgendwann muss es ihm gelungen sein, mich, luftschlangenbehangen, mit unzähligen fetten roten Lippenstiftabdrücken auf Mund und Wangen und laut Zarah Leander singend, ins Hotel zu bugsieren.

Wenigstens bestätigte er mir am nächsten Morgen auf meine bohrenden Fragen hin, dass ich die Party »jungfräulich« verlassen hatte. Meinem Kopf, der sich anfühlte wie eine Eckkneipe, konnte das zwar keine Linderung verschaffen, aber mich beruhigte es doch irgendwie.

Wir hatten in den Staaten noch die skurrilsten Begegnungen. Obwohl wir eigentlich zuwenig Zeit hatten für so viele Erlebnisse an so vielen Plätzen. Wie die Umgebung, die an einem Skirennläufer bei seiner Schussfahrt vorbeizieht, war dieses gigantische Land an uns vorübergeflogen und hatte immer nur Fragmente von Eindrücken hinterlassen: von Wolkenkratzern in New York, den schwitzenden trompetenden Schwarzen in New Orleans, den Zockerpalästen von Las Vegas, den Universal Studios in Los Angeles, dem Colorado River in Utah und den haushohen Wellen von Hawaii. Aber trotz unseres rasanten Tempos – wir hatten die Skier wirklich gut gewachst – hat es doch Spaß gemacht.

19
Theorie und Praxis

Als 1978 die Wohnung neben Nina frei wurde, zog ich dort ein. Meine Synchrontätigkeiten waren mittlerweile immer umfangreicher geworden, und ich bekam sogar schon erste kleine Angebote vom Fernsehen. So war es mir beispielsweise vergönnt, in einer Folge von *Derrick* als Schutzmann den denkwürdigen Satz »Hier dürfen Sie nicht parken« zu sagen. Auch in mehreren Einspielfilmen der Sendereihe *Aktenzeichen XY … ungelöst* durfte ich mitwirken. Wenn man Glück hatte, wurde die Episode gar nicht ausgestrahlt. Nämlich dann, wenn der oder die Täter zwischenzeitlich schon gefasst worden waren. Was sich für diese natürlich weniger glücklich darstellte.

Eines Tages rief mich Cooksy an und fragte, ob ich nicht Lust hätte, mit ihm in einem Stück zu alternieren. Unter »alternieren« versteht man, dass zwei Schauspieler abwechselnd dieselbe Rolle spielen. Für uns faule Hunde war das die ideale Konstellation. Außerdem sollte das Ganze in Köln stattfinden, was uns zusätzlich reizte. Cooksy hatte nämlich wieder Kontakt zu unserer alten Schauspielschule, dem Theater der Keller, aufgenommen, wo sie gerade für Sartres *Die schmutzigen Hände* die Hauptrolle, also den Hugo, suchten.

Ich glaube, der künstlerische Wert dieser Aufführung war überschaubar, aber der Regisseur Dieter Jahnke war ein netter Kerl, mit dem ich mich gut verstand und der mich anschließend, als Gast sozusagen, nach Würzburg mitschleppte, wo ich in seiner Folgeinszenierung *Die verlorene Ehre der Katharina Blum* den fiesen Journalisten Tötges spielen durfte. Dabei ist dieses Stück in meinen Augen einfach nicht inszenierbar. Was die gute Margarethe von Trotta sich da zusammengeschrieben hat, als sie Heinrich Bölls Roman für die Bühne bearbeitete, ist so plakativ überzeichnet, dass es sowohl für die Regie als auch für die Darsteller unmöglich ist, wahre Emotionen zu erzeugen. Man hätte diesen Theaterabend drastisch verkürzen können, wenn man sich auf die Bühne gestellt und gesagt hätte: »Alle Linken sind gut, alle Rechten böse und die *Bildzeitung* scheiße.« Mit einer differenzierteren Form dieser Aussage hätte man sich ja gegebenenfalls noch auseinandersetzen können, aber so war es ein Schuss in den Ofen.

Nun könnte man sich fragen, warum ich in diesem Stück überhaupt mitgespielt habe. Die Antwort ist: Ich weiß es nicht. Wie so oft in meinem Leben habe ich mich einfach treiben lassen. Ich hatte eigentlich nie ein längerfristiges Ziel vor Augen und habe meine Entscheidungen oft von kleinen, nicht selten unwichtigen Dingen abhängig gemacht. In diesem Fall war es wohl die Sympathie zu Dieter Jahnke, die mir wichtiger war als die Qualität des Stücks und dessen Inszenierung.

Nina war mir bei meinen ersten Gehversuchen als Schauspieler sehr behilflich. Bei Synchronarbeiten konnte sie mich für kleinere Aufgaben selber besetzen oder zumindest bei dem jeweiligen Regisseur ein gutes Wort für mich einlegen. Aber auch bei Film und Fernsehen kannte sie, nicht zuletzt weil ihr Ex Kameramann war, viele einflussreiche Leute. Sie ebnete mir auch gerne den Weg. Zum einen, weil sie mich mochte und mir auch beruflichen Erfolg wünschte, zum anderen war sie wohl von meinen schauspielerischen Fähigkeiten überzeugt. Sie war es auch, die mir riet, mich nicht auf das Synchronisieren zu beschränken, sondern Theater zu spielen und mich um Rollen bei Film und Fernsehen zu bemühen. Aber das war leichter gesagt als getan.

Ende der Siebziger gab es bekanntlich nur zwei Fernsehsender, weshalb entsprechend weniger Fernsehfilme produziert wurden als heute. Wenn man da ab und an mal eine kleine Rolle angeboten bekam, war das schon etwas Besonderes. Für größere Aufgaben griffen die Regisseure, Produzenten und Redakteure sowieso nur auf bereits etablierte und bekannte Schauspieler zurück. Diese waren meistens schon seit der Zeit dabei, als das Fernsehen noch in den

Kinderschuhen steckte. Und das deutsche Filmgeschäft war damals wohl an seinem Tiefpunkt angelangt. Ja, schlimmer noch: Der deutsche Kinofilm fand eigentlich gar nicht statt.

Hatte man in den Sechzigern mit den Edgar-Wallace-Filmen, mit den letzten Kinofilmen des unvergesslichen O.W. Fischer oder der Komödie *Zur Sache, Schätzchen* wenigstens noch Kassenerfolge zu verbuchen, versank der deutsche Film Anfang der Siebziger in der kommerziellen Bedeutungslosigkeit. Die den Filmemachern gleichgesinnten, in der Regel politisch links orientierten Kritiker überschlugen sich zwar bei jedem Streifen, den die Jungfilmer auf den Markt warfen, aber dem meist jungen Kinopublikum in Deutschland waren diese Filme einfach zu langweilig. Sie hatten wohl eine andere Vorstellung von Spannung, als drei Studenten anderthalb Stunden lang dabei zu beobachten, wie sie sich in irgendwelchen Wohnküchen von Kommunen linke Parolen um die Ohren warfen.

Filme wie *Die Blechtrommel, Der amerikanische Freund* oder der eine oder andere Fassbinder-Streifen waren die Ausnahmen, die diese traurige Regel bestätigten. Alles in allem war diese ganze Jungfilmermischpoke die falsche Medizin für das deutsche Filmgeschäft, an der wir heute noch zu schlucken haben. Daher schlägt einem immer noch Abneigung entgegen, wenn man jemanden auf den deutschen Kinofilm anspricht: Die Menschen haben einfach Angst vor der Langeweile. Und ein Film darf ja bekanntlich alles sein, nur nicht langweilig.

Aber auch unter den linken Filmemachern aus dieser Zeit gab es höchst anpassungsfähige Exemplare. Ich denke da zum Beispiel an einen der Vorreiter der Szene: Hans W. Geißendörfer, der mit opportunistischem Spürsinn schnell erkannte, wohin der künstlerische Wind unser angeschlagenes Schiff schaukeln würde, und mit der *Lindenstraße* der Urmutter aller deutschen Soap Operas Leben einhauchte. Ich will zwar nicht so weit gehen wie der *Spiegel,* der behauptete, die Fertigstellung der ersten Folge der Serie sei der künstlerische Selbstmord des Regisseurs Hans W. Geißendörfer gewesen. Aber gewundert habe ich mich schon über den filmästhetischen U-Turn dieses Mannes. Auch wenn seine ethischen Botschaften – beispielsweise zum Thema Diskriminierung von Homosexuellen, Ausländerfeindlichkeit oder Integration von Behinderten – einem aus jeder Folge der *Lindenstraße* ins Gesicht springen, können sie meines Erachtens über die doch eher schlichte Machart der Serie kaum hinwegtäuschen. Eine ähnlich drastische Kehrtwendung habe ich eigentlich nur noch bei dem früheren Innenminister Otto Schily feststellen können, ehedem als Verteidiger ein Vertrauter des Top-Terroristen Andreas Baader und zuletzt Verfechter des Fingerabdrucks im Personalausweis. Das war wohl die Bankrotterklärung des von ihm seinerzeit so vehement geforderten Datenschutzes.

Der wahrscheinlich erste deutsche Film, der mit der gepflegten Langeweile der sogenannten Autorenfilme brach, war 1981 *Das Boot* von Wolfgang Petersen. Endlich mal ein Film, bei dem es nicht primär darum ging, eine politische Aussage zu propagieren (außer natürlich der, dass der Krieg grausam ist, und das ist ja nun passend bei einem Kriegsfilm). Nein, der Film hatte einfach alles, was einen guten Film ausmacht: ein spannendes Buch, einen guten, erfahrenen Regisseur, einen versierten Kameramann und hervorragende Schauspieler, die es in Deutschland zweifellos gibt und immer schon gab. Und schon wird deutsches Kino sogar im Ausland ein großer Erfolg. So einfach ist das. (Haha.)

Ein anderer Grund, warum der deutsche Film international nicht wirklich konkurrenzfähig ist, liegt meines Erachtens darin, dass wir nie nationale Stars aufgebaut haben, so dass sie gar nicht erst zu internationalen werden konnten. Denn wer schon im eigenen Land nichts zählt, was soll der im Ausland wert sein? Aber es wurde nicht nur versäumt, Stars aufzubauen, es wurde regelrecht bewusst verhindert. Die Kinostars der Siebziger waren die Autorenfilmer, also die Täter selber. Man sagte (wenn man es denn mal sagte): »Ich war in einem Film von Achternbusch.« Und nicht etwa: »Ich habe Bruno Ganz im Kino gesehen.« Dabei wäre gerade dieses Seherlebnis so wichtig. Schließlich ist Film etwas Visuelles und keine kopflastige Angelegenheit.

*

In der Synchronbranche war ich mittlerweile etabliert und sprach die großen Hauptrollen. Fast jeder international bekannte Schauspieler meines Alters kam mir mal »vors Rohr«. So lieh ich meine Stimme in diesen Jahren beispielsweise Richard Gere, Kevin Costner, John Malkovich, Christopher Reeve und Christopher Walken, um nur einige zu nennen. Je besser der Schauspieler ist, den man synchronisieren muss, um so mehr Spaß hat man dabei. Es flutscht sozusagen, als würde man durch Butter schneiden. Bei schlechten dagegen kann das Synchronisieren zäh wie Leder sein.

Obwohl ich im großen und ganzen immer gerne synchronisiert habe, war es mir wichtig, hin und wieder auch Theater zu spielen. Nicht zuletzt aus diesem Grund sagte ich im Winter 1978 zu, als mich ein Kollege fragte, ob ich nicht Lust hätte, im »Theater 44«, einem kleinen Kellertheater in der Hohenzollernstraße in München, seine Rolle zu übernehmen. Es handelte sich um das Stück *Die Gerechten* von Albert Camus, in dem ich den Janek spielen sollte. Das Theater 44 kannte ich als kleines, aber anspruchsvolles etabliertes Theater, und ich freute mich auf die bevorstehende Aufgabe. Für einen Kollegen einzuspringen bedeutet, sich innerhalb kürzester Zeit seine Rolle anzueignen. Man lernt den Text, sieht sich die Vorstellung ein paarmal an, um die Gänge und Positionen zu verinnerlichen, hat vielleicht noch zwei, drei Proben mit dem restlichen Ensemble und springt dann ins kalte Wasser beziehungsweise auf die heiße Bühne.

Genauso war das auch bei mir. Rückblickend weiß ich von meiner eigenen kleinen Premiere nur noch, dass ich sehr aufgeregt war. Alles in allem konnte ich den Part, immerhin eine Hauptrolle, wohl einigermaßen fehlerfrei übernehmen. Ich freundete mich mit einigen Ensemblemitgliedern an und hatte Spaß daran, mir für fünfzig Mark am Abend die Seele aus dem Leib zu spielen. Besonders gern mochte ich die Betreiber des Theaters, das Ehepaar Irmhild Wagner und Horst A. Reichel. Sie wurden gewissermaßen die Hebammen meiner künstlerischen Geburt, und es erwuchs daraus eine Freundschaft, die bis heute Bestand hat.

Die beiden vermittelten mir in einer Zeit, in der ich mich treiben ließ, seelisch zu verlottern drohte und künstlerisch noch keinen

Irmhild Wagner und Horst A. Reichel vom Theater 44 (1999)

Boden unter den Füßen gefunden hatte, Werte, die für mein ganzes Leben wichtig sein sollten. Neben dem Gefühl, einer Gemeinschaft anzugehören und von dieser Gemeinschaft gebraucht zu werden, erfuhr ich an ihrem gelebten Beispiel, wie man mit Anstand, Fleiß und Disziplin ein glückliches Leben führen kann. Sie halfen mir, den Bogen zu spannen zwischen beruflichen Zielen und privaten Interessen. Nur wenn Beruf und Privatleben aufeinander abgestimmt sind und harmonieren, kann es, zumindest bei mir, zu einem inneren Einklang kommen.

Ich spielte in den folgenden Jahren noch viele Stücke im Theater 44. Meist die von mir so geliebten französischen Existentialisten wie Sartre oder Camus, aber auch Stücke von Martin Walser oder Tennessee Williams.

Zwischenzeitlich hatten Nina und ich uns getrennt. Die theoretischen Erkenntnisse meiner beiden Freunde aus dem Theater 44 vom inneren Einklang zwar noch im Ohr, fiel die praktische Umsetzung leider wieder mal meinem Freiheitsdrang zum Opfer.

Wegen meiner Engagements am Theater und als Synchronsprecher pendelte ich sehr viel zwischen Köln, München und Berlin. Überall hatte ich mittlerweile einen größeren Bekanntenkreis. Wenn ich das Gefühl hatte, ich wäre lange genug in einer Stadt gewesen – was meistens der Fall war, wenn ich merkte, dass es dort nicht weiterging, dass die Menschen in meinen Augen stehengeblieben waren –, fuhr ich in die nächste. Hier galt es dann, die alten Kumpels zu begrüßen, die ich ja so lange nicht gesehen hatte. Wenn diese ausgedehnten Wiedersehensfeiern vorbei waren und mir langweilig wurde, verabschiedete ich mich wieder. Und so weiter und so weiter. Im Grunde genommen war ich permanent auf der Flucht. Vor Stagnation, dem Alltag, vielleicht auch vor mir selber.

Ausgerechnet in dieser unruhigen Sturm-und-Drang-Phase begegnete mir Anouk Rogée. Ein Kumpel hatte sie mir bei einem meiner Köln-Besuche vorgestellt, und ich war, wie die Sizilianer sagen, »vom Blitz getroffen«. Sie war aber auch wirklich ein entzückendes zartes Pflänzchen in der schon so abgegrasten Kölner Botanik weiblicher Reize. Meine Verzückung war so groß, dass ich meine Freiheitspläne spontan über den Haufen warf und mit ihr zusammenziehen wollte. Das war aber gar nicht so einfach, da sie erst knapp siebzehn war und noch in Köln zur Schule ging, während ich in München wohnte. Ihre Mutter, Marianne Rogée, die damals eine sehr engagierte Schauspielerin an kleineren Bühnen war und heute in der *Lindenstraße* zu bewundern ist, stemmte sich vehement gegen unsere Pläne. Aber letztlich war unsere Liebe stärker, und Anouk zog zu mir nach Schwabing.

1978 lief mir zum zweiten Mal mein Kollege Ekkehardt Belle über den Weg. Wir hatten uns ein paar Jahre vorher kurz getroffen, als ich auf meiner ersten Tournee eine Rolle von ihm übernommen hatte, aber richtig kennengelernt haben wir uns erst während der Synchronisation des Weihnachtsvierteilers *Die Abenteuer des David Balfour*, in dem er die Titelrolle spielte. Die Hauptrolle in einem Weihnachtsvierteiler zu spielen war damals so etwas wie ein schauspielerischer Ritterschlag, und Ekki war auf dem besten Weg, ein großer Star zu werden. Leider war er dem Alkohol mindestens ebenso stark verbunden wie ich, was seiner Karriere aber, anders als vielleicht in meinem Fall, nicht zuträglich war. Damit will ich nicht sagen, dass der Alkohol meine Karriere gefördert hat, aber er verhinderte sie zumindest nicht.

Ekki war ein hoch sensibler und intelligenter Junge und dazu noch ein guter Schauspieler. Sein einziger Fehler bestand darin, dass er zuviel soff. Aber gerade dieses Saufen war es, das uns so verband. Man kennt das ja: Starke Trinker finden oft zueinander und bilden so etwas wie eine Zweckgemeinschaft. Man spendet sich gegenseitig Trost, baut den anderen nach durchzechten Nächten wieder auf oder stützt ihn auch schon mal, wenn er sich selber nicht mehr auf den Beinen halten kann. Es tut einem einfach gut, jemanden zu haben, der dieses Laster teilt und mit dem man rund um die Uhr saufen kann. Man hat einen Gleichgesinnten in einer Welt, in der man sonst von keinem so richtig verstanden wird.

Damit will ich nicht sagen, dass wir unsere Freundschaft nur über den Alkohol definierten. Ganz im Gegenteil, wir unternahmen viele Dinge gemeinsam. Aber der Alkohol war immer dabei. Ob auf der Sommerrodelbahn in Lenggries, im Alpamare in Bad Tölz oder beim Skilaufen in einer österreichischen Hütte – stets hatten wir unser gemeinsames Lieblingsgetränk in der Hand: einen Wodka Tonic. Und da wir beide gut im Synchrongeschäft waren, konnten wir diese Exzesse auch finanzieren.

Ekki war ein sehr großzügiger Mensch, der ähnlich wie ich dazu neigte, fünfzehn Mark auszugeben, obwohl er nur zehn verdient hatte, einfach ein rundum liebenswerter Kerl. Um so beschämender ist es, dass mir gerade bei ihm das erste und bis dato einzige »freundschaftliche Malheur« passierte.

Ekki hatte sich während der Dreharbeiten zu *David Balfour* in seine Partnerin Aude Landry verliebt, sie gleich mit nach Deutschland gebracht, und nun lebten die beiden zusammen. Aude war eine achtzehnjährige Französin. Sie sah auch genauso aus, wie man sich eine achtzehnjährige Französin gern vorstellt.

Ekki, Aude, Anouk und ich unternahmen in dieser Zeit viel gemeinsam. Zwischen Aude und mir knisterte es gewaltig, und eines Abends konnten wir dieser Spannung nicht mehr standhalten und

»Ekki« (Ekkehardt Belle) war später mein Trauzeuge und der Pate meines Sohnes (1988)

fielen in einem kleinen Hotel in der Hohenzollernstraße übereinander her.

Ich könnte zu meiner Ehrenrettung sagen, dass Ekki und ich zu diesem Zeitpunkt noch nicht wirklich befreundet waren und dass ich sternhagelvoll war. Trotzdem verspüre ich noch immer einen »fahlen« Geschmack im Mund, wenn ich an diese Geschichte denke. Gerade mir musste das passieren, wo ich doch ein so großer Verfechter von Männerfreundschaften und allem, was dazu gehört, war und letztlich noch bin. Bis heute habe ich mir mein Handeln nicht verziehen – im Gegensatz zu Ekki, der mich, nachdem er ein paar Wochen geschmollt hatte, wieder in den Arm nahm und mir vergab. Niemals zuvor hatte ich mich so gern von einem Mann umarmen lassen.

Schon ziemlich früh im Leben hatte ich angefangen, mir Richtlinien zu setzen, an denen ich mich orientieren konnte, Dinge, an die ich mich halten wollte. Eines davon war, dass ich alles zu tun bereit war, wenn ich es später nur bedenkenlos meinem Sohn erzählen konnte, sofern ich denn mal einen bekommen würde. Dass ich einmal eine größere Menge Haschisch schmuggeln wollte, habe ich meinem Sohn bereits gesagt. Und es ist mir, obwohl ich nicht stolz darauf bin, nicht wirklich schwergefallen. Die Geschichte mit Ekki hingegen habe ich ihm noch nicht anvertraut, weil ich in diesem Fall gegen das Prinzip verstoßen habe, eben nur Dinge zu tun, die ich ihm erzählen würde. Und schon habe ich mich noch mal widerlegt. Denn Sie wissen ja: Wer einen guten Charakter hat, braucht keine Prinzipien.

In der folgenden Zeit geriet mein Liebesleben ziemlich aus den Fugen. Nachdem das mit Aude passiert war, wollte Ekki sie natürlich nicht wiederhaben, und ich fühlte mich jetzt irgendwie für sie verantwortlich. Also trennte ich mich von Anouk. Als dann Aude und ich nach ein paar Monaten merkten, dass das mit uns nicht gutgehen würde, beendeten wir unsere Liaison, und Anouk, die ich immer noch liebte und die wohl auch noch an mir hing, zog wieder zu mir.

20
Viele Fälle für zwei

Nach wie vor synchronisierte ich jeden Tag und spielte abends Theater. Bei einer dieser Synchronisationen lief mir Franjo Marincic in einem Studio über den Weg. Er hatte einen Bass wie Friedrich Schütter, die deutsche Stimme von Ben Cartwright aus der Serie *Bonanza,* und versuchte gerade, in der Branche Fuß zu fassen. Franjo war ein gutmütiger, lebenslustiger, versoffener Schauspieler meines Alters. Er brachte also alle Eigenschaften mit, um aus dem Duo Ekki und Heiner ein Trio werden zu lassen. Und so war es denn auch. Franjo, damals ohne feste Bleibe, zog bei mir ein, und wir waren von Stund an unzertrennlich.

Im Gegensatz zu dem diesbezüglich eher konservativen Ekki war Franjo ein absoluter Weiberheld. Wenn er ein Lokal betrat, dauerte es keine zehn Sekunden, bis er eine Frau im Visier hatte. Dann folgte sein obligatorischer Satz: »Hmm, die hat was …«, und wie eine Python ließ er sein Opfer nicht mehr aus den Augen, bis er es im Würgegriff hatte. Mit einer kaum zu überbietenden Treffsicherheit suchte er sich in den überfülltesten Läden genau die Frau aus, die seinem rauhen jugoslawischen Charme dann auch erliegen sollte. Ich habe nur ganz selten erlebt, dass er eine Beute, in die er sich verbissen hatte, nicht auch abgeschleppt hätte.

Auch ich war ja, was die Frauen betraf, kein Kostverächter und hatte für meine jungen Jahre schon eine Vielzahl meist kurzer Affären hinter mir. Aber gegen Franjo, der jede Nacht eine andere mit nach Hause schleppte, war ich ein Waisenknabe.

Nach ein paar Wochen hatte Anouk keine Lust mehr, den ewigen Exzessen von Franjo und mir beizuwohnen, und stellte mich vor die Wahl: Franjo oder sie. Ich entschied mich, wie meistens in diesen Fällen, für den Mann, und mein neuer Freund und ich hatten nun eine komplett sturmfreie Bude. Was unser Leben natürlich keineswegs solider werden ließ.

Wir verbrachten die Tage immer häufiger bei unserem Lieblings-Stehitaliener Rosario in der Amalienpassage in Schwabing. Rosario war ein feiner Kerl, der uns sogar anschreiben ließ, wenn wir knapp bei Kasse waren, was bei Ekki, Franjo und mir leider des öfteren der Fall war. Und so lungerten wir dort herum, im Sommer auf der Terrasse und im Winter gleich beim Eingang des Lokals, immer mit Blick auf die Amalienpassage, um zu sehen, wer dort alles entlangflanierte.

Oft hockte Ottfried Fischer bei uns, damals noch ein paar Pfunde leichter. Wenn wir gut drauf waren, gaben Otti und ich kleine kabarettistische Bundestagseinlagen, bei denen er Franz Josef Strauß imitierte und ich Willi Brandt, während Franjo für Nachschub jeglicher Art sorgte. Stets hatte er irgendwelche Frauen im Schlepptau, die er entweder direkt im Lokal oder in der Amalienpassage angequatscht hatte. Da jede Münchner Frau zwischen zwanzig und fünfzig, die etwas auf sich hält, mindestens einmal pro Woche durch die Amalienpassage geht, lernten wir sie alle kennen. Schön, vielleicht nicht alle, aber mir kam es damals so vor.

Franjo und ich wurden mit der Zeit ein ziemlich eingespieltes Team mit einer erstaunlich hohen Trefferquote. Es gab kaum eine ungebundene Frau im entsprechenden Alter, die nicht bei einem von uns schwach wurde. Natürlich immer vorausgesetzt, dass sie überhaupt bereit war für ein Abenteuer. Aber wenn sie das war – und den meisten sieht man das ja an –, gingen wir strategisch vor. Da Franjo etwa achtzig Prozent der Frauen, die wir kennenlernten, angequatscht hat, war er oft als erster am Drücker. Und er war bekannt für seine kompromisslose Art, die Dinge anzugehen. Nicht selten begann er eine Unterhaltung mit den Worten: »Ich würde jetzt unheimlich gerne mit dir schlafen ...«

Zu vorgerückter Stunde oder je nach Laune wurde er auch deutlicher. Oder ungehemmter in der Wahl seiner Worte. Allerdings, das wunderte mich immer wieder, bekam er darauf nur ganz selten die zu vermutende Abfuhr. Ich fand es wirklich erstaunlich, wie viele Frauen das klare Wort dem langen »Dahingeplänkel« vorziehen.

Wenn er dem einen oder anderen Mädchen aber doch zu deutlich wurde, trat Plan B in Form meiner Person in Kraft. Franjo nannte das immer »den Pfarrer-Sommerauer-Auftritt«. Während ich nun meine Krallen, wenn auch wesentlich gefühlvoller und einfühlsamer, ausfuhr, glaubte ich immer, ein wenig Spott in seinen Augen zu lesen.

Nach Franjos Verbalattacken hatte ich ein verhältnismäßig leichtes Spiel. Ein normaler junger Mann, wie ich es war, musste den Damen jetzt charmant und betörend wie Clark Gable in seinen besten Jahren vorkommen. Und wenn eine partout nicht anbeißen wollte, zog ich mein letztes As aus dem Ärmel und machte einen auf »Amateur-Spontan-Lyriker«. Dann sagte ich ihnen, sehr ernst, fast sachlich, aber schon traurig und dennoch gefasst, so etwas in der Art wie: »Okay. Ich habe in den letzten Minuten wohl alles falsch gemacht, was ich hätte falsch machen können. Du hast mir gefallen, und ich wollte dich einfach ein bisschen besser kennenlernen, doch das ist wohl gründlich in die Hose gegangen. (Hier kam meist dieses spöttische Grinsen von Franjo.) Aber lass mich, bevor ich dich wieder verlasse, noch eines loswerden.«

Wenn sie jetzt anfing zu überlegen, setzte ich sofort, aber ohne Hektik nach: »Du wirst einem, der dich anbetet, doch nicht seine letzte Bitte verwehren? Oder könntest du einem zum Tode Verurteilten, zu dem du mich ja schon annähernd gemacht hast, seine Henkersmahlzeit verweigern?«

Die meisten mussten jetzt lachen oder zumindest grinsen. Einige dachten ernsthaft darüber nach, ob sie so grausam sein könnten, aber nur ganz selten sagte eine nein. Das ist im übrigen eine der Eigenschaften, die ich bei Frauen so liebe. Selbst auf die Gefahr hin, dass sie veräppelt werden, und sicher haben das einige nicht ausgeschlossen, möchten sie nicht riskieren, einen Menschen, der ihnen eigentlich nichts getan hat, zu verletzen.

»Na schön, was gibt's denn noch?« So oder ähnlich antworteten sie meist.

»Ich möchte ein Gedicht für dich machen«, sagte ich dann mit dem lyrischsten Ausdruck, den ich aktivieren konnte.

»Wie, wann, wo?«

»Jetzt, hier, auf der Stelle.«

Nun kam zu dem Wunsch, niemanden verletzen zu wollen, die Neugierde hinzu.

»Na schön, wenn's unbedingt sein muss«, sagten sie interessierter, als sie eigentlich zugeben wollten.

Und jetzt kam meine Stunde. Ich täuschte eine Konzentrationsphase vor, tunlichst darauf bedacht, meinen lyrischen Gesichtsausdruck nicht zu verlieren. Die Damen, die sich jetzt in der Regel vor Neugierde nicht mehr halten konnten, hingen an meinen Lippen, und aus Franjos Gesicht, der wusste, dass vom Erfolg meiner Performance auch seine sexuelle Zukunft abhing, war längst das spöttische Grinsen gewichen und hatte einem gespannten Ausdruck Platz gemacht. Entscheidend war, dass das nun von mir Vorgetragene unbedingt frei erfunden wirkte; aus diesem Grund versah ich es mit Tempowechseln, in die Ferne gerichteten, nach Worten suchenden Blicken und dergleichen. Ich holte tief Luft, sah meinem Gegenüber noch tiefer in die Augen und fing mit meiner tiefsten Stimme an:

»Wenn du gegangen bist –
und ich tief durchatme, um dich zu riechen –
wenn ich in mich hineinlausche, um dich zu hören –
wenn ich meine Augen schließe, um dich zu sehen –
wenn meine Hände über meinen Körper streicheln,
  um dich zu spüren –
dann weiß ich erst, wie lieb ich dich habe –
und wie sehr ich dich brauche …«

Normalerweise brauchte man nach diesem Vortrag die liebestrunken dahingesunkene Damenwelt nur noch einzusammeln und ins Schlafzimmer zu transportieren. Nur ausgesprochen unromantisch veranlagte Mädchen waren mir nach diesem Gefühlsfeuerwerk nicht verfallen, und mit denen hatten wir sowieso nichts am Hut.

Manchmal meinte Franjo, selber den Poet spielen zu müssen, doch das ging mit schöner Regelmäßigkeit in die Hose. Sein Gedicht hörte sich ungefähr so an:

»Wenn du gegangen bist –
und ich meine Augen schließe, um dich zu hören –
wenn ich in mich hineinhorche, um dich zu sehen –
wenn ich tief durchatme, um dich zu fühlen –
dann weiß ich, wie sehr ich auf dich stehe ...«

In der praktisch angewandten Anatomie war Franjo kaum zu schlagen, nur mit der Theorie hatte er es nicht so. Aber dafür hatte er ja mich.

Dieses kleine Gedicht hatte ich übrigens entdeckt, als ich morgens bei einer meiner Freundinnen aufwachte und in Ermangelung eines *Kickers* in einer *Cosmopolitan* blätterte. Es gefiel mir so gut, dass ich es mir gemerkt hatte. Damals ahnte ich noch nicht, dass es mir über Jahre hinweg vorzügliche »Abschleppdienste« leisten würde.

Wenn eine Frau auf Franjo und mich einen besonders abenteuerlustigen Eindruck machte, also besonders »open minded« wirkte, steuerten wir auch schon mal auf einen »flotten Dreier« oder, wenn wir zwei von der Sorte fanden, den »variablen Vierer« zu. Anfangs war das eher die Ausnahme, aber mit der Zeit fanden wir immer mehr Gefallen daran.

Mit dem Gruppensex ist das ja so eine Sache. Eigentlich gehörte ich nicht zu der Liga der Gruppensexfetischisten. Aber wenn sich hier oder da eine Gelegenheit ergab, hatte ich sie wahrgenommen. Die ganze Angelegenheit steht und fällt natürlich mit den Teilnehmern, und genau da liegt der Hund so oft begraben. Ende der siebziger Jahre, nachdem ich schon einige Swingerclub-Erfahrungen gesammelt hatte, war das Thema für mich eigentlich gegessen. Trotz aller hormonellen Präsenz eines Mittzwanzigers war mir bei diesen Sexorgien einfach zuwenig Gefühl im Spiel; das schnelle, anonyme Übereinanderherfallen war nicht meine Sache. Anders sah das aus, wenn man bei diesen Gelegenheiten von Menschen umgeben war, die man wirklich mochte. Lief in einem solchen Fall ein Abend auf Gruppensex hinaus, hatte ich nichts dagegen.

Franjo war für solche Vorhaben der prädestinierteste Mann, den ich je kennengelernt habe. Nicht nur dass er eine ganz und gar unverklemmte Einstellung zur Sexualität hatte, er war auch überhaupt kein »Klammerer«. Immer wieder hatte ich in solchen Situationen Männer erlebt, die ab gewissen Momenten anfingen, die Damen für sich alleine in Anspruch zu nehmen, was natürlich alles andere als Sinn der Sache ist. Ganz anders Franjo: Ohnehin ein großer Freund von Verbalerotik, feuerte er seine Mitspieler(innen) regelrecht an und ermutigte sie zu den unmöglichsten Dingen.

Auch wenn wir uns immer besser aufeinander einspielten und unsere Praktiken zunehmend ausgefeilter wurden, vernachlässigten wir nie die Zärtlichkeit. Das machte wohl auch unseren Erfolg aus, der sich nach einiger Zeit in Form eines ansehnlichen Nachschlagewerks bereitwilliger Damen ausdrückte. Genauer gesagt handelte es sich um ein kleines, schon halb zerfetztes Notizbuch von Franjo, das er stets in der Hosentasche mit sich trug. Des öfteren saßen wir nachts über diesem Buch und beratschlagten, welche der Nummern wir um diese Uhrzeit noch anrufen könnten.

Leider hatte Franjo die dumme Angewohnheit, Frauen, die ihn einmal in irgendeiner Weise geärgert hatten, samt ihren Telefonnummern durchzustreichen. Wenn wir nach einigen telefonischen Fehlversuchen eine Generalamnestie erließen und, von unserem Alkoholkonsum nicht gerade begünstigt, die durchgestrichenen Nummern wieder zu entziffern versuchten, hatten wir unsere liebe Mühe. Wie wir so in den Kaschemmen saßen, ein Auge zuhaltend und das Büchlein hin und her drehend, um den optimalen Lichteinfall zu erzielen, müssen wir einen ziemlich erbärmlichen Eindruck gemacht haben. Aber was tut man nicht alles – für die Liebe!

So lebte ich fast zwei Jahre. Immer in den Tag hinein, der einem jeden Morgen stets aufs neue soviel Abwechslung versprach und meistens auch bescherte. Ich synchronisierte nur noch, um das Nötigste zu verdienen, damit ich dieses aufwendige Leben finanzieren konnte. Lediglich das Theaterspielen gab ich nicht auf. 1982 spielten Franjo und ich sogar zusammen in dem Stück *Die schmut-*

zigen Hände. Aber im Sommer 1982 gaben wir das auch noch auf und lebten nur noch für den Suff und die Liebe.

An einem wunderbaren lauen Juniabend lagen Franjo und ich rauchend im Bett. Zwischen uns unsere neueste Eroberung. Eine hübsche zwanzigjährige Bedienung aus einem der unzähligen Lokale, in denen wir verkehrten. Auf dem Plattenteller drehte sich unsere Geheimwaffe: Milva. Bei den hartnäckigsten Besucherinnen, bei denen selbst Supertramp versagte und Dalida nichts mehr brachte, mussten wir auf Milva zurückgreifen. Wenn die dann »Zwischen zwei Stühlen mit den Gefühlen« sang und Franjo und ich unser Programm abspulten, schmolz selbst der mächtigste Eisberg dahin. So war es auch dieser jungen Dame ergangen.

Wir hatten sie in der Nacht zuvor in einer Schwabinger Kneipe getroffen, wo sie hinter dem Tresen arbeitete. Als wir das Lokal betraten, war sie mir gleich aufgefallen. Aber Franjo war wieder mal schneller, denn noch ehe ich mich zu ihm umdrehen und ihn auf das Mädchen aufmerksam machen konnte, grunzte er schon: »Hmm, die hat was ...«

Zielstrebig steuerte er den Tresen an und bestellte eine Flasche Wodka mit Eis und Tonic. Ich setzte mich ebenfalls auf einen Hocker und sondierte das restliche Terrain.

»Ich glaube, das is 'n Fall für zwei«, sagte Franjo mit seiner Reibeisenstimme. So bezeichneten wir Frauen, von denen wir annahmen, dass sie uns beiden gleichermaßen wohlgesinnt waren und das auch in Form von freier Liebe zum Ausdruck bringen würden. Etwas schnörkelloser ausgedrückt: mit denen wir vorhatten, einen Dreier zu machen.

Betont gelangweilt und geradezu aufreizend unbeteiligt stellte der vermeintliche »Fall für zwei« die Getränke vor uns hin, was Franjos Jagdfieber nur noch steigerte, sofern das überhaupt möglich war.

»Wie kommst 'n darauf?«

»Guck dir mal die Hände an ...«

Franjo war wirklich einmalig. Es gab einfach keine Frau, an der er nicht irgend etwas fand, was Rückschlüsse auf ihr Sexualverhalten zugelassen hätte, die er stets zu seinen beziehungsweise unseren

Gunsten zu deuten wusste. Wenn es nicht die Hände waren, dann die Augenbrauen oder die Nasenflügel oder der Gang oder wie sie etwas anfasste oder aussprach. Immer entdeckte er eine Eigenheit, die ihn davon überzeugte, dass die Auserkorene genau die Richtige war. Wenn man so will, unterzog er jede Frau, die er traf, einem Blitztest bezüglich ihrer sexuellen Tauglichkeit. Und ich erinnere mich nur an ganz wenige, die ihn nicht bestanden hätten. Eigentlich an gar keine.

Unsere unnahbare Schönheit, die uns noch beim Betreten des Lokals keines Blickes gewürdigt hatte, taute nach und nach auf. Allerdings nur bis zu einem gewissen Punkt. Weiterzugehen schien sie einfach nicht bereit, obwohl wir schon das komplette Programm abgespult hatten. Es gelang uns immerhin noch, sie in unsere Bude zu bugsieren, aber da war dann Schluss mit lustig. Bis wir Milva auflegten und sie »zwischen zwei Stühlen mit den Gefühlen« singen ließen. Und schwups! – befand sich die Unnahbare nicht mehr zwischen den Stühlen mit den Gefühlen, sondern mitten in unserem Bett mit Haut und Haaren, wo sie, zumindest unserer Meinung nach, auch hingehörte. Während sie so zwischen uns lag und darüber nachzudenken schien, wie sie sich auf solch ein Abenteuer hatte einlassen können, klingelte das Telefon. Ich nahm den Hörer ab.

»Hallo?«

»Heiner?«

»Ja.«

»Hier ist Birgit …«

Wenn ich eins hasse, dann sind das Menschen, die sich alle Jubeljahre mal melden, nur ihren Vornamen nennen und dann entrüstet sind, wenn man sie nicht sofort erkennt.

Da ich keine aktuelle Birgit im Programm hatte, musste es sich bei dieser Anruferin um so ein Exemplar handeln. Andererseits wollte ich es mir mit einem potentiellen »Fall für zwei« auch nicht gleich verderben, weshalb ich beschloss, sie meinen Ärger nicht spüren zu lassen, und statt dessen in die Muschel säuselte: »Birgit, Mensch, das is ja schön, dass du dich mal meldest, wie geht's denn so?«

Franjo, der gerade dabei war, bei der Unnahbaren wieder anzugreifen, lugte zwischen ihren Schenkeln hervor. »Welche Birgit?«

Ich deckte die Muschel mit einer Hand zu. »Versuch ich gerade rauszufinden.«

»Wenn's 'n Fall für zwei is, tun wir sie in die Warteschleife.«

Damit verschwand er wieder, wo er hergekommen war.

Ich musste über seine Unersättlichkeit grinsen, und gleichzeitig wurde ich selber wieder erregt. Währenddessen tat die unbekannte Birgit ihr Bestes, um aus der Anonymität zu schlüpfen, indem sie mich mit so wichtigen Informationen versorgte wie: »Ich soll dich schön von Mike grüßen.«

Zugegeben, dadurch war ich auch nicht viel klüger, aber wir waren auf einem guten Weg. Vorsichtig hakte ich nach: »Von *welchem* Mike?«

Ich fragte das so, als würde ich mehrere Mikes in Betracht ziehen, die mich von ihr grüßen lassen könnten.

»Na, vom Mike aus Köln.«

»Ach so, von *dem* Mike, vielen Dank, wie geht's ihm denn?« sagte ich und überflog schnell die Frauen, die ich über meinen alten Kumpel Mike kennengelernt hatte. Da der Zuhälter war, waren das nicht gerade wenige.

»Ja, ja, der Mike«, murmelte ich noch etwas einfältig, während ich die Damen Revue passieren ließ. Es dauerte gar nicht lange, dann hatte ich ihrer Stimme mit einer hohen Wahrscheinlichkeit die passende Person zugeordnet. Sie war ein hübsches Mädchen und dürfte jetzt so Anfang Zwanzig sein. Mike hatte sie mir mal als seine Freundin vorgestellt, kurz bevor sie ins Horizontalgewerbe eingestiegen war, aus dem sie dann meines Wissens ziemlich schnell wieder ausgestiegen war. Da sich das bei Mike immer auf freiwilliger Basis abspielte, war es für die Mädchen kein Problem aus- und einzusteigen, wann und wie sie wollten.

»Und, was treibst du so, Birgit?« fragte ich nun, da ich wusste, mit wem ich sprach, um einiges souveräner.

»Ich sitze mit einer Freundin im ›Phantasia‹, und wir langweilen uns.«

»Soso«, murmelte ich. Das Phantasia war ein Edelpuff in der Nähe von München, soviel war klar.

»Kennst du das Phantasia?« fragte sie.

»Hör mal, willst du ins Guinness-Buch der Rekorde kommen als die Frau, die die blödesten Fragen stellt?« gab ich den milieufesten Mann von Welt. Birgit musste lachen.

»Aber was machst *du* im Phantasia?«

»Na hör mal, du willst wohl selber in den Schinken?!«

»Verstehe.« Dann war die Nachricht bezüglich ihrer Rotlichtabstinenz wohl überholt. Oder sie hatte nie gestimmt. Oder was auch immer.

»Erzähl doch mal, Heiner, was treibst du denn so?«

Der Unnahbaren war meine zunehmende Erregung nicht entgangen, denn sie nahm sich nun meiner an. Während Franjos Kopf immer noch zwischen ihren Schenkeln ruhte (wobei er vermutlich alles andere tat als ruhen), versenkte sie ihren Kopf in meinem Schoß und kümmerte sich um die Bewältigung meiner Lust, was mich natürlich zunehmend unkonzentrierter werden ließ.

»Tja, was treibe ich so? Eigentlich nichts Besonderes. Wir leben so in den Tag hinein.«

»Wir?«

»Ja, Franjo und ich.«

»Wer ist denn Franjo?«

»Franjo ist ein Freund von mir.«

»Mit dem du zusammenlebst?«

»Ja, klar …«

Am anderen Ende der Leitung lachte Birgit.

»Sag mal, aber du bist nicht schwul geworden, oder?«

Ich sah an mir herunter. »Nein, nein, im Gegenteil.«

Die Unnahbare machte ihrem Namen gerade alles andere als Ehre, und ich war nicht bereit, ihrem Tun noch länger den nötigen Respekt zu verweigern. Deswegen musste ich das Gespräch mit Birgit jetzt irgendwie abwürgen.

»Sag mal, Birgit, wenn nichts Wichtiges mehr ist …«

»Schon klar, is gerade ungünstig, was? Ich meld mich die Tage einfach noch mal.«

»Ja, das is 'ne Superidee«, stammelte ich noch, bevor ich die Augen schloss und mich auf die Unnahbare konzentrierte. Und auf Milva natürlich.

*

Tatsächlich meldete sich Birgit in den nächsten Tagen noch mal und fragte, ob Franjo und ich Lust hätten, sie und ihre Freundin Hilde im Phantasia zu besuchen. Die Wahrscheinlichkeit, dass Franjo keine Lust hatte, zwei gutaussehende Frauen unter dreißig in einem Bordell zu besuchen, lag nach meiner Schätzung bei zehn Millionen zu eins. Ich konnte mir also sparen, ihn zu fragen. Und ich selber ließ es auch ganz gerne blubbern, wie wir das zu nennen pflegten. (Nach dem blubbernden Geräusch, das der Whirlpool von sich gibt, in dem man dann ja des öfteren mit den Damen liegt.)

Das waren immer Momente, die ich in Bordellen sehr genossen habe: in entspannter Atmosphäre mit Freunden und ein paar netten Mädchen im Whirlpool liegen und es blubbern lassen. Das war es letztlich auch, was mich an den Swingerclubs gereizt hatte: mehr oder weniger nackt an der Theke sitzen und das ganze Drumherum ungezwungen genießen. Die Atmosphäre hat mich stets mehr angemacht als die Sache als solche.

Wir verabredeten uns also für den kommenden Montagnachmittag. Da wir zufällig beide keinen Pfennig in der Tasche hatten, mussten wir mit der S-Bahn in den Puff fahren. Und das auch noch schwarz. Aber das tat unserer guten Laune keinen Abbruch. Quietschfidel liefen wir in dem Laden ein. Davon abgesehen, dass wir kein Geld hatten, waren wir die idealen Freier. Bestens aufgelegt, viel Zeit mitbringend, hungrig, durstig und geil.

Die Fronten waren schnell geklärt: Franjo kümmerte sich um Birgit, und ich machte es mir mit Hilde gemütlich. Die Mädels hatten für uns das große Séparée räumen lassen und auch sonst keine Kosten und Mühen gescheut. Als wir den Raum betraten, lief Peter Maffay, Hildes Lieblingssänger. Überall brannten Kerzen und Räucherstäbchen. Auf einem großen Tablett standen unsere Grundnahrungsmittel: Wodka, Tonic und Eis. Sogar kleine Häppchen zu essen hatten sie hergerichtet. Unter diesen Voraussetzungen konnte es ja nur eine rauschende Ballnacht werden. Und so war es denn auch. Erst um sechs Uhr am nächsten Morgen verließen wir dieses gemütliche Etablissement wieder und fuhren zurück in unsere karge Wohnung. Natürlich mit der S-Bahn. Natürlich wieder schwarz.

In der folgenden Nacht, Franjo und ich amüsierten uns gerade mit zwei Mädchen auf unserer Spielwiese, klingelte es an der Wohnungstür. Da ich im Moment abkömmlicher war als Franjo, raffte ich mich auf und betätigte die Gegensprechanlage. Vor dem Haus standen, sehr zu meiner Überraschung, Birgit und Hilde, die um Einlass baten.

»Nur zwei Sekunden, wir ziehen uns schnell was an«, sagte ich, um noch etwas Zeit zu schinden.

Angesichts der Tatsache, dass wir uns eine Nacht vorher noch zu viert durch die Betten gewälzt hatten, mochte mein Wunsch, mir vor ihrem Erscheinen noch etwas überzuziehen, merkwürdig klingen, aber irgendwie fand ich die Situation so nicht passend. Ich weiß selber nicht genau, warum ich nicht wollte, dass sie unseren beiden aktuellen Gespielinnen begegneten. Vielleicht waren es die letzten Überbleibsel meiner konservativen Erziehung. Ich ging zurück ins Schlafzimmer und klatschte in die Hände.

»So, Mädels, das war's für heute. Tut mir wahnsinnig leid, aber meine Mutter steht unten vorm Haus.«

Eine der beiden stand gleich artig auf und begann sich ohne Murren anzuziehen. Die andere schien das Feld nicht so kampflos räumen zu wollen und klammerte sich an alles, was Franjo zu bieten hatte, was in seinem entblößten Zustand nicht gerade viel war.

Franjo sah mich verwundert an. Er wusste, dass meine Mutter in Köln lebte und kaum mitten in der Nacht bei uns vor der Tür stehen würde.

Da Franjos neue Liebe immer noch keine Anstalten machte, sich von ihm zu trennen, wurde ich etwas deutlicher: »Komm, Gabi, Arme und Beine müssen jetzt eine rotierende Scheibe ergeben.«

»Ich bin Anne.« Sie sah mich strafend an und zeigte auf ihre mittlerweile komplett angezogene Freundin: »Und das ist Gabi.«

Ich warf ihr meinen »Als ob das jetzt eine Rolle spielen würde«-Blick zu, aber offensichtlich verstand sie immer noch nicht. Überhaupt schien die Dame nicht nur auf Franjo, sondern auch auf der Leitung zu stehen. Ich nahm mir vor, unsere nächsten Bekanntschaften einem zumindest groben Intelligenztest zu unterziehen.

Kaum hatten die beiden die Türschwelle überschritten, drückte ich den Türöffner, und nur wenige Minuten später betraten Birgit und Hilde unsere kleine Dachgeschosswohnung.

»Unseretwegen hättet ihr eure Süßen aber nicht aus der Kiste werfen müssen«, meinte Birgit lakonisch, ging erst mal in die Küche und suchte vergebens nach etwas Trinkbarem.

»Wie kommt ihr denn darauf, dass die von uns gekommen sind?« meinte Franjo spontan und unfreiwillig geständig.

»So wie die ausgschaut ham, wie frisch grupft«, gab Hilde ihren bayrischen Senf dazu und beteiligte sich an der Getränkesuche.

Ich sah den beiden an, dass sie ziemlich durch den Wind waren. Normalerweise wirft ein Mädchen aus dem Milieu so schnell nichts aus der Bahn. Irgendwie hatte ich kein gutes Gefühl. Ich spürte, dass da etwas Unangenehmes auf uns zukommen würde, und hatte auch schon eine Ahnung, aus welcher Richtung.

»So, ihr zwei« – ich schob sie aus der Küche –, »wir haben nix zu saufen hier« – über den Flur –, »und ihr seid ja sicher nicht mitten in der Nacht hier aufgekreuzt, um einen zu trinken« – ins Wohnzimmer. Dort plazierte ich sie auf der Couch, wo sie wie zwei bedröppelte Hühnchen nebeneinanderhockten.

Ich setzte mich ihnen gegenüber und fragte in meinem Gute-Onkel-Ton: »Also, was liegt an?«

»Hubert hat davon Wind bekommen, dass ihr zwei gestern nacht da wart.«

Hubert war Hildes Freund und zugleich der Besitzer des Phantasia.

»Na und?« fragte ich harmloser, als mir zumute war.

»Was, und? Er ist stocksauer und hat mich mit Anlauf in den Arsch getreten. Und euch will er kräftig aufs Maul hauen, wenn er euch zwischen die Finger kriegt.«

»Was is ’n das für ’ne Ansage?« protestierte Franjo. »Wenn er was dagegen hat, dass seine Alte gevögelt wird, muss er sie nich im Puff aufstellen.«

Ich warf Franjo einen vorwurfsvollen Blick zu.

»Was is ’n das überhaupt für’n Heini, dein Hubert?«

Hilde sah ihn scharf an.

»Mein Mann ist kein Heini!«

»Okay, schon klar, ich wollt dich nich verletzen. Aber warum dreht der so durch?«

»Weil ihm die Hühner im Laden gesteckt haben, dass ihr die ganze Nacht bei uns wart. Und das auch noch für lau. Und wenn der so was hört, wird der eben unrund. Is doch klar.«

Ja, das war es. Mir zumindest. Wer sich in den Kreisen nur andeutungsweise auskannte, wusste, dass sie recht hatte.

»Na schön. Und jetzt?«

Ein Zuhälter hatte ein bisschen durchgedreht und sein Mädel zusammengestaucht. Soweit war ja alles klar, aber mir fehlte die Pointe bei der Geschichte.

»Na, zurück können wir nicht mehr. Der bringt uns um«, sagte Birgit.

Plötzlich hatte ich schon wieder so eine Vorahnung, und da meine letzte bereits ins Schwarze getroffen hatte, gab ich auch der jetzigen gute Chancen.

Die Mädchen sahen uns an. Franjo trat unruhig auf der Stelle. Auch er schien unser Boot schon aus dem Ruder laufen zu sehen.

»Mit anderen Worten, ihr habt die Flitze gemacht?« sagte ich. Es war mehr eine Feststellung als eine Frage.

Einheitliches Nicken unserer Horizontalkünstlerinnen.

»Wo ist denn euer Gepäck?« wollte Franjo wissen.

»Unten«, sagte Hilde.

»Noch im Auto«, ergänzte Birgit.

Franjo und ich sahen uns an. Ich war mir ziemlich sicher, dass ihn dasselbe Wort beunruhigte wie mich. »Noch«, hatte sie gesagt, »noch im Auto.« Das hieß, dass es nach ihren Vorstellungen nicht mehr lange im Auto sein würde. Und das konnte nur heißen, dass es bald bei uns in der Wohnung wäre.

Ich schluckte. Das entwickelte sich hier gerade alles andere als gut. Unsere Bude war der typische sturmfreie Junggesellenbunker, und demzufolge war es ungeschriebenes Gesetz, dass hier keine Damen einzogen. Von Damen, die von durchgedrehten Zuhältern verfolgt wurden, mal ganz zu schweigen.

Franjo setzte sich zu uns.

»Jetzt gebt mir mal den Autoschlüssel, damit ich eure Sachen hochholen kann. Dann machen wir uns erst mal 'nen gemütlichen Abend, und morgen sieht das alles schon ganz anders aus.«

Dafür liebte ich Franjo. Er konnte die Sachen so schön unkompliziert auf den Punkt bringen und immer das Beste aus ihnen machen.

Ich half ihm, die Koffer hochzubringen, und die restliche Nacht wurde in der Tat noch saugemütlich. So wie die folgende. Und die darauffolgende. Aber auch die Tage hatten es in sich. Wir verlebten eine lockere und harmonische Zeit zu viert. Zum ersten Mal war die Wohnung blitzsauber. Franjo war aufrichtig überrascht, als er nach sechs Monaten ein Klavier in unserem Flur entdeckte, und wollte mir nicht glauben, dass es sich schon die ganze Zeit dort befunden hatte. Tüten, Zeitungen, Kisten und Flaschen hatten es überwuchert, bis zum Schluss nichts mehr davon zu erkennen gewesen war.

Tag für Tag veränderte sich in der Wohnung irgend etwas. Immer standen Blumen in den neuen Vasen. Zweimal täglich gab es liebevoll gekochtes Essen. Jeden Morgen war der Frühstückstisch aufs phantasievollste gedeckt. Franjo und ich lebten wie die Götter in Frankreich. Und Birgit und Hilde hatten offensichtlich viel Spaß daran, uns zu verwöhnen und ein auch für sie so fremdes Leben zu führen.

Wir hatten uns darauf geeinigt, dass die Mädchen nicht »arbeiten« würden. Zum einen sahen Franjo und ich uns nicht in der Zuhälterrolle, und zum anderen konnten sie sowieso nicht an ihren alten Arbeitsplatz zurück.

Unser harmonisches Zusammensein fand ein jähes Ende, als uns Hildes Macker Hubert ausfindig gemacht hatte. Der war über die jüngste Entwicklung in seinem Laden überhaupt nicht erfreut. Eines Abends rief er an und lud seinen Unmut ebenso drastisch wie pubertär bei mir ab.

»Ist da Heiner?« bellte er ins Telefon.

Weiß der Henker, woher der meine Nummer hatte und wusste, wie ich heiße.

»Ja, wer spricht denn da?«

»Hier spricht der Typ, von dem du die Alte fickst.«

Nach dieser Ansage wusste ich zumindest, wer am anderen Ende der Leitung war.

»Hallo«, sagte ich, weil mir nichts Besseres einfiel.

»Bist du jetzt zu Hause?«

Logik schien nicht gerade seine Stärke zu sein.

»Sonst hätte ich ja wohl kaum an den Apparat gehen können.«

Ich wusste zwar, dass man wütende Stiere nicht noch reizen sollte, aber die Frage war nun wirklich zu blöd.

»Bleib da, wo du bist. Wir sind gleich bei dir.«

Meine Provokation ignorierte er. Oder er hatte sie gar nicht verstanden.

»Wer ist wir?«

»Ich komm dich besuchen, mit ein paar Freunden.«

Hilde hatte mir schon von einigen finster dreinblickenden Korsen erzählt, die Hubert stets im Schlepptau hatte. Ich konnte mir also denken, um wen es sich bei seinen Freunden handelte. Bloß war ich nicht auf Besuch eingestellt und versuchte deswegen, die Sache abzubiegen.

»Hör mal, Hubert, können wir das Ganze nicht in aller Ruhe besprechen?«

»Na klar, in aller Ruhe. Wir wollen gar nich laut werden. Wir haben Schalldämpfer dabei.«

Damit legte er auf.

Ich weiß nicht, mit wie vielen Frauen ich mich schon in die Wolle gekriegt habe, weil sie einfach den Hörer aufgelegt haben, obwohl das Gespräch von meiner Seite noch gar nicht beendet war. Ich hasse diese Unsitte. Hier kam freilich noch eine Morddrohung hinzu. Morddrohungen hasse ich womöglich noch mehr.

Ich muss gestehen, dass mich diese Angelegenheit damals mehr beeindruckt hat, als diese Schilderung vermuten lässt. Mir war das Milieu zwar nicht gänzlich fremd, aber bis dato waren die Jungs immer auf meiner Seite gewesen. Einen von ihnen jetzt zum Feind zu haben war neu für mich und alles andere als ein tolles Gefühl.

Ich fragte Hilde, inwieweit man die Drohung ihres Ex-Freunds ernst nehmen musste.

»Hubert is a Wahnsinniger. Bei dem musst mit oim rechnen.«

Auch ihr geliebter bayrischer Zungenschlag konnte mir diese Aussage nicht versüßen.

»Hat er denn überhaupt eine Waffe?«

»Jo, freili.«

Hilde war nervös, und das beunruhigte mich. Immerhin kannte sie ihren Hubert und wusste wohl am ehesten, wozu er imstande war. Trotzdem beschlossen wir, nichts zu unternehmen. Was konnten wir auch schon groß machen? Weder Franjo noch ich waren der Typ, der dort einläuft und den ganzen Laden aufmischt. Andererseits wollte ich mich aber auch nicht verrückt machen lassen.

Zwei, drei Wochen später, ich hatte den Vorfall fast schon wieder vergessen, saß ich mit ein par Bekannten im Alten Simpl und wartete auf Hilde, Birgit und Franjo, die eine Spätvorstellung im Arri-Kino besucht hatten. Auf einmal tippte mir jemand auf die Schulter.

Ich drehte mich um und sah in ein mir fremdes Gesicht. Es gehörte zu einem untersetzten Mann mit schwarzen Haaren und dunklen Augen.

Er beugte sich zu mir herunter und flüsterte mir mit südländischem Akzent ins Ohr: »Hubert will dich sprechen.«

»Wo?«

»Er sitzt da drüben, in Ecke.«

Damit deutete er auf den hinteren Teil des Lokals.

»Na schön, dann bring mich mal zu ihm.«

Ich erhob mich und folgte dem Mann, von dem ich irgendwie ahnte, dass er ein Korse war.

Hubert machte einen unsympathischen Eindruck auf mich. Ich glaube, das hätte er auch getan, wenn ich ihn unter anderen Umständen kennengelernt hätte. Er war ein eher hagerer Typ mit einem brutalen Gesicht. Ich fragte mich, was Hilde jemals an ihm gefunden hatte.

Neben ihm saß ein weiterer Mann mit schwarzen Haaren, der mich nur düster ansah.

»Setz dich hin.«

Hubert deutete mit dem Kopf auf den Platz ihm gegenüber.

Irgendwie gefiel mir die ganze Art dieser Burschen nicht. Was bildeten die sich eigentlich ein? Ich beschloss, trotzdem gute Miene zu bösem Spiel zu machen. Noch wenigstens.

Brav setzte ich mich ihm vis-à-vis. Jetzt lehnte er sich auf seiner Bank zurück und fixierte mich mit bewegungsloser Miene. Das hatte er vermutlich mal in einem alten Schwarzweißkrimi gesehen. Ich versuchte seinen Blick möglichst teilnahmslos zu erwidern. Nach einer Weile wurde es mir zu blöd.

»Du wolltest mich sprechen. Was gibt's?«

Er grinste mich an, und seine Visage wurde mir noch unsympathischer.

»Was hast du's denn so eilig?«

»Mein Bier wird schal.«

»Du bleibst schön sitzen, du Wichser. Ich will mir den Typ doch genau ansehn, der sich traut, mir meine Alte abzugreifen.«

»Ich hab dir niemand abgegriffen. Hilde ist zu mir gekommen, weil du sie schlecht behandelt hast.«

Mit einem Ruck schoss er nach vorne und bohrte mir den Zeigefinger in die Brust.

»Ich behandel meine Weiber, wie's mir passt, damit das klar ist.«

»Dann wunder dich auch nicht, wenn sie dir weglaufen.«

Seine Augen verengten sich. Er sah so aus, als wollte er jeden Moment zuschlagen; ich hoffte, dass ich schnell genug reagieren könnte. Aber er lehnte sich wieder zurück.

»Du kannst die Schlampe behalten.«

Ich versuchte, meine Überraschung nicht zu zeigen, und sah ihn ausdruckslos an.

»Na, dann is ja alles geklärt.«

Ich erhob mich und machte Anstalten zu gehen.

»Moment mal, so schnell schießen die Preußen nicht.«

Hatte ich's doch geahnt. Ich setzte mich wieder.

»So schnell schießen nur die Bayern.«

Er wieherte über diese Schmalspurpointe. Da ich mich seinem Gelächter nicht anschließen wollte, blickte er beifallheischend in Richtung der Korsen, die aber auch keine Anstalten machten, über den Witz zu lachen.

»Da bliebe noch die Frage der Ablöse zu klären.«

Das Wort kannte ich bislang nur im Zusammenhang mit Fußballern.

»Was für 'ne Ablöse?« gab ich mich blöder, als ich war.

»Ich krieg dreißigtausend von dir.«

Ich stand wieder auf und sah ihn an. »Du kriegst keinen Pfennig.«

Damit drehte ich mich um und ging.

»Hey, du Wichser, du gehst erst, wenn ich dich entlasse!«

Ohne ihn weiter zu beachten, ging ich an meinen Platz zurück und bestellte mir ein neues Bier. Mein altes war tatsächlich schal geworden.

Von Hubert habe ich danach nichts mehr gehört. Wenig später machten sich auch Birgit und Hilde rar, denen es bei uns offensichtlich zu langweilig geworden war. Alte Bäume lassen sich nun mal schlecht verpflanzen.

21
Die Bretter, die die Welt bedeuten

Das »Piccola Bavaria« war ein schnuckliges, knapp zweihundert Leute fassendes Plüschtheater. 1982 bekam ich ein Angebot von Karl-Heinz Thomas, dem Intendanten dieser Bühne, die im Künstlerhaus am Münchner Stachus untergebracht war. Hier sollte ich in einer Welturaufführung den Pfeiffer mit den drei f in der *Feuerzangenbowle* spielen. Tatsächlich war die von Heinrich Spoerl geschriebene Geschichte bis dahin noch nie auf einer Bühne aufgeführt worden.

Obwohl ich wusste, dass es nie ratsam war, Paraderollen von großen Schauspielern nachzuspielen, nahm ich das Angebot an und versuchte, in die großen Fußstapfen von Heinz Rühmann zu treten – und nicht umzufallen, was mir, wenn überhaupt, nur phasenweise gelang.

Ich hatte schon viele Theaterdirektoren kennengelernt, unter denen sich die verschrobensten Typen befanden, aber dieser Karl-Heinz Thomas war eine Klasse für sich. Er war mit seinen auf hundertfünfundachtzig Zentimeter verteilten hundertzehn Kilo ein, wie man so sagt, stattlicher Mann, der als Schauspieler, der er eigentlich war, auf der Bühne eine imposante Erscheinung abgab. Allerdings, glaube ich, war ihm an einer ernsthaften Karriere als Bühnenschauspieler nicht wirklich gelegen. Das fing schon damit an, dass er es als viel zu mühsam betrachtete, »diese ellenlangen Texte auswendig zu lernen«. Und im Fernsehen hatte er es maximal zum Arzt im *Derrick* gebracht, der leider nur noch den Tod des Opfers feststellen konnte. Da der, wie alle Polizeiärzte in allen deutschen Krimis, in jeder Folge den gleichen Satz von sich gab, nämlich: »Genaueres kann ich erst nach der Obduktion sagen«, hatte er zumindest mit dem Text keine Probleme.

Da Karl-Heinz Thomas in jedem Stück mitspielte, das er in seinem kleinen Theater aufführte, wurde ich gleich mit seiner außergewöhnlichen Spielweise vertraut. Neben seiner übersichtlichen Begabung hatten seine Mitspieler noch mit etlichen anderen Makken zu kämpfen. Zum Beispiel neigte er zu einem dermaßen übertriebenen Mienenspiel, dass man sich entweder vor Lachen nicht halten konnte, oder es trieb einem vor Peinlichkeit die Schamröte ins Gesicht, was für das eigene Spiel, wie man sich vorstellen kann, beides nicht von Vorteil war. Zudem war er unsagbar probenfaul. Von den rund fünfzig Proben, die wir mit der *Feuerzangenbowle* hatten, hat er vielleicht an drei teilgenommen. Und da waren Haupt- und Generalprobe schon inbegriffen. Hinzu kam die bedingungslose Weigerung, auch nur einen Satz seines Textes zu lernen.

Als er mir während der Probenzeit eines Abends gestand, nicht mal das Stück gelesen zu haben, fragte ich ihn: »Karl-Heinz, wenn du deinen Text schon nicht lernst, meinst du nicht, es wäre ganz nützlich, wenigstens das Stück zu lesen, in dem man mitspielt?«

»Vielleicht hast du recht«, sagte er unangemessen fröhlich, »es könnte aber auch irritieren.«

Später, bei den Aufführungen, war er, das muss man ihm lassen, ein Meister der freien Improvisation. Nur wenn ihm, was selten vorkam, absolut nichts einfallen wollte, sah er mich mit weit aufgerissenen Augen an, drehte sich, wie alle schlechten Schauspieler, ins Publikum, um dann loszuknattern: »Tja, Pfeiffer, mir fehlen die Worte, ich weiß gar nicht, was ich sagen soll.«

»Wie wär's denn mit Text, Herr Direktor?« antwortete ich, und das Publikum grölte.

Wenn ich ihn später darauf ansprach, sagte er: »Was willst du denn, die Leute haben doch gelacht.«

»Karl-Heinz, sie haben uns ausgelacht«, versuchte ich ihn zu sensibilisieren.

»Quatsch. Sie sind ins Theater gegangen, um sich zu amüsieren, und sie haben sich amüsiert. Basta.«

Er meinte das auch so. Hatte ich meine eigenen künstlerischen Ambitionen schon auf ein überschaubares Maß heruntergeschraubt, waren seine gleich null. Das Publikum hatte seinen Spaß gehabt. Das genügte. In gewisser Weise war er ein Vordenker eines Großteils der heutigen Fernsehmacher. Die sagen sich ja auch: Die Hauptsache ist, die Menschen schalten unser Programm ein. Was sie da zu sehen bekommen, ist nebensächlich. Hauptsache, die Quote stimmt.

Meine Gage, die ich mit Karl-Heinz Thomas ausgehandelt hatte und die ohnehin schon jämmerlich genug war, habe ich so gut wie nie bekommen. Zumindest nicht freiwillig. Wenn ich Geld wollte, musste ich mit ihm zum Saufen gehen und es mir dann beim Würfeln »verdienen«. Was angesichts seines meist volltrunkenen Zustands und meiner Glücksspielerfahrung nicht allzu schwer war.

Da die *Feuerzangenbowle* zu weiten Teilen in einer Schule spielt, hatten wir auch zehn Schüler in unserem Ensemble. Die meisten von ihnen gingen auf die Münchner Filmhochschule und wollten später Regisseure oder Produzenten werden. Mit ein paar von ihnen arbeite ich heute noch zusammen.

Nach der *Feuerzangenbowle* machte ich meine erste Regiearbeit an einem Theater. Am Piccola Bavaria inszenierte ich zwei Einakter von Pavel Kohout: *Krieg im dritten Stock* und *Pech unterm Dach*. Einer meiner Schauspieler war Rolf Schimpf, heute besser bekannt als *Der Alte* aus der ZDF-Krimireihe, den ich noch von meiner zweiten Tournee mit Wolfgang Kieling kannte.

Obwohl die Kritiken recht gut waren, spielten wir das Stück nach der Premiere nur noch dreimal, weil sich keine Zuschauer dafür fanden. Die wochenlange unbezahlte Arbeit war mehr oder weniger umsonst gewesen. Also beschlossen wir, im Piccola Bavaria wieder eine bekanntere Komödie zu spielen. *Mein Freund Harvey* sollte uns aus den roten Zahlen holen. Ich spielte mit durchschnittlichem Erfolg den Psychiater Sanderson.

Da ich immer noch die komplette Regiegage und große Teile meiner Abendgagen von Karl-Heinz Thomas zu bekommen hatte, beschlossen wir, Silvester zusätzlich eine Nachmittagsvorstellung zu geben, von deren Einnahmen ich bezahlt werden sollte. Nach der Vorstellung sagte Karl-Heinz, ich würde das Geld abends bekommen. Vor der Abendvorstellung ging ich an der Kasse vorbei, an der, wie gewöhnlich, Karl-Heinz saß, und bat ihn, vor Beginn der Vorstellung in die Garderobe zu kommen. Das tat er dann auch und strahlte über beide Ohren.

»Das läuft ja super heute. Zweimal volles Haus.«

»Na klasse!« Ich strahlte zurück. »Dann kannst du mir ja meine Kohle geben.«

»Kriegst du gleich nach der Vorstellung, mein Großer.«

Immer wenn er ein schlechtes Gewissen hatte oder etwas Unanständiges im Schilde führte, nannte er mich »mein Großer«.

»Sei mir nich böse, Karl-Heinz, aber ich hätte das Geld gerne vor der Vorstellung.« Ich sah ihn immer noch lächelnd an.

Er stemmte seine klodeckelgroßen Hände in die schwammigen Hüften. »Willst du mich etwa erpressen?«

Irgendwie musste ich über diesen Mann immer lachen. Da ich schon in Kostüm und Maske war, hatte ich bis Vorstellungsbeginn noch etwas Zeit, lehnte mich in meinem Stuhl zurück, fixierte ihn und versuchte, den Lachzwang zu unterdrücken.

»Du kannst das nennen, wie du willst. Jedenfalls will ich mein Geld hier und jetzt.«

»Und warum, wenn ich fragen darf?«

Ich konnte mir ein Grinsen nicht mehr verkneifen. Er wusste ganz genau, warum. Er wollte mich nur zwingen, es auszusprechen. Wenn ich sagte, dass ich ihm nicht traue, würde er vor der versammelten Mannschaft den beleidigten und menschlich enttäuschten Theaterdirektor spielen, der sich womöglich noch eine Krokodilsträne aus dem Auge drückt. Das würde ich jetzt nicht ertragen. Also stand ich auf und gab meinerseits den Al Pacino für Arme. Wenn hier einer eine Nummer abzog, dann wollte ich das schon sein.

Mit schiefem Kopf, gepresster, heiserer Stimme und viel Körpersprache legte ich los: »Du willst also wissen, warum ich jetzt mein Geld haben will? Gut … ich werd's dir sagen … Weil ich mir das Geld jetzt einstecken möchte … in mein Kostüm … in meine Brusttasche ... weil mich das ganz geil macht ... ich ... mit deinem Geld ... was ja dann meins ist ... auf der Bühne ... in meiner Brusttasche ... das macht mich so geil ... da krieg ich glatt ’n Ständer ... so geil macht mich das ...«

Ich tänzelte den letzten Satz noch aus, dann setzte ich mich wieder und sah ihn mit meinem »Reicht das?«-Blick an. Aber Karl-Heinz schien von meiner neapolitanischen Vorstadtganovendarbietung wenig beeindruckt.

»Jetzt krieg dich mal wieder ein. Du kriegst das Geld nach der Vorstellung und basta.«

Er drehte sich um und wollte die Garderobe verlassen.

»Dann lasse ich die Vorstellung platzen.«

Mit einem Schlag war es mucksmäuschenstill. Meine Kollegen sahen mich fassungslos an. Ich war gerade dabei, ein ungeschriebenes Theatergesetz zu brechen. Man sagt keine Vorstellung ab. Unter gar keinen Umständen. Geschweige denn, dass man sie einfach platzen lässt. Das erste Gebot lautet, die Vorstellung unter allen Umständen zu sichern. Echte Schauspieler spielen noch mit dem Kopf unterm Arm. So sagt man. Deswegen durften sie früher, als es noch üblich war, Telegramme zu schicken, diese auch niemals vor der Vorstellung lesen. Es hätte ja etwas Schlimmes darin stehen können, was es dem Schauspieler unmöglich gemacht hätte, aufzutreten.

Karl-Heinz war wie angewurzelt stehengeblieben und drehte sich jetzt langsam und übertrieben theatralisch um.

»Du willst also die Vorstellung platzen lassen?« wiederholte er meine Feststellung, als Frage getarnt. Vermutlich hatte er schon in zu vielen Derricks mitgemacht.

»So ist es.«

Ich sah ihm fest in die Augen. Er hatte keine Probleme, meinem Blick standzuhalten. Aber das ist ja auch das erste, was ausgeschlafene Betrüger lernen: einem fest in die Augen zu blicken. Weil das angeblich ein gutes Gewissen signalisieren soll. Ich war immer schon skeptisch Leuten gegenüber, die einen mit diesem bohrenden Blick fixieren, weil das nicht natürlich, sondern antrainiert ist. Aber in diesem Moment musste ich diese Unsitte übernehmen. Wie zwei

Die schmutzigen Hände *von Jean-Paul Sartre (mit Barbara Weinzierl und Peter Musäus)*

angeberische Paviane, die im Zoo auf ihren Felsen sitzen, glotzten wir uns an.

»Gut«, sagte Karl-Heinz nach einer viel zu langen Pause. Der Mann hatte einfach kein Timing. »Dann gehe ich jetzt raus auf die Bühne und erzähl den Zuschauern, dass du nicht spielen willst und sie alle wieder nach Hause gehen können.«

»Okay, dann komme ich mit und erzähle ihnen, warum ich nicht spiele.«

Er war schon auf dem Weg zur Bühne gewesen. Jetzt drehte er sich erneut zu mir um. »Was soll das? Willst du dich vor vollem Haus mit mir streiten?«

»Wenn es sein muss, ja.«

Er kam auf mich zu und baute sich vor mir auf.

»Ich geb dir die Hälfte jetzt und den Rest nach der Vorstellung.«

Für wie blöd hielt der mich eigentlich?

»Alles – und jetzt.«

»Kommt nicht in Frage. Dann kannst du nach Hause gehen.«

»Wie du willst«, sagte ich und fing an, meine Sachen zusammenzupacken.

Nun fielen meine Kollegen über mich her.

»Heiner, das kannst du nicht machen. Ausgerechnet heute an Silvester«, flehte mich der fast kollabierende Inspizient an, der vermutlich noch vor Tauben Angst hatte.

»Meine fünfundachtzigjährige Mutter sitzt im Zuschauerraum; es ist vielleicht ihr letzter Theaterbesuch. Willst du das der armen Frau wirklich antun?« meinte eine andere Kollegin, die ich immer für um die Fünfundsiebzig gehalten hatte. Ich verkniff mir die Frage, ob es sich um ihre Stiefmutter handelte.

Obwohl mir meine Kollegen und die Zuschauer wirklich leid taten, blieb ich hart und verließ das Theater, ohne mich noch mal umzublicken.

Seither habe ich Karl-Heinz Thomas nicht mehr gesehen. Schade eigentlich. Er war ein lustiger Zeitgenosse, und wir hatten viel Spaß miteinander, aber ich wollte mich von chaotischen Schauspieldirektoren nicht verarschen lassen. Das war *mein* ungeschriebenes Gesetz.

Reumütig kehrte ich zurück ans Theater 44 und spielte dort, für fünfzig Mark am Abend, aber die wenigstens sicher, hundertfünfzigmal am Stück *Die schmutzigen Hände*.

UNIKAT

22
Katja, Kolp und wieder Köln

Im Herbst 1982 drehte ich den Kinofilm *Kolp*. Ein paar meiner »Schüler« aus der *Feuerzangenbowle* hatten sich zusammengetan, um dieses Projekt zu verwirklichen. Einer von ihnen, Roland Suso Richter, hatte mich schon während unserer gemeinsamen Theaterarbeit gefragt, ob er mich anrufen dürfe, wenn er mal einen Film inszenieren würde.

»Klar«, hatte ich gesagt, ohne wirklich daran zu glauben. Und jetzt führte er bei *Kolp* Regie. Autor, Produzent und Hauptdarsteller des Films war Frank Röth, der auf der Bühne Rolands Schulfreund gespielt hatte. Mit zu der Clique hatte auch ein Knabe namens Nico Hofmann gehört, der nun in *Kolp* als Produktionsleiter tätig war. Die Jungs von der *Feuerzangenbowle* hatten aus den unterschiedlichsten Quellen Gelder aufgetrieben und im Odenwald einen ganz ansehnlichen und gar nicht so unprofessionellen Filmset aufgebaut.

Einige der beteiligten Schauspieler, die damals noch alle unbekannt waren, haben sich mittlerweile einen Namen gemacht. So wirkten in dem Streifen zum Beispiel Charly Huber, der ehemalige Assistent des *Alten*, Otti Fischer, *der Bulle von Tölz*, oder meine spätere Frau Katja Flint mit, die ich während der Dreharbeiten kennengelernt hatte.

Als ich Katja das erste Mal sah, saß ich gerade mit Ottfried Fischer im Gang der kleinen Pension, in der wir alle wohnten. Wir tranken, wie jeden Abend nach dem Dreh, Bier aus einem Kasten, der zwischen uns stand. Immer so lange, bis der Kasten leer war.

Bei Ottfried Fischer muss man sich ranhalten, wenn man auf seine Kosten kommen will

Wenn man diesen Sport mit Otti betrieb und auf seine Kosten kommen wollte, musste man sich ranhalten.

Überhaupt verstand es Otti prächtig, einen zu jeder Art von Kalorienzufuhr zu animieren. Wenn man mal während einer Drehpause durch das Städtchen spazierte, konnte er an keinem Eisladen vorbeigehen, ohne zuzuschlagen. Ich habe während dieser Produktion bestimmt fünf Kilo zugenommen.

Frank Röth stellte uns Katja vor. Er hatte mir schon vorgeschwärmt, was für ein entzückendes und begabtes Mädchen sie sei. Eigentlich war sie ja Fotomodell, aber sie hatten Probeaufnahmen gemacht und waren alle ganz hingerissen. Auch ich war hingerissen. Sie war mit ihren gerade mal dreiundzwanzig Jahren wirklich niedlich und verfügte über diese umwerfende Mischung aus unschuldiger Jugend, zierlicher Verletzbarkeit und unterkühlter Erotik, die bei den Männern für weiche Knie sorgt. Aber irgendwie war sie nicht der Typ, den man einfach so schnodderig anmachte.

Mit Frank Röth bei den Dreharbeiten zu Kolp *(1983)*

Ich hatte sowieso gerade ein lockeres Verhältnis mit einer anderen Kollegin, mit der ich vorher *Die schmutzigen Hände* gespielt hatte und die jetzt ebenfalls bei *Kolp* mitspielte. Außerdem wusste ich, dass Roland und Frank mich bei ihr angekündigt hatten wie Donnerhall. So nach dem Motto: »Der Heiner ist ein ganz Schlimmer. Vor dem musst du dich in acht nehmen. Der säuft wie ein Loch und baggert alle Frauen an.«

Ich hütete mich also, noch Öl ins Feuer zu gießen, und war Katja gegenüber extrem zurückhaltend und zuvorkommend. Die verstand nach all den wüsten Beschreibungen und eindringlichen Warnungen die Welt nicht mehr. Aber wie sich noch herausstellen sollte, hatte das für meine Verhältnisse fast schon autistische Verhalten nachhaltigen Eindruck auf sie gemacht.

*

Mittlerweile war ich wieder nach Köln gezogen, in die Albertusstraße, eine Querstraße von der Friesenstraße, in der sich unter anderem so herrliche Lokale wie meine geliebte Boxerkneipe, das »Klein Köln«, befanden. Köln war nach wie vor ein wildes Pflaster, auf dem man leicht unter die Räder kam und das bereits einige Opfer gefordert hatte. So lebten beispielsweise meine beiden alten Freunde Josef und Benni nicht mehr, mit denen ich gut zehn Jahre vorher durch Spanien bis nach Ibiza gereist war. Sie hatten sich, beide gerade erst Anfang Dreißig, schlichtweg totgesoffen. Auch Mo, meine alte Kölner Freundin und Dritte im Bunde auf unserem Ibizatrip, sollte ihnen nur ein paar Jahre später folgen.

Ich denke verhältnismäßig oft an meine toten Freunde. Ich frage mich, ob ich es verpasst habe, mich mehr um sie zu kümmern. Ob das nicht eigentlich meine Pflicht gewesen wäre. War ich ihnen wirklich ein guter Freund? Manchmal denke ich, ja. Ich habe ihnen oft geholfen. Immer wieder. Und manchmal denke ich, nein. Was habe ich schon groß getan? Ich weiß es nicht. Vielleicht bin ich gar nicht in der Lage, ein guter Freund zu sein, weil ich viel zu sehr mit mir selber beschäftigt bin. Dabei wäre ich das so gerne: ein guter Freund.

Als ich gerade in die Albertusstraße gezogen war, meldeten sich zwei andere Freunde von mir aus alten Kölner Tagen. Vielleicht hatte ich einfach zu viele Freunde. Vielleicht war das das Problem.

Jedenfalls hatten sie keine Bleibe, und ich nahm sie bei mir auf. Der eine hieß Pep, ein Ex-Junkie und ziemlicher Hallodri. Der andere war Pit, ein Junge meines Alters, den ich mal auf Ibiza kennengelernt hatte. Auch Pep ist mittlerweile gestorben. Seine vom Heroin ohnehin schon angeschlagene Leber hatte die späteren Alkoholexzesse nicht verkraftet. Pit hingegen war, zumindest für einen Kölner, grundsolide. Wir drei hausten also nun in einer wirklich abenteuerlichen WG. Was in dieser Wohnung an Alkohol, Tabak und Rauschgift über den Tisch ging, war nicht mehr feierlich.

Pep war die fleischgewordene Betäubungsmittelvernichtungsmaschine. Er war mehr oder weniger den ganzen Tag damit beschäftigt, Sachen zu besorgen, die ihn in irgendeiner Form high machten. Wenn ich manchmal die Anrufe mit anhörte, die er von meinem Telefon aus führte, wurde mir ganz schlecht. Zwar versuchte er immer, seine Bestellungen zu kodieren, um einen eventuellen Abhörer auf eine falsche Fährte zu locken, tat das aber so dilettantisch, dass selbst dem verschlafensten Dorfpolizisten klar gewesen wäre, worum es wirklich ging. Wenn er sich zum Beispiel morgens um drei in den Kopf gesetzt hatte, noch Stoff aufzutreiben, rief er bei einem kleinen Dealer an und fragte ihn: »Sag mal, hast du ’ne Ahnung, wo man jetzt noch Ski laufen kann?«

Das war so schwachsinnig, dass ich ihm eine richtiggehende Gardinenpredigt hielt: »Pep, falls wirklich einer dieses Telefon abhören sollte, was ich nicht glaube, für wie dämlich hältst du den dann? Es ist sehr unwahrscheinlich, dass irgendein Mensch auf dieser Welt so blöde ist, dir zu glauben, dass du von einem vorbestraften Dealer um drei Uhr morgens wissen willst, wo man mitten im Sommer um diese Uhrzeit noch Ski laufen kann. Und falls es tatsächlich einen Menschen auf der Welt geben sollte, der doof genug ist, das zu glauben, dann ist es noch unwahrscheinlicher, dass ausgerechnet der damit beauftragt wurde, mein Telefon abzuhören. Warum sagst du also nicht gleich: Hallo, Manfred, hier ist der Pep, ich hätte gerne zwei Gramm Kokain. Und bring sie bitte in die Wohnung von Heiner Lauterbach. Nebenbei gesagt würde das der verschlafene Dealer am anderen Ende, der vermutlich der einzige war, den du verwirrt hast, auch besser verstehen.«

Eines Nachts bekam Pep – wahrscheinlich vom vielen Kiffen – eine spontane Heißhungerattacke. Er durchstöberte unseren Kühlschrank, der zur Abwechslung mal einigermaßen gefüllt war. Es war alles da, außer Brot. Also rief er bei Adrian, unserem früheren Bassisten, an, der um die Ecke wohnte, und bat ihn, vorbeizukommen und Brot mitzubringen. Eine halbe Stunde später tauchte Adrian auf und warf kommentarlos ein riesiges Stück Haschisch auf den Tisch. Er hatte Peps Wunsch nach Brot für eine verschlüsselte Bestellung gehalten, und der arme Pep musste weiter Hunger schieben.

Ansonsten war Pep ein prima Kerl, mit dem man viel zu lachen bekam. Nur eine Angewohnheit von ihm machte mich schier wahnsinnig: Er rauchte im Bett. Das alleine wäre ja noch nicht so schlimm gewesen, wenn er nicht regelmäßig dabei eingeschlafen wäre. Aus diesem Grund versuchte ich immer, erst nach ihm ins Bett zu gehen, damit ich vorher noch mal einen Kontrollblick in sein Schlafzimmer werfen konnte. Dadurch hatte ich ihm vermutlich schon einige Male das Leben gerettet.

Eines Morgens jedoch wäre ich um ein Haar zu spät gekommen. Es war ungefähr fünf Uhr früh, und ich kam gerade mit einem Mädchen aus dem Klein Köln. Schon im Treppenhaus sagte meine Bekannte: »Hier riecht's irgendwie komisch.«

Als ich die Wohnungstür aufschloss, stieg auch mir der Geruch von Verbranntem in die Nase. Ich stürmte die Wendeltreppe zu unserem Wohnzimmer hoch, in dem Pep schlief, sah eine bläuliche Flamme über seinem Bett züngeln, stürzte zu dem Brandherd und erstickte die Flamme.

Danach rüttelte ich den besoffenen Pep, so stark ich nur konnte. Ich wollte ihm einen Schock versetzen, der ihn ein für allemal vom Rauchen im Bett kurierte. Dabei brach ich ihm eine Rippe.

Am nächsten Tag ging Pep zum Arzt. Der fragte ihn: »Warum haben Sie sich denn die Rippe gebrochen?«

Pep antwortete: »Weil ich im Bett geraucht habe.«

*

Im März 1983 synchronisierte ich in der Elan Film in München eine amerikanische Serie und stand zu diesem Zweck mit meiner Kollegin Angelika Bender vor dem Mikrofon. Angie, wie sie genannt wurde, war die Lebensgefährtin des Autors und Produzenten Karl Heinz Willschrei. Während wir gemeinsam am Pult standen und auf den nächsten Take warteten, erzählte mir Angie, dass ihr Mann gerade im Begriff sei, einen neuen Film zu produzieren, für den er auch das Drehbuch geschrieben hatte. Für dieses Script wurde noch der Hauptdarsteller gesucht.

»Geh doch mal in die Monaco Film und stell dich bei denen vor. Die Regie macht die Ilse Hofmann, eine nette und gute Regisseurin.«

»Ja, ja, mach ich«, sagte ich und hatte es eine halbe Stunde später schon wieder vergessen. Erst am Abend fiel mir die Geschichte wieder ein, und ich erzählte sie Ekki und seiner Frau Marlene, bei denen ich während meiner München-Aufenthalte wohnte. Marlene war ein süßes schwäbisches Mädchen, das es sich zur Aufgabe gemacht hatte, den chaotischen Ekki zu bändigen. Sein neues Leben schien Ekki so gut zu gefallen, dass er sie gleich heiratete, und ich war einer der beiden Trauzeugen.

»Da fährst du morgen hin«, sagte Ekki.

Ich protestierte noch ein bisschen, aber die beiden ließen keinen Widerspruch zu. Am nächsten Tag telefonierte Ekki mit dem Produktionsleiter, und zwei Stunden später hatte ich einen Termin mit dem Produzenten und der Regisseurin in der Monaco Film.

Ich hasste diese Art von Terminen, weil sie nur selten etwas brachten und zudem meist ziemlich demütigend waren. Außerdem war ich mittlerweile dreißig Jahre alt und, wie ich fand, zu alt, um als bittstellender Schauspieler unterwegs zu sein. Ich hatte auch gerade erst einen recht eigenartigen Vorstellungstermin hinter mir.

Ein halbes Jahr vorher hatte mich die Regieassistentin von Jürgen Flimm, der gerade am Kölner Schauspielhaus Intendant war, in den *Schmutzigen Händen* im Theater 44 gesehen und gemeint, ich solle mich doch einmal bei Herrn Flimm vorstellen. Da ich sowieso des öfteren in Köln zu tun hatte, sagte ich zu und hatte schon ein paar Tage später einen Termin.

Der Pförtner des Kölner Schauspielhauses schickte mich zum Intendanten auf die Probebühne. Als ich den Probenraum betrat, stand Jürgen Flimm gerade mitten unter seinem Ensemble und schien etwas zu erklären. Während ich auf sie zuging, drehten sich nach und nach alle Köpfe zu mir.

»Kann ich Ihnen helfen?« fragte Herr Flimm.

»Ich weiß es nicht. Wenn Sie der Herr Flimm sind, ja«, sagte ich und versuchte meine Unsicherheit durch ein um so forscheres Auftreten zu vertuschen, wie das sonst nur Idioten tun.

»Der bin ich. Was kann ich für Sie tun?« Er sah mich freundlich an.

»Hallo, ich bin Heiner Lauterbach«, ich reichte ihm die Hand.

»Freut mich«, sagte er. Da er mit meinem Namen offensichtlich nichts anfangen konnte, war ich wohl wieder an der Reihe.

»Ihre Regieassistentin hatte einen Termin für mich gemacht, wegen der Besetzung eines Zweipersonenstücks.«

Jetzt schien ihm etwas zu dämmern.

»Ah ja, Herr Lautenbacher …«

Es passierte mir häufig, dass mich Menschen mit Lautenbacher anredeten, so dass ich dem keine besondere Bedeutung beimaß, zumal ich Herrn Flimm in seinem offensichtlichen Namenszuordnungsprozess nicht stören wollte.

»Warten Sie«, meinte er, während es den Anschein hatte, als würde er sämtliche Namen, die ihm von sämtlichen Regieassistentinnen der letzten Jahre zugeflüstert worden waren, durch sein Kleinhirn jagen.

»Richtig, Lautenbacher …« – allmählich begann mich die unrichtige Wiedergabe meines Namens doch zu schmerzen, und ich nahm mir vor, ihn beim nächsten Mal zu korrigieren –, »… Sie sind der junge Mann, den Elfie in Hamburg im *Missverständnis* von Camus gesehen hat.«

Daran war so ziemlich alles falsch. Außer der Tatsache, dass ich ein Mann und das *Missverständnis* von Camus war.

»Ja, so ungefähr.« Ich wollte seine bestimmt knapp bemessene Zeit nicht durch kleinliche Verbesserungen vergeuden.

»Ja«, sagte er und lächelte mich wieder freundlich an, als wäre er stolz, mich gleich so richtig eingeordnet zu haben.

»Wollen Sie was vorsprechen?«

Obwohl die Schauspieler um uns herum so taten, als wären sie mit anderen Dingen beschäftigt, schienen sie zunehmend Gefallen an unserem Gespräch zu finden.

»Ach, wissen Sie, Herr Flimm, ich habe mir mal vorgenommen, ab meinem dreißigsten Lebensjahr nicht mehr vorzusprechen.«

»Ja?« Er sah mich erwartungsvoll an.

»Ich bin dreißig.«

»Verstehe. Also wollen Sie nicht vorsprechen?«

»Nö.«

»Na gut«, sagte er und reichte mir wieder die Hand. »Da kann man nichts machen.«

Erneut drückte ich seine Hand und sah in dieses ewig lächelnde Gesicht.

»Auf Wiedersehen«, sagte ich und hoffte, dass er meinen Namen noch einmal falsch sagte, um ihn verbessern zu können. Aber den Gefallen tat er mir nicht.

»Tschüs«, sagte er und wandte sich wieder seinem Ensemble zu. Vermutlich hatte er meinen falschen Namen schon wieder vergessen.

Der Termin bei der Monaco Film war zwar ähnlich locker, aber wesentlich entspannter für mich. Ich fühlte mich bei den Leuten vom Film irgendwie wohler. Sie gingen die Dinge weniger intellektuell an, was meiner Art entgegenkam und mehr meiner Idee von Schauspielerei entsprach. Da für mich die Natürlichkeit der Darstellung ohnehin an erster Stelle stand, tat ich mich von Haus aus schwer mit dem klassischen Theater, in dem man ja vorzugsweise in Reimen sprach. Ich hatte mir auf die Fahne geschrieben, dass ich meinem Publikum unter allen Umständen den Eindruck vermitteln wollte, dass ich das, was ich sagte, auch dachte. Da der Mensch aber nun mal nicht in Reimen denkt, hätte ich bei Shakespeare zwangsläufig meine Schwierigkeiten gehabt.

Heute sehe ich die Ausübung meines Berufs etwas differenzierter. Aber damals kam mir die moderne Sprache im Film geeigneter vor, um diese Natürlichkeit zu erzeugen.

Nachdem ich mich mit der Regisseurin und dem Produzenten ein bisschen unterhalten hatte, vereinbarten wir, Probeaufnahmen zu machen. Im Gegensatz zum Theater sah ich hier die Notwendigkeit solcher Maßnahmen ein. Da ich regelmäßig Theater spielte, hätte sich Jürgen Flimm jederzeit einen Eindruck von mir verschaffen können. Aber diese Leute hier konnten nicht wissen, wie ich mich vor der Kamera anstellen würde. Einfach deswegen, weil ich bis dato noch keine große Rolle im Fernsehen gespielt hatte.

Man schickte mir also das Drehbuch zu, das ich in einem Rutsch las. *Das Gespinst* sollte der Film heißen. Karl Heinz Willschrei, der von allen immer nur Axel genannt wurde, hatte eine spannende Science-fiction-Geschichte zu Papier gebracht, in der ich einen deutschen Astronauten spielen sollte.

Für meinen Vater im Film hatte man schon den großen Wolfgang Reichmann verpflichten können, was die Aufgabe noch interessanter erscheinen ließ.

Ich lernte den für die Probeaufnahmen vorgegebenen Text auswendig und ging zum Casting. Neben der Regisseurin Ilse Hofmann waren nur noch ein Kameramann und Michael Zens, der Regieassistent, im Studio, der die Aufgabe hatte, sämtliche Partner von mir zu »übernehmen«. Ich spielte die verschiedenen Szenen mit unterschiedlicher Emotionalität und versuchte meiner Regisseurin möglichst viele Varianten anzubieten. Am Ende hatte ich den Eindruck, dass alle ganz zufrieden waren. Ich verabschiedete mich brav und wartete darauf, von der Monaco Film zu hören.

Ein paar Tage später – Ekki, Marlene und ich saßen gerade in ihrem Wohnzimmer und spielten *Risiko* – bekam ich einen Anruf, und der Produktionsleiter teilte mir mit, dass ich die Rolle bekommen hatte. Ekki und Marlene freuten sich riesig, und auch ich war erstaunlich aufgekratzt.

Ich hatte mich immer für wenig bis überhaupt nicht ehrgeizig gehalten und das auch jedem erzählt, der es hören wollte. Aber dieses deutlich spürbare Glück, das ich jetzt empfand, ließ mich daran zweifeln. Vielleicht war ich ja doch ehrgeizig. Vielleicht hatte ich nur Angst, meinen Ehrgeiz zuzugeben, weil ich den drohenden Misserfolg und das Versagen fürchtete. Hinzu kam, dass ich nie einer dieser von Ehrgeiz zerfressenen Jungschauspieler sein wollte, die nachts die Regisseure anrufen, um ihnen mitzuteilen, dass nur *sie* für eine bestimmte Rolle in Frage kommen. Das hielt mich aber nicht davon ab, mich über diese Chance riesig zu freuen.

Ende November 1983 flog ich nach Chile, wo ein Großteil des Films gedreht wurde. Hier, in den Bergen von La Silla, sollte der junge Astrophysiker Ulrich Kirchner, den ich zu verkörpern hatte, »das Gespinst« entdecken. Das Gespinst war irgendeine

Als Astrophysiker Ulrich Kirchner in Das Gespinst *(1983)*

fremde, intelligente Masse im Weltall, die mit der Erde kommunizieren wollte. Auf einem Raumflug hatte Kirchner Fotos von dieser »Konstellation« gemacht, die er hier in La Silla, der größten Sternwarte der Welt, auswertete.

Das Leben auf dem Gelände dieser Sternwarte war enorm spannend. Die weltweit größten Astrophysiker gaben sich hier die Klinke in die Hand. Nachts öffneten sich langsam die Dächer der phallusähnlichen Gewölbe, und es schoben sich die monströsen Fernrohre in den schwarzen Himmel. Nach Einbruch der Dunkelheit durfte auf dem gesamten Gelände kein Licht mehr gemacht werden, weil das die Sicht der Sternengucker beeinträchtigt hätte. Nie zuvor hatte ich einen dermaßen sternenklaren Himmel gesehen. Es war, als ob hier hundertmal mehr Sterne zu sehen wären als an klaren Abenden bei uns zu Hause.

Die Unterkunft in diesem Camp war eher schlicht, was uns aber nicht störte. Die Drehtage waren ohnehin lang, und danach hatte man gerade noch Zeit, zu Abend zu essen und den Text für den nächsten Tag zu lernen. An den Wochenenden spielten wir meistens Skat. Mit von der Partie waren unser Tonmeister und unser Produzent Karl Heinz Willschrei.

*

Zwanzig Jahre später, im Mai 2003, saß ich in einem Hotelzimmer in Bangkok. Ich war zu Dreharbeiten für den Zweiteiler *Im Namen des Herrn* nach Thailand gekommen. Während ich aus den Panoramafenstern der Suite das nächtliche Treiben der Stadt beobachtete, läutete das Telefon. In der Leitung war Hilli, die Frau von Karl Heinz Willschrei, und sagte: »Axel ist tot.«

Sie erzählte, dass er sich nach dem Essen aufs Sofa gelegt hätte, um etwas auszuruhen. Dann schlief er ein und wachte nicht mehr auf. Ich sagte ihr, wie leid mir das alles tat, und beendete das Gespräch.

Ich ging auf die Terrasse und sah auf den breiten Fluss und das berühmte Hotel »Oriental«. Eine lauwarme Brise wehte mir ins Gesicht. Ich war völlig benommen von dieser Nachricht. Sicher, man hatte bei Axels Lebenswandel damit rechnen müssen, dass er es nicht mehr lange machte, aber auf irgendeine Weise war er für mich immer unsterblich gewesen. Ich dachte an die vielen Dinge, die wir gemeinsam erlebt hatten. An unsere Freundschaft, die nicht vieler Worte bedurfte. Ich erinnerte mich daran, wie wir uns vor über zwanzig Jahren kennen- und liebengelernt hatten. In Chile. In den Bergen von La Silla.

Ich weiß nicht genau, wie lange ich so dagestanden habe. Als ich die Terrassentür wieder schloss, hatte der Wind meine Tränen getrocknet.

*

Karl Heinz »Axel« Willschrei bei Aufnahmen für Das Gespinst

Axel hatte es geschafft, in dieses disziplinierte Camp, in dem Alkohol normalerweise strengstens verboten war, zwei Kisten J&B zu schmuggeln. Er trank immer J&B, meist mit zwei Stück Eis und etwas Soda.

Wieder mal war der Alkohol, durch den man sich schneller und ungehemmter kennenlernt, die Brücke für eine neue Freundschaft geworden, die sich allerdings keineswegs auf Saufgelage beschränkte. Durch die vom Alkohol begünstigten Exzesse teilten wir jedoch oft die gleichen Abenteuer und Schicksale, und so etwas verbindet. Axel verfügte über enormes Wissen, scharfen Verstand und beißenden Humor. Er gehörte zu den Menschen, die sich mit den banalen Dingen des Lebens beschäftigen, ohne dabei den Eindruck entstehen zu lassen, den ernsteren nicht gewachsen zu sein. Ich mag intelligente, belesene Menschen, die sich für Fußball interessieren. Die zocken und saufen. Und mit denen man so herrlich schweinigeln kann. Überhaupt habe ich eine Schwäche für, wenn man so will, proletarische Intellektuelle.

Während der Dreharbeiten, die wir im Anschluss an unseren

Chileaufenthalt in Effelsberg, in der Eifel, im größten Radioteleskop der Welt beendeten, freundete ich mich außerdem noch mit meiner Regisseurin Ilse und mit unserem Regieassistenten Michael Zens, kurz Zenzi genannt, an. Zenzi ist übrigens wie ich Kölner und ebenfalls ein dreiundfünfziger Jahrgang.

*

Wieder in München, machte mir mein Freund Horst A. Reichel vom Theater 44 ein Regieangebot, das ich dankend annahm. Ich mochte dieses Theater und seine Besitzer. Wir einigten uns auf *Endstation Sehnsucht* von Tennessee Williams. Zu meiner Besetzung gehörten unter anderem Hartmut Nolte, Saskia Vester, Irmhild Wagner und mein Freund Franjo Marincic, der den Kowalski spielte. Eine Rolle, die ihm, wie ich fand, auf den Leib geschrieben war.

Die Probenzeit zu diesem Stück war ein einziges Fiasko. Fast nach jeder Probe nötigte mich mein trinkfestes Ensemble dazu, mit ihnen saufen zu gehen, um die anstehenden Probleme zu besprechen. Da ich bei Saufgelagen zu fast allem in der Lage war, außer nein zu sagen, endeten diese Treffen mit schöner Regelmäßigkeit in grausamen Abstürzen.

In diesen Wochen lernte ich, was es heißt, in der Rolle des Regisseurs mit Schauspielern zu arbeiten. Seitdem vertrete ich die These, dass es nur von Nutzen sein kann, wenn man beide Seiten kennt und als Schauspieler einmal Regie geführt beziehungsweise als Regisseur einmal gespielt hat. Nur so kann man die Leiden und Nöte des jeweils anderen nachvollziehen und verstehen.

Selbst mein Freund Franjo machte mir das Leben als Regisseur zur Hölle. Am schlimmsten war er in den Phasen, in denen er nichts trank. Dann bekam ich neben seiner Lust- und Phantasielosigkeit noch seine schlechte Laune zu spüren, die durch den Alkoholentzug bedingt war.

Nach der Premiere von *Endstation Sehnsucht*, die in Anwesenheit von Ilse, Zenzi und Axel verhältnismäßig glatt über die Bühne ging, war ich erst mal kuriert, was meine Regieambitionen anging.

Es häuften sich nun langsam die Rollenangebote fürs Fernsehen. Meine »Karrierelokomotive« hatte sich ächzend, wenn auch mit leichter Verspätung, in Gang gesetzt und war nun dabei, Fahrt aufzunehmen.

Als nächstes drehte ich einen *Fall für zwei* mit der Odeon Film, einer Schwesterfirma der Monaco Film. Abermals war es ein Buch von Karl Heinz Willschrei und wieder unter der Regie von Ilse Hofmann. Auch bei dem darauffolgenden Film führte Ilse Regie.

Man kann sagen, dass Ilse Hofmann und Karl Heinz Willschrei die Waffe geladen hatten, die den Startschuss zu meiner Karriere gegeben hat. Nur schießen musste ich noch selber. Während der Arbeit zu *Wochenendgeschichten*, einer schwarzen Komödie, die ich mit Ilse drehte, wurde ich zu einem Casting für einen Zweiteiler namens *Cortuga* bestellt, der in Costa Rica gedreht werden sollte. Die Regie hatte man Edwin Marian anvertraut, und meine Partnerin sollte Sissy Höfferer sein.

Ich war selbst überrascht über die plötzliche Vielfalt der Angebote für Fernsehrollen. Jahrelang hatte ich darauf gewartet, endlich zeigen zu dürfen, was ich konnte, und nun wurde ich auf einmal mit Anfragen förmlich zugeschüttet. Sender, Produzenten und Regisseure taten sich damals viel schwerer als heute, neue Leute auszuprobieren. Keiner wollte den ersten Schritt tun, die Verantwortung übernehmen und einem jungen Schauspieler die Chance geben, seine erste Hauptrolle zu spielen. Hatte man sich aber mal in einer großen Rolle bewiesen, rannten sie einem die Bude ein.

Aus der Sicht eines Produzenten gibt es ja die bekannten fünf Phasen im Leben eines Schauspielers:

1. Wer ist Heiner Lauterbach?
2. Haben Sie schon mal von diesem Heiner Lauterbach gehört?
3. Ich brauche Heiner Lauterbach!
4. Ich brauche so was wie den jungen Heiner Lauterbach.
5. Wer ist Heiner Lauterbach?

Ich befand mich im Moment eindeutig in Phase zwei.

*

Trotz meiner zunehmenden Beschäftigung beim Fernsehen fand ich natürlich noch Zeit für meine Hobbys. Eines von ihnen waren meine ausgedehnten Besuche im »Occam Pils«. Das Occam kannte ich noch aus Ungererstraßenzeiten, als ich mit Molli & Co. in der Wohngemeinschaft gelebt hatte. Hier trafen sich sämtliche Kampftrinker und Zocker Schwabings. Es wurde gewürfelt, Skat gespielt und mit Fünfmarkstücken gegen die Klotür geworfen. Eine herrliche Kneipe. Wenn ich in München war und nichts zu tun hatte, ging ich oft morgens um elf Uhr schon ins Occam und blieb, bis sie wieder schlossen. Und genau an so einem Tag erwischte mich Katja.

Ich knobelte gerade mit einem langen Lulatsch namens »Knochen-Jochen«, als mich der Barkeeper ans Telefon rief. Ich kämpfte mich durch die brechend volle Kneipe, nahm den Hörer ans Ohr und brüllte gegen den Lärm an.

»Hallo?«

»Ja, hier ist Katja«, piepste etwas am anderen Ende.

»Wer?«

»Katja Flint …«

Wenn ich mich auf eins nicht verlassen konnte, war das mein Namensgedächtnis. Da ich mit diesem Umstand aber schon dreißig Jahre lebte, hatten sich andere Qualitäten in mir entwickelt, die mir halfen, mit dieser »Behinderung« umzugehen. So konnte ich beispielsweise wunderbare Unterhaltungen mit Leuten führen, die ich gar nicht kannte beziehungsweise im Moment nicht zu kennen schien. Dabei war es ziemlich gleichgültig, ob ich mit ihnen telefonierte oder sie mir direkt vor Augen standen, denn mein Personengedächtnis war noch erbärmlicher als mein Namensgedächtnis.

»Hey, Katja«, rief ich also erfreut aus und dachte fieberhaft nach, wo ich den Nachnamen schon mal gehört haben konnte. Ich kannte ihn irgendwoher, da war ich mir sicher.

»Was treibst du so?« Da ich mir sicher war, dieser Katja, wer immer das sein mochte, zumindest nicht in den letzten beiden Tagen begegnet zu sein, musste diese Frage legitim sein.

»Ich hab von jemand gehört, dass du gerade in München bist. Der hat mir die Nummer von Ekki gegeben, und der hat mir gesagt, dass du im Occam Pils zu erreichen bist.«

Eine Frau wie Katja hatte ich schon lange gesucht (1986)

»Aha«, das brachte mich nicht wirklich weiter. »Das ist ja schön, dass du dich mal meldest«, sagte ich halbherzig.

»Sag mal, weißt du überhaupt, wer hier dran ist?« wollte diese Katja jetzt wissen. Sie hatte die Frage noch nicht ganz ausgesprochen, da hatte ich sie auch schon an der Stimme erkannt. Mein Stimmengedächtnis funktioniert nämlich einwandfrei.

»Na klar, Katja, wir kennen uns von *Kolp*«, sagte ich, froh, den Kopf gerade noch aus der Schlinge gezogen zu haben.

»Hey, dass du dich daran erinnern kannst«, fegte sie lachend meine Restzweifel vom Tisch.

Ich freute mich, dass sie angerufen hatte, weil ich sie nicht nur als attraktiv, sondern auch als sympathisch in Erinnerung hatte. Diese Sympathie versuchte ich sie in meinem Tonfall spüren zu lassen.

»Na klar. Sehr gut sogar. Wie geht's dir?«

»Bestens. Danke.«

Das wäre also geklärt. Ich wusste nicht so recht, worauf dieser Anruf hinauslaufen würde, aber die jetzt entstandene Pause hatte schon Überlänge und drohte zum Rohrkrepierer zu werden. Ich fühlte deutlich, dass sie nicht gewillt war, weiterzugehen. Sie hatte schon den Aufschlag gemacht und wollte nicht auch noch den Return übernehmen.

»Sag mal, hier drin is es wahnsinnig laut, und ich versteh dich kaum. Hast du nich Lust, dass wir uns mal treffen?« fragte ich sie nun mit unschuldigem, nichts weiter im Schilde führendem Tonfall.

»Klar, warum nicht?« Den Tonfall hatte sie auch drauf, das musste man ihr lassen. Überhaupt, fand ich, hatte sie ihre Rolle in *Kolp* sehr gut gespielt. Da sie keine Anstalten machte, mir noch etwas zu erzählen, hatte sie also nur angerufen, um mir die Möglichkeit zu geben, mich mit ihr zu verabreden. Das gab mir und meiner zurückhaltenden Art recht, die ich an den Tag gelegt hatte, als wir uns das erste Mal begegnet waren: ›Siehst du, Heiner, es kommt immer zu dem, der warten kann‹, rekapitulierte ich im Geiste eine meiner chinesischen Weisheiten.

»Wie wär's mit heute?« lehnte ich mich noch ein bisschen weiter aus dem Fenster. Bei dem Gedanken an sie überkam mich eine wohlige Wärme in der Lendengegend, und ich sah keinen Grund, warum man die Sache auf die lange Bank schieben sollte.

»Ja, warum nicht? Passt mir gut.« Sie sah das offenbar ähnlich.

»Gleich?« Ich musste das mit der Stimme eines Mannes gefragt haben, der sein Glück kaum fassen konnte, denn sie musste jetzt lachen.

»Okay«, gluckste sie in den Hörer.

»Kennst du das Occam Pils?«

»Ich werd's finden. Bis gleich.«

Sie legte auf. Und ich tat das, was ich in amerikanischen Filmen so hasse: Ich sah auf den Hörer in meiner Hand.

Dann ging ich grinsend zu meinem Platz zurück, fegte, mit einem völlig neuen Selbstwertgefühl ausgestattet, »Knochen-Jochen« im Knobeln weg und verließ das Lokal, um mir Kaugummis zu besorgen. Ich wollte Katja nicht gleich mit der riesigen Fahne entgegentreten, die ich nach fünf Stunden Saufen haben musste. Ansonsten war ich aber noch fit. Ich hatte genau den Pegel, der mich *noch* charmant wirken ließ und nicht *schon* besoffen.

Zu meiner Freude war Katja pünktlich. Ich halte nämlich nichts von Menschen, die unpünktlich sind. Wir lachten und tranken zusammen und verbrachten einen ungezwungenen Abend. Anschließend fuhren wir in ihre Wohnung und schliefen miteinander. Da-

Mit Oscar im Bade

nach gingen wir ins Badezimmer, legten eine kuschelige Musik auf, machten ein paar Kerzen an und nahmen ein gemeinsames Schaumbad. Ich bade unheimlich gern mit Frauen. Aber auch mit meinen Freunden, mit Lothar zum Beispiel oder mit Franjo, hatte ich schon oft gebadet. Auch mit meinen Kindern bade ich sehr gern. Und mit … nein, keine Angst, mit meinem Briefträger habe ich noch nicht gebadet.

Am nächsten Tag holte ich die paar Klamotten, die ich in München hatte, aus Ekkis Wohnung und zog bei Katja ein. Besser gesagt bei Katja und Claudia, die bei Katja ein Zimmer bewohnte. Auch sie arbeitete wie Katja als Fotomodell. Und auch sie sollte, in gewisser Weise zumindest, Karriere machen. Und zwar rückte sie durch zwei Hochzeiten in den Blickpunkt der Öffentlichkeit: Erst heiratete sie den Fußballer Thomas Strunz, der neben seiner Tätigkeit beim FC Bayern prominentes Beschimpfungsopfer des italienischen Verbalakrobaten Giovanni Trappatoni wurde. Nach »Schtrrrunze«, der wie Flasche leer spielte, heiratete Claudia Stefan Effenberg und bewies damit, da beide bei Bayern München spielten, zumindest eine gewisse Vereinstreue.

Das Leben an Katjas Seite machte mir Spaß. Sie war die Art Frau, die ich schon lange gesucht hatte. Sofern ich überhaupt sagen konnte, dass ich jemals eine Frau gesucht hatte. Aber bei ihr kamen gefährlich viele Faktoren zusammen, deren Summe einen Mann meines Alters unüberlegte Sachen machen lässt: Sie war jung, sah gut aus, war selbständig, aber mit einem wohldosierten Hang zur Anhänglichkeit. Sie war ein gescheites Mädchen, gehörte aber nicht zu der Sorte, die in jedem Gespräch erst einmal einen Bildungsnachweis erbringen muss, und hatte einen gesunden Humor. Was ganz wichtig war: Wir konnten über die gleichen Dinge lachen und taten das auch gern und oft. Und wir hatten in vielen Bereichen einen identischen Geschmack. Wenn es etwa um die Qualität von Schauspielern ging, verstanden wir uns blind.

Man kann nicht sagen, dass es bei uns beiden Liebe auf den ersten Blick war. Natürlich begehrte ich sie sexuell. Aber damit teilte sie zu dieser Zeit wohl das Schicksal von ungefähr fünfzigtausend anderen Mädchen dieses Landes. Ich hatte, wie wohl jeder normal entwickelte dreißigjährige Mann, eine feine Antenne für sexuelle Verlockungen. Es gab fast keine gutaussehende Frau meines Alters (plus/minus zehn), mit der ich nicht gerne geschlafen hätte. Wenn ich das in diesen Jahren nicht gemacht habe, dann nur aus Rücksicht auf meine jeweilige Partnerin oder weil die entsprechende Dame nicht wollte oder weil es sich zeitlich nicht ergeben hatte. Ansonsten war ich für jeden auch noch so kurzfristigen Spaß zu haben.

Das Nachlassen dieser Marotte ist übrigens einer der ganz wenigen Vorzüge des Alters. Wenn ich mir überlege, auf wie vielen Hochzeiten ich über viele Jahre gleichzeitig getanzt habe, wird mir im nachhinein noch ganz schwindlig. Dieses permanente Lügen und die Heimlichtuerei würde ich nervlich gar nicht mehr durchstehen. Heute weiß ich dafür um so mehr den Luxus zu schätzen, vor seiner Frau keine Geheimnisse zu haben. Nicht bei jedem Zettel, der einem aus der Tasche fällt, zu schwitzen, oder bei jedem Anruf, den man bekommt und in ihrer Gegenwart entgegennimmt, das Schlimmste zu erwarten.

Wenn es bei uns beiden also auch keine Liebe auf den ersten Blick war, so spürten wir doch, dass wir etwas Besonderes füreinander empfanden. Mit stark steigender Tendenz, wenn man so will.

Mitten in diese Entwicklung hinein platzte die Nachricht, dass ich die Rolle für *Cortuga* bekommen hatte. Ich musste also für drei Monate nach Costa Rica.

23
Mein schlechtester Film

Damit ein guter Film entsteht, müssen verschiedene Faktoren zusammenkommen. Das Wichtigste ist ein gutes Drehbuch. Jean Gabin ging sogar noch weiter und sagte, man brauche »drei Dinge: 1. Das Drehbuch. 2. Das Drehbuch. 3. Das Drehbuch«. Das ist aber nur bedingt richtig. Tatsächlich kann man aus einem guten Drehbuch noch einen schlechten Film machen. Es ist aber so gut wie unmöglich, mit einer schlechten Drehbuchvorlage einen guten Film herzustellen.

Dann brauchst du einen potenten und leidenschaftlichen Produzenten, der die Energien zu bündeln weiß. Als nächstes sollte der Regisseur erfahren sein und einen guten Geschmack haben. Ich habe mir mit den Jahren angewöhnt, mir die Regisseure, die ich noch nicht kenne, genau anzusehen. Wenn sie schon völlig geschmacklos rumlaufen, muss man vorsichtig sein. Das hat nichts damit zu tun, ob sie teure oder billige Sachen tragen, sondern mit dem Stil oder auch der Kombination der einzelnen Elemente. Modemuffel allerdings muss man anderen »Eignungstests« unterziehen. Ferner sollten gute und richtig besetzte Schauspieler mitwirken und ein ebenso erfahrener wie innovativer Kameramann.

Aber selbst wenn alle Zutaten stimmen, hat man immer noch keine Garantie, dass auch die Qualität des Ergebnisses stimmt. Das ist aber gleichzeitig der Beweis für die Wichtigkeit dieser Voraussetzungen. Denn wenn es schon möglich ist, *mit* ihnen einen schlechten Film zu machen, wie sollte es dann gelingen, *ohne* sie einen guten zu produzieren?

Ich habe bis heute an vielleicht hundertfünfzig Film- und Fernsehproduktionen teilgenommen. Von rund zwanzig würde ich

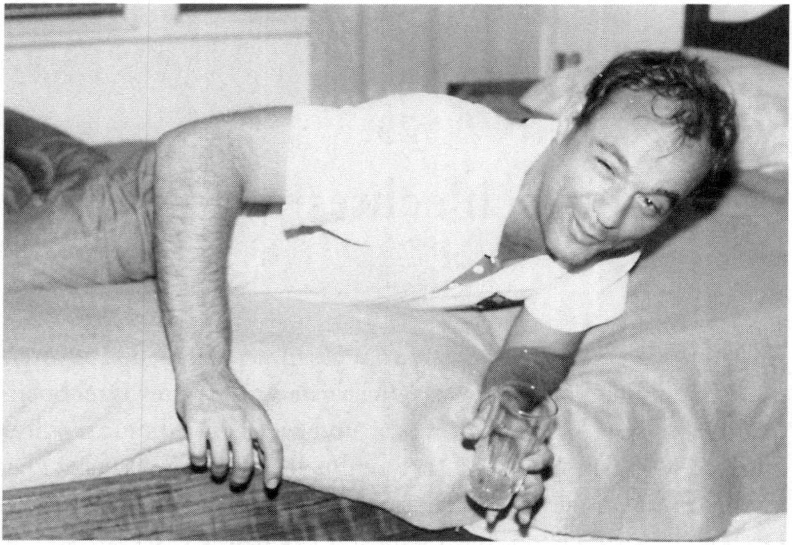

Bei schlechten Filmen muss man viel trinken

sagen, dass sie wirklich gelungen oder sogar sehr gut waren. Hundertfünfundzwanzig waren mehr oder weniger mittelmäßig, und fünf waren wirklich schlecht. Um den Platz für die allerschlechteste Produktion streiten sich in meinen Augen zwei Filme. Der eine ist *Cortuga*.

Bei *Cortuga* war keine einzige der oben angesprochenen Voraussetzungen erfüllt. Deswegen musste dieser Film auch in die Hose gehen. Dass er aber *so* schlecht wurde, war *kein* Muss. Sie werden sich vielleicht fragen, warum ich die Rolle trotz dieser schlechten Voraussetzungen überhaupt angenommen habe. Das hat einen einfachen Grund: Ich war noch nie in Costa Rica und wollte unbedingt mal hin.

Hauptübeltäter dieses Unternehmens war ohne Zweifel Edwin Marian, der es sich nicht nehmen ließ, in den wichtigsten Disziplinen gleichzeitig anzutreten: Er hatte das Buch geschrieben, führte Regie und stellte sich auch noch als Darsteller zur Verfügung. Ich weiß gar nicht, in welcher dieser Eigenschaften er am meisten versagte. Vermutlich war er als gelernter Schauspieler in der Darstellung seiner Figur noch am ehesten zu ertragen, obwohl sein Gemime auch schon gewöhnungsbedürftig war. Seine Regieanweisungen beschränkten sich, was meine Person betraf, auf einen Satz: »Heiner, erst machen wir eine Totale und dann große Köpfe.«

In den ersten Tagen versuchte er mir noch hier und da etwas vorzuspielen. Doch gegen diese Unsitte vieler Regisseure gab es ein wirksames Mittel, das ich schon während meiner Theaterarbeit angewandt hatte: Man spielte es einfach so nach, wie sie es einem vormachten. Da es nämlich fast keinem Regisseur möglich ist, einem eine Szene so vorzuspielen, wie er sie dann haben möchte, ist das wohl das beste Rezept gegen allzu spielfreudige Regisseure.

Als er also mit dem Vorspielen gescheitert war, versuchte er es mit dem Nachspielen.

»Nein, Heiner, das ist nicht gut. Weißt du, du hast gerade so gemacht …« Er versuchte zu wiederholen, was ich gerade gemacht hatte. Doch das war noch grausamer als das Vorspielen.

»Um Gottes willen, Edwin, versuch bitte nicht nachzuspielen, was ich gerade gemacht habe. Wenn du unbedingt spielen musst, dann spiel in Gottes Namen wieder vor. Ich kann ja weggucken«, sagte ich ihm.

So und ähnlich hörte sich unsere Konversation am Set an. Das heißt, solange sie noch stattfand. Nach gut der Hälfte der Dreharbeiten hörte ich ihm gar nicht mehr zu, sondern kommunizierte nur noch über unseren Regieassistenten mit ihm. Und auch das nur, wenn es unbedingt sein musste. Den anderen Schauspielern und großen Teilen des Teams ging es übrigens genauso.

Wenn wir ein Hotel in Costa Rica betraten, stürmte Edwin Marian als erster an die Rezeption und herrschte den Knaben dahinter an: »I'm the director, I'm the best room.«

Von den unzureichenden Sprachkenntnissen einmal abgesehen, umriss diese Aussage recht trefflich den Charakter dieses Mannes. Seine Haltung, für sich immer das Beste zu beanspruchen, war absurderweise mit einem schon als krankhaft zu bezeichnenden Geiz gekoppelt. Das Honorar ließ er sich gleich in amerikanischen Dollars auszahlen, obwohl klar war, dass er sie nicht benötigen würde. Wenn wir nach dem Dreh in ein Restaurant gingen, setzte er sich zu uns an den Tisch, bestellte selber nichts und aß, was übrigblieb. Hinzu kam, dass er ein autoritäres Gehabe an den Tag legte, das einfach nicht zeitgemäß war. Weder verfügte er über das nötige Fundament noch über taugliche Mittel. Wenn er sprach, hatten alle anderen die Klappe zu halten und an seinen Lippen zu hängen – eine Eigenart, die verzeihlich gewesen wäre, wenn er denn etwas Vernünftiges zu sagen gehabt hätte.

Einmal besorgte er sich eine Trillerpfeife, in die er kräftig hineinblies, um alle Schäfchen möglichst schnell um sich versammeln zu können. Am nächsten Tag kaufte ich zwanzig von den Dingern und verteilte sie im Team. Als er dann wieder zu trillern begann, pfiffen alle Mann, was das Zeug hielt, und es entstand ein gellendes Pfeifkonzert im Dschungel, das die einheimische Vogelwelt erstaunen ließ und bei dem keiner mehr wusste, wo oben oder unten ist.

Dass bei einem derartigen Klima am Set nichts Vernünftiges entstehen kann, ist klar, und das sieht man *Cortuga* an.

Meine Partnerin Sissy Höfferer litt mindestens ebenso unter unserem Regisseur wie ich. Da war es fast schon eine logische Konsequenz, dass wir beide enger zusammenrückten. Die Sonne, der Strand, die lauwarmen, sternenklaren Nächte und nicht zuletzt der Tequila taten ihr übriges, und wir beide wurden nicht nur im Film ein Liebespaar. Wir hatten eine wirklich heiße Affäre während dieser zehn Wochen, mit Eifersuchtsdramen und allem, was dazugehört.

Je näher der Tag der Abreise rückte, um so mulmiger wurde uns. Auch Sissy hatte daheim einen Lebensgefährten, dem gegenüber sie natürlich nun ein schlechtes Gewissen hatte. Hinzu kam, dass wir nicht so recht wussten, wie wir mit unserer Situation umgehen sollten. Bis jetzt hatten wir unseren jeweiligen Partnern noch keinen reinen Wein eingeschenkt. Unsere Beziehung festigte sich jedoch kontinuierlich, und wir schlossen nicht aus, sie in Deutschland fortzusetzen. Um all diese Dinge zu überdenken und zu klären, aber vermutlich auch aus Angst vor den Unannehmlichkeiten, die zu Hause auf uns warteten, verlängerten wir unseren Costa-Rica-Aufenthalt im Anschluss an die Dreharbeiten noch um zehn Tage. Wir verbarrikadierten uns in einem einsamen Hotel an der

Atlantikküste. Nach zehn Tagen war klar: Wir wollten zusammenbleiben.

Als wir wieder in Deutschland waren, machten wir uns an die unangenehme Aufgabe, unsere Partner darüber zu unterrichten, dass sie zu Verflossenen geworden waren. Für mich war das alles andere als ein leichtes Unterfangen, da ich solche Situationen hasse wie die Pest. Natürlich, so was macht keiner gern, aber mir als harmoniesüchtigem Oberverdränger machten diese Szenen besonders zu schaffen. Außerdem hing ich noch an Katja, und das machte das zu erwartende Gespräch nicht gerade leichter. Aber zu meiner Freude nahm Katja die Nachricht wesentlich gelassener auf, als ich vermutet hatte.

»Na ja, das war ja auch eine lange Zeit«, meinte sie erstaunlich besonnen, »ich hab mir schon so was gedacht.« Sie sah mich mit ihren braunen Augen an und rang sich ein Lächeln ab.

»Dann verstehst du mich also ein bisschen?« fragte ich, während ich bemüht war, mir die Erleichterung nicht allzusehr anmerken zu lassen.

»Klar«, sagte sie großmütig.

Mit einem Mal kam ich mir ganz schön schäbig vor. Ich hatte mit allem gerechnet, nur nicht mit dieser Reaktion. Wenn sie geschrien hätte, gemein oder sarkastisch geworden wäre – damit hätte ich umgehen können. Aber so erwischte sie mich exakt auf dem falschen Bein. Während ich fieberhaft überlegte, wie ich mich am anständigsten aus der Situation herauswinden könnte, setzte Katja zu ihrem Todesstoß an.

»Außerdem war ich auch nicht ganz brav in diesen Wochen«, sagte sie und schob eine Augenbraue in die Höhe.

»Wie …«, fuhr es aus mir heraus, und ich verfluchte mich schon, während ich es aussprach.

»Während meiner Dreharbeiten in Nürnberg hatte ich auch eine kleine Affäre.«

»Mit wem?« Wieder verfluchte ich mich. Ich hatte mich nicht im Griff. Ich wollte gar nicht fragen, konnte es aber nicht verhindern. Es war wie ein Reflex.

»Mit einem Beleuchter. Nichts Ernstes.«

›Du kleine Ratte! Ich mache mir die größten Sorgen, wie ich dir möglichst schonend beibringen kann, was geschehen ist, dabei hast du selber rumgevögelt‹, dachte ich bei mir, während ich sie versteinert anlächelte. Sie schien meine Gedanken lesen zu können, zumindest glaubte ich ihr anzusehen, wie sehr sie die Situation jetzt genoss. Sie schien sich an meiner Qual richtiggehend zu ergötzen. Nur zu deutlich konnte ich den Triumph in ihren Augen sehen.

›Na warte, du Miststück, dir werd ich's zeigen!‹ Ich stand auf und lächelte sie ebenfalls breit an.

»Na, da fällt mir aber wirklich ein Stein vom Herzen, dass du das ähnlich locker gesehen hast wie ich.« Ich hätte lieber in den Tisch gebissen, bevor ich mir meine Enttäuschung anmerken ließ.

Sie stand auch auf.

»Na klar. Wir sind doch erwachsene Menschen. So ist das nun mal im Leben.« Auch sie hatte offensichtlich vor, ihren coolen Part zu Ende zu spielen.

»So ist es. Wir können ja trotzdem Freunde bleiben«, setzte ich mit dem in solchen Situationen wohl dämlichsten aller Sätze nach, um das Affentheater zu vollenden. Wir gaben uns die Hand.

»Ruf doch mal an, wenn du in der Nähe bist.« Irgendwie schaffte sie es immer wieder, eine noch blödere Floskel draufzusetzen.

»Mach ich. Bis dann.«

Jetzt nichts wie raus hier.

Als ich wieder auf der Straße war, musste ich erst einmal durchatmen. Das durfte ja wohl nicht wahr sein!

Ich ging den ganzen Weg zu Ekkis Wohnung, in die ich zwangsweise wieder einziehen musste, zu Fuß. Mit jedem Meter, den ich mich meiner neuen alten Behausung näherte, wurde mir die Geschichte klarer. Das kleine Biest hatte mich auf den Arm genommen. Es gab überhaupt keine Affäre. Die ganze Geschichte mit dem Beleuchter war frei erfunden. Sie wollte sich keine Blöße geben und hatte versucht, mir Gleiches mit Gleichem heimzuzahlen. Na klar, nur so konnte es gewesen sein.

Ich habe mit Katja nie mehr darüber gesprochen. Vielleicht wollte ich die Wahrheit, wie ich sie mir zurechtgelegt hatte, nicht gefährden.

24
Brazil

Im Anschluss an die Dreharbeiten in Costa Rica hatte ich gleich wieder auf dem amerikanischen Kontinent zu tun, und zwar in Brasilien. Dorthin wollte ich zwar auch schon immer einmal reisen, aber das war in diesem Fall nicht der einzige Grund, warum ich das Projekt angenommen hatte, das unter dem Arbeitstitel *Die Andere* lief.

Die alten Verdächtigen waren wieder zusammen: Karl Heinz »Axel« Willschrei hatte das Drehbuch verfasst, und Ilse Hofmann führte Regie. Axel hatte eine ausgesprochen spannende Geschichte zu Papier gebracht, in der ich zum ersten Mal in einer Hauptrolle einen Mörder im deutschen Fernsehen geben durfte. Und zwar spielte ich den Ingenieur Scheit, der seine Frau umbringt, als er erfährt, dass sie ihm untreu war.

Das ist übrigens eine der schönen Seiten an meinem Beruf: dass man seine geheimsten Wünsche so hemmungslos und völlig legal ausleben darf. Und dafür kriegt man auch noch Geld – herrlich! Ich will damit nicht sagen, dass ich schon mal eine untreue Frau umbringen wollte. Aber den Gedanken einmal durchzuspielen fand ich reizvoll.

Nachdem Scheit das untreue Luder also aus dem Verkehr gezogen und unauffindbar entsorgt hatte, erinnerte er sich an eine Prostituierte, bei der er einmal war und die seiner Frau verblüffend ähnlich sah. Scheit überredete die Doppelgängerin, sich als seine Frau auszugeben und ihn nach Brasilien zu begleiten, wo er ein Staudammprojekt leitete. Dort wollte er sie ebenfalls beseitigen, sie dann als vermisst melden und schließlich für tot erklären lassen.

Aber es kam, wie es kommen musste: Scheit verliebte sich in die

Hure. Gerade als sich alles zum Guten wenden wollte, verunglückte sie tödlich. Man bezichtigte ihn, sie ermordet zu haben, und verurteilte ihn zu lebenslanger Haft. Er saß also für einen Mord, den er gar nicht begangen hatte, und war trotzdem schuldig.

Wie man sieht, verfügen auch Autoren über ein weites Spielfeld, um ihrer Phantasie freien Lauf zu lassen. Axel schrieb sich und mir diesen traurigen Helden sozusagen auf den Leib. Wenn es auch ein Held mit leicht martialischen Zügen war.

*

Brasilien ist in jeder Beziehung außergewöhnlich. Noch nie zuvor hatte ich Armut und Frohsinn in einem derartigen, fast als absurd zu bezeichnenden Einklang erlebt. Das Volk des Samba behauptet ja, wenn Gott auf der Erde lebte, wäre er Brasilianer. Ich mag ihnen, ohne blasphemisch zu sein, nicht wirklich widersprechen. Ich kannte ja nun schon einige Gebiete, in denen grausame Armut herrschte, aber dieses Brasilien war mit nichts zu vergleichen.

Meine Begeisterung für dieses Land begann bei der Landung in Recife und blieb bis zu meinem Abflug aus Bahia ungebrochen. Wobei sich meine Sympathien keinesfalls, wie man vielleicht annehmen könnte, auf den weiblichen Teil der Bevölkerung beschränkten. Auch die brasilianischen Männer hatte ich sofort ins Herz geschlossen. Von ihrer wunderbaren und einzigartigen Art, Fußball zu spielen, einmal abgesehen, waren zumindest die allermeisten, die ich kennengelernt habe, einfach tolle Typen.

Natürlich wurde auch hier gebettelt, wie überall auf der Welt, wo die Menschen Hunger leiden. Aber im Gegensatz zu Indien zum Beispiel, wo es einem passieren kann, dass man von einem Bettler angespuckt wird, wenn man ihm kein Geld schenkt, lachen die Menschen einen hier an und wünschen »trotzdem noch einen schönen Tag«. Auch dass die männlichen Touristen häufig hinter ihren hübschen Frauen her sind, scheint für sie ganz selbstverständlich zu sein und sie eher stolz als eifersüchtig zu machen.

Axel kannte Brasilien schon und war von dem Land ähnlich begeistert wie ich. Nicht zuletzt deswegen hatte er seine Geschichte auch hierher verlegt. Er war während der gesamten Dreharbeiten vor Ort, was nichts Ungewöhnliches war, da er ja auch als Produzent fungierte. Ungewöhnlich war allerdings, wie er seines Amtes waltete. Er hatte nämlich nichts Besseres zu tun, als mit mir, also seinem Hauptdarsteller, und unserem Regieassistenten Zenzi, der natürlich auch wieder mit dabei war, um die Häuser zu ziehen. Oft hingen wir sehr zum Leidwesen unserer Regisseurin Ilse bis früh in den Morgen in irgendwelchen Spelunken herum und amüsierten uns mit den Damen der Nachbarschaft und Caipirinhas. Ilse wachte zwar wie ein Zerberus über uns, aber es gelang uns immer wieder, ihr zu entwischen. Notfalls mussten wir eben warten, bis sie ins Bett gegangen war, bevor wir uns heimlich aus dem Staub machen konnten.

Für unsere nächtlichen Ausflüge nahmen wir, da wir an keine anderen Fahrzeuge herankamen, immer das Spielauto, also das Fahrzeug, mit dem ich im Film fuhr und das in aller Regel am nächsten Tag, genau wie ich, wieder vor der Kamera stehen musste. An und für sich sind Privatfahrten mit dem Spielauto strengstens verboten, weil man damit die sogenannten Anschlüsse im Film gefährdet, aber mit dem Produzenten im Schlepptau war das natürlich etwas anderes.

Die Dreharbeiten am und um den Staudamm fanden in der Nähe von Recife statt. Nach der Arbeit gingen wir in einem kleinen Dorf meistens noch etwas essen. Auch hier wimmelte es, wie überall in diesem Land, von obdachlosen Kindern.

Eines von ihnen, ein ungefähr zehnjähriger Junge namens João, war besonders anhänglich. Er war ein hübscher, blitzgescheiter Kerl, der uns jeden Wunsch von den Lippen ablas. Es gab nichts, was er nicht besorgen oder organisieren konnte. Man hat das oft in diesen Ländern, dass sich Straßenkinder, die meistens sehr intelligent und lebenserfahren sind, zu einem gesellen, einen mit allem versorgen, was man braucht, und einem nicht mehr von der Pelle rücken. So war es auch mit João.

Er hatte eine schnelle Auffassungsgabe und ein großes Herz. In einem anderen Umfeld hätte er alle Möglichkeiten im Leben gehabt. Wenn man ihn aber nicht aus dem Sumpf rausholte, würde er genauso enden wie zigtausende andere brasilianische Straßenkinder vor ihm: in erbärmlicher Armut und der daraus fast zwangsläufig entstehenden Kriminalität. Ich hätte diesen kleinen Jungen sofort mit nach Deutschland genommen und mich um ihn gekümmert, wenn das nicht an den brasilianischen Behörden oder allerspätestens an den deutschen gescheitert wäre. Zenzi, mit dem ich mich darüber unterhielt, vertrat allerdings eine andere Meinung.

»Es wäre absolut falsch, dieses Kind aus seiner gewohnten Umgebung zu reißen, es sozusagen zu entwurzeln. Wenn du ein lateinamerikanisches Kind in dem Alter nach Mitteleuropa verpflanzt, geht es ein. Du nimmst diesem Jungen seinen Ursprung, seine Herkunft, seine Familie. Auch wenn sich das uns nur schwer vermittelt, aber für ihn ist das hier seine Familie.«

Ich wusste, was er meinte, sah das aber nicht so. Joãos Schicksal berührte mich. Außerdem fand ich es jammerschade, mit ansehen zu müssen, wie so ein Potential vergeudet wurde. Wenn ich João mit so manch einem verwöhnten und trotzdem unzufriedenen und stets nörgelnden Bankierssöhnchen in Deutschland verglich, überkam mich eine ungeheure Wut ob dieser Ungerechtigkeit.

Eines Nachts, wir hatten nach dem Dreh wieder in unserer Stammkneipe gegessen und gefeiert, nahm ich João mit ins Hotel. Weil er normalerweise in der öffentlichen Toilette des Dorfes schlief, wo er es warm hatte und vor Regen geschützt war, stank er wie in Urin eingelegt und anschließend mit Kot paniert. Ich ließ ihn eine halbe Stunde lang duschen und anschließend auf der Couch in meinem Zimmer schlafen. Der Kleine strahlte über beide Ohren, dass er so sauber und duftend auf einer weichen Couch schlafen durfte.

Am nächsten Morgen, ich musste erst mittags zum Dreh, bestellte ich uns Frühstück aufs Zimmer. Als der Kellner mit dem Tablett hereinkam, fragte mich João, ob er dem Kellner das Geld, welches ich ihm am Abend vorher zugesteckt hatte, als Trinkgeld geben durfte. Ich musste lachen über diesen Bengel, der noch nicht mal eine anständige Hose besaß, aber schon auf Anzug machen wollte.

Danach gingen wir an den Swimmingpool. João fragte mich, ob

er denn einmal hineinspringen dürfe. Als ich es ihm erlaubte, nahm er einen fünfzig Meter langen Anlauf und hechtete in den Pool.

Kurze Zeit später wurde ich zum Dreh abgeholt. Ich hatte mit João ausgemacht, dass er im Hotel auf mich warten konnte, bis ich Drehschluss hatte. Als ich meinen Schlüssel an der Rezeption abgab, merkte ich, dass mich der sonst so freundliche Hotelmanager und die Empfangsdame auf einmal auffallend reserviert behandelten, maß diesem Umstand aber keine weitere Bedeutung bei. Auf der Fahrt zum Set klärte mich dann der Aufnahmeleiter auf: Die beiden Hotelangestellten gingen davon aus, dass ich João zu meinem sexuellen Vergnügen mit ins Hotel genommen hatte. Sie dachten tatsächlich, ich hätte mich an diesem zehnjährigen Jungen vergangen.

Ich war so vor den Kopf gestoßen, dass ich eine Zeitlang nur stumm und angeekelt auf dem Beifahrersitz saß und aus dem Fenster starrte. Ich konnte es einfach nicht fassen, dass diese Dreckschweine so etwas von mir dachten. Langsam überkam mich eine ungeheure Wut.

»Halt an und fahr zurück zum Hotel!« sagte ich.

»Heiner, wir müssen zum Set. Du musst drehen.«

»Halt an und fahr zurück! Ich drehe keinen Meter, bevor ich nicht mit diesen Leuten gesprochen habe.«

Der Aufnahmeleiter merkte, dass es sinnlos war, darüber zu diskutieren, und fuhr zurück zum Hotel. Auf dem Weg dorthin versuchte er mich noch ein bisschen zu beruhigen.

»Du musst diese Menschen verstehen. Sie kennen dich nicht. Sie wissen nur, wie sich viele ausländische Besucher hier benehmen. Es gibt nun mal unheimlich viel Sextourismus in Brasilien.«

»Aber doch nicht mit Kindern!« brüllte ich ihn an.

Er sah zu mir herüber: »Wie naiv bist du eigentlich?«

Ich starrte wieder aus dem Fenster, und mir wurde noch schlechter. Ja, wie naiv war ich? Natürlich hatte ich davon gehört, dass sich Touristen in diesen Ländern mit Halbwüchsigen und teilweise noch Kindern »vergnügten«. Nie wäre ich auf den Gedanken gekommen, dass man mich jemals einer solchen Tat bezichtigen könnte. Aber wieso eigentlich? Wenn doch in ihren Augen alle »Indizien« gegen mich sprachen? Woher sollten diese Hotelangestellten wissen, dass ich kein Pädophiler war?

Am meisten aber ärgerte mich, dass sie nicht in der Lage waren, mein Motiv zu erkennen. Diese Leute konnten sich nicht vorstellen, dass ich den Jungen aus Mitleid mitgenommen hatte. Aus dem einfachen Grund, weil sie selber kein Mitleid kannten. Das hatte mit ihrer Herkunft zu tun. Sie waren zu sehr an dieses Elend gewöhnt, als dass sie noch Mitleid für ihre Mitmenschen empfinden konnten. Zumindest nicht, wenn diese noch so vermeintlich gut dran waren wie João. Deswegen schlossen sie Barmherzigkeit als Motiv bei mir aus. Und genau das ärgerte mich.

Wieder zurück im Hotel, hielt ich dem Manager und der Empfangsdame eine flammende Rede. Ich sagte ihnen, dass sie mir unrecht getan hatten, dass ich verletzt und wütend sei. Ich sagte ihnen, dass nur ein verschwindend geringer Prozentsatz der Europäer so ist wie diese Menschen, die ihr Land besuchen und als Spielwiese für ihre perversen Gepflogenheiten benutzen. Ich erzählte ihnen von den Moralvorstellungen unseres Landes und davon, dass bei uns der Schutz der Kinder höchste Priorität hatte. Dass ich selber einmal Kinder haben wollte. Dass es für mich schlicht unvorstellbar war, einem Kind so etwas anzutun, und dass es der mit Abstand schlimmste Verdacht war, den man gegen mich aussprechen konnte.

Nachdem ich meinen Vortrag beendet hatte, war es eine Weile mucksmäuschenstill. Ich sah die beiden an. Ich hatte den Eindruck, dass sie mir glaubten, ja mehr noch, sie schienen ein schlechtes Gewissen zu haben. Das freute mich, denn es bewies, dass sie mich verstanden hatten.

Ich reichte ihnen zur Versöhnung die Hand. Dann ging ich in den Garten, um noch mal nach João zu sehen. Als ich die Terrasse betrat, lief er gerade an mir vorbei und sprang mit einem Hechtsprung und einem wilden Schrei ins Schwimmbecken. Weiß der Himmel, zum wievielten Mal an diesem Tag.

*

Mit Ilse Hofmann in Brasilien

Nach Abschluss der Dreharbeiten verbrachten Ilse, Zenzi, Axel, seine Freundin Angie und ich noch zwei Wochen in Brasilien. Wir wollten mit einem Boot ein paar Tage über den Amazonas fahren und dann Karneval in Bahia feiern, wo er viel ursprünglicher und wilder sein sollte, während der Karneval in Rio immer touristischer wurde.

Für unsere Fahrt über den Amazonas brauchten wir ein Boot samt Skipper. Schließlich fanden wir einen, der uns allen zusagte. Er verfügte nicht nur über ein geeignetes Boot, sondern auch über einen .38er Smith & Wesson special, ohne den man einen solchen Trip nicht antreten sollte.

Der Skipper staunte nicht schlecht, als Axel, Zenzi und ich mit ihm die Vorräte für die kommende Woche einkaufen gingen. Wir fingen mit den elementaren Dingen, also den Getränken, an. Nachdem wir uns mit sieben Flaschen Whiskey, zehn Flaschen Wodka, zehn Flaschen Tonic, zehn Flaschen Wasser, ein paar Säften für die Mädchen und reichlich Eis eingedeckt hatten, waren die Proviantkisten rappelvoll. Die vom Skipper vorsorglich besorgte feste Nahrung musste also leider an Land bleiben. Wir weigerten uns hartnäckig, auch nur eine Flasche Schnaps gegen ein Brot oder irgend etwas Essbares auszutauschen.

Der Skipper schüttelte nur den Kopf und sagte, so etwas hätte er noch nicht erlebt. Worauf Axel ihm auf die Schulter haute und lakonisch meinte: »Siehst du, mein Junge, man lernt nie aus.«

Das Boot war ungefähr sechs Meter lang und so schmal, dass gerade mal zwei Leute nebeneinandersitzen konnten. Ganz hinten saß der Skipper und bediente den Außenborder.

Unsere siebentägige Odyssee über den wildesten aller Flüsse werde ich mein Lebtag nicht vergessen. Bei glühender Hitze tauchten wir in die bizarre, tropische Landschaft ein und ließen uns von ihr verzaubern. Abends kehrten wir bei Indios ein, die in Ufernähe ihre Hütten errichtet hatten, und schliefen bei ihnen.

Gleich in der ersten Nacht machten wir allerdings einen nicht ungefährlichen Fehler, indem wir die Indios von unserem Schnaps trinken ließen. Dafür beschenkten sie uns mit Marihuana, das besonders Angie dankend annahm. Die männlichen Familienoberhäupter tranken so schnell, dass selbst Axel und ich, alles andere als Langsamtrinker, nicht mitkamen. Nachdem sie sich vollgesogen hatten wie die Schwämme, wurden sie recht ausfallend. Leider etwas spät, aber immerhin überhaupt noch, fiel uns ein, dass Indianer ja kein Feuerwasser vertragen. Ich hatte immer geglaubt, dass sich diese Unverträglichkeit auf die Hollywoodindianer beschränkte. Aber ihre leibhaftigen Nachfahren erwiesen sich als genausowenig trinkfest. Wie schlechte Komparsen in einem B-Movie torkelten sie durch die Dekoration. Die armen Frauen, denen sie von ihrem Feuerwasser nichts abgegeben hatten, durften ihre sternhagelvollen Männer anschließend in die Hängematten bugsieren. Tja, so unterschiedlich unsere Kulturen auch sein mochten, manche Dinge waren überall gleich.

Mitten in der Nacht wurde ich durch einen animalischen Schrei geweckt. Einer der Männer war in unser »Schlafzimmer« gestürmt, in dem wir alle nebeneinander schaukelten, und bedrohte uns mit einer riesigen Axt. Als ich hochfuhr und in seine glühenden Augen sah, bekam ich einen mordsmäßigen Schreck.

Wir konnten den Mann gerade noch rechtzeitig überwältigen

und davon abhalten, ein größeres Blutbad anzurichten. Doch so richtig beruhigen wollte er sich nicht, weshalb wir noch in derselben Nacht diese ungastliche Stätte verließen.

Der Skipper versuchte, uns das Problem des streitsüchtigen Indios zu übersetzen. So genau hatte er seinen Landsmann zwar auch nicht verstanden, aber irgendwie ging es um seine Töchter. Entweder war er erzürnt, weil Zenzi und ich uns angeblich an sie rangemacht hatten, oder gerade deshalb, weil wir dieses *nicht* getan hatten, was in gewissen Kulturkreisen ja auch als Beleidigung gelten kann. Da Zenzi und ich uns keiner Schuld bewusst waren, kam eigentlich nur die zweite Variante in Betracht, zumal es sich bei den Töchtern nicht eben um Schönheiten handelte.

Man muss dazu sagen, dass allen erwachsenen Indios die mittleren Schneidezähne fehlen. Das ist so, weil sie von morgens bis abends Zuckerrohr lutschen, was natürlich schlecht für die Zähne ist und bei dauerhaftem Genuss dazu führt, dass sie ausfallen. Nun kann man sich vorstellen, wie eine junge Dame aussieht, der die oberen und unteren Schneidezähne fehlen. Von möglichen Vorteilen bei gewissen Sexualpraktiken einmal abgesehen, ist dieser Anblick alles andere als ein optischer Leckerbissen. Nimmt man die hygienische und sprachliche Barriere noch hinzu, war selbst in Anbetracht der alkoholbedingten Enthemmtheit von Zenzi und mir kein Drandenken gewesen, diese Damen näher kennenzulernen, als es die Höflichkeit gebot. Entsprechend groß war unsere Entrüstung. Sie kennen das vielleicht: Wenn man einmal unschuldig eines Vergehens bezichtigt wird, dessen man sich sonst ununterbrochen schuldig macht, ist die Empörung um so größer.

Um nicht noch weitere Begegnungen dieser Art zu provozieren, beschlossen wir, die künftigen Indiobekanntschaften nicht mehr an unseren Alkoholexzessen teilnehmen zu lassen.

In einer der nächsten Nächte gingen wir auf Alligatorenjagd. Alligatoren, die nichts anderes sind als nicht ganz so große Krokodile, werden vorzugsweise nachts gejagt. Hierbei bedienen sich die Indios eines Tricks. Und zwar gleiten sie mit ihren Booten in der Dunkelheit über den Amazonas beziehungsweise seine Ausläufer und leuchten den Fluss mit einer Taschenlampe ab. Wenn sie nun auf einen der Alligatoren treffen, die knapp unterhalb der Wasseroberfläche schlafen, so dass die stets geöffneten Augen gerade noch herausschauen, und ihn mit der Taschenlampe blenden, ist der Alligator paralysiert. Man kann dann in aller Ruhe zu dem Reptil paddeln und es erlegen.

Dazu benutzen die Indios eine Art Harpune, einen Speer, an dem gleich hinter der Spitze eine lange, feste Schnur angebracht ist. Sie jagen dem Alligator den Speer unmittelbar hinter dem Kopf in den Leib und verschnüren ihm mit der Schnur in Sekundenschnelle das Maul. Hierbei beweisen sie eine derartige Geschicklichkeit, dass das Ganze an Zauberei zu grenzen scheint. Dann ziehen sie ihre Beute ins Boot. Dort sitzen dann mitunter irgendwelche dussligen Europäer wie wir und ziehen respektvoll die Füße ein.

Während der Tage, die wir größtenteils auf dem schmalen Boot verbrachten, vertrieben wir uns mit allerlei Spielen die Zeit. So musste zum Beispiel jeder über jeden ein Gedicht verfassen. An eines erinnere ich mich noch. Es war ein knackiger Vierzeiler, den sich Axel über mich ausgedacht hatte:

»Der Säufer und der Hurenbock,
das waren einer.
Der Säufer, der hieß Lauterbach,
der Hurenbock hieß Heiner.«

Unser Boot wäre fast gekentert, so sehr mussten wir lachen.

»Ich hab noch einen«, sagte Axel. »Passt auf, es ist ein Gedicht, verbunden mit einer Aufgabe. Ihr kennt doch die Rätsel – ersetze das falsche Wort durch das richtige:

Er war unschlagbar am Flipper,
er war ein großer Skipper,
er kam mit einem Clipper,
und er fing sich immer wieder einen … Husten.«

Auch wenn es sich hier um eine respektlose Anspielung auf Zenzis und meine Tripperanfälligkeit handelte, liebte ich Axel für seinen

Humor. Er war im Ruhrpott geboren und eigentlich ein Leben lang den Menschen dort verbunden geblieben. Er liebte ihre geradlinige Einfachheit und ihren schnörkellosen Witz. Eine seiner Lieblingsgeschichten aus dem Ruhrpott war die von zwei Kumpels, die in einer Kneipe am Tresen nebeneinanderstehen. Plötzlich sagt der eine zum anderen: »Mann, Kerl, ich sach dir: Beim Lecken merkste ers, wat Ficken für'n Behelf is.«

Auch sein Philosophiestudium, das er immerhin mit dem Doktortitel abschloss, konnte ihm nicht die Freude an dieser und ähnlichen Anekdoten nehmen. Obwohl er die anspruchsvollsten Bücher schrieb, in denen er die kompliziertesten Geschichten verarbeitete, war und blieb er doch ein Junge von der Straße. Aber einer, auf den man sich verlassen konnte, wenn es drauf ankam. Ich werde Axel immer in meinem Herzen tragen.

25
Männer, Machos und Moneten

Der Arbeitstitel des Drehbuchs, das ich von meiner Agentur zugeschickt bekommen hatte, hieß *Männersache*. Ich nahm das Script mit in die Bavaria Filmstudios, wo ich gerade Kevin Costner in dem amerikanischen Spielfilm *The Untouchables (Die Unbestechlichen)* synchronisierte. Während der Mittagspause machte ich mich in der Kantine über die Lektüre her. Ich saß alleine an meinem Tisch, mampfte an einer Rindsroulade und lachte laut vor mich hin. Die Leute um mich herum drehten schon die Köpfe und fingen an zu tuscheln.

Es war aber auch wirklich ein Hammerdrehbuch, das mich von der ersten Seite an begeisterte. Noch dazu sollte es ein Kinofilm werden, was mich zusätzlich freute. Es gibt grundsätzlich zwei Arten von Drehbüchern für Kinofilme: solche, die einen Box-Office-Erfolg ausschließen, und solche, die das nicht tun. Eine Garantie für einen Erfolg gibt es aber selbstverständlich nicht. Bei *Männersache* handelte es sich zweifellos um ein Drehbuch, das einen Erfolg *nicht* ausschloss. Andererseits glaubte keiner der Beteiligten auch nur im entferntesten daran, dass eine deutsche Kinokomödie richtig einschlagen könnte. Die letzte Komödie, mit der das gelungen war, hieß *Theo gegen den Rest der Welt.* Ein Zufallserfolg, wie man in der Branche meinte, der nur dem introvertierten Charme seines Hauptdarstellers Marius Müller-Westernhagen zu verdanken und nicht reproduzierbar war.

Doris Dörrie, die Autorin und Regisseurin von *Männersache,* hatte mir die Rolle des Stefan angeboten, die dann später Uwe Ochsenknecht spielte. Für meinen Part war ursprünglich Peter Sattmann vorgesehen, der auch schon bei Doris' letztem Kinofilm, *Im Inneren des Wals,* mitgewirkt hatte. Peter hatte aber schon bei einer anderen Produktion unterschrieben, so dass er Doris absagen musste, ein Lauf der Dinge, den er mehr als einmal bereut haben dürfte.

Nachdem Doris und ich uns eine Weile beschnuppert hatten, fragte ich sie, wie sie ausgerechnet auf mich gekommen war. Sie erzählte mir daraufhin, dass sie zufällig eine gute Bekannte aus alten Filmhochschultagen auf der Straße getroffen hatte, die sagte, sie hätte gerade einen ganz lustigen Film gedreht. Da Doris sich den Film einmal ansehen wollte, nahm ihre Bekannte sie gleich mit und zeigte ihr den Streifen. Es handelte sich um die *Wochenendgeschichten*, die ich mit Ilse Hofmann gedreht hatte.

Als Doris mich auf der Mattscheibe sah, fragte sie Ilse: »Was is 'n das für'n Typ?«

Darauf antwortete Ilse: »Das ist Heiner Lauterbach.«

Doris sah sie an und meinte: »Der spielt bei mir die Hauptrolle in meinem nächsten Film, *Männersache*.«

Phase drei war eingeläutet. Sie erinnern sich doch noch an die fünf Phasen im Leben eines Schauspielers?

Es ist nicht auszudenken, wie viele Wendungen und Veränderungen meines Lebens von diesem zufälligen Zusammentreffen abhingen. Kaum eine andere Begegnung zweier Menschen dürfte mein Schicksal mehr beeinflusst haben. Wenn diese beiden Frauen nicht zufällig am selben Tag zur selben Stunde, Minute und Sekunde dieselbe Straße an derselben Stelle überquert hätten, wäre der Rest meines Lebens komplett anders verlaufen. Ich hätte vermutlich noch nicht einmal dieses Buch geschrieben. Und selbst wenn: Wahrscheinlich würde es keiner lesen.

*

Im Sommer 1985, wir hatten gerade mit den Dreharbeiten für *Männersache* begonnen, rief ich bei Katja Flint an und fragte, ob sie nicht Lust auf ein gemeinsames Abendessen hätte. Immerhin wollten wir doch Freunde bleiben, und Freunde würden doch hin und wieder miteinander essen, meinte ich. Das sah sie ähnlich, und wir verabredeten uns in meiner damaligen Stammkneipe, dem Schubidu.

Ein paar Monate zuvor hatten Sissy Höfferer und ich uns getrennt. Nachdem wir aus Costa Rica zurückgekehrt waren, hatten wir recht bald feststellen müssen, dass wir nicht wirklich füreinander bestimmt waren.

Nachdem Katja und ich ein paar Gläser getrunken hatten, rückte ich mit meinem eigentlichen Anliegen raus. Ich wollte sie wissen lassen, dass ich immer noch an ihr hing. Ganz so einfach wollte und konnte sie es mir aber nicht machen. Ich hatte sie verletzt, und das ließ sie mich spüren. Ich musste sie ganz schön beknien, mir noch eine Chance zu geben.

Schließlich versuchte ich es mit einem Deal: Ich bot ihr an, einmal ungestraft fremdgehen zu dürfen, dann wären wir quitt. Obwohl Katja nur wenig Verständnis für meine Zockermentalität aufbringen konnte, gab sie sich schließlich geschlagen – und mir noch eine Chance. Ich zog also wieder zu ihr, in die Peter-Paul-Althaus-Straße, an den Englischen Garten.

*

Männersache war mit seinen achthunderttausend Mark Produktionskosten selbst für damalige Verhältnisse ein Super-Low-Budget-Film. Meines Wissens wollte das ZDF einen reinen Fernsehfilm daraus machen, was er bei dem Budget ja auch war, aber Doris wollte ihn unbedingt ins Kino bringen und zahlte deswegen die Mehrkosten für die Herstellung auf kinotauglichem 35-Millimeter-Filmmaterial aus eigener Tasche.

Einer der Produzenten, Harry Kügler, bot mir eine Gesamtgage an, die in etwa meiner heutigen Tagesgage beim Fernsehen entspricht. Es war schon spät in der Nacht. Harry und ich standen im »Schumann's«, einer bekannten Münchner Bar in der Maximilianstraße, und feilschten.

Es ging noch um eine Differenz von zweitausend Mark im Rückstellungsbetrag. Unter Rückstellung versteht man im Filmgeschäft

Mit Uwe Ochsenknecht in Männer

eine besondere Form der Vergütung. Dabei erhält der Schauspieler diesen Betrag nur dann, wenn der Film vorher alle anderen Kosten eingespielt hat. Seine Gage wird sozusagen zurückgestellt. Wir feilschten also wie die Kesselflicker um eine Gage, die laut Harry Kügler sowieso nie relevant werde, da kein deutscher Film seine Kosten jemals einspielen würde.

»Na prima«, sagte ich, »wenn das so ist, kannst du mir ja auch eine Million zurückstellen lassen.«

Seine Antwort war noch weniger als ein müdes Lächeln.

Jedenfalls ging es an diesem Abend hin und her. Harry war einfach nicht bereit, mir die restlichen zweitausend auf meinen Rückstellungsbetrag zu legen, und ich wollte aus Prinzip und Sturheit nicht nachgeben. Natürlich hatten wir beide auch schon getrunken, was für die nötige Aggressivität im Tonfall sorgte.

»Es gibt noch wunderbare andere Schauspieler, die diese Rolle spielen können. Robert Atzorn zum Beispiel.«

Obwohl ich wusste, dass er recht hatte, trank ich meinen Wodka aus, knallte ihn auf den Tisch, sagte: »Dann leck mich doch am Arsch« und ging.

Als ich schon auf der anderen Seite der Maximilianstraße war, hörte ich, wie er mir nachrief: »Okay, du Sackgesicht. Du kriegst dein Geld!«

Nicht auszudenken, wie oft ich mich verflucht hätte, wenn mir Harry Kügler in dieser Nacht nicht nachgegangen wäre.

Die Dreharbeiten zu *Männersache* waren eine große Freude, nicht zuletzt weil ich mich mit Uwe und Doris sehr gut verstand. Sofort hatten wir drei eine sehr spezielle und enge Verbindung, was man dem Film, glaube ich, auch ansieht. Doris verstand es mit ihrer ungezwungenen, antiautoritären Art vortrefflich, das gesamte Team zu einer großen Familie werden zu lassen. Damit legte sie den Grundstein für diese dichte Inszenierung, in der sämtliche Akteure ihrer Spielfreude freien Lauf lassen konnten. Uwe und ich waren vom ersten Moment an ein eingespieltes Team, das sich gegenseitig inspirierte. Wir zogen allesamt mit gleicher Kraft am selben Strang. Das ist wahrscheinlich eines der Geheimnisse dieses Films.

So schön die Drehzeit war, so kurz war sie auch. Vierundzwanzig Drehtage hatten wir zur Verfügung, um am Ende neunzig Minuten geschnittenes Filmmaterial abzuliefern. Was einen Schnitt von fast vier Minuten am Tag bedeutete. Gott sei Dank machte Doris keine überflüssigen Einstellungen, die am Ende ohnehin nur im Papierkorb landeten. Sie drehte, wie man so sagt, »auf Schnitt«.

Nach *Männersache* drehte ich einen weiteren Kinofilm mit dem bezeichnenden Titel *Nur Frauen, kein Leben*. Den hatte sich Roland Suso Richter ausgedacht, der das Script verfasst hatte, für die Regie verantwortlich war und zusammen mit seinem Freund Nico Hofmann auch als Produzent auftrat. Das heißt, wenn man davon ausgeht, dass Produzenten die Menschen sind, die Gelder auftreiben, um sie dann zu verteilen, waren die beiden gar keine Produzenten. Aus dem einfachen Grund, weil keine Gelder vorhanden waren. Zumindest nicht bis einen Tag vor Drehbeginn. Mir hatte man schon im Vorfeld angedeutet, dass mit einer normalen Gage beziehungsweise den üblichen Auszahlungsmodalitäten nicht zu rechnen sei. Das war mir aber aus alter Verbundenheit zu meinen Kumpels Roland und Nico und im Gedenken an unsere *Feuerzangenbowle* wurscht.

Wahrscheinlich wäre es mir nicht ganz so wurscht gewesen, wenn ich gewusst hätte, dass bis einen Tag vor unserer Abreise nach Südfrankreich, wo der Film spielen sollte, überhaupt kein Geld vorhanden war. Roland waren wohl in letzter Sekunde irgendwelche dubiosen Geldgeber abgesprungen. In seiner größten Not ging er dann zu Bernd Eichinger, dem damaligen Chef der Constantin Film. Er erzählte ihm von seinem mutigen Vorhaben, erklärte, dass alles geregelt sei und jeder Gewehr bei Fuß stand, quasi schon auf dem Bahnhof, und dass eben alles wunderbar wäre – mit der kleinen Einschränkung, dass kein Pfennig Geld da war, um die ganze Sache zu realisieren.

Bernd, selber ein wagemutiger Pionier des neuen deutschen Films und für seine Spontaneität und Improvisationsfreude bekannt, müssen diese Geschichte und der junge Mann, der sie ihm vortrug, so beeindruckt haben, dass er gleich an seinen Tresor ging und dem bargeldlosen Produzenten fünfzigtausend Mark in die Hand drückte. Natürlich nicht, ohne von ihm vorher die Fernsehrechte dafür erworben zu haben.

Nun waren unsere beiden unerschrockenen Produzenten wenigstens in der Lage, das Zelluloid zu bezahlen, auf dem belichtet werden sollte, was wir so von uns gaben.

Die Dreharbeiten zu diesem eigenwilligen Projekt waren einerseits recht mühsam – kaum ein Drehtag war kürzer als zwölf Stunden – und im Wissen um die gegen null tendierende Entlohnung doppelt anstrengend, andererseits verlebten wir eine tolle Zeit in Frankreich. Natürlich auch, weil Katja meine Ehefrau spielte. Wir waren sozusagen in den zweiten Flitterwochen. Ich glaube, es war nicht zuletzt diese gemeinsame Zeit, die uns dann glauben ließ, dass wir füreinander bestimmt seien. Und zwar für immer.

Neben einem Lavendelfeld, in der Abendsonne der Provence, fragte ich sie, ob sie meine Frau werden wollte. Und Katja, entweder vom Lavendelduft ihrer Sinne beraubt oder von der Sonne geblendet, sagte auch noch ja.

Ich war damals fest davon überzeugt, dass unsere Liebe ewig halten würde. Dass wir viele Kinder bekommen und bis ans Lebensende zusammensein würden. Für frisch verheiratete Menschen, die über die Chancen ihrer Ehe nur: Na ja, schaun wir mal, wie lange das hält, sagen, hatte ich nichts übrig. Wenn man nicht an den guten Ausgang einer Ehe glaubt, braucht man gar nicht erst zu heiraten, fand ich.

Katja und ich liebten uns. Wir begehrten einander und achteten uns. Dass zu einer funktionierenden Ehe noch mehr gehörte, wollte ich damals nicht wahrhaben – oder besser gesagt: Ich habe, wie so oft vor wichtigen Entscheidungen, nicht gewissenhaft genug nachgedacht. Sonst hätte ich erkennen müssen, dass ich mit meinen dreiunddreißig Jahren einfach noch zu unreif für den gefährlichen Bund der Ehe war.

Bis auf den Hang zur Familie, der in mir schlummerte, sprachen alle Faktoren gegen mich: Ich war auf dem Sprung vom schweren Trinker zum Alkoholiker. Ich konnte, was das weibliche Geschlecht betraf, keiner auch noch so geringen Versuchung widerstehen. Ich war erfolgreich in einem Beruf, der mir diese Versuchungen quasi tagtäglich vor die Tür legte. Ich war ein leidenschaftlicher Zocker und Fußballfan, beides Sachen, die Frauen in der Regel meiden wie der Teufel das Weihwasser. Aber das Schlimmste war: Ich war nicht bereit, auch nur eines davon ernsthaft zu ändern. Ich dachte, das wird schon alles klappen. Katja ist ausreichend zäh und hart im Nehmen. Ihre Liebe zu mir ist groß genug, das alles verkraften zu können. Ich sagte mir: Mit den Jahren wirst du schon ruhiger werden, und bis dahin darfst du dich einfach nicht bei schlimmen Dingen erwischen lassen.

Heute muss ich mir eingestehen, dass zu meiner schon an Blödheit grenzenden Blauäugigkeit noch eine erhebliche Portion Egoismus und Rücksichtslosigkeit hinzukam. Bei aller Lockerheit und Lässigkeit, die ich mir zugestehe, komme ich nicht umhin, mich als richtiges Arschloch zu bezeichnen, was mein eheliches Verhalten gegenüber Katja betrifft. Noch heute antworte ich auf die Frage nach dem größten Fehler, den ich im Leben gemacht habe: die Vernachlässigung der Ehe mit Katja Flint.

Was nicht heißen soll, dass wir keine schönen Zeiten miteinander verlebt hätten. Katja sagte einmal, während sie in meinen Armen lag: »Weißt du, Heiner, selbst wenn wir uns morgen trennen sollten, hätte sich die Zeit mit dir für mich gelohnt, so glücklich hast du mich schon gemacht.«

Ganz sicher habe ich diese Aussage nicht zum Anlass genommen, die ehelichen Zügel schleifen zu lassen. Überhaupt muss ich zu meiner Verteidigung sagen, dass ich niemals bewusst etwas getan habe, um meinen Partner zu kränken oder zu demütigen. Solche Dinge sind mir einfach passiert. Aus Unachtsamkeit.

Ich glaube wirklich, dass ich niemals eine Partnerin absichtlich verletzt habe. Ob das auch umgekehrt gilt, würde ich hingegen nicht zu behaupten wagen. Man sagt ja, dass nichts so gefährlich ist wie der Hass einer Frau. Auch wenn ich das nicht bedingungslos unterschreiben würde, mag schon etwas dran sein. Und ich verstand es offenbar hin und wieder, diesen Hass zu schüren.

*

Als wir im November 1985 aus Frankreich zurückkamen, fanden wir in unserer Post eine Einladung für das Filmfestival in Hof, wo *Männersache* laufen sollte. Katja und ich fuhren mit ihrem Golf in das verträumte Städtchen an der Grenze zur DDR und feierten ein fröhliches Wiedersehen mit Doris, Uwe und dem Rest der Crew. Hier erfuhren wir, dass der Film nun *Männer* heißen würde. Der Titel *Männersache* war schon vergeben. Mir war das nur recht, da ich persönlich *Männer* als Titel viel besser fand.

Wir hatten schon im Vorfeld unglaublich gute Kritiken bekommen, die von den Reaktionen des kritischen Hofer Filmfestpublikums noch getoppt wurden. Nach dem Ende der ersten Vorstellung setzte ein nicht enden wollender Applaus ein, der von unzähligen Bravorufen begleitet wurde. Dann holte Doris nacheinander die gesamte Mannschaft auf die Bühne. Ganz am Ende kamen Uwe und ich. Für uns war dieser unerwartet große Erfolg eine völlig neue Erfahrung. Wir nahmen uns in die Arme und genossen die überschäumende Begeisterung.

Das ist auch etwas, das mich mit Uwe immer besonders verbinden wird. Sicher habe ich einige Freunde in der Branche, aber mit keinem ist mein Schicksal so eng verbunden wie mit ihm. Keiner meiner Kollegen konnte meine Karriere aus solcher Nähe beobachten wie er, denn seine verlief exakt parallel zu meiner. Und dadurch, dass wir gemeinsam in das lauwarme Becken der bundesweiten Sympathie geworfen wurden, in dem sich, wie wir später feststellen mussten, auch der eine oder andere Haifisch verbarg, konnten wir auch gegenseitig unsere Gefühle so gut verstehen. Wir freuten uns gemeinsam über unseren Erfolg und litten mit dem anderen, wenn diesem etwas Schlimmes widerfuhr. So etwas verbindet. Wir waren zwar nie die allerdicksten Kumpel, aber wir sind Kumpel. Und zwar von Herzen. Über so eine lange Zeit will das in der Branche schon was heißen.

*

Am 20. Dezember 1985 heiratete ich Katja Flint in der Mandlstraße in München. Mit unseren engsten Verwandten und dem Ehepaar Belle – Ekki war mein Trauzeuge – feierten wir bei Rosario, dem Stehitaliener, bei dem Franjo und ich in meinem vorehelichen Leben so manche Braut aufgegabelt hatten. Die *Bildzeitung* nahm das zum Anlass für die Schlagzeile »Filmstar heiratet im Stehimbiss«.

Ich weiß noch, wie ich mit meiner Mutter und meiner Schwester spät abends über die Leopoldstraße spazierte. Ich ging an den Zeitungskästen vorbei und las die Überschrift, ohne sie weiter zu beachteten. Erst meine pfiffige Schwester Marina brachte die Schlagzeile mit mir in Verbindung. Wir schlichen zurück, rupften den Aufmacher und eine Zeitung aus dem Kasten und nahmen sie mit nach Hause. Meine Mutter meinte noch: »Filmstar … das ist ja wohl ein bisschen übertrieben.«

Ich sah das zwar überhaupt nicht so, aber angesichts der Tatsache, dass mein erster richtiger Kinofilm erst seit ein paar Tagen in einigen deutschen Städten lief, musste man ihr wohl recht geben.

Der Filmverlag der Autoren, der sich die Verleihrechte an *Männer* gesichert hatte, war bundesweit mit fünfunddreißig Kopien

Mit Uwe Ochsenknecht bei der Verleihung des Bundesfilmpreises

gestartet. Am Schluss waren es dann zweihundertfünfzig – immer noch wenig, wenn man bedenkt, dass amerikanische Blockbuster in Deutschland mit bis zu tausend Kopien und mehr starten. Dass es der Film trotzdem allein in Westdeutschland auf knapp sechs Millionen Zuschauer brachte, grenzte für manch einen an ein Wunder und sorgte in der Branche für Aufsehen und Anerkennung. Und für den damit immer verbundenen Neid. Aber zunächst mal hatten die Medien ihre neuen Lieblinge. Vor allem Doris Dörrie wurde von der Presse gefeiert. Aber auch Uwe und ich konnten uns nicht beschweren, fanden wir doch unser Konterfei auf etlichen Magazinen wieder. Und schließlich wurden wir sogar mit dem Deutschen Filmpreis, der höchsten Auszeichnung für Filmschaffende, dekoriert.

26
Titel, Theken, Temperamente

Wenn es so etwas wie eine Strategie gibt, nach der die Presse in aller Welt arbeitet, dann besteht sie nach meinem Eindruck darin, Menschen berühmtzuschreiben, sie zum Star zu machen, um sie dann wieder fallenzulassen. Die Medien stellen eine Figur auf den Sockel, um dann so stark daran zu rütteln, bis sie runterfällt – und nicht selten zerbricht. Wer für dieses Spiel zu schwache Nerven hat, sollte gar nicht erst auf den Platz laufen. Vertrackt wird es, wenn man einen Beruf ausübt, der Feingefühl und Sensibilität verlangt. Dann gilt es, die Gratwanderung zwischen Kaltschnäuzigkeit und Empfindsamkeit zu beherrschen. Während man am Abend auf der Bühne seine Seele nach außen krempeln und vor vielen Menschen tiefe Emotionen zeigen muss, soll man am anderen Morgen eine womöglich auch noch falsche Schlagzeile, die einen schlimmer Dinge bezichtigt und von vielen Millionen Menschen gelesen wird, locker wegstecken. Wer in diesem Wellenbad der Gefühle seekrank wird, hat in unserem Beruf nichts verloren.

Aber noch war ich ja Everybody's Darling und auf dem Weg nach oben. Oder, wie der Titel meines ersten Interviews mit dem *Stern* lautete: »Locker auf dem Weg nach oben.« Anders gesagt, ich war endgültig in Phase drei angekommen: »Ich brauche Heiner Lauterbach!«

Vom Phänomen der wundersamen Freundesvermehrung bei Prominenten hatte ich natürlich schon mal gehört, doch jetzt machte ich die Erfahrung selber. Vorher hätte ich nicht gedacht, dass es so viele schleimende Klugscheißer überhaupt gibt, und auf einmal zählten sie alle zu meinem Bekanntenkreis. Noch schlimmer als die Schulterklopfer und »Ich hab's ja schon immer gewusst«-Sager sind die Gute-Ratschläge-Geber. Als Widder sowieso kein Freund von Ratschlägen, sah ich mich in den folgenden Jahren zahllosen Fachleuten für Lebenshilfe ausgesetzt. Das soll nicht heißen, dass es nicht Menschen gab oder gibt, von denen ich nicht etwas lernen könnte und wollte. Aber die, die wirklich brauchbare Tips hätten, halten meistens die Klappe.

Anfangs tat ich mich recht schwer damit, im Licht der Öffentlichkeit zu stehen. Als gebürtiger Rheinländer immer für die Sorgen des anderen oder ein Schwätzchen zu haben, musste ich lernen, mein Mitteilungsbedürfnis zu zügeln. Wenn man schon redete, musste man wissen, mit *wem* man über *was* redete. In den ersten Jahren gelang mir das nicht immer. Es kam schon mal vor, dass ich bei Auftritten auf Filmbällen oder irgendwelchen Galadiners den halben Abend mit der Klofrau sprach, anstatt mich meiner Tischdame zu widmen. Oder ich fuhr mit dem Fahrer des Shuttleservices in irgendeine Kneipe und ging gar nicht erst auf die Veranstaltung.

Eigentlich verhielt ich mich also gar nicht anders als all die Jahre zuvor, nur standen jetzt meine kleinen Spontanorgien zunehmend in der Zeitung. Und so eine Schlagzeile, die einem morgens ins Gesicht springt, hinterlässt schon ihre Wirkung. Ein offizieller Bericht klingt einfach anders, als wenn man seine letzten Abenteuer den Kumpels am Stammtisch erzählt. Überhaupt gefiel mir das Bild nicht, das sich von mir immer deutlicher in der Öffentlichkeit abzeichnete. Aussagen, die ich einmal gemacht und zugegebenermaßen nicht immer wirklich durchdacht hatte, wurden ständig wiederholt und mussten einen stupiden Eindruck hinterlassen. Im Fernsehen wurden garantiert die Szenen von einer Veranstaltung genommen, bei denen ich am betrunkensten wirkte, und bei Fotos wurden gerne die ausgesucht, bei denen ich die Augen geschlossen hatte oder sonstwie unvorteilhaft wirkte.

Am schlimmsten finde ich allerdings eine Unsitte, hinter der vermutlich gar keine böse Absicht steckt. Und zwar lassen Journalisten beim Abdruck von Interviews gerne die Fragen weg, wodurch das ganze Gespräch verzerrt wird und der Befragte in einem geschwätzigen Licht erscheint. Nehmen wir einmal an, das Gespräch ist so verlaufen:

Zeitung: »Herr Lauterbach, sind Sie glücklich?«
Lauterbach: »Ja, ich glaube schon.«
Z: »Welchen Stellenwert hat Ihr Kind für Sie?«
L: »Tut mir leid, ich möchte nicht über private Dinge reden.«
Z: »Kein Problem. Ist für Sie Ihre Arbeit wichtiger als Ihre Familie?«
L: »Nein, natürlich nicht.«
Z: »Könnten Sie sich vorstellen, mal in Hollywood zu arbeiten?«
L: »Klar, warum nicht. Wenn's 'ne schöne Rolle ist.«
Z: »Wer ist denn Ihr amerikanischer Traumpartner?«
L: »Tut mir leid, da hab ich keinen.«
Z: »Aber Sie müssen doch einen Lieblingsschauspieler haben.
L: »Muss ich?«
Z: »Na klar. Also, wen sehen Sie denn gerne in amerikanischen Filmen?«
L: »Keine Ahnung ... Robert de Niro vielleicht?«
Z: »Na bitte, den find ich nämlich auch ganz klasse. Was machen Sie denn als nächstes?«

Und das Ganze kann man dann so in der Zeitung lesen:

Z: »Herr Lauterbach, sind Sie glücklich?«
L: »Das kommt darauf an, wie Sie Glück definieren. Für mich besteht Glück in erster Linie aus der Verwirklichung meiner privaten Träume. Bei meiner Familie zu sein, bei meinem Kind oder meinen Kindern, sie glücklich zu wissen und gesund, das ist Glück für mich. Das ist mir wichtiger als mein Beruf und alles andere. Natürlich liebe ich auch meinen Beruf. Auch in ihm bin ich glücklich. Ich arbeite gern als Schauspieler. Wobei ich, meines Erachtens, längst noch nicht an meine Grenzen gestoßen bin. Ich könnte mir zum Beispiel gut vorstellen, einmal in Amerika zu arbeiten. Ja, ja, eine tolle Rolle in

Hollywood, da würde ich nicht nein sagen. Robert de Niro als Partner wäre nicht schlecht.«

Z: »Was machen Sie als nächstes?«

Immer, wenn ich solche Interviews von mir lese, ist mir der Typ ganz fremd, der da Rede und Antwort steht, und ich denke: ›Was quatscht der eigentlich für'n Blech und antwortet pausenlos auf Dinge, die er gar nicht gefragt worden ist?‹

Dabei machen das die guten Journalisten nur, um Platz zu sparen.

Ich glaube, in meinen ersten Interviews habe ich den allerschlimmsten Fehler gemacht, den man nur machen kann: Ich habe die Wahrheit gesagt. Genauer gesagt: Ich habe gesagt, was ich dachte, was fast noch schlimmer ist. Natürlich tue ich das heute auch noch, aber mit einem entscheidenden Unterschied: Ich sage nicht mehr *alles*, was ich denke. Und ich traue mich auch, Sachen unbeantwortet zu lassen. Unlängst hat mich zum Beispiel eine Journalistin gefragt, wer denn für mich der schlechteste deutsche Schauspieler sei. Darauf sagte ich: »Darüber möchte ich nicht reden.«

Als ich mich später von ihr verabschiedete, flüsterte ich ihr noch boshaft ins Ohr: »Aber ich kenne ihn.« Das war die Höchststrafe, weil Journalisten es auf den Tod nicht ausstehen können, dass man ihnen etwas vorenthält.

Bei meinen ersten Begegnungen mit Journalisten bin ich oft mit ihnen saufen gegangen. Das ist ungefähr so, als ob man bei Gericht vorgeladen wird, um sich für einen Verstoß gegen das Betäubungsmittelgesetz zu verantworten, und den Richter vor der Verhandlung im Gerichtsflur fragt, ob er nichts zu kiffen dabeihat.

Mit diesen Saufgelagen in Journaillenrunden hatte ich einem charakterlichen Verriss Tür und Tor geöffnet – über ihre eigenen Räusche allerdings schwiegen sie sich aus.

Ich glaube sowieso, es gibt keine ambivalentere Beziehung zwischen zwei Menschen als die eines Schauspielers zu einem Journalisten. Einerseits brauchen wir die Presse ja wie das tägliche Brot. Andererseits würden wir sie manchmal am liebsten zum Mond schießen.

27
Katja und Karriere

Viele Äußerungen intelligenter Menschen über die Ehe sind negativ. »Die Ehe ist der Versuch, zu zweit mit den Problemen fertig zu werden, die man alleine nie gehabt hätte«, hat Woody Allen einmal gesagt. Und Henri de Toulouse-Lautrec hat den Satz geprägt: »Die Ehe ist eine lange Mahlzeit, die mit dem Dessert beginnt.« – Komisch, trotzdem heiraten so viele.

Man sagt ja, dass der größte Feind der Ehe der Alltag sei. Dass der monotone Rhythmus des sich ewig Wiederholenden selbst die leidenschaftlichste Liebe verglühen lässt. Aber das war nicht das Problem von Katja und mir. Abwechslung hatten wir genug. Durch unser beiderseitiges Engagement bei Film und Fernsehen waren wir auch nicht unentwegt zusammen. Ich war häufig zu Dreharbeiten im Ausland, und wenn ich mal zu Hause war, hieß das auch noch nicht, dass sie mich täglich zu sehen bekam. Ich konnte nach Beendigung einer Drehzeit mühelos in, wie Katja das nannte, meinen »Kölner Rhythmus« verfallen und mir gleich mehrere Nächte hintereinander um die Ohren schlagen. Wobei ich bei den Dingen, die mir Freude machten, sei es fleischlicher oder chemischer Natur, nicht wählerisch war. Immer häufiger fand ich mich in Situationen wieder, die, wenn die Öffentlichkeit davon erfahren hätte, durchaus kompromittierend gewesen wären. Ich war ein Genussmensch und folgte dieser vermeintlichen Bestimmung nur allzu bereitwillig.

Klar, dass dieser Lebenswandel Spuren hinterließ. An mir. An meiner Ehefrau. An meinem Umfeld. Ich verbrachte zunehmend

Mit Franjo (1986)

Nächte mit Menschen, die ich eigentlich gar nicht kannte. Und die ich unter normalen Umständen, also nicht randvoll mit sämtlichen Genussmitteln, die mir zur Verfügung standen, auch gar nicht kennenlernen wollte.

Katja ertrug meine immer länger währenden Aussetzer mit einer fast schon an Gleichgültigkeit grenzenden Geduld. Wenn ich nach durchzechten Nächten völlig übermüdet und nach Schnaps stinkend nach Hause kam, fragte sie: »Mausi, wo warst du denn wieder? Ich hab mir solche Sorgen gemacht.«

Ich nannte ihr dann meistens irgendeinen Freund, bei dem ich angeblich geschlafen hatte. Einmal behauptete ich: »Ich hab bei Lothar geschlafen.«

Sie sah mich an, als wollte sie mir eine zweite Chance geben.

»Heiner, Lothar hat vor zehn Minuten angerufen und sich bei mir beschwert, dass du dich überhaupt nicht mehr bei ihm meldest.«

Ich ging mürrisch an ihr vorbei, Richtung Wohnzimmer.

»Hab ich Lothar gesagt? Ich mein natürlich Franjo. Ich war bei Franjo.«

Mit diesem Satz betrat ich das Wohnzimmer, in dem Franjo an meinem Flipper stand und flipperte. Er tat das oft, wenn er auf mich wartete. Franjo sah nur kurz auf und spielte weiter, während er »Hey, Keule, lange nicht gesehen« brummte.

Das war jetzt richtig scheiße gelaufen. Ich drehte mich zu Katja um und raunzte sie an: »Außerdem, was soll'n das hier werden? Ein Verhör oder was?«

Ich schloss die Wohnzimmertür und gesellte mich zu Franjo an den Flipper.

»Soll noch mal einer sagen, dass ich nicht mit Weibern umgehen kann«, grunzte ich, und er musste lachen.

Katja verschwand in der Küche. Ich glaube, sie fand das nicht so komisch.

Es ist nicht so, dass solche und ähnliche Momente spurlos an mir vorübergegangen wären. Ich mimte zwar den Harten, war es aber gar nicht. Ich fühlte mich nicht wirklich wohl, wenn ich so war. Und manchmal hasste ich mich sogar dafür. Aber ich tat es trotzdem. Der Alkohol ließ mich Dinge machen, die ich an und für sich gar nicht machen wollte. Katja sagte immer, ich sei der Prototyp des Dr. Jekyll & Mr. Hyde.

*

Im Sommer 1986 drehte ich den zweiten Kinofilm mit Doris Dörrie. Eigentlich sollte der Film *Schlaraffenland* heißen, aber der Titel war wohl wieder mal besetzt, so dass sie ihn später *Paradies* nannte. Ich spielte einen Biologen russischer Abstammung, der sein Reihenhaus samt Ehefrau (Sunnyi Melles) verlässt, um zu Lotte, einer chaotischen Dorfpomeranze (Katharina Thalbach), zu ziehen. Das kann natürlich nicht gutgehen und endet tödlich. Zumindest für die Ehefrau.

Ich habe dieses Projekt von der ersten Sekunde an geliebt. Schon das Drehbuch, das Doris wieder selbst geschrieben hatte, war so herrlich schräg. Doris hat ein wunderbares Händchen für die großen Kinomomente. Das war mir schon bei ihrem ersten Film *Mitten ins Herz* aufgefallen.

In *Paradies* fragt der Biologe Lotte zum Beispiel: »Was is 'n aus deiner Mutter geworden?«

Szenenfoto mit Katharina Thalbach aus Paradies,
dem zweiten Film mit Doris Dörrie

Sie antwortet: »Is überfahren worden … Milchtransporter …«

Die meisten Autoren hätten es wohl bei: »Is überfahren worden« belassen. Aber gerade dieses »Milchtransporter« nach einer kleinen Pause macht die Sache rund. Wenn es dann noch von Katharina Thalbach gesagt wird, dieser Vollblutschauspielerin, wird die Szene perfekt.

Leider schienen das offenbar nicht alle so zu sehen. Kaum ein zweiter Film, den ich gedreht habe, hat dermaßen polarisiert wie *Paradies.* Es war uns allen natürlich sonnenklar, dass man nach einem solchen Erfolg wie *Männer* mit schlechten Kritiken für das nächste Projekt rechnen musste. So ist das nun mal. Den ersten Erfolg gönnen sie einem gerade noch, aber dann ist bei den meisten Schluss mit lustig. Ich habe den Eindruck, einige Kritiker schreiben dann schlecht, nur um sich von der vermeintlichen Masse abzusetzen. Schließlich hat man seine eigene Meinung, und die ist sehr speziell und schwimmt keinesfalls mit dem Strom.

Aber in diesem Fall war es wirklich so, dass der Film die Menschen, die ihn gesehen hatten, in zwei Lager teilte. Die einen fanden ihn großartig, die anderen einfach nur schlecht. Dazwischen gab es nichts.

Da ich nun wirklich einen Film nach dem anderen drehte, hatte ich kaum noch Zeit für andere schauspielerische Aktivitäten, wie Theater spielen, Hörspiele aufnehmen oder synchronisieren. Nur in Ausnahmefällen fand ich mich mal auf einer Bühne oder in einem Tonstudio wieder. Eine dieser Ausnahmen war die Verfilmung des Klassikers *Tod eines Handlungsreisenden*. Volker Schlöndorff, für die *Blechtrommel* schon mit einem Oscar geehrt, hatte dieses Theaterstück von Arthur Miller mit der damaligen Broadwaybesetzung verfilmt und wollte es nun in der Bavaria synchronisieren. Zu diesem Zweck hatte er unter anderem Otto Sander, Rolf Zacher und mich engagiert.

Normalerweise braucht man für die Synchronisation eines Spielfilms drei Tage. Nicht so bei diesem Werk. Ganze drei Wochen hatte die Produktionsfirma Schlöndorff Zeit gegeben, um seinen Film für das deutschsprachige Publikum zu vertonen. Das entpuppte sich als weise Entscheidung, denn gleich mehrere Umstände ließen dieses Projekt sehr zeitintensiv werden: Zum einen hatten wir es mit zwei Regisseuren zu tun. Während normalerweise nur ein Synchronregisseur neben dem Tonmeister sitzt, um seine Sprecher zu »führen«, gesellte sich in diesem Fall noch der Originalregisseur, nämlich Volker Schlöndorff, hinzu und gab ebenfalls Kommandos. Das war, wie man sich vorstellen kann, nicht nur anstrengend, sondern kostete viel Zeit. Nicht selten waren die beiden sich nämlich nicht einig und diskutierten erst mal ein Viertelstündchen an einer Silbe rum. Außerdem war ich, glaube ich, der einzige Schauspieler in diesem Ensemble, der bereits Synchronerfahrung hatte. Zu guter Letzt kam Rolf Zacher jeden Morgen eine gute Stunde zu spät. Auf die Aufnahmezeit umgerechnet, ergab das anderthalb Arbeitstage.

Aber ich habe gerne auf Rolf gewartet, weil ich ihn mag. Er ist eines der allerletzten Originale in diesem immer spießiger werdenden Beruf. Während die meisten Schauspieler nur noch mit ihren Handgelenkstäschchen herumlaufen, in dem ihre Lohnsteuerkarte samt Versicherungsnachweisheft steckt, und über GVL-Abrechnungen diskutieren – GVL ist die Gesellschaft zur Verwertung von Leistungsschutzrechten, so was wie eine GEMA für Schauspieler –, ist Rolf ein Vollchaot mit all den herrlichen Attitüden eines durchgeknallten Schauspielers. Über Rolf alleine könnte ich ein eigenes dickes Buch schreiben.

Als wir am ersten Tag gemeinsam vor dem Mikro standen, führte er sich gleich richtig ein. Nachdem er für den ersten Take zwanzig Anläufe gebraucht hatte statt der üblichen zwei bis drei – zwanzig Anläufe, die ich, wohlgemerkt, alle immer mitsprechen musste –, schwante mir schon, worauf ich mich hier eingelassen hatte. Auf den Schrecken, der mir in Anbetracht der drei nächsten Wochen durch die Glieder fuhr, wollte ich erst mal eine rauchen. Ich kramte eine Reval hervor und wollte sie gerade anzünden, als Rolf hysterisch zur Seite sprang, als hätte er eine hochgradig ansteckende Lepra an mir ausgemacht.

»Oh, Heiner, nee, bitte ... nich rauchen ... das vertrag ich überhaupt nich. Da wird mir kotzübel ... Und ich krieg so'n Kratzen im Hals ... und ...«

»Is ja gut, Rolf«, unterbrach ich ihn, um mir die Aufzählung der weiteren Symptome zu ersparen. »Is gut, Alter, ich hab sie ja noch gar nich angemacht. Du kannst dich wieder beruhigen.«

Keine zwanzig Minuten und einen unendlich lange dauernden Take später beobachtete ich, wie Rolf nacheinander Blättchen, Zigarettentabak und in Silberpapier eingepacktes Haschisch aus den unendlichen Tiefen seines Trenchcoats hervorzauberte. Ich traute meinen Augen nicht. Nicht, dass ich verwundert gewesen wäre, dass Rolf kiffte. Das wusste jeder in der Branche. Aber nach dem Theater, das er gerade aufgeführt hatte, als ich eine harmlose Zigarette rauchen wollte, konnte er sich doch unmöglich einen Joint drehen und ihn neben mir anstecken. Doch genau das tat er. Er baute sich in aller Ruhe und sehr gekonnt einen gigantischen Dreiblattjoint und zündete ihn, ohne mit der Wimper zu zucken oder mich zu fragen, an. Ich stieß ihn in die Seite.

»Sag mal, Alter, hast du einen zuviel geraucht?«

Er sah mich verdattert an.

»Wieso, Heinerchen, wat is denn?« fragte er mit seiner herrlich verlispelten Sprache.

»Na, mir sagst du gerade, ich soll nich rauchen, weil du so allergisch bist, und selber ziehst du dir hier 'ne Tüte rein.«

Er sah auf seinen Joint, dann zu mir. Ich merkte, wie es in seinem Kopf arbeitete. Schließlich erkannte er den Widerspruch und nickte.

»Ach so, is jut, kannst ooch wieder rauchen.«

Damit drehte er sich wieder Richtung Leinwand und befasste sich mit der schier unlösbaren Aufgabe, mit der ihn der nächste Take zu konfrontieren drohte.

Nach Beendigung unserer Synchronisation lud Volker Schlöndorff die versammelte Mannschaft zu einem kleinen Umtrunk in den Räumlichkeiten der Bavaria ein. Bei diesem Anlass hielt er eine Rede. Zwischen den Zuhörern waren, neben dem kompletten Ensemble, dem Tonmeister, der Cutterin, dem Synchronregisseur, der Aufnahmeleiterin Nina Roll, noch Natalie Reutter, die hochgewachsene, piekfeine und strenge Chefin der Bavaria Synchronabteilung, und Günter Rohrbach, Chef der gesamten Bavaria.

Volker sagte sinngemäß ungefähr folgendes: »Ich möchte mich bei allen ganz herzlich für diese tolle Arbeit bedanken. Mit den meisten von euch war es eine reine Freude zu arbeiten, bei anderen wiederum«, er sah zu Rolf, der sich gerade einen Joint drehte, und lächelte ihn versöhnlich an, »war es etwas mühsamer …«

Hier unterbrach ihn Rolf.

»Weeßte, Volker, ick hab so 'ne lange Zunge. Beim Synchron is det Scheiße, aber beim Lecken is det super.«

Das halbe Hühnchenbein, das Frau Reutter bei ihrem Hustenanfall ausspuckte, verfehlte mich nur knapp. Nachdem sie sich ausgehustet hatte, trat eine vielleicht einminütige Stille ein. Und eine Minute kann verdammt lang sein. Es kommt immer darauf an, auf welcher Seite der Toilettentüre man steht. Und in diesem Fall standen wir alle eindeutig außen. Ich meine tatsächlich bemerkt zu haben, dass sich auf der Innenseite von Volkers Brille leichtes Kondenswasser bildete, während sich der Herr Rohrbach über seine

Scampis beugte wie ein Meeresbiologe, der entdeckt hat, dass die Dinger sprechen können.

Nina, die ja wie Rolf Berlinerin ist, war die erste, die sich wieder fing. Laut schallend lachte sie los. Nach und nach stimmte jeder ein. Nur Frau Reutter blieb ernst. Den ganzen Abend lang. Hin und wieder, wenn sie sich unbeobachtet fühlte, lugte sie zu Rolf hinüber. Irrte ich mich oder las ich da tatsächlich so etwas wie Sehnsucht in ihren Augen?

28
Die MS Europa

Katja und ich bekamen Anfang 1987 eine Anfrage von der Hapag-Lloyd-Reederei, ob wir nicht Lust hätten, für zwei Wochen auf einem ihrer Schiffe, der MS Europa, zu Gast zu sein. Zusammen mit vielen anderen Prominenten wollten sie mit uns durch das Mittelmeer schaukeln. Wir sahen uns die Liste der Promis an, die mitfahren sollten, und entschieden uns, die Reise mitzumachen. Die Mischung der prominenten Gäste schien auf den ersten Blick recht willkürlich, versprach aber einige Abwechslung und interessante Begegnungen an Bord. Unter anderem waren dabei: Siegfried Lowitz *(Der Alte)*, Heinz Drache (aus den Edgar-Wallace-Filmen), die wunderbare Brigitte Horney, die unverwüstliche Inge Meysel, Heidi Brühl, Cindy & Bert (allerdings ohne Bert, sondern mit dem Geliebten von Cindy), Bernd Eichinger, Barbara Rudnik, Katja und ich.

Von jedem Prominenten an Deck war irgend etwas zu sehen oder zu hören. Von Bernd lief der Film *Im Namen der Rose*, den er gerade mit Sean Connery in der Hauptrolle produziert hatte. Siegfried Lowitz veranstaltete sogenannte Goetheabende, bei denen er den Dichter zitierte, was er auch privat ganz gerne tat. Cindy & Begleitung und Heidi Brühl trällerten abends zu der Mucke der Bordcombo, und von mir liefen die Filme *Männer* und *Paradies* im Schiffskino.

Gleich zu Beginn der Reise setzten wir uns bei dem Kapitän ins Fettnäpfchen. Ausnahmsweise war es einmal Katja, die die Etikette missachtete. Wir standen alle in einer Reihe und wurden dem Kapitän vorgestellt. Auf die Frage, ob wir ein Foto mit ihm machen lassen wollten, erwiderte Katja, völlig naiv und ehe ich ihr zuvor-

Leinen los!
Mit Katja vor der
MS Europa

kommen konnte: »Nee, vielen Dank. Wir haben schon so viele Fotos zu Hause. Ist echt nicht nötig.«

Sie meinte das wirklich lieb und wollte dem armen Mann nur die Mühe ersparen. Der brachte für ihre Fürsorge aber kein Verständnis auf und war von Stund an beleidigt.

Am zweiten Tag wurde die ganze Promibagage zu einer kleinen Besichtigung auf die Kommandobrücke eingeladen. Mit halbstündiger Verspätung stampfte die Horney, einen Zettel in der Hand, zu uns.

»Wer ist denn der zweite Offizier?« fragte sie mit ihrer unnachahmlichen Sprechweise, bei der sie unter starkem Ausatmen die Endungen des Satzes immer zu verschlucken schien.

»Hier, gnädige Frau«, meldete sich der entsprechende junge Herr zackig und trat einen Schritt vor.

»Sie haben hier geschrieben«, hauchte sie ihn an und hielt ihm dabei den Wisch unter die Nase, den sie mitgebracht hatte, »›wir würden uns freuen, Sie auf der Brücke begrüßen zu dürfen‹.«

Sie senkte das Blatt langsam und sah den zweiten Offizier, der nichts Gutes ahnte, strafend an. Bevor die Pause zu lang wurde – eben ganz Theatertier –, setzte sie fort: »Seit einer halben Stunde laufe ich auf diesem Schiff herum und suche die Brücke. Wissen Sie, wie viele Brücken es auf diesem Schiff gibt?«

Der junge Mann schien das in der Tat zu wissen, denn er hob an, ihr zu antworten. Doch dazu kam er nicht. Noch während er Luft holte, fiel sie ihm in die Parade.

»Sie sind ein Trottel!«

Diese Frau war wirklich umwerfend. Selbst wenn sie wütend war, hatte sie noch Charme. Man konnte ihr einfach nicht böse sein.

»Wie bitte?« fragte der zweite Offizier unnötigerweise.

Ich glaube, außer ihm hatte jeder hier verstanden, wie sie ihn genannt hatte. Aber ihr kam diese Frage wohl gerade recht, denn fast genüsslich wiederholte sie: »Jawoll, ein Trottel.«

Sprach's, machte auf dem Absatz kehrt und stampfte die Treppe wieder hinunter.

»Aber, gnädige Frau, wollen Sie denn nicht wenigstens jetzt …«, versuchte er noch zu retten, was nicht mehr zu retten war.

»Nein«, unterbrach sie ihn abermals, »ich bin nur gekommen, um Ihnen zu sagen, dass Sie ein Trottel sind. Ihre Brücken interessieren mich nicht mehr.«

»Schie müschen dasch nischt scho ernscht nehmen«, versuchte die gute Inge Meysel, ganz Familienoberhaupt, den verdutzten Mann zu beruhigen. Aber der verstand nun gar nichts mehr.

*

Mit der Zeit kristallisierten sich auf diesem Luxusdampfer unterschiedliche Fraktionen heraus. Erst mal teilte sich das Lager der »normalen« Gäste in jene, die die Promis mochten, und jene, die sie nicht mochten. Aber auch unter den Prominenten bildeten sich kleine Grüppchen. Katja und ich waren nahezu ausschließlich mit

Barbara Rudnik und Bernd Eichinger zusammen. Und mit Marianne, der rechten Hand von Bernd. Wir hatten unglaublich viel Spaß miteinander. Meine Kollegin Barbara kannte ich ja schon länger und besser, während ich Bernd auf dieser Reise erst so richtig kennenlernte. Natürlich hatten wir uns schon ein paarmal getroffen und hallo gesagt, aber über den üblichen oberflächlichen Small talk bei den üblichen oberflächlichen Events war das niemals hinausgegangen.

Nun, auf dem Schiff, verbrachten wir viel Zeit miteinander, ja, mehr noch: Katja und ich freundeten uns mit den dreien richtig an. Ich habe Bernd nie mehr so locker und entspannt gesehen wie auf dieser Reise. Man konnte förmlich mit ansehen, wie ihm täglich etwas mehr Ballast von den Schultern fiel. Es machte ihm ungeheuren Spaß, einfach nur rumzublödeln und von der Verantwortung, die er zu tragen hatte, täglich ein bisschen mehr hinter sich zu lassen.

Oft spielten wir bis in den frühen Morgen Tischtennis. Auf dem Schiff waren ungefähr fünfzig brasilianische Mädchen aus einem edlen Internat. Alle so zwischen sechzehn und neunzehn. Und mit denen spielten Bernd und ich Tischtennis. Ein Schwein ist, wer sich was Böses dabei denkt. Auf alle Fälle musste der Verlierer von uns beiden immer hoch in die »Ohrfeigenmaschine«, wie wir das sich drehende Radarteil auf dem Dach getauft hatten.

Nach ungefähr einer Woche wurden die prominenten Passagiere gebeten, sich abends auf der Bühne zu versammeln, um sich von den rund fünfhundert Gästen zu allen möglichen Dingen befragen zu lassen. Da saßen wir dann alle ganz brav in einer Reihe. Irgendwann meldete sich eine Frau zu Wort, die ich von der Bühne aus gar nicht so richtig sehen konnte, nahm das Mikrofon, das man ihr reichte, und näselte hinein: »Ich hab mal eine Frage an den Herrn Lauterbach.«

»Gerne«, meinte ich.

»Sagen Sie mal, müssen nicht alle Schauspieler eine Ausbildung machen?«

In meiner Arglosigkeit war ich bemüht, die gute Dame mit meinem Wissen zu bedienen.

Mit Barbara Rudnik (li.), Bernd Eichinger und Marianne freundeten wir uns auf dieser Reise an

»Ich weiß nicht, ob sie das müssen. Aber es kann sicher nichts schaden.«

»Haben Sie denn eine gemacht?«

Vielleicht lag es an meinem schier grenzenlosen Vertrauen in die Gutmütigkeit meiner Mitmenschen oder an dem nachmittäglichen Besuch bei meinem Lieblingsbarmann, jedenfalls merkte ich immer noch nichts.

»Klar«, log ich. Das heißt, ich wusste gar nicht, ob ich log. Ich hatte ja eine Schauspielschule besucht, eben nur verhältnismäßig kurz. Außerdem betrachtete ich die lange Zeit, in der ich Theater gespielt hatte, als meine ganz persönliche Ausbildung. In jedem Fall ging das die Frau da unten nichts an.

»Aber warum sprechen Sie dann so undeutlich? Lernt man denn nicht sprechen auf einer Schauspielschule?«

Meine Stimmung ging schlagartig den Bach runter. Mit solchen Situationen konnte ich noch nie etwas anfangen. Ich weiß, dass es ein großer Fehler von mir ist, aber ich war immer schon mädchenhaft schnell beleidigt. Anstatt souverän zu reagieren und der

*»Warum sprechen Sie dann so undeutlich?« –
Im Gegensatz zu mir schienen Inge Meysel und Brigitte Horney
über jeden Zweifel erhaben zu sein*

Schlampe einen rhetorischen Leberhaken zu verpassen, stand ich auf und ging. Das heißt, ich wollte gehen, aber Bernd Eichinger, der neben mir saß, hielt mich am Ärmel fest.

»Heiner, wo willst du denn hin?«

Diese Frage wie auch der Rest unseres kurzen Dialogs war für alle Anwesenden im Ballsaal dank unserer Mikrofone gut zu verstehen.

»Ich hau ab, wir treffen uns in der Bar«, antwortete ich ihm, während ich versuchte, mich aus seinem Griff zu lösen.

»Komm, reg dich nicht auf. Setz dich wieder hin.«

»Nee, ich werd nicht dafür bezahlt, mich hier blöde anlabern zu lassen.«

Damit riss ich mich los und machte mich auf, die Bühne zu verlassen.

»Heiner, jetzt bleib doch hier«, versuchte es Bernd noch einmal.

»Nein, diese Befragung hier ist für mich beendet. Ich hau jetzt ab. Und wenn ich vom Schiff fliege, das ist mir wurscht.«

Ich war schon ein paar Meter Richtung Ausgang stolziert, als Bernd mir hinterherrief: »Wenn wir vom Schiff fliegen, dann nur mit dem Hubschrauber. So geht's schon mal los.«

Obwohl ich sauer war, musste ich innerlich lachen. Das war Bernd, wie ich ihn kannte und liebte. Er konnte so herrlich proletenhaft neureich sein und sich freuen, wenn sich die anderen darüber aufregten. Manchmal saß er mit Leuten bei seinem Lieblingsitaliener in München, trank Champagner und warf anschließend die Gläser hinter sich. Er wusste, so stellte sich Lieschen Müller den Filmproduzenten vor, und bediente die Phantasie seiner Zuschauer. Es machte ihm einen Heidenspaß, den Protzigen zu geben, der er eigentlich gar nicht war. Im Grunde ist Bernd ein sehr scheuer, zurückhaltender und feinfühliger Mensch. Ich glaube, aus Angst davor, als solcher erkannt zu werden, verfällt er gerne in das andere Extrem.

Wie auch immer: Ich mochte diesen Mann und hatte Respekt vor ihm. Und der wuchs in diesem Moment ins Unermessliche. Dieser letzte Satz von ihm war der Ritterschlag unserer Freundschaft. Er traf diese blasierte Gesellschaft – zumindest den Teil dieser Gesellschaft, der blasiert war – mitten in ihr neureiches Herz. Indem man androhte, das Schiff mit einem Helikopter zu verlassen, also auf eine Art, die ihnen nicht vergönnt war, schraubte man ihre Wichtigkeit wieder zurück, und das machte sie krank. Genau darin lag der Kern ihrer Aversion.

Natürlich waren auch nette Leute auf dem Schiff. Mit einem Unternehmerehepaar aus Augsburg, der Familie Jäcklin, bin ich heute noch befreundet. Auch mit Heidi Brühl haben wir uns sehr gut verstanden und sie hinterher noch ein paarmal besucht. Aber alles in allem kapselten wir uns doch ziemlich ab, was sonst gar nicht meine Art ist. Denn als gebürtiger Kölner bin ich im Grunde genommen – richtig: ein geselliger Mensch.

29
Oscar kommt

Am 17.5.1988 wurde mein Sohn Oscar ins grelle Licht der Welt gestoßen. Meine Kölner Kumpels stürzten sich auf dieses Geburtsdatum wie Katharina von Medici auf die Hugenotten und verspotteten mich mit der Feststellung, ich hätte einen waschechten 175er gezeugt. (Für die Nichteingeweihten: Der Paragraph 175 des Strafgesetzbuchs war früher der Schwulenparagraph.) Sie hatten sich wohl eingebildet, mich damit treffen zu können, und übersehen, dass ich gar nichts gegen Schwule habe. Ganz im Gegenteil, ich habe ein paar sehr gute schwule Freunde. Zwar muss ich gestehen, dass ich lieber einen Heterosohn an meiner Seite aufwachsen sehe, aber bestimmt nicht aus Intoleranz, sondern weil ich weiß, dass es homosexuellen Männern in vielen Lebenslagen immer noch schwergemacht wird. Ich glaube, je mehr man von der »Normalität« oder sagen wir besser: der Alltäglichkeit abweicht, um so schwieriger wird es, ein glückliches und sorgenfreies Leben zu führen. Und das wünscht man seinem Sohn natürlich.

Auch mein Leben, sowenig ich mich über dessen bisherigen Verlauf beklagen möchte, lässt eigentlich nicht allzuviel Glück erhoffen. Dazu ist es – schon beruflich bedingt – nicht konstant genug, zu unbürgerlich, zu sehr außerhalb der Norm. Ich glaube, dass das wahre Glück im Leben seinen Ursprung in der Einfachheit hat. Je normaler, gesitteter und regelmäßiger ein Leben verläuft, um so glücklicher kann es werden. Natürlich ist es dann auch weniger aufregend. (Ich vermeide bewusst den Begriff »langweilig«, denn langweilig muss ein solches Leben nicht zwangsläufig sein.)

Im Anschluss an eine Drehzeit in Kanada verbrachte ich einmal ein paar Tage bei einem Schlittenhundführer und seiner Familie.

Der Mann lebte mit seiner Frau, den beiden Kindern und hundertzwanzig Huskys direkt an einem großen See. Im Winter vermietete er seine Schlittenhunde und sich selbst für Expeditionen durch dieses herrliche Land. Im Sommer organisierte er, ebenfalls mit seinen Hunden, Treckingtouren für Touristen. Doch die meiste Zeit verbrachte er mit seiner kleinen Familie in ihrem Holzhäuschen am See.

Als wir eines Tages zusammen mit zwölf Huskys ums Lagerfeuer saßen, fragte ich ihn, ob er die Zivilisation, die er vor vielen Jahren verlassen hatte, nicht vermisse.

»O nein, überhaupt nicht«, sagte er mit einem breiten Lächeln.

»Wird es dir denn niemals langweilig hier draußen? So ohne Fernsehen, Kino, Theater, Zeitungen und all die vielen Dinge, die zu einem normalen Leben gehören?«

»Die zu einem Leben gehören, das du als normal bezeichnest, meinst du wohl. So krank ist eure Gesellschaft schon, dass sie, ohne mit der Wimper zu zucken, meine naturbelassene Existenz hier draußen als anormal bezeichnet, während sie eure dekadente Großstadthektik normal findet.«

Während ich meine dumme Bemerkung schon bereute, fuhr er, wie es seine Art war, ruhig und gelassen fort: »Abgesehen davon habe ich hier draußen viel zu tun, mein Freund. Was glaubst du, was es für eine Arbeit ist, die vielen Hunde zu versorgen. Ich muss sehen, dass meine Familie jeden Tag was zu essen auf dem Tisch hat, und täglich für Brennholz sorgen. Außerdem haben wir oft Bären hier, die einen auf Trab halten. Wenn man ihnen nicht ab und zu auf die Nase klopft, kommen sie dem Haus immer näher, und die Hunde spielen dann verrückt und machen einen nicht auszuhaltenden Krach.«

Den Bären auf die Nase zu klopfen meinte er übrigens wörtlich. Er bediente sich hierzu eines langen Stocks, mit dem er den Braunbären ein paar kräftige Nasenstüber verpasste.

Ich wusste, was dieser Mann meinte. Er sprach von den elementaren Dingen des Lebens, die nicht zu vergleichen sind mit den meisten Problemen, die wir in unseren Breitengraden so haben.

Wie ich da so saß, in die unendlichen Weiten der schneebedeckten Berge sah und mit meinem kanadischen Tramp philosophierte, hatte ich, für den Hauch eines Moments, eine Erleuchtung. Mir wurde schlagartig und für meine Verhältnisse außergewöhnlich deutlich klar, wie unwichtig all die Dinge waren, die mich und mein Leben betrafen. Kristallklar sah ich für diesen kurzen Moment, wie lächerlich ernst ich all die Bagatellen zu Hause in Deutschland nahm. Während ich mir Gedanken machte, was über mich am nächsten Tag in der Zeitung stehen könnte, und mich um mein Image sorgte, hatte dieser Mann nur *ein* gesellschaftliches Problem: seinen Braunbären. Vor dem musste er sich allerdings gerade machen.

Obwohl ich in diesen Tagen einen Einblick in das, was das Leben wirklich ausmacht, bekommen hatte, gelang es mir nicht, diese Erkenntnis zu konservieren. Nur für eine Wimpernschlaglänge hatte mich eine Mini-Erleuchtung durchzuckt, um mich dann ebenso schnell wieder mit meinen banalen Problemen allein zu lassen.

*

Seinen Namen hat mein Sohn übrigens einer Wette zu verdanken. Und zwar saß ich mit Axel Willschrei im Occam Pils. Zwischen den Würfelpartien lamentierten wir vor uns hin und erfreuten uns an unseren Kabbeleien. Das Occam Pils war so klein, dass oft das ganze Lokal in ein Gespräch einbezogen war, erst recht, weil hier sowieso jeder jeden kannte. So auch an diesem Tag. Da in dieser außergewöhnlichen Gaststätte alle Gesellschaftsschichten zu finden waren, beschränkten sich die Themen auch nicht ausschließlich, wie sonst so oft, auf Frauen und Fußball.

Heute ging es um die Kunst. Genauer gesagt, um die mit der Kunst verbundenen Preise. Noch genauer gesagt, um den Bundesfilmpreis. Richtig präzise ausgedrückt: um *meinen* Bundesfilmpreis. Ich hatte ihn vor kurzem verliehen bekommen und mich sehr darüber gefreut. Das heißt: Zuerst hatte ich einen ganz schönen Schrecken gekriegt. Es war am frühen Morgen. Ich lag in Katjas Wohnung im Bett, als mich das Telefon weckte. Nachdem ich abgenommen hatte, meldete sich eine verdächtig seriöse Stimme und ließ verlauten, dass sie zu einem Menschen vom Bundesinnenministerium gehöre. Irgendwie assoziierte ich bei dieser Institution in Verbindung mit meiner Person nichts wirklich Gutes. Deswegen antwortete ich auf die Frage des Herrn, ob er denn mit Heiner Lauterbach spreche, auch angemessen vorsichtig: »Worum handelt es sich denn?«

»Herr Lauterbach soll das Bundesfilmband in Gold bekommen, und das würden wir ihm gerne mitteilen.«

»Ach so, ja, ja, ich bin am Apparat«, flötete ich nun bemüht unaufgeregt in den Hörer. Obwohl ich mir keineswegs sicher war, dass mich nicht einer meiner Kumpels verarschen wollte, war mir schon wesentlich wohler zumute, weil ich ausschließen konnte, dass es um etwas Unangenehmes wie eine Vorladung oder ähnliches ging.

Als kurze Zeit später dann auch noch ein Brief mit der entsprechenden Mitteilung kam, war ich wirklich glücklich. Nur gut, dass ich damals Peter Ustinovs Einstellung zu Preisen noch nicht kannte: »Preise sind wie Hämorrhoiden, irgendwann kriegt sie jeder Arsch.«

Ich bin zwar ein großer Verehrer dieses Mannes, aber derartige Aussagen mag ich nicht besonders. Man qualifiziert damit alle anderen, die diesen Preis zuvor bekommen haben, gleich mit ab und vergällt ihnen so die Auszeichnung.

Und nun war die Bagage im Occam gerade dabei, mir den Preis ebenfalls vermiesen zu wollen.

»Sach ma, Heiner, Bundesfilmpreise, waren das nich die Dinger, die die ganzen erfolglosen Jungfilmer früher immer gekriegt haben? Weil die sonst keiner wollte?« rief mir Ferdy über den Tresen zu.

Ferdy war ein paar Jahre älter als ich und fuhr, solange ich denken konnte, Taxi. Er war ein alter »Berufsachtundsechziger« mit stark revolutionären Zügen. Wegen permanenter, ehrenamtlicher Apo-Tätigkeit sowie zwanghafter Anwesenheit auf jeder noch so unbedeutenden Demo hatte er sein Politologiestudium nach vierunddreißig erfolglosen Semestern abbrechen müssen und quälte seitdem seine Fahrgäste selbst bei kürzesten Distanzen mit ultralinken Vorträgen. Er war der Typ Student gewesen, der vor lauter Reformvorschlägen sein eigenes Studium und sein Dasein ins Abseits reformiert hatte und sich dessen zu spät bewusst geworden war. Jetzt litt er unter einer Dauerdepression, die in Form von durchgehend schlechter Laune zum Ausdruck kam, die er an jedem auszulassen pflegte, den er zwischen seine nikotinvergilbten Finger bekam.

In diesem Fall war ich der Glückliche. Und die anderen Strolche um ihn herum hatten natürlich nichts Besseres zu tun, als in dieselbe Kerbe zu schlagen.

»Denk an Guillaume, Mopsbacke, und halt den Ball flach«, krähte ich, ebenfalls nicht mehr ganz nüchtern, von der anderen Tresenecke herüber.

Wie immer verfehlte die Anspielung auf den Willy-Brandt-Vertrauten und Kanzleramtsspion nicht ihre Wirkung. Ferdy bestellte sich noch einen Doppelkorn, starrte mit glasigen Augen in sein Pils und war mit sich, der SPD und dem Rest der Welt noch unzufriedener, als er es ohnehin schon war. Nachdem einer meiner Gegner schon mal mundtot war, hatte ich es nur noch mit dem jämmerlichen Rest der Kneipe zu tun.

»Schauspieler sind doch sowieso alles Huren«, schimpfte »Knochen-Jochen«, »ihr verkauft euch doch jeden Tag.«

»Seid wann hast du was gegen Huren?«

»Du bist eine Zelluloidhure, auch nichts Besseres.« Selbst »Handwerker-Willi«, mein Kommunistenfreund, der sonst immer zu mir stand, pöbelte nun mit der Masse.

»Lasst doch unseren Staatsschauspieler in Ruhe, er ist doch stolz wie Oskar«, versuchte Axel den Mob zu beruhigen.

Ich witterte meine Chance auf Rache.

»Apropos Oskar. Ich mache mit euch eine Wette, dass ich innerhalb der nächsten zwei Jahre zu meinem Bundesfilmpreis auch noch einen Oscar bekomme.«

Schlagartig war es still in der Kneipe. Das war ja zumindest schon mal ein Teilerfolg. Axel war der erste, der wieder das Wort an mich richtete.

»Du solltest mal 'ne Zeitlang die Finger vom Schnaps lassen, Chico«, war sein trockener Kommentar. Damit hatte ich ihn genau in der Ecke, in der ich ihn haben wollte.

»Wieso?« fragte ich betont harmlos.

»Weil das Zeug dir offensichtlich nicht bekommt.«

»Dann wette doch mit mir, wenn du's mir nicht glaubst.«

Und so geschah es. Unter den Augen der grölenden Zeugen wettete ich mit Axel Willschrei um tausend Mark, dass ich innerhalb der nächsten zwei Jahre einen Oscar bekommen würde. Da ich schon wusste, dass Katja mit einem Sohn schwanger war, hätte ich den Zeitraum auch auf sechs Monate beschränken können, aber das wäre wohl zu auffällig gewesen. Das einzige, was ich nun noch zu tun hatte, war, meine Frau davon zu überzeugen, dass wir unseren Sohn nun Oscar nennen mussten. Und zwar mit c.

Die Nachricht von Katjas Schwangerschaft hatte mich ausgerechnet während der Dreharbeiten zu *Ignaz Semmelweis – Arzt der Frauen* ereilt, die in Budapest stattfanden. Semmelweis war ein österreichisch-ungarischer Arzt aus dem neunzehnten Jahrhundert, der das Kindbettfieber bekämpft hatte. In der damaligen Zeit starben entsetzlich viele Frauen daran, ohne dass die Wissenschaft die Ursache dieser grausamen Krankheit entdeckt hätte. Bis Semmelweis herausfand, dass all diese Frauen an Blutvergiftung gestorben waren, weil die Ärzte, bei denen sie in Behandlung waren, nachts Leichen seziert und tagsüber die schwangeren Frauen untersucht hatten, ohne sich vorher gründlich zu waschen und zu desinfizieren.

Während ich in der Rolle des Ignaz Semmelweis also täglich mit unzähligen Schwangeren zu tun hatte, wurde ich bald selber Vater, was mir meine Arbeit noch mal in einem anderen Licht erscheinen ließ. Mir wurde noch bewusster, was dieser Mann, den ich da verkörpern durfte, geleistet hatte und wie vielen Frauen er das grausame Schicksal ersparen konnte, ihr Kind und ihr Leben zu verlieren. Dieser Umstand und die einfühlsame Regie von Michael Verhoeven, der ja selber einen Doktor in Medizin hat, machten die Dreharbeiten für mich unvergesslich.

Michael Verhoeven ist eine Ausnahmeerscheinung in der deutschen Filmlandschaft. Zumindest fällt mir auf Anhieb kein zweiter aus gutem Hause stammender, liberaler, höflicher, feinfühliger Akademiker ein, der obendrein noch erstklassige Filme macht und

Szenenbild mit Franz Stoß aus
Ignaz Semmelweis – Arzt der Frauen

in einer fast schon verdächtig harmonischen Ehe lebt. Michael ist wohl das, was man landläufig und durchaus positiv vornehm nennt: ein liebenswürdiger, vornehmer Herr. Sie können mir glauben, dass das in der Filmbranche so selten zu finden ist wie ein Politiker an der Spitze einer Beliebtheitsskala oder morgens um vier ein Longdrink in meiner Minibar.

Gezeugt wurde mein Sohn in Wien, wo die Dreharbeiten für *Ignaz Semmelweis* angefangen hatten. Katja und ich hatten uns ja schon länger ein Kind gewünscht, aber irgendwie wollte es nie so richtig klappen. Entweder ich war in der entscheidenden Zeit nicht da, oder sie war unterwegs. Oder es ergab sich eben gerade nicht. So hatten wir uns vorgenommen, unserem Ziel durch eine generalstabsmäßige Planung näher zu kommen. Katja behielt ihren Zyklus im Auge, und im richtigen Moment wollten wir uns dann treffen, gleichgültig, wie weit wir voneinander entfernt waren.

Zu diesem Zweck hatte ich sogar ein paar Wochen auf meinen geliebten Alkohol und sonstige ungesunde Sachen verzichtet. Ich pflegte ja ohnehin häufig abstinente Wochen einzuschieben und praktizierte damit so eine Art Barfuß-oder-Lackschuh-Rhythmus. Das fiel mir auch nicht sonderlich schwer. Man musste dabei nur gewisse Dinge beachten, und mit der Zeit fand ich auch heraus, welche das waren. So war es zum Beispiel ganz wichtig, sich langsam »runterzutrinken«. Also niemals am Morgen nach einem Vollrausch aufzuhören, denn dann geht es einem ganz schön dreckig. Auch sollte man gefährliche Orte wie Kneipen, Bars, Restaurants oder Partys meiden. Ebenso die Personen, die einen verführen. Was in meinem Fall hieß, dass ich von morgens bis abends im Bett lag, da fast jeder Mensch, dem ich begegnete, eine wandelnde Bedrohung war und der einzige Ort, an dem ich nicht verführt wurde, das Bett. Zumindest was den Alkohol betraf.

Während ich also in Wien, quasi in ständiger Einsatzbereitschaft und ungewohnt antialkoholisch vor mich hin vegetierte, kam der entscheidende Anruf von Katja.

»Mausi« – ja, ja, wir nannten uns gegenseitig Mausi –, »ab morgen ist es soweit«, sagte sie. Damit diese Information nicht ganz so nüchtern rüberkam, versuchte sie einen Hauch Verwegenheit in ihre Stimme zu legen.

»Also erhöhte Einsatzbereitschaft?« wollte ich wissen.

»So ist es, Mausi.«

Katja nahm den nächsten Flieger nach Wien, und wir machten uns an die Arbeit.

*

Oscar ist ein waschechter Kölner. Er ist sogar im gleichen Stadtteil wie ich geboren. Ich drehte gerade eine Episode der Serie *Eurocops*, ein europäisches Gemeinschaftsformat, in dem ich den deutschen Bullen gab. Katja war mit nach Köln gekommen, wo wir einmal im Jahr ein paar Folgen hintereinander produzierten. Ins Leben gerufen hatten die Reihe Axel Willschrei, sein Kompagnon Georg Althammer, der ein gemeinsamer Freund von Axel und mir war, das ZDF und weitere Sendeanstalten aus sechs europäischen Ländern.

Am 17. Mai 1988 drehten wir gerade an der Folge *Der Schwur*, die Axel geschrieben hatte. Es war eine anstrengende Zeit. Von den siebzehn Tagen, die wir benötigten, um den Film herzustellen, hatten wir zwölf Nachtdrehtage. Außerdem versprach der Cast, zu dem unter anderem Martina Gedeck, Heinz Hoenig und Bruno Eyron gehörten, dass die Zeit außerhalb des Drehplans auch anstrengend werden würde. Die Regie hatte mein Freund Bernd Fischerauer übernommen, mit dem ich schon einige Filme gedreht und etliche Nächte durchgefeiert hatte. Beruflich bedingt, machten wir also die Nacht zum Tage, um auf privater Ebene dann wieder den Tag zur Nacht zu machen, und zwischen diesen Nächten und Tagen besuchte ich Katja im Krankenhaus.

Jeden Morgen nervte mich das gesamte Team, indem mir immer dieselbe Frage gestellt wurde: »Ist Oscar schon da?«

Als er dann endlich auf der Welt war und ich dachte, ich hätte das nervige Gefrage hinter mir, fragten sie jeden Tag: »Wie geht's Oscar?« Und nach Drehschluss wurden mir dann vierzigmal schöne Grüße an Oscar mit auf den Weg gegeben.

Die eigentliche Geburt meines Sohnes ging verhältnismäßig glatt über die Bühne. Die Entscheidung, ob ich bei der Geburt dabeisein sollte, überließ ich natürlich Katja. Ich hatte ihr vorher gesagt, dass ich ihr bei diesem zweifellos schönen, aber auch anstrengenden Erlebnis sehr gerne zur Seite stehen würde, es aber auch verstehen könnte, wenn sie mich in diesem speziellen Moment nicht so gern dabeihätte. Katja entschied sich für meine Anwesenheit, und so durfte ich, der ich als Ignaz Semmelweis schon so viele Babys auf die Welt gebracht hatte, zum ersten Mal in meinem Leben tatsächlich Zeuge dieses Wunders werden.

Viele Väter behaupten ja, dass die Geburt ihres Kindes der schönste Moment in ihrem Leben war. Ich weiß nicht, ob es für mich das Schönste war, was ich bis dato erlebt hatte. Mit Sicherheit aber war es enorm bewegend und irgendwie surreal. Paradoxerweise wurde ich mir durch die Geburt meines Sohnes der Vergänglichkeit des Lebens viel bewusster und fühlte auf einmal deutlich, wie schnell mein eigenes Leben bis jetzt vergangen war. Plötzlich konnte ich mir vorstellen, wie rasant der Rest verstreichen würde.

Glückliche Tage mit Oscar und Katja (1989)

Es war nicht das erste Mal, dass ich solch ein Memento mori hatte. Immer schon fand ich die Vorstellung, eines Tages nicht mehr dazusein, auf eine ganz eigene Art erschreckend.

Ähnlich wie bei meiner kanadischen Mini-Erleuchtung, konnte ich aber auch diese Erkenntnis nur für Bruchteile von Sekunden bewahren. In dieser wahnsinnig kurzen Zeit wurde mir dafür um so bewusster, dass es eines Tages mit allem vorbei war. Dass ich nie mehr auf dieser Welt sein würde. Für immer. Eine panische Angst überfiel mich in diesen Momenten. Das einzige, was die Sache noch einigermaßen erträglich machte, war, dass das Ende vermutlich noch in weiter Ferne lag. Doch wie man sich vorstellen kann, verliert dieser tröstliche Gedanke mit zunehmendem Alter an Wirkung.

Als mir bewusst wurde, wie rasend schnell sich diese verbleibende Zeit verkürzt, wollte ich alles dafür tun, um sie zu nutzen. Nur hatte ich eine recht einseitige und eigenwillige Interpretation vom

Nutzen der Zeit: Ich wollte soviel wie möglich erleben. Mit aller Gewalt. Koste es, was es wolle. Und intensiv musste es sein. Deswegen stürzte ich mich förmlich in die Abende. Kopfüber.

Dass ich mit dieser selbstzerstörerischen Art meine verbleibende Zeit drastisch reduzierte, verdrängte ich. Ich wollte jede kostbare Sekunde förmlich aufsaugen und merkte nicht, dass ich teilweise außer acht ließ, worum es in diesem Leben gehen sollte. Ich war auf dem Zenit meines wilden Lebens.

30
Meine Nacht mit Joe Cocker

Im Herbst 1988 drehte ich in den ehrwürdigen Studios von Cinecittà in Rom, in denen ich schon lange einmal arbeiten wollte. Immerhin hatten hier schon Bernardo Bertolucci, Luchino Visconti und wie sie alle hießen ihre Meisterwerke produziert. Also hatte ich einen winzigen Gastauftritt in einer internationalen Koproduktion unter der Regie von Liliana Cavani angenommen. In *Franziskus* ging es um Franz von Assisi, der von Mickey Rourke gespielt wurde. Dieser stand gerade im vollen Saft seiner Karriere. Im Februar dieses Jahres war sein Film *Angel Heart* in den deutschen Kinos angelaufen, und er war ein großer internationaler Filmstar. Wobei er, wie er mir mal in einer Drehpause erzählte, in den Staaten nie das Ansehen genossen hat wie in Europa.

Mickey war auch der einzige Lichtblick während dieser Produktion. Die Studios, auf die ich mich so gefreut hatte, waren enttäuschend. Sie wirkten wie ausgestorben und waren zudem noch in einem miserablen Zustand. Wie bei früheren Italienbesuchen schon fragte ich mich, warum es die Italiener nicht schaffen, auf ihre Sachen besser aufzupassen. Ich war unglücklich wie selten während meiner Arbeit, aber gerade dieser Umstand, beziehungsweise wie es dazu kam, war enorm lehrreich für mich.

Es fing schon an, als ich die Studios betrat. Nachdem ich endlich meine Garderobe gefunden hatte, las ich auf der Garderobentür »Heinz Hoenig«. Offensichtlich hatten sie Heinz vorher angefragt und es nicht für nötig befunden, das Namensschild auszutauschen. Das ist zwar kein Weltuntergang, aber auch nicht gerade aufbauend. Nachdem ich eine Stunde in der Garderobe gewartet hatte, kam die Regisseurin mit ihrer Assistentin herein. Nach einer kurzen Begrüßung erklärte die Assistentin Frau Cavani, wer ich war und für welche Rolle ich vorgesehen war. Liliana Cavani lächelte mich an.

»Der sieht doch gar nicht schlecht aus«, ließ sie ihre Assistentin wissen. Dann verabschiedete sie sich wieder.

Sie hatte natürlich keinen Schimmer, wer ich war. Woher auch. Aber ich fand, sie hätte wenigstens versuchen können, das etwas besser zu kaschieren.

Während der gesamten drei Drehtage lag ich mit unzähligen Komparsen und noch mehr Ratten in irgendwelchen Kellergewölben herum, die das Gefängnis darstellen sollten, in dem Franz von Assisi wohl eine ganze Zeit zugebracht hatte. Der Regieassistent war ein besonderer Trottel, der permanent an mir herumzupfte, um mich in die gewünschte Kameraposition zu schubsen. Irgendwann wurde mir das zuviel, und ich nahm seine Hand mit einem Schraubstockgriff von meinen Schultern.

»Fassen Sie mich nicht an! Wenn Sie wollen, dass ich meine Position verändere, dann können Sie mir das sagen.«

Er war völlig verdutzt. Für ihn war ich nur ein besserer Komparse und hatte mich gefälligst so zu verhalten. Aber die Art und Weise, wie ich ihn angefahren hatte, ließ ihn zumindest davon Abstand nehmen, mich weiterhin anzugrabschen.

Als ich meinen kleinen Dialog mit Mickey hatte, »schossen« wir die Szene zuerst auf mich. Sie drehten einen Scheinwerfer in meine Richtung, und los ging's. Nach der ersten Klappe kam die Regisseurin zu mir: »Herr ...«

»Lauterbach«, half ich ihr.

»Genau, Sie müssen das viel aufgewühlter spielen.«

»Wieso?« fragte ich.

Sie sah mich an, als hätte sie mich nicht richtig verstanden.

»Was heißt wieso? Weil ich Ihnen das sage.«

Jetzt war es an mir, sie anzusehen, als ob ich sie nicht richtig verstanden hätte. So hatte mit mir seit meinem Schauspielunterricht niemand mehr geredet. Aber die Dame kam mir in meiner Laune gerade recht. Ich war noch nie ein Freund von harschen Regieanweisungen, und hier hatte ich weniger als nichts zu verlieren.

»Ich sehe das aber total anders. Sowohl das, was ich zu sagen habe, als auch die Verfassung, in der ich mich laut Drehbuch befinde, lassen mich in meinen Augen ruhig, in jedem Fall alles andere als aufgewühlt, erscheinen. Sollten Sie das nicht so sehen, würde ich Ihnen empfehlen, sich eine neue Besetzung zu suchen.«

Wieder sah sie mich mit diesem ungläubigen Gesichtsausdruck an. Mickey, der mir gegenübersaß und dem diese Dame, wie ich wusste, auch auf den Wecker ging, musste grinsen.

Nachdem sie vermutlich sekundenlang überlegt hatte, mich wirklich umzubesetzen, war es ihr dann wohl doch zu umständlich erschienen, denn sie mühte sich ein Lächeln ab.

»Tun Sie mir doch einen Gefallen, Herr ...«

»Lauterbach.«

»Richtig, Herr Lauderbätsch, versuchen Sie doch ein bisschen aufgewühlt zu sein. Nicht ganz soviel, wie ich wollte, aber ein wenig mehr, als Sie es vorhatten.«

»Okay.« Ich zeigte mich ebenfalls versöhnlich, obwohl ich noch nie erlebt hatte, dass ein Schauspieler mit seinem Regisseur um die Gradzahl von Aufgewühltheit feilschte. Jedenfalls spielte ich die zweite Klappe um 24,5 Prozent aufgewühlter, und der Drops war gelutscht.

Die nächste Einstellung wurde auf Mickey gedreht. Nachdem er mit Hilfe eines Lichtdoubles ungefähr eine Stunde lang eingeleuchtet wurde (Sie erinnern sich: Bei mir wurde nur eine Lampe verdreht), nuschelte Mickey seinen Text runter, dass man befürchten musste, er würde dabei einschlafen. Nun bestätigte sich der Verdacht, den ich schon bei Frau Cavanis Regieanweisung an mich hatte: Ich sollte wie ein Hampelmann agieren, damit Franz von Assisi, also Mickey Rourke, noch cooler rüberkam. Klar, wenn beide Akteure ihren Text so entspannt von sich gaben, verpuffte die Wirkung.

Ich bin an diesem Abend ziemlich wütend ins Hotel gefahren. Trotzdem bin ich im nachhinein froh, diese Erfahrungen, so unerfreulich sie im Moment auch waren, gemacht zu haben, weil sie mich wieder auf den Teppich zurückholten. Den hatte ich zwar nie ernsthaft verlassen, aber sicher ist sicher.

Am selben Abend machte ich in der Hotelbar eine Bekanntschaft, die mich allen Ärger vergessen ließ. Ja, mehr noch, ich hätte ein vielfaches dieses Ärgers auf mich genommen, um diesen Mann einmal persönlich kennenzulernen: Joe Cocker. Fast noch mehr als seine Stimme und Musik gefiel mir, was ich von ihm wusste. Er hatte wirklich alle Höhen und Tiefen dieser Welt durchlebt und ließ seine Zuhörerschaft stets daran teilhaben. Mit jeder Faser seines Körpers litt er seine Interpretationen. Oder er jubilierte sie heraus. Ich kenne keinen Musiker, der ehrlicher und leidenschaftlicher auftritt als er. Und mit ihm sollte ich eine, zumindest für mich, unvergessliche Nacht verbringen.

Ich saß mit dem Rücken zum Eingang der Hotelbar und versuchte den Frust mit meiner Allzweckwaffe Wodka Tonic zu bekämpfen. Ich war der einzige Gast an diesem späten Abend, aber das störte mich nicht. Ich liebe leere Hotelbars. Die Luft ist besser und die Bedienung schneller. Letztere stellte gerade den vierten Longdrink vor mich.

»Good evening«, sagte jemand hinter mir.

Ich hatte das Gefühl, diese Stimme schon mal gehört zu haben. Ja, mehr noch, sie kam mir richtig vertraut vor. Deshalb drehte ich mich um. Und da stand er. Er war mit einer Dame und einem Herrn da. Die drei beratschlagten gerade, in welcher Ecke sie Platz nehmen sollten.

»Good evening, Mr. Cocker«, sagte ich spontan. In meinem Lächeln lag die ganze Sympathie, die ich für ihn empfand. Er sah mich an und lächelte zurück.

»Hey, was machen Sie hier so ganz alleine?« fragte er mit dem typisch britischen Konversationston, der sich immer irgendwo zwischen formeller Höflichkeit und ehrlichem Interesse bewegt.

»Ich erhole mich gerade von einem sehr anstrengenden Tag«, sagte ich wahrheitsgetreu.

»Oh, Sie machen Geschäfte in Rom?« Obwohl seine Begleiter sich inzwischen für einen Platz entschieden hatten, blieb er neben mir stehen.

»So ähnlich. Ich drehe gerade an einem Film hier in Rom.« Da ich nicht davon ausgehen konnte, dass er mich kannte, setzte ich hinzu: »Mit Mickey Rourke.«

»Hört sich spannend an«, sagte er ehrlich. Mein Gott, war mir dieser Mann sympathisch.

»Joe, wir setzen uns schon mal da hinten in die Ecke«, ließ ihn seine Begleiterin wissen und verzog sich mit dem anderen Herrn.

»Was machen Sie denn in Rom?« wollte ich wissen.

Er winkte ab, so nach dem Motto: immer dasselbe.

»I just let the teenies dance«, sagte er und grinste fast entschuldigend.

Ich war mir nicht sicher, ob ich seine Antwort richtig interpretiert hatte, und fragte vorsichtshalber nach.

»Sie hatten also ein Konzert hier?«

Er nickte. Ich war mir nicht sicher, ob es gut war, mich als Fan zu erkennen zu geben, tat es aber trotzdem.

»Ich war auch schon in einigen Konzerten von Ihnen.«

Er tat überrascht: »Ist das wahr?«

»Ja.« Ich druckste etwas herum. »Das hört sich jetzt vielleicht etwas blöd an, aber Sie sind mein Lieblingssänger.«

Wieder dieses unwiderstehliche Lächeln von ihm. Jetzt nickte er in Richtung seiner Begleitung.

»Ich kann die nicht so lang alleine lassen. Leisten Sie uns doch Gesellschaft.«

Nichts tat ich lieber. Während ich ihn begleitete, versuchte ich, ihn meine Begeisterung nicht allzusehr spüren zu lassen. Nicht, dass ich mich meiner Gefühle oder meiner Verehrung für ihn geschämt hätte. Ich wollte nur nicht, dass er das Gefühl bekam, einen Hardcore-Fan am Hals zu haben.

Ich werde oft gefragt, welcher Schauspieler denn mein Vorbild sei oder wen ich besonders bewundere, und immer wieder fällt es mir schwer, diese Frage zu beantworten, denn ich habe eigentlich kein Vorbild. Es gibt zwar einige Schauspieler, deren Arbeit oder Person ich sehr schätze. Günstigenfalls kommt auch beides zusammen. Aber ich bin zu sehr in diesen Beruf involviert, als dass mir jemand so perfekt erschiene, dass ich ihn mir als Vorbild nehmen könnte. Es gibt keinen Schauspieler auf der Welt, von dem ich nicht glaube, dass er bis zu einem gewissen Grad verbesserungswürdig wäre. Darum halte ich auch keinen von ihnen für perfekt genug, um ihn anzuhimmeln. Es mag sich vielleicht paradox anhören: Aber wenn er wirklich perfekt wäre, wäre er kein guter Schauspieler mehr. Denn ein guter Schauspieler darf vermutlich alles sein, nur nicht perfekt, weil er sonst seine Verletzbarkeit und Sensibilität verlieren würde. Er muss immer eine Portion Unberechenbarkeit in sich tragen, mit den Gefühlen stets auf dem Sprung sein. Ein brodelnder Emotionsherd, dessen Nähte nach allen Seiten platzen können.

Weil ich, wenn ich nach einem Vorbild gefragt werde, aber auch nicht hochnäsig oder allzu überzeugt von mir selber wirken möchte, antworte ich auf die Frage meistens: »Ich glaube nicht, dass es in unserem Beruf vorteilhaft ist, Vorbilder zu haben, weil man sich an Vorbildern automatisch orientiert. Und wenn sich ein Schauspieler an einem anderen orientiert, läuft er Gefahr, ihn, unter Umständen sogar unterbewusst, zu kopieren. Dann würde er aber etwas anderes darstellen wollen, als in ihm selber ist und als er wirklich empfindet. Und das ist der Anfang vom Ende in unserem Beruf.« Eine Antwort, die man so stehenlassen kann, die aber, wie gesagt, nicht ganz vollständig ist.

Leichter tue ich mich da im musikalischen Bereich. Erstens bin ich hier nicht so zu Hause, und zweitens werden in der Musik sowieso viel mehr Gefühle freigesetzt. Darum beneide ich die Musiker auch: Sie erreichen auf einem viel geradlinigeren Weg als wir Schauspieler die Herzen und Seelen der Menschen.

Deshalb fällt es mir auch leicht zu sagen: Ich verehre Joe Cocker oder Sting oder Billy Joel. Oder BAP, Marius Müller-Westernhagen, Herbert Grönemeyer oder Sarah Connor. Emotionale Momente im Leben der Menschen werden so oft von Musik begleitet, dass einem die Musiker auf fast schon zärtliche Weise vertraut zu sein scheinen. Wenn ich heute Paul McCartney sehe, fallen mir etliche schöne Momente in meinem Leben ein. Leider fällt ihm, wenn er mich sieht, gar nichts ein. Aber so ist das eben im Leben.

Es war, als hätte ich an diesem Abend, dem ein nicht gerade erfreulicher Tag vorausgegangen war, einen alten Kumpel wiedergetroffen, der mich auf so vielen Stationen meines Lebens begleitet hatte. Er hatte mich mit seiner Musik oft wieder aufgerichtet, wenn ich am Boden lag, oder mich einfach in gute Stimmung versetzt – und das tat er jetzt wieder.

Joe Cocker trank an diesem Abend zu meiner Überraschung ausschließlich schwarzen Kaffee. Dafür habe ich für ihn mitgesoffen. Zumindest ließ mein Zustand am nächsten Tag darauf schließen. Immerhin hatte ich mich noch so weit im Griff, dass ich meine rheinländischen Gefühlsausbrüche und Anhänglichkeitsattacken, vor denen der gemeine Kölner in alkoholisiertem Zustand nicht gewappnet ist, halbwegs kontrollieren konnte. Es gibt wirklich Angenehmeres, als nach solchen Nächten aufzuwachen und sich in Grund und Boden zu schämen ob der Dinge, die man von sich gegeben oder angestellt hat. Oder, was noch schlimmer ist, wenn man nicht mehr weiß, was man gemacht hat und sich die Versatzstücke des Vorabends im Laufe des Tages nebulös zusammensetzen.

Aber der Abend mit Joe Cocker war im grünen Bereich geblieben. Demzufolge war also auch der nächste Tag schmerzfrei. Ich erinnere mich sogar sehr gerne an diese Nacht in Rom zurück, in der Joe Cocker die Teenies tanzen ließ und einen frustrierten Schauspieler glücklich machte.

31
Unter Promis

Natürlich hat man als sogenannter Promi den einen oder anderen Vorteil. Der größte besteht in meinen Augen darin, dass man viele Leute trifft, die man immer schon mal kennenlernen wollte. Die man spannend findet oder die einen einfach interessieren. Meist hängt dieses Interesse mit ihrem Beruf zusammen – zumindest zu der Zeit noch, als ich diese Menschen kennenlernte. Heute trifft man ja zunehmend Promis, die gar keinen Beruf haben, geschweige denn einen interessanten.

Paris Hilton ist wohl der Prototyp des internationalen Neopromis ohne feste Anstellung. Sie hat eigentlich noch weniger als gar keinen Beruf und fällt nur durch mittlere Skandale auf, die sie sich hin und wieder leistet, damit die Leute etwas über sie zu schreiben haben. Trotzdem scheint dieses Mädchen etwas zu haben, das die Massen, zumindest die Jugendlichen, elektrisiert.

Aber auch in Deutschland wimmelt es seit einiger Zeit von Prominenten, die man mit der Frage, warum sie eigentlich prominent sind, wohl in arge Schwierigkeiten bringen würde. Mir fällt es schon nicht leicht, die Prominenz eines Friseurs anzuerkennen, so dass ich mich bei den komplett Beschäftigungslosen richtig schwer tue. Dabei ist es nicht etwa Neid, der mich in diesem Zusammenhang befällt, sondern eher Sprachlosigkeit. Auch ist den Betreffenden selbst wohl als Letztes ein Vorwurf zu machen. Wer würde sich denn nicht von einer dekadenten Gesellschaft in einen Promistatus hieven lassen?

Im Sommer 1989 rief mich das Büro von Jil Sander an und fragte, ob ich nicht Lust hätte, vor rund vierhundert Kosmetikerinnen zehn Seiten aus dem Buch *Das Parfum* von Patrick Süskind vorzulesen. Jil Sander wollte ihr neues Herrenparfum vorstellen und veranstaltete zu diesem Zweck in einem österreichischen Luxushotel ein großes Event, zu dem sie etliche Drogeriemitarbeiterinnen aus Deutschland einlud. Das versprach wieder mal eine positive Vip-Erfahrung zu werden. Nachdem ich mir die Anzahl der zu erwartenden Damen noch einmal hatte bestätigen lassen, waren wir uns, was meine Gage betraf, schnell einig geworden.

»Fein«, sagte die Dame aus Jil Sanders Büro, »bliebe nur noch zu klären, wie Sie nach Österreich kommen. Möchten Sie einen eigenen Fahrer oder wollen Sie mit den Models im Bus mitfahren?«

»Models?«

»Ja, es ist ein Show-Act mit zwölf Models geplant.«

Die Veranstaltung wurde mir immer sympathischer.

»Ach, wissen Sie, ich bin da verhältnismäßig unkompliziert. Ich brauche keinen eigenen Fahrer. Ich fahre gerne mit den Models im Bus mit.«

Katja, die zufällig gerade das Zimmer betreten und die letzten Worte mit angehört hatte, war bei dem Wort »Models« hellhörig geworden und zeigte mir den Stinkefinger. In diesem Punkt unterschied sich meine Frau kein bisschen von anderen Ehefrauen. Sie unterstellte mir immer nur die triebhaftesten Absichten. Natürlich kannte sie meine Aversion gegen Massentransporte und führte meinen plötzlichen Sinneswandel einzig und allein darauf zurück, dass es sich in diesem Fall um einen Massentransport von Models handelte. Dabei hatte ich bei dieser Aktion nur die soziale Komponente gesehen. Doch selbstverständlich ließ sie sich davon nicht überzeugen.

Trotzdem fuhr sie mich am verabredeten Tag zur Münchener Freiheit, wo ich aufgepickt werden sollte. Der Bus wartete schon, als wir dort ankamen. Allerdings waren weit und breit keine Models zu sehen, nur ein gutes Dutzend Männer war in dem Bus. Sicherheitshalber fragte ich den Fahrer, ob ich hier richtig sei. Als er das bejahte und mich damit meiner letzten Illusionen beraubte, setzte ich mich unter den Blicken der zwölf Sixpackträger verstohlen in die erste Reihe und hielt mir Süskinds Buch vor die Nase.

Na klar, Jil Sander stellte ein Herrenparfum vor und hatte dem-

Lesung für Jil Sander; nicht im Bild: die 400 Kosmetikerinnen

zufolge männliche Models gebucht. Ich war aber auch zu blöd! Katjas Lachen war selbst durch die schallisolierten Scheiben des Busses noch zu hören. Bis zur Autobahnauffahrt nach Salzburg hatte ich ihr Gelächter im Ohr. Da hatten sich schon die ersten hübschen Männer zu mir gesellt und bombardierten mich mit Fragen über das Filmbusiness. Wir plünderten die Minibar, und ich gab vor vierundzwanzig wachsamen Augen ein paar Schauspielerpossen zum besten.

Zweimal machten wir halt, um uns unterwegs mit neuen Getränken einzudecken. Entsprechend gut gelaunt kamen wir im Hotel an.

Nachdem meine zwölf neuen Freunde, wenn auch etwas verkichert, ihre Performance hingelegt hatten, las ich den anzüglichen

Text aus dem *Parfum.* Die vierhundert Kosmetikerinnen pfiffen und grölten. Gemeinsam mit Jil Sander signierte ich noch einige Bücher, bevor ich mich ins Getümmel warf. Da sich meine Modelfreunde ausschließlich miteinander beschäftigten, war ich der alleinige Hahn im Körbchen von vierhundert Hennen.

Nach einer abwechslungsreichen Nacht stieg ich am nächsten Tag ordentlich verkatert in das Fahrzeug, das mich zurück nach Hause brachte. Ich hatte um eine Limousine gebeten. Ich brauchte einfach etwas Ruhe.

32
Der Ball ist rund

Könnte ein Jahrzehnt besser starten, als mit der Eroberung der Fußballweltmeisterschaft? Wohl kaum. 1990 sah unsere Fußballwelt nach diesem Erfolg noch rosig aus. Aber immer mehr scheinen sich die Perspektiven dieses Sports bizarr zu verschieben. Und das nicht nur hierzulande. Daran ist bestimmt nicht ausschließlich die Legionärsschwemme schuld, obwohl jedem vor Jahren schon klar sein durfte, dass die Aufhebung der Ausländerbegrenzung in Bundesligavereinen dem Nationalteam nicht gerade zuträglich sein konnte. Doch leider ziehen unsere Elitekicker keinen Nutzen aus den allwöchentlichen kosmopolitischen Fußballtreffen in der Bundesliga. Anstatt sich brasilianischer Ballführung à la Ze Roberto oder tschechischer Übersicht à la Tomas Rosicky zu bemächtigen, bevorzugen es unsere Athleten, ihre teuren ausländischen Teamkollegen in anderen Lebenslagen zu kopieren. Sei es bei übertriebenen Gehaltsforderungen, Lustlosigkeitsbekenntnissen oder schlicht beim Torjubel.

Hätte der Kameruner Roger Milla bei der WM 1990 geahnt, was für eine globale Torjubelhysterie er mit seinem heute geradezu harmlos wirkenden Eckfahnentänzchen auslösen würde, hätte er seine spaßige Einlage sicher noch einmal überdacht. Von Stund an führte sich jeder Fußballer zwischen dem Amazonas und der Antarktis beim Torerfolg wie ein Kreisel auf, den man zu weit aufgezogen hat. Der Phantasie sind dabei praktisch keine Grenzen gesetzt. Ein errungenes Tor, das ein Uwe Seeler noch mit einem glücklichen Lächeln und schlichter Freude kommentierte, veranlasst die heutigen Spieler zu tänzerischen Gewaltakten und apokalyptischen Veitstänzen. Es werden Salti geschlagen, Eheringe geküsst, Kinder gewogen und dergleichen mehr. Wenn es so weitergeht, wird der klassische Fußballtrainer wohl in Bälde durch einen Torjubelchoreographen ersetzt.

Bei diesem hohen Anspruch an Kreativität ist klar, dass sie dann zu kurz kommt, wenn sie eigentlich nötig wäre: während des Spiels. Wobei übermäßige Kreativität noch nie zu den deutschen Tugenden gehört hat. Schon eher haben Kampfkraft, Siegeswille, Disziplin und physische Präsenz unsere Fußballer ausgezeichnet. Aber gerade diese für den Erfolg so wichtigen Eigenschaften fehlen den meisten nationalen Spielern heute.

Überhaupt stimmt von den alten Fußballweisheiten Sepp Herbergers nur noch eine: dass der Ball rund ist. Das Spiel hingegen dauert schon lange keine neunzig Minuten mehr, weil immer die obligatorischen drei Minuten nachgespielt werden, egal, was vorher passiert ist. Es ist auch nicht mehr das nächste Spiel das schwerste, weil jedes Treffen zum Schicksalsspiel aufgemotzt wird, zum Spiel des Jahres, wenn nicht gar des Jahrhunderts. Und dass nach dem Spiel, wie Herberger sagte, vor dem Spiel ist, gehört ebenfalls der Vergangenheit an, seit die Zeit zwischen den Spielen mit etlichen Fernsehauftritten, Talkshows, Autogrammstunden, Interviewterminen und anderen fußballerischen Ablenkungsmanövern angefüllt ist.

Dass auf dem Platz nicht mehr von elf Freunden die Rede sein kann, müsste selbst dem harmoniesüchtigsten Fan klargeworden sein. Oder würde ein Spieler, der in der achtzigsten Minute ausgewechselt wird, beleidigt zum Duschen gehen, wenn die Kollegen, die auf dem Platz noch zehn Minuten lang um Sieg oder Niederlage kämpfen müssen, seine Freunde wären? Würde er dann nicht bei ihnen bleiben und sie vom Spielfeldrand aus anfeuern? Es dürfte heute im bezahlten Fußball keinen Platz auf der Welt mehr geben, auf dem sich elf Freunde zum Kicken treffen.

Das Spiel mag schneller geworden sein, aber das Tempo hat wohl auch die Leidenschaft gefressen. Und wenn man dann so ein temporeiches Spiel sieht – man tut's ja immer wieder –, treffen die Moderatoren meist spielerisch das Niveau der Akteure: Jeder Angriff ist ein Konter, und alle gingen »lange Wege«.

Nach dem Spiel will man noch hören, was die Beteiligten zum Ablauf dieser Veranstaltung zu sagen haben. Das fängt meist mit: »Ja gut, ich denke« an und hört mit der Versicherung auf, den Gegner keineswegs unterschätzt zu haben. Das soll dann ein runder Fußballabend gewesen sein. Aber genau betrachtet war leider nur der Ball rund.

33
Wie sag ich's meinem Kinde?

Im Herbst 1990 ging ich mit Katja auf Theatertournee. Wir spielten zusammen in einem Ensemble der »Neuen Schaubühne« das John-Steinbeck-Stück *Von Mäusen und Menschen*. Die Schaubühne gehörte damals noch Hellmuth Duna, dem mittlerweile verstorbenen Mann meiner Kollegin Heidelinde Weis. Heidelinde war es auch, die mich zu dieser Tournee überredet hatte. Wir hatten uns bei den Dreharbeiten für einen Fernsehfilm in Hamburg angefreundet.

Ich verehrte diese Frau immer schon, wenn nicht sogar noch ein bisschen mehr. Na ja, wie soll ich sagen? Ich fand sie in ihren Filmen immer äußerst attraktiv, charmant und sexy. Außerdem ist sie eine hervorragende Schauspielerin. Aber all das wird nebensächlich, wenn man Heidelinde Weis wirklich kennenlernt. Sie ist für mich einer der tollsten Menschen, denen ich jemals begegnet bin. Allein wie sie über so viele Jahre ihren an den Rollstuhl gefesselten Ehemann, den sie abgöttisch liebte, versorgt hat, sucht seinesgleichen. Sie vereinigt in sich alle Eigenschaften, und seien sie noch so gegensätzlich, die eine Frau begehrenswert machen: Sie ist schön, klug, ehrlich, gebildet, häuslich, humorvoll und der klassische Typ, mit dem man Pferde stehlen kann. Sie ist keine Frau für gewisse Stunden, sondern für jede Minute, die der liebe Gott einem mit ihr beschert.

Während der Tournee hatten Katja und ich unseren Sohn Oscar die meiste Zeit bei uns. Er war gerade zwei Jahre alt und, wie sich das für einen Jungen in seinem Alter gehört, fasziniert von dem großen Bus, mit dem wir unterwegs waren. Und von Peter Kisthard, dem Fahrer des Busses.

Auch auf die Gefahr hin, mich zu wiederholen: Auch Peter ist ein außergewöhnlicher Mensch, der, wie das bei außergewöhnlichen Menschen ja häufig der Fall ist, so richtig in kein Schema zu passen scheint. Er war für sein Busunternehmen meistens mit Japanern unterwegs und fuhr 1990 seine erste Theatertournee. Zu diesem Zwecke hatte er den Bus komplett umgebaut. Hinten hatten wir zwei riesige Betten, die man fast als Spielwiesen bezeichnen konnte. In der Mitte war ein Tisch, an dem wir Brotzeit machten, Karten spielten oder einfach beisammen saßen. Außerdem hatten wir einen Fernseher mit Videogerät an Bord. Es fehlte uns also an nichts.

Peter war immer mit Herz und Seele bei der Sache. Mittlerweile bin ich auf fünf Tourneen mit ihm gefahren, bei denen wir weit über hunderttausend Kilometer zurückgelegt haben. Er hat mich also mehrmals um die Welt gefahren, ohne einen einzigen Unfall. Und das unter teilweise abenteuerlichen Bedingungen. Da man Tourneen meistens im Winter macht, hatten wir oft mit Schnee, Matsch oder Glatteis zu kämpfen. Manchmal sind wir auch gleich nach der Vorstellung die ganze Nacht hindurch bis zum nächsten Spielort gefahren.

In diesen Nächten habe ich mich oft zu ihm in die Kanzel gesetzt, und wir haben über Gott und die Welt gesprochen. Peter ist ein sehr belesener Mann, und wir sind in vielen Dingen derselben Ansicht. Nicht zuletzt ist er ein hervorragender Skatspieler und Kegler – zwei nicht zu unterschätzende Talente auf Tournee, da wir vor der Vorstellung meistens Skat spielten und danach kegelten. Ich habe mit Peter wahre Kegelorgien veranstaltet.

Während der Vorstellung saß er entweder im Zuschauerraum oder er stand in einer der »Theatergassen«. Nie hat er auch nur eine Vorstellung versäumt. Er liebte unsere Aufführungen und wurde gleichzeitig unser schärfster Kritiker. Ihm entging nichts. Jede Nuance, die sich veränderte, wurde notiert und anschließend diskutiert. Nicht zuletzt durch ihn behielt ich auf all meinen Tourneen die nötige geistige Frische und Beweglichkeit auf der Bühne.

Oscar saß während der Fahrt meistens auf dem Klappstuhl neben Peter, der eigentlich für den Reiseleiter vorgesehen ist. Peter gab ihm immer das Mikrofon in die Hand, mit dem sonst der Reiseleiter den Japanern die Sehenswürdigkeiten beschrieb. Mein Sohn unterhielt dann das gesamte Ensemble mit seinen Kinderliedern und unverständlichem Gebrabbel. Wenn es dann gewaltig schepperte, wusste jeder: Oscar war eingeschlafen und hatte das Mikro fallen lassen.

Eine der wenigen Übereinstimmungen in unserer Ehe hatten Katja und ich übrigens, was die Erziehung unseres Sohnes betraf. Wenn die Eltern hier an einem Strick ziehen, ist das zweifellos ein großer Vorteil für sie und das Kind. Natürlich nur, sofern beide am selben Ende des Stricks ziehen.

In meinen Augen ist die Kindererziehung die schwerste Alltagsaufgabe, die die Menschen zu bewältigen haben, und ausgerechnet ihr wird so wenig Bedeutung beigemessen. Für jeden Blödsinn muss man in Deutschland etliche Verrenkungen machen. Es werden Führerscheine, Jagdscheine, Gewerbescheine, Zeugnisse und Lizenzen vergeben. Aber für die wichtigste Sache, die Erziehung unserer Kinder, also der Menschen, von denen unsere Zukunft abhängt, benötigen wir nichts von alledem. Jeder – mit Verlaub: Depp darf ohne Prüfung oder Eignungsnachweis herumerziehen. Wie oft das gewaltig in die Hose geht, sieht man ja an den unzähligen Gestörten und Gewalttätigen, die rumlaufen und eine ständige Gefahr für ihre Mitmenschen darstellen. Ich möchte nicht wissen, wie hoch der Prozentsatz derjenigen ist, die erst durch eine falsche oder gar keine Erziehung auf die schiefe Bahn geraten sind.

Aber selbst wenn man dieser so wichtigen Aufgabe die nötige Aufmerksamkeit schenkt, ist sie ungemein schwer zu lösen. Bei der Erziehung eines Kindes keine Fehler zu machen ist so gut wie unmöglich. Was für das eine richtig ist, kann für das andere falsch sein. Gewiss ist eigentlich nur eines: Kinder brauchen unsere Liebe und unseren Schutz.

Ich persönlich finde, dass eines der wichtigsten erzieherischen Mittel die Konsequenz ist. Ich habe meinen Kindern immer einen großen Freiraum gelassen, in dem sie ungestört agieren durften.

Das kann auch schon mal mit Krach und Durcheinander verbunden sein; Kinder müssen und sollen sich ja austoben. Wenn man aber sagt: »Jetzt ist Schluss!«, dann muss auch Schluss sein. Es ist wichtig, immer auf seiner Forderung zu bestehen. Es nützt nichts, ein Kind, drei-, viermal zu rufen und dann aufzugeben, wenn es nicht kommt. Es speichert diese Inkonsequenz ab und wird die nächsten Male garantiert auch nicht kommen. Wenn es aber merkt, dass kein Weg an der Forderung vorbeiführt, kommt es beim nächsten Mal sofort.

Ich habe meinem Sohn einen Satz gesagt, den ich auch meiner Tochter mit auf den Weg geben werde: »Halte dich an die Zehn Gebote und störe keinen Menschen in seinem Frieden.« Salopp ausgedrückt: Man kann fast alles im Leben tun, solange man seinen Mitmenschen nicht in irgendeiner Form auf den Wecker geht.

Na ja, das scheint auch leichter gesagt als getan. Mein Sohn wird sich sehr wahrscheinlich gedacht haben: »Na servus, darauf wäre ich zur Not auch noch selber gekommen. Und ob der Alte sich da immer dran gehalten hat?« Ganz sicher nicht, mein Sohn. Ganz sicher nicht.

*

An einem Samstagnachmittag 1990 lag ich mit Oscar im Bett. Wir sahen uns, wie jedes Wochenende, gemeinsam die *Sportschau* an, als Katja das Schlafzimmer betrat und mir meine Lieblingsspeise, Pellkartoffeln mit Quark, ans Bett brachte. Obwohl ich wusste, dass mein Filius schon zu Abend gegessen hatte, wurde ich den Verdacht nicht los, dass er schmachtend auf den Quark sah. Ganz fürsorglicher Vater, fragte ich ihn: »Magst du mal probieren?«

»Nein«, sagte er so beleidigt, als hätte ich ihm gerade zwei Wochen Hausarrest verpasst. Dabei hatte ich ihn noch nie mit Hausarrest bestraft. Bis heute nicht.

Schön, ich wusste, dass er gerade seine Trotzphase hatte. Ich wusste auch, dass das bei Kindern dieses Alters völlig normal ist. Aber so ganz ohne erzieherische Maßnahme wollte ich diese Minikonversation doch nicht stehen lassen. Deshalb belehrte ich ihn, mehr oder weniger en passant und mit dem kumpelhaftesten Ton, den ich im Moment aufbringen konnte: »Übrigens, Dicker, nebenbei gesagt heißt das: nein, danke.«

»Nein!« schoss es förmlich aus ihm heraus, als hätte er darauf nur gewartet.

Obwohl Littbarski kurz davor war, ein Tor zu schießen, wandte ich mich vom Fernseher ab und sah Oscar von der Seite an. War das wirklich mein Sohn?

Es bestand ja noch die Chance, dass er mich nicht richtig verstanden hatte. Ich wiederholte also meinen Ratschlag, aber nun zumindest vom Tonfall her schon in stark bestimmender Form: »Oscar, das heißt: nein, danke.«

Unpassenderweise stellte ich fest, dass man bei seinen Kindern dieselben Verhaltensmuster an den Tag legt wie bei seinen Ehefrauen: Wenn man sie nämlich bei ihrem Vornamen nennt, meint man es ernst. Aber mir blieb keine Zeit, mich zu fragen, wieso das eigentlich so ist.

»Nein!« schoss es abermals aus meinem Sohn heraus.

Die Variante, akustisch nicht verstanden worden zu sein, konnte ich also ausschließen. Aber warum in aller Welt führte sich dieses Kind so auf? Er lag neben seinem geliebten Vater im Bett und sah seine geliebte *Sportschau.* Unser geliebter 1. FC Köln führte zur Halbzeit ungewöhnlich deutlich. Daran konnte es also nicht liegen. In der Küche hörte er seine geliebte Mutter wurschteln. Auch insofern alles okay. Vielleicht war er ja durch die ungewohnte Führung seines Vereins so irritiert. Oder er hatte den komplexen Zusammenhang meiner Erläuterung nicht verstanden. Ich versuchte es also nochmals, indem ich ihm das Problem nun genauer, plastischer, wenn nicht sogar blumiger unterbreitete: »Sieh mal, Dicker«, für die folgende erzieherische Maßnahme entschloss ich mich wieder zu der entschärften Kosenamenvariante. »Wenn dich jemand fragt, ob du etwas möchtest, und du möchtest nicht, was er dir angeboten hat, dann antwortest du mit: nein, danke.« Ich holte Luft, um zum blumigen Teil zu kommen.

»Nein!«

Irgendwie hatte ich keine Lust mehr auf dieses Spiel. Ich wurde langsam sauer und fragte, frei von pädagogischen Überlegungen und sonstigem Quatsch: »Sag mal, willst du ins Bett?«

Jetzt wandte sich auch mein Sohn vom Fernseher ab und sah mich an: »Ich bin doch im Bett.«

Wenn ich eins hasse, dann sind das altkluge Kinder.

»Ich meine in dein eigenes Bett, du Klugscheißer. Mit Licht aus und schlafen und so.«

Mein Sohn wandte sich wieder zum Fernseher. »Nein, danke«, sagte er in einem Ton, der mir wohl signalisieren sollte, dass das Gespräch für ihn damit beendet war.

›Na bitte‹, dachte ich. ›Geht doch.‹ Und nahm mir vor, wieder öfters auf die konventionellen Erziehungsmethoden zurückzugreifen.

34
Katja, Kater, Kollisionen

Die Schlagzeile der Münchner *Abendzeitung* lautete: »Heiner Lauterbach: Fahrerflucht zu Fuß«. Auch die *TZ* hatte mich im Sommer 1991 mit dieser eher harmlosen Geschichte als »Aufmacher« auf die erste Seite gewuchtet. Kein Wunder: Wir befanden uns in der Jahreszeit, die im Pressejargon gemeinhin »das Sommerloch« genannt wird. Ich habe nie so richtig verstanden, warum im Sommer weniger Spektakuläres passieren sollte als im Winter. Sicher, das Glatteis und die damit verbundenen Massenkarambolagen fallen weg. Und viele Menschen sind im Urlaub. Aber das sind doch die braven Familien mit ihren Kindern und nicht die bösen Onkels, die normalerweise für Schlagzeilen sorgen. Außerdem kann man auch im Urlaub Blödsinn machen, der einen in die Schlagzeilen bringt. Auch die stets eine Zielscheibe abgebenden Politiker sind im Sommer ja keineswegs aus der Welt. Weiß also der Henker, warum das Sommerloch das Sommerloch ist. Jedenfalls half ich, das Loch zu stopfen, indem ich meinen Führerschein verlor. Das war mir nicht zum ersten Mal passiert und insofern nichts Neues. Neu war allerdings die rege öffentliche Anteilnahme.

Ich hatte morgens um halb sechs einen Zusammenstoß der harmloseren Art auf der Leopoldstraße verursacht. Niemand war verletzt worden. Der Herr, dem ich da in die Seite gefahren war, wollte partout die Polizei einschalten. Da niemand die Guillotine schleifen würde, mit der er später geköpft werden soll, kam die Benutzung meines Autotelefons für diesen Anruf nicht in Frage, was den guten Mann nicht freundlicher stimmte. Zur nächsten Telefonzelle wollte er aber auch nicht gehen, weil er Angst hatte, dass ich mich bis zu seiner Wiederkehr aus dem Staub gemacht haben könnte. Er bat mich also, so lange mit ihm am Unfallort zu warten, bis zufällig ein Streifenwagen vorbeikäme.

Nun ist Geduld, wie schon erwähnt, nicht meine Stärke, und der frühmorgendliche Berufsverkehr auf der Leopoldstraße trug nicht gerade zur Verbesserung dieser Untugend bei. Wen wundert es da, dass ich mich nach einer Minute verabschiedete. Er hatte mich gleich erkannt und wusste somit, wer ich war. Noch dazu ließ ich den Wagen, der auf mich angemeldet war, samt Zündschlüssel an Ort und Stelle stehen, und meine Schuld gab ich auch noch zu. Aus meiner Sicht gab es also keinen ersichtlichen Grund, auf das vage Eintreffen der Polizei zu warten. Schön, ich war natürlich, der Uhrzeit entsprechend, alkoholisiert, aber das sollte mir erst mal jemand beweisen.

Warum dieser im Grunde ganz alltägliche Vorfall dann am nächsten Tag in sämtlichen Zeitungsboxen der Stadt aushing, ist mir ein Rätsel. Genauso rätselhaft ist wohl die Frage, wie die Presse überhaupt an diese Information gekommen ist. Es scheint da eine »Hotline« zwischen Polizei und Presse zu geben, deren Legalität ich zumindest in Frage stelle – genauso wie man sich fragen kann, ob mein Ausrutscher wirklich von öffentlichem Interesse war.

Nun gut, gewisse Umstände ließen das Ganze in einem schrillen Licht erscheinen. So war der Unfall genau vor dem »Leierkasten«, dem größten Puff der Stadt, passiert. Auf der Rückbank meines Wagens hatte man den stark angetrunkenen Barkeeper aus dem »Bayerischen Hof« gefunden. Diesen hatte nicht nur ich bei meiner »Entfernung vom Unfallort« vergessen, sondern auch die später eintreffenden Polizisten übersahen ihn. Erst auf dem Abstellplatz für abgeschleppte Fahrzeuge machte er durch lautes Hämmern gegen die Scheiben auf sich aufmerksam, nachdem er kurz vorher aufgewacht war, weil ihm die Sonne auf seinen alkoholisierten Schädel gebrannt hatte. Außerdem hatte der von mir so stark in Anspruch genommene Verkehrsteilnehmer wohl von einem »stark schwankenden Schauspieler, der grölend Richtung Innenstadt getorkelt sei«, gesprochen.

Ich hätte die Situation ganz anders beschrieben, aber mich hatte zu diesem Zeitpunkt niemand gefragt. Dabei wäre die Geschichte, wie ich mich dieser Befragung durch die Polizei entzogen hatte, für die Presse wohl spannender gewesen als der Unfall selber.

Ich hatte mich also vom Unfallort entfernt. Wenn auch nicht grölend und schwankend, wie es mein Unfallwidersacher beobachtet haben wollte. Allenfalls würde ich mir eine leicht unreine Gangart attestieren. Und wenn ein Kölner frühmorgens »Warum ist es am Rhein so schön?« anstimmt, ist das in meinen Augen auch nicht zwingend als Gegröle zu bezeichnen. Es ist eine lange Strecke vom Leierkasten bis in die Ohmstraße, wo sich unsere Wohnung befand, und wenn man den unzähligen Früherwerbstätigen um diese Uhrzeit in augenscheinlich nächtlicher Stimmung begegnet, wird man nicht gerade wie einer der ihren behandelt. Da heißt es, die Flucht nach vorn anzutreten und sich in aller Deutlichkeit von ihnen abzusetzen. Und das tut man in Bayern immer noch am besten, indem man ein rheinisches Liedchen trällert.

Zu Hause angekommen, telefonierte ich als erstes mit einem befreundeten Anwalt, der zu dieser nachtschlafenden Zeit Mühe hatte, meinen nicht ganz flüssigen Schilderungen zu folgen. Als er schließlich begriffen hatte, was ich ihm vermitteln wollte, riet er mir, die Wohnung zu verlassen.

»Wieso?« wollte ich wissen.

»Weil du gleich Besuch von der Polizei bekommen wirst.«

»Ich bin aber nicht auf Besuch eingestellt«, versuchte ich noch witzig zu sein.

»Es wird den Bullen scheißegal sein, auf was du eingestellt bist. Sie werden dir Blut abnehmen, und die Werte dürften eindeutig sein.«

»Meine Blutwerte sind jungfräulich. Das hat mir gerade erst mein Hausarzt bestätigt. Besonders meine Leberwerte sind, entgegen aller …«

In diesem Moment klingelte es an der Wohnungstür.

»Oh, ich glaube, ich bekomme wirklich Besuch.«

»Das dürften sie schon sein.«

Jetzt klopfte es an der Tür unserer Dachgeschosswohnung.

»Hey, die sind ja schon oben. Wie sind die denn so schnell hier raufgekommen?«

Wieder klopfte es.

»Halt jetzt die Klappe, bis sie weg sind.«

»Gut, ich sage nichts mehr«, flüsterte ich und schloss zur Sicherheit auch noch die Augen.

Wieder klopfte und klingelte es.

»Herr Lauterbach, machen Sie auf! Wir wissen, dass Sie in der Wohnung sind. Wir haben Sie sprechen gehört.«

»Das war der Anrufbeantworter«, schoss es aus mir raus. Im nächsten Moment biss ich mir auf die Lippen. Mit geschlossenen Augen und zusammengepressten Lippen verharrte ich eine Weile in gekrümmter Haltung und wagte nicht, mich zu bewegen.

»Was ist denn da los?« wollte mein Anwalt wissen.

Sollte ich seine Frage beantworten oder seiner Anweisung, die Klappe zu halten, folgen?

»Heiner, bist du noch dran?«

Als Kompromiss flüsterte ich: »Die Bullen stehen schon vor der Wohnungstür und wollen, dass ich ihnen aufmache.«

»Du verhältst dich jetzt absolut ruhig, und sobald sie weg sind, verschwindest du, verstanden?« Mein Anwalt hatte sich wohl von der konspirativen Stimmung anstecken lassen, denn auf einmal flüsterte er auch.

»Warum flüsterst du denn?« fragte ich, aber er hatte schon aufgelegt.

Ich schlich ins Schlafzimmer, wo zu meinem Erstaunen weder Katja noch Oscar schlummerten, legte mich aufs Bett und wartete, bis die Luft vor der Tür wieder dünner werden würde.

Noch bevor ich den zweiten Fuß im Bett hatte, war ich eingeschlafen. Ich träumte in ziemlich plastischer Form, dass ich beim Zahnarzt wäre, der mich mit einem übermäßig langen Bohrer übermäßig lange malträtierte. Dann unterbrach er seine schmerzhafte Arbeit, sah mir in den Hals und meinte, eine derartig lange Wurzel habe er noch nie gesehen. Merkwürdigerweise bohrte es weiter, obwohl der Arzt noch gar nicht wieder zu seinem Gerät gegriffen hatte. Irgendwas schien hier nicht zu stimmen, und das beunruhigte mich so, dass ich aufwachte. Schnell realisierte ich, dass es sich nur um einen bösen Traum gehandelt hatte, der sich allerdings in einem Punkt von anderen Träumen unterschied: Während ich nämlich visuell wieder unter den Wachen weilte, ging der Traum akustisch weiter. Doch allmählich verlagerte sich die Quelle dieses Martyriums vom Inneren meines Schädels zur Wohnungstür. Die Polizisten schienen sich tatsächlich Zutritt zu meiner Behausung verschaffen zu wollen.

Nach einem kurzen Moment der Stille vernahm ich Stimmen im Flur, die immer näher kamen. Ich sah das schräge Dachfenster über mir. Schwungvoll wie Burt Lancaster in seinen alten Zirkusfilmen am Trapez, hievte ich mich aus dem Fenster und wippte hinaus aufs Dach. Vorsichtig lehnte ich das Fenster wieder an und schlich übers Dach bis zu unserer Nachbarin, bei der ich auf die Terrasse springen konnte.

Die Nachbarin hieß Dagmar Prinzessin zu Hohenlohe und war von dem, was ich mir unter einer Prinzessin immer vorgestellt hatte, so weit entfernt wie die Antarktis vom Nordpol. Sie war – und ich vermute, das ist sie immer noch – eine moderne junge Frau, die mit ihrem Lebensgefährten ein lässiges, fast flippiges Leben lebte. Auch besaß sie keine Schlösser oder dergleichen, so dass sie für ihren Lebensunterhalt richtig arbeiten musste, was sie in meinen Augen aber nicht unsympathischer machte. Im Lauf der Jahre hatten Katja und ich uns mit den beiden angefreundet.

Zum Glück besaß sie auch keine Schlösser an den Terrassentüren, so dass ich eine davon ziemlich problemlos aushebeln und in die Wohnung schleichen konnte. Wie ich vermutet hatte, war meine Nachbarin noch im Reich der Träume. Daggi schlief an ihren freien Tagen gerne lange. Wenigstens in dem Punkt entsprach sie dem Bild, das wir Normalbürger von echten Blaublütern haben. Ich beschloss, sie nicht aufzuwecken, und legte mich ins Gästezimmer.

Als ich wieder aufgewacht war, erzählte ich Dagmar von den Ereignissen der letzten Nacht. Dann schlich ich durch die aufgebrochene Tür in meine eigene Wohnung zurück. Es war jetzt bereits Mittag, und Katja war immer noch nicht zu Hause. Ich fing an, mir

Sorgen zu machen. Sie war noch nie so lange kommentarlos weggeblieben. Mir schwante nichts Gutes.

Als ich abends von der Komödie im »Bayerischen Hof« heimkam, wo ich in *Eine phantastische Nacht* mit Heidelinde Weis spielte, sollten sich meine Ahnungen bestätigen. Auf dem Anrufbeantworter war eine Nachricht von Katja. Sie hielt es für das beste, wenn wir uns eine Zeitlang trennten. Sie war mit Oscar schon zu einem befreundeten Ehepaar gezogen und würde in den nächsten Tagen ihre wichtigsten Sachen holen. Obwohl es mir fast das Herz zerriss und ich gleichzeitig ohnmächtig vor Wut war, dass sie mir meinen Sohn so einfach entzog, versuchte ich besonnen und vor allem gerecht zu reagieren. An meiner Situation, so fair musste ich einfach sein, war ich zu wesentlichen Teilen selber schuld.

Schon seit längerem hatten Katja und ich gemerkt, dass mit unserer Beziehung so einiges im argen war. Auf einem gemeinsamen Urlaub in Hollywood hatten wir noch versucht, einander wieder näherzukommen. Oscar hatten wir bei seiner Oma gelassen, um uns ganz auf uns konzentrieren zu können. Es war ein letztes, leider vergebliches Aufbäumen vor der Kapitulation unserer Ehe gewesen. Obwohl ich damals schon wusste, dass es kurz vor zwölf war, fand ich einfach keinen Weg, Katja ein Leben anzubieten, das es ihr ermöglicht hätte, diese Ehe weiterzuführen, ohne daran kaputtzugehen. Ich stand vor dem Scherbenhaufen. Aber anstatt zu versuchen, die Scherben behutsam wieder zusammenzufügen, war ich noch darauf herumgetrampelt.

So war auch diese Reise letzten Endes vergebens. Statt uns miteinander zu beschäftigen, versuchten wir, uns durch allerlei Zeitvertreib von unseren eigentlichen Problemen abzulenken. Im Grunde hatten wir uns damals schon zu weit voneinander entfernt, so dass wir gar nicht mehr wussten, was zu tun ist, wenn wir uns nah waren. Wir besuchten Bernd Eichinger in seinem Haus in Beverly Hills, feierten Partys und lachten viel mit ihm und Marianne, seiner rechten Hand. Wir besuchten Thomas Gottschalk in seinem Haus in Malibu. Wir lernten Frances Schoenberger kennen, die Frau, die alles und jeden in Hollywood kennt. Wir spielten schönen Schein, doch unter der Oberfläche sah es finster aus.

Katja und ich sind nie mehr zusammengezogen. Von ihren verletzten Gefühlen einmal abgesehen, hätte ich ihr vermutlich niemals wirklich verzeihen können, dass sie mich verlassen und meinen Sohn mitgenommen hatte. Obwohl von vornherein feststand, dass ich Oscar weiterhin sehen konnte, wann und wo ich wollte, und wir uns das Sorgerecht für ihn teilen würden, hatte sie mich an einem empfindlichen Punkt getroffen. Es wäre für mich vorher undenkbar gewesen, dass mir jemand ungestraft meinen Sohn wegnimmt. Aber ich musste dieser Frau zugestehen, dass sie dieses Leben nicht mehr leben wollte. Einerseits verstand ich also ihr Verhalten, doch andererseits konnte ich es nicht akzeptieren.

35
Alles nur Mückenstiche

Im Spätsommer 1991 fragte mich mein Kollege Claude-Oliver Rudolph, ob ich nicht Lust hätte, unter seiner Regie einen Kinofilm zu drehen. Wir hatten uns kurze Zeit vorher bei Dreharbeiten kennengelernt. Claude war ein extremer Typ, der mir aber sympathisch war. Auch hatte er schon Jahre zuvor in dem Mehrteiler *Rote Erde* bewiesen, dass er ein exzellenter Schauspieler war.

Leider wird er im deutschen Fernsehen wegen seines verwegenen Aussehens fast ausschließlich für Fieslinge besetzt und konnte sein Potential nach der *Roten Erde* in meinen Augen nie mehr richtig ausspielen. Vielleicht wandte er sich auch deshalb mehr dem Regiefach zu. In seinem ambitionierten Erstlingswerk *The Wonderbeats*, in dem unter anderem die damals noch unbekannten Jürgen Vogel und Uwe Fellensiek mitspielten, hatte er sein Talent schon durchblitzen lassen.

Obwohl das Drehbuch zu *Ebbies Bluff,* so sollte sein neuer Film später heißen, noch viele Fragen offenließ, stieg ich mit ein. Ich traute diesem Mann einfach zu, etwas Außergewöhnliches auf die Beine zu stellen. Mein Zutrauen bestätigte sich auch insofern, als die ganze Produktion, inklusive des Endergebnisses, außergewöhnlich war. Wenn auch nicht ganz im erwarteten Sinn.

Claude, der gleichzeitig Produzent war, hatte mir von Beginn an keine allzu großen Hoffnungen auf eine einigermaßen normale Gage gemacht. Da ich aber noch nie sonderlich finanzorientiert dachte, war mir das egal. Außergewöhnlich war auch die Zusammenstellung der Filmcrew. Als ich zum ersten Mal den Set betrat, kam ich mir vor wie auf einem Model Contest. Es wimmelte förmlich von hübschen Frauen in ausgewählt guten Outfits. Bei herkömmlichen Dreharbeiten stößt man dagegen meist auf blass wirkende Arbeitsmatronen in Breitkordjeans und ausgelatschten Turnschuhen. Sie machen ihren Job in der Regel gut und gewissenhaft, aber ansonsten interessiert sie nichts, und entsprechend wenig wird sich auch für sie interessiert. Um dieses gegenseitige Desinteresse gleich im Keim zu ersticken und einen gesunden Konkurrenzkampf am Set anzustacheln, tat Claude gleich beim sogenannten Warming up, dem Abend vor dem ersten Drehtag, kund, dass am Ende der Dreharbeiten von den Männern des Filmstabs eine »Miss Team« gewählt werden würde. Was auch immer man darunter verstehen mochte.

Ich glaube, es ist fast überflüssig zu erwähnen, dass es bei der einen oder anderen Dame ganz nach dem Motto »Man kann nicht alles haben« an fachlicher Kompetenz mangelte. Einer unserer Maskenbildnerinnen beispielsweise sah ich wirklich gerne ins Gesicht, während sie mich schminkte. Ihre Arbeit verrichtete sie aber leider so, dass ich mich selber danach nicht mehr ansehen wollte. Zum Teil mag das auch an den Nächten gelegen haben, die wir meist in feuchtfröhlicher Runde verbrachten.

Wir hatten uns für die Dauer der Drehzeit in einem Bochumer Hotel einquartiert, das seine Bereitschaft, uns dort wohnen zu lassen, aus mehreren Gründen bereut haben dürfte. Denn es wurde in diesem Haus gefeiert, bis sich die Balken bogen. Jede Nacht gab es nach Drehschluss eine riesige Party, auf der es von hübschen Komparsinnen nur so wimmelte, die sozusagen Gewehr bei Fuß standen. Und Claude thronte über allem in seinem cineastischen Harem.

Fast zwangsläufig musste hier die Kunst auf der Strecke bleiben. Das heißt, das Künstlerische will ich dem Werk gar nicht absprechen, sondern eher das Organisatorische. Aber ohne Zucht und Ordnung geht es nun mal nicht. Schon gar nicht beim Film. Selbst die exzentrischste künstlerische Arbeit verlangt für ihre Umsetzung eine straffe Organisation. Aber bei *Ebbies Bluff* liefen nur Künstler rum, und niemand wollte richtig arbeiten. Alle wollten

Häuptling spielen und keiner den Indianer geben. Das Ergebnis ist sicher der konfuseste Film aller Zeiten, dem man gerade wegen seiner verworrenen Art fast schon wieder etwas abgewinnen könnte. Ich habe sogar von Leuten gehört, die ihn genial fanden. »Kult« soll er sein. Schräg genug dafür ist er allemal.

Der Film handelt von einem jungen Boxer, der sich mit seinem Manager auf ziemlich unkonventionelle Weise durchs Leben schlägt. Für mich war die Rolle des chaotischen Managers Ebbie vorgesehen, und den Boxer sollte Til Schweiger spielen. Ich kannte Til damals noch nicht, da ich weder die *Lindenstraße* verfolgte, in der er agierte, noch den Kinofilm *Manta Manta* gesehen hatte.

Kennengelernt haben wir uns eher zufällig: Auf einer Herrentoilette, morgens um vier Uhr, in der Kölner Diskothek »Übernacht«. Ich war mit dem »langen Joe«, einem Freund aus der Szene, auf einem unserer unzähligen Streifzüge durch die Kölner Nachtwelt. Während ich mich meines russischen Landweins entledigte, sprach mich ein junger Mann an, der über die Schulter zu mir rüberschielte.

»Hey, du bist doch der Heiner?!«

Ich schielte zurück. Eigentlich mag ich es überhaupt nicht, wenn man mich beim Pinkeln anspricht, aber der Junge grinste so verschmitzt, dass ich ihn gleich sympathisch fand.

»So ist das«, erwiderte ich und grinste zurück.

»Ich bin der Til«, meinte er.

Ich nickte, davon ausgehend, dass er dieser Information noch etwas hinzufügen würde. Aber das schien er nicht vorzuhaben. Also sagte ich: »Hallo, Til.«

Jetzt hatte er kapiert, dass ich mit seinem Namen alleine wenig anfangen konnte.

»Wir drehen doch zusammen, *Ebbies Bluff*«, setzte er deswegen nach.

Endlich fiel bei mir der Groschen, der im Moment nicht gerade als Sturzbomber unterwegs war.

In dieser Nacht erzählte ich Til mein halbes Leben. Hauptsächlich jammerte ich ihm vor, wie sehr ich darunter litt, dass meine Frau mich mit meinem Sohn verlassen hatte. Ich beschrieb ihm, wie ich einen Regisseur, der mit Katja ein Verhältnis haben sollte, auf offener Straße k.o. geschlagen hatte. Wie mein Leben aus den Fugen zu geraten drohte und wie allein und einsam ich war.

All das erzählte ich diesem eigentlich völlig Fremden, weil ich von Beginn an gespürt hatte, dass wir Freunde werden würden. Til war mir immer sehr nah. Auch wenn er bisweilen zur Pflege unserer Freundschaft noch weniger Zeit hat als ich, hat sich dieses vertraute Gefühl ihm gegenüber bis heute nicht verändert.

*

Einer unserer Edelkomparsen bei dieser Produktion war der Boxpromoter Ebby Thust. Ebby war ein paar Jahre zuvor in die Schlagzeilen gekommen, weil er in einen angeblichen Erpressungsversuch verwickelt war, den die Presse dann zum Skandal aufblies. Ebby hat mir die ganze Geschichte, die viel komplexer ist, als die meisten Menschen ahnen, einmal erzählt. Sie hier zurechtzurücken würde allerdings den Rahmen dieses Buches sprengen und ist auch nicht meine Aufgabe. Ebby ist ein lustiger Geselle, mit dem wir nicht nur jede Menge Spaß hatten, sondern der uns auch über brancheninterne Dinge aus dem Boxsport beraten konnte.

Seine guten Kontakte in einschlägige Kreise waren uns ebenfalls sehr nützlich. So brauchten wir beispielsweise in einer Drehnacht zehn Luxuskarossen, die vor einer Nobeldisco stehen sollten. Da kein Geld vorhanden war, um die Autos anzumieten, ließ Ebby seine Beziehungen spielen und rief seinen Freund Jürgen Medenbach an, der als »der Pate vom Ruhrpott« galt. Medenbach hatte neben unzähligen anderen Einnahmequellen in Hagen einen Handel für Luxuswagen. Ein Anruf genügte, und wir hatten zehn Nobelschlitten vor der Disco stehen. Dass es sich dabei um zehn gleiche Ferraris in der gleichen roten Farbe handelte, störte Claude nicht sonderlich.

»Sag mal, findest du das nich 'n bisschen komisch, dass hier zehn gleiche Autos vor der Tür stehen?« fragte ich ihn.

Unbekümmert wie immer, wenn durch finanzielle Lücken verursachte dramaturgische Missstände im Film sichtbar wurden,

Mit Ebby Thust (Mitte) am Set von Ebbies Bluff

erfand er eine plausible Erklärung dafür: »Wieso? Die Typen in dieser Disco stehen eben auf Rot. Und Ferrari is ja sowieso in den Kreisen angesagt.«

So einfach war das. Blieb nur zu hoffen, dass die Zuschauer im Kino das ähnlich sehen würden.

Eines Nachts, als ich gerade vor dem Pinkelbecken stand, betrat jemand die Toilette und haute mir auf die Schulter, dass ich fast die Vorderzähne an der Spülvorrichtung des Pissoirs eingebüßt hätte.

»Du gefällst mir, mein Junge«, knurrte »Mede«, wie ihn alle nannten. Seine Stimme hörte sich an, als hätte Joe Cocker nächtelang durchgefeiert und zum Frühstück zwei Kilo Kreide gefressen.

»Danke, Mede«, hauchte ich.

Nachdem er seine bratpfannenartige Hand von mir genommen hatte, versuchte ich mich wieder aufs Pinkeln zu konzentrieren.

»Wenn ich mal was für dich tun kann, sag Bescheid«, meinte er.

»Das is lieb, Mede, vielen Dank«, sagte ich, ganz auf mein Vorhaben konzentriert.

»Nee, wirklich, ich mag dich. Also, wenn du mal 'n Milliönchen brauchst oder so, dann meld dich.«

Soviel ich wusste, sollte Mede seine Brötchen unter anderem damit verdienen, dass er Geld für nicht gerade übliche Zinsen verlieh. Die Wahl seiner Mittel, um das Geld wieder einzutreiben, war, wenn ich das richtig verstanden hatte, ähnlich unüblich.

»Sei mir nicht böse, Mede, aber du wärst wahrscheinlich der letzte, den ich anpumpen würde«, sagte ich deshalb.

Sein dröhnendes Lachen ließ die Klodeckel vibrieren.

»Nee, nee, ich mein das ernst. Wenn du mal was brauchst, kommst du zu mir. Und dann kriegst du das. Ohne Zinsen und so.«

»Das is aber wirklich nett von dir.«

Ich sah ihn überrascht an. Denn was auch immer über ihn kolportiert wurde, eins stand fest: Wenn Mede etwas sagte, dann meinte er das auch so, und es war Gesetz.

»Wenn ich mal was für dich tun kann …« Damit zog ich den Reißverschluss zu und ging zum Waschbecken. »Ich wüsste zwar im Moment nicht, wobei ich dir behilflich sein könnte, aber man weiß ja nie.« Es war wie immer keine Seife im Spender. »Ich könnte höchstens mal den Nikolaus für deine Kinder spielen«, lachte ich, eigentlich mehr aus Verlegenheit und weil ich beim Händewaschen immer schon die blödesten Ideen hatte.

Kein halbes Jahr später fuhr ich nach Hagen und spielte für Medenbachs Kinder den Nikolaus. Ich sollte beim Händewaschen einfach die Klappe halten.

*

Das Abschlussfest dieser Produktion verlief genauso chaotisch wie die gesamte Drehzeit. Eine Freundin aus Köln hatte mich besucht, und ich wollte mit ihr und Til einen lauschigen Abend verbringen. Wir standen in einer Bochumer Diskothek, die für das Fest angemietet worden war, an der Bar, als Mede zu uns trat und mir drei Kapseln in die Hand drückte. Auf meinen fragenden Blick hin raunzte er mir ins Ohr: »Die Dinger hab ich von 'nem Freund bekommen. Ich weiß nich genau, was drin is, die müssen aber gewaltig sein.«

Irgendwie stand ich auf der Leitung.

»Und was soll ich damit, Mede?« fragte ich ihn.

»Na, schlucken, du Döskopp, wat 'n sonst?«

Ich sah von ihm auf die Kapseln und wieder zurück.

»Ich schluck doch kein Zeug, von dem ich nicht weiß, was drin ist.«

»Haste keinen Aufnahmeleiter oder so was, der die für dich antesten kann?«

Ich sah ihn an, um herauszufinden, ob er das ernst meinte.

»Du meinst so 'ne Art Vorkoster?« fragte ich, nachdem mir seine in Stein gemeißelte Mimik nicht den geringsten Aufschluss gab.

Er nickte.

»Wie im alten Rom?« setzte ich nach, um sicherzugehen, dass wir auch dasselbe meinten.

Wieder nickte er. Jetzt lächelte er sogar ein wenig, als wäre er froh, dass ich ihn endlich verstanden hatte.

»Er muss ja nix davon wissen«, grinste er mich an und ging, bevor ich ihm die Dinger zurückgeben konnte. Nach ein paar Metern drehte er sich noch mal um.

»Mein Freund experimentiert manchmal ganz gerne. Ich würd also vorsichtshalber einen nehmen, den du nicht so gut leiden kannst. Man weiß ja nie.«

Damit verschwand er endgültig in der tanzenden Menge.

Ich musste über seine letzte Bemerkung grinsen und steckte das Zeug in die Tasche. Bald hatte ich die Dinger vergessen, und der Abend schien seinen gewohnten Verlauf zu nehmen. Wir tranken und alberten herum, bis ich mich irgendwann an nichts mehr erinnern konnte. Doch im Gegensatz zu meinen sonstigen Räuschen wachte ich nicht am nächsten Tag mit einem verkaterten Schädel in irgendeinem Bett auf, sondern fand mich auf der Herrentoilette wieder. Genauer gesagt blickte ich in ein weit aufgerissenes Augenpaar mit zwei dollargroßen Pupillen. Das alleine wäre noch nicht der Aufregung wert gewesen, hätte ich nicht unmittelbar darauf feststellen müssen, dass es sich bei diesem gespenstischen Anblick um mein eigenes Antlitz handelte. Erschrocken wich ich vom Spiegel zurück.

Ich sah wirklich alles andere als gut aus. Hätte ich meinen Pass weggeschmissen und mich schätzen lassen, hätte man mir problemlos die Rente ausbezahlt. Doch etwas anderes machte mir weit mehr zu schaffen. So betrunken und fertig ich auch sein mochte – ich spürte, dass irgend etwas nicht stimmte. Hier lief was verkehrt, soviel stand fest. Ich wusste nur nicht, was.

Während ich darüber nachdachte, waren andere Leute auf die Toilette gekommen, die besorgt fragten, ob mit mir alles in Ordnung sei. Unterdessen wurde ich immer klarer im Kopf. Bis ich realisierte, dass es genau dieser Umstand war, der mich so beunruhigte: Mein Rausch verlief erschreckend antizyklisch. Anstatt immer besoffener zu werden, wurde ich immer nüchterner.

Ich gab mich nicht lange der Illusion hin, dass das gut sein konnte. Auch die Art und Weise, wie alles um mich herum Gestalt annahm, gefiel mir nicht. Die Dinge wurden so ungewöhnlich scharf. Meine Umgebung wurde irgendwie räumlicher, geradezu vierdimensional. Auch mein Kopf erholte sich unnatürlich schnell. Das alles ließ nur eine Schlussfolgerung zu: Ich hatte eine lausige Droge im Leib. Wahrscheinlich hatte ich im besoffenen Kopf so eine Kapsel genommen.

Ich sah in der Tasche nach, in der ich sie verstaut hatte. Sie war leer. Eine panische Angst überfiel mich. Hatte ich in meinem zugedröhnten Zustand etwa alle drei Kapseln geschluckt?

Ich verließ die Toilette. Wie auf Watte irrte ich durch die Disco und suchte die Bar, wo ich Til und meine Freundin vermutete. Endlich entdeckte ich meine Freundin, die stocksteif am Tresen stand und in die Lightshow starrte. Damit war der Verbleib einer weiteren Kapsel geklärt. Ich ging zu ihr und rüttelte sie am Arm, um ihre Aufmerksamkeit zu gewinnen.

»Wo ist Til?« hörte ich mich gegen die laute Musik anschreien.

Sie sah mich an und lächelte. Dann zeigte sie elegisch auf die Tanzfläche. Ich drehte mich um und sah Til, der sich an einer Art Breakdance versuchte. Mühsam bahnte ich mir durch die zerhackten Lichteffekte an schwitzenden Menschen vorbei einen Weg zu ihm.

»Alles klar bei dir?« schrie ich ihm ins Ohr.

Das Mädchen, das vor ihm herumtanzte, sah mich giftig an.

Ohne sein Gezucke zu unterbrechen, ließ mich Til wissen: »Alles bestens.«

Er machte einen erstaunlich fitten Eindruck.

»Hast du auch so 'n Teil eingeworfen?«

Immer noch im Rhythmus zuckend, grinste er mich an. »Klar!«

Ich wusste, dass Til so gut wie keine Erfahrungen mit Drogen hatte, und wunderte mich, wie gut er das Zeug wegsteckte. Wahrscheinlich lag es daran, dass er einfach jünger und in besserer körperlicher Verfassung war.

»Wir fahren schon mal vor ins Hotel«, rief ich.

Das fand Til offenbar so ungewöhnlich, dass er sogar zu tanzen aufhörte. Er war es von mir gewohnt, dass ich mich mit der letzten Schaufel Staub aus dem Lokal kehren ließ. Wenn die allerletzten Stühle schon längst auf den Tischen standen und die Putzfrauen einem schon zwischen den Beinen herumsaugten. (Mit dem Staubsauger.)

»Bist du okay?« fragte er besorgt.

»Ja, ja, alles klar«, log ich, weil ich ihn nicht beunruhigen wollte. »Wenn du Lust hast, kannst du ja noch zu uns aufs Zimmer kommen.«

Er sah lächelnd Richtung Bar, wo er meine Freundin wähnte.

»Wenn ich euch nicht zu sehr störe.«

»Du störst doch nie«, sagte ich diesmal wahrheitsgetreu. »Leg dich einfach zu uns.«

Ich schnappte mir ohne große Erklärungen meine Kleine und verließ mit ihr die Disco. Wie ein willenloses, unter Hypnose stehendes Wesen ließ sie alles mit sich geschehen. Als wir draußen waren, kotzte sie zwischen zwei parkende Autos. Sie tat das so, als wäre es das Selbstverständlichste auf der Welt. Danach wischte sie sich den Mund ab und lächelte mich an.

»Was ist los, Heiner? Geht's dir nicht gut?«

»Das wollte ich eigentlich dich fragen«, meinte ich.

»Mir geht es wunderbar!« Sie streckte die Arme aus, warf den Kopf in den Nacken und drehte sich im Kreis. »Ich war noch nie so glücklich.«

Bevor ich reagieren konnte, fiel sie auf ihren hübschen Hintern.

Da saß sie nun auf der Straße, immer noch mit ausgebreiteten Armen, und lachte mich an. »Ich weiß nicht, was das für ein Zeug war, aber es ist super. Ich bin so wahnsinnig gut drauf.«

»Ja, ja, is gut«, stammelte ich und versuchte, ihr wieder auf die Beine zu helfen.

»Ich bin so verdammt gut drauf, das glaubst du gar nicht.«

Ich wusste natürlich längst, was die Stunde geschlagen hatte. Was immer in diesen vermaledeiten Kapseln auch gewesen sein mochte, in jedem Fall war reichlich Heroin dabei. Von glücklichen Kotzern hatte ich bisher nur in Zusammenhang mit Heroin gehört. Ich verfluchte mich für meine Verantwortungslosigkeit und betete gleichzeitig zum lieben Gott, dass der Wahnsinnige, der diesen Cocktail gemischt hatte, ein glückliches Händchen in puncto Dosierung hatte. Nun werden Sie sich vielleicht fragen, wie man gleichzeitig fluchen und beten kann. Glauben Sie mir, ich kann das.

Ich versuchte meine euphorische Freundin in das nächste Taxi zu bugsieren, aber noch bevor wir einsteigen konnten, sprang der Taxifahrer raus und gab uns mit wilden Gesten und allerlei unschönen Worten zu verstehen, dass er keineswegs bereit wäre, sich sein schickes Taxi vollkotzen zu lassen. Da in dieser Verfassung an Autofahren nicht zu denken war, blieb uns nichts anderes übrig, als den Weg zum Hotel zu Fuß zurückzulegen. In unserem Zustand wurde aus diesem eigentlich kurzen Spaziergang eine Abenteuerreise. Nur mühsam konnte ich meine Begleitung davon abhalten, jeden Passanten, der uns über den Weg lief, abzuknutschen. Irgendwann stellte ich zu allem Überfluss fest, dass wir uns verlaufen hatten. Ich ging in einen Schnellimbiss, um nach dem Weg zu fragen. Meine immer noch grinsende Freundin parkte ich vorsichtshalber vor der Frittenbude, indem ich sie mit dem Rücken an die Scheibe lehnte.

»Schau dir mal den schönen Himmel an«, sagte ich, um sie zu beschäftigen. Sie sprang auf den Vorschlag an wie ein alter Diesel.

»Wow, das ist ja der Hammer, die Sterne … und der Mond …«

Sie war von dem eher bedeckten Nachthimmel so begeistert, dass ich sie beruhigt eine Zeitlang alleine lassen konnte. Als ich in die Imbissbude ging, hörte ich sie noch irgendwas von der Milchstraße brabbeln. Die war aber heute nacht beim besten Willen nicht zu sehen.

In der Bude waren ungefähr zehn Gäste, die meisten von ihnen in Trainingsanzügen und mit Hausschlappen an den Füßen. Natürlich unterhielten sie sich über Fußball. Alles erschien mir plötzlich so irreal. Ich blieb im Eingang stehen und beobachtete diese Menschen. Wie auf einer Bühne schienen sie sich versammelt zu haben, um für mich einen kleinen Schwank aus dem Ruhrgebiet zu spielen. Mit ihren bunten Kostümen (eben diesen Trainingsanzügen), mit ihrer eigenartigen Sprache, die ich normalerweise liebte, die mir aber jetzt so überzogen vorkam, und mit dieser plakativen Dramaturgie: Fußball. Na klar, über was reden die Leute im Ruhrpott? Über Fußball. Da hätte dem Autor wirklich etwas Originelleres einfallen können.

Während ich ihrem Dialog mit offenem Mund folgte und zu vergessen drohte, weshalb ich eigentlich hier war, verlagerte sich die Aufmerksamkeit eines Akteurs auf seinen Zuschauer, also auf mich.

»Ey, dat is doch der Lautenbacher oder wie der heißt!« rief er seinen Kumpels zu und zeigte mit dem Finger auf mich.

Wie Obelix, wenn von Dicken die Rede ist, drehte ich mich um, um sicherzugehen, dass sie tatsächlich mich meinten.

»Quatsch, dat is der Heiner Lauterbach«, korrigierte eine füllige Dame den ersten Akteur. »Jez gibt et aber ers ma 'n schönes Autogramm.«

Sie zupfte schon an den Servietten auf dem Tresen rum. »Hasse ma 'n Kulli?« fragte sie den Wirt. Dann, wieder an mich gerichtet: »Ich kuck auch alle deine Filme.«

Mittlerweile hatte sich die Aufmerksamkeit der ganzen Bude auf mich gerichtet, was mir ein höchst beklemmendes Gefühl vermittelte. Die Füllige kam bedrohlich auf mich zu. Hinter ihr setzten sich nun auch andere in Bewegung. Automatisch wich ich zurück, bis ich mit dem Rücken an der Glastür stand.

»Hey, wat is denn mit dem los?« fragte einer der Gäste.

Immerhin war ich noch so klar im Kopf, um zu realisieren, dass ihnen meine Reaktion ganz schön merkwürdig vorkommen musste. Aber ich musste hier raus. Ich konnte nicht anders. Ich hatte regelrecht Angst vor diesen Menschen.

»Es tut mir leid, ein andermal«, brachte ich gerade noch über die Lippen, dann verließ ich fluchtartig dieses Horrorszenario.

Schließlich fanden wir doch noch irgendwie ins Hotel. Als wir aus dem Fahrstuhl traten und in unser Zimmer gehen wollten, begegneten wir Til, der mit weit aufgerissenen Augen durch die Flure irrte.

»Heiner, da bist du ja. Ich hab euch überall gesucht. Was geht denn hier ab?«

Ich sah ihn an und versuchte, eine souveräne Miene aufzusetzen.

»Was soll denn hier abgehen?«

Til griff mich an den Schultern und schüttelte mich.

»Ey, Alter, erzähl keinen Scheiß. Du hast doch auch so 'n Teil genommen, oder?«

Ich nickte.

»Also, dann erzähl mir nich, dass es dir gutgeht.«

Ich musste die beiden erst mal vom Flur wegschaffen. Ich nahm Til also in den Arm und ging in Richtung Zimmer. Meine Freundin trottete hinter uns her und ergötzte sich an den farbigen Tapeten.

»Ach so, das meinst du. Das sind doch alles nur Mückenstiche. Wir haben 'n kleinen Trip geworfen, das ist alles.«

»Einen kleinen Trip nennst du das? Ich hab das Gefühl, dass ich gleich krepiere.«

»Hey, hey, nich so laut«, ich schloss die Tür auf und schob die beiden rein. »Jetzt komm mal wieder runter, Alter. Das Zeug is völlig harmlos. Alles nur Mückenstiche.«

Natürlich hatte ich keine Ahnung, ob das Zeug wirklich harmlos war. Ich hatte mit solchen gepanschten Cocktails nicht die geringste Erfahrung und bereute bitterlich, sie jetzt machen zu müssen. Aber nun war es definitiv zu spät, und ich musste das Beste aus der Situation machen. Was ich ganz sicher nicht gebrauchen konnte, war, dass mein Freund hier Panik schob. Außerdem fühlte ich mich für die beiden verantwortlich. Ich wusste zwar selber nicht, inwieweit sich die Wirkung noch steigern würde, aber das musste ich ihnen ja nicht unter die Nase reiben.

Wir legten uns alle drei aufs Bett, kuschelten uns aneinander, und ich versuchte die anderen mit irgendwelchen wirren Geschichten abzulenken.

Tatsächlich ließ die Droge ganz langsam nach, und gegen Morgen waren wir wieder einigermaßen aufnahmefähig. Til und ich hatten uns die Gestaltung dieser Nacht zwar etwas bewegungsintensiver, um nicht zu sagen rhythmischer vorgestellt, aber letztlich waren wir froh, mit einem blauen Auge davongekommen zu sein. Noch heute, wenn ich Til treffe und über irgendwas jammere, stößt er mir den Ellbogen in die Rippen und grinst: »Stell dich nich so an, Alter, sind doch alles nur Mückenstiche.«

36
Das letzte Heimspiel

Im Frühjahr 1992 drehte ich die letzte Folge von *Eurocops*. Diesmal führte ich zusätzlich noch Regie und hatte zusammen mit meinem Kollegen Vladimir Weigel das Drehbuch geschrieben. Ich tat also genau das, was man tunlichst vermeiden sollte: in einem Film, für den man das Drehbuch geschrieben hatte und auch Regie führte, die Hauptrolle spielen. Als mein Freund Axel Willschrei von diesem Vorhaben erfuhr, sagte er nur: »Gott bewahre mich vor den Multitalenten!«

Ich hatte Vladimir, der ein leiblicher Nachkomme der Brecht-Weigel-Dynastie ist, ungefähr zwei Jahre vorher auf einer Party kennengelernt. Wir waren uns auf Anhieb sympathisch und unterhielten, obwohl er in Berlin lebte, eine enge Freundschaft. Neben gemeinsamen Nichtsnutzigkeiten verband uns das Interesse am Verfassen von Drehbüchern, und so schrieben wir die letzte Folge *Eurocops* in einem Urlaub, den wir mit unseren Freundinnen und unseren Kindern auf Zypern verbrachten. Vladimir hat, wie sich das für einen Schauspieler gehört, drei Kinder von drei Frauen. Seine älteste Tochter Anna von der Schauspielerin Katharina Thalbach, einen mittleren Sohn und die damals erst sechsjährige Lola, die meinen kleinen Oscar gluckenartig bewachte.

Die Produktion des Krimis, der den Episodentitel »Flamingo« trug, war ein Heimspiel für mich: Wir drehten in Köln, meiner Heimatstadt. Der Produzent der Monaco Film war mein Freund Georg Althammer. Und mein Regieassistent war Michael »Zenzi« Zens, mit dem ich schon in Chile und Brasilien war. Kurzum, das gesamte Team war handverlesen. Nicht zuletzt spielte Vladimir meinen Kriminalassistenten. Er war in dieser fünfzehnten Folge

Mit Bernd Fischerauer bei Dreharbeiten zu Eurocops *(1988)*

mein schätzungsweise zehnter Assistent. Unter den bisherigen waren heute so namhafte Kollegen wie Bruno Eyron, Christoph M. Orth oder Joachim Król. Der Höchstdekorierte unter ihnen aber war zweifellos Vladimir, der schon mit dem Bundesfilmpreis ausgezeichnet worden war.

Auch unsere Motive, also die Orte, an denen wir drehten und die ich mit meinem Ausstatter ausgesucht hatte, waren mir zum großen Teil vertraut. So drehten wir beispielsweise im Hansa-Gymnasium, einer der Schulen, die ich in meiner Jugend besucht hatte. Vermutlich wäre es auch schwer geworden, eine Schule in Köln zu finden, auf der ich kein Stelldichein gegeben hatte.

Sinnvollerweise hatten Vladimir und ich eine Szene ins Drehbuch geschrieben, die in einem Mädchengymnasium spielte. Für die Auswahl anmutiger Komparsinnen war Andreas »Pusi« Pfitzmann verantwortlich, der als Aufnahmeleiter fungierte. Mit den Söhnen von Günter Pfitzmann war ich schon seit Jahren befreundet.

Die Dreharbeiten waren anstrengend. Nicht nur, weil mit Vladimir, Mathieu Carrière, dem »langen Joe«, Pusi und noch etlichen

Jungens aus dem Team ein Haufen wildester Kampftrinker an Bord war, sondern weil man während einer Produktion als Regisseur und Hauptdarsteller gleichzeitig unheimlich gefordert ist. Jeder kommt wegen jedem Mist zu einem und erwartet eine Lösung. Ununterbrochen, achtzehn Stunden am Tag. Dazu hat man noch diese Schauspieler am Hals, deren Palette an merkwürdigen Verhaltensweisen alle nur denkbaren Farben enthält und deren Stimmungsbarometer in Sekundenschnelle mühelos von null auf hundert klettert.

Erstaunt beobachtete ich an mir selber, wie konsequent ich den Spagat zwischen Schauspielerei und Regie vollzog. Sobald mich ein Kollege als Regisseur ansprach, verfiel ich in das klassische Verhaltensmuster. Schauspieler muss man an ganz langer Leine führen, um dann letztlich exakt und ohne Kompromisse das durchzusetzen, was man will. Für sie musste es aber den Anschein haben, als würde man sich ihren genialen Einwänden beugen. Es gibt da eine Anekdote zwischen einem Schauspieler und seinem Regisseur, die ganz gut widerspiegelt, was ich meine.

> Regisseur (zu seinem Schauspieler): »In der nächsten Szene, da bist du richtig gut drauf. Du bist glücklich, entspannt, gut gelaunt, ja geradezu euphorisiert, klar?«
> Schauspieler: »Moment mal. Das hab ich aber ganz anders gelesen. Ich dachte, ich bin am Boden zerstört, total genervt, hadere mit mir und der Welt und bin kurz davor, mich umzubringen.«
> Regisseur (sieht ihn kurz an): »Gut. Das kann mitschwingen.«

Ich finde, in diesem kurzen Dialog kommt vortrefflich zum Ausdruck, wie wunderbar diese beiden Berufsgruppen aneinander vorbeireden können. Und zwar nicht, weil sie sich nicht verstehen, sondern weil sie mit ihren Ansichten oft so weit voneinander entfernt sind, dass sie schon Stunden brauchen würden, um bei den belanglosesten Kleinigkeiten auf einen Nenner zu kommen. Die normale Konversation zwischen einem Schauspieler und seinem Regisseur besteht eigentlich aus unzähligen kleinen Kompromissen. Oft ist die ganze Unterhaltung ein einziger, langer Kompromiss, verbunden mit zwei traurigen Erkenntnissen: den anderen überhaupt nicht zu verstehen – und ihn doch dringend zu brauchen.

Nach sechzehn anstrengenden Drehtagen hatten wir uns ein orgienähnliches Abschlussfest im Klein Köln verdient. Für die nächsten Wochen verzog ich mich dann mit dem Cutter in den Schneideraum, um an meinem Werk »herumzuschnibbeln«. Lange vor Beginn der Dreharbeiten hatte ich schon bei Wolfgang Niedecken, dem Sänger von BAP, angerufen und ihn gefragt, ob er nicht Lust hätte, den Titelsong für diese letzte Folge zu singen. Er hatte Lust und mehr noch: Wolfgang meinte, dass sein Gitarrist Major bestimmt gerne den Soundtrack für den gesamten Film machen würde. Was die beiden dann musikalisch auf die Beine stellten, war wie alles, was aus ihrer Feder stammt, allererste Sahne. Nicht zuletzt ihre Arbeit ließ den Film, als er endlich fertig war und gesendet wurde, bei Kritik und Publikum in einem guten Licht dastehen. Die Reaktionen waren so gut, dass ich von einigen Produzenten spontan Angebote für Nachfolgearbeiten bekam, die ich aber aus terminlichen Gründen allesamt absagen musste. So sollten fast dreizehn Jahre vergehen, bis ich das nächste Mal hinter einer Kamera Regie führte.

37
Faust in Hamburg und Dominique im Herzen

Der Hauptkommissar kommt als letzter an den Tatort. Sein Assistent hält ihm das Flatterband hoch.

Assistent: »Der Tote heißt Karl Müller. Zwei Schüsse in den Kopf, aus kurzer Distanz. Projektil konnte noch nicht gefunden werden. Die Spurensicherung ist aber noch bei der Arbeit. Raubmord kann ausgeschlossen werden, da der Tote noch zweihundertsechsundsiebzig Euro in der Tasche hatte.«

Kommissar: »Zeugen?«

Assistent: »Eine Rentnerin, die ihren Hund ausgeführt hat, hat zwei Schüsse gehört. Können aber auch Fehlzündungen des Wagens gewesen sein, der dann mit durchdrehenden Reifen den Tatort verlassen hat.«

Kommissar: »Beschreibung des Wagens?«

Assistent: »Die Rentnerin meint, es handelt sich um einen hellen Sportwagen. Wir haben aber noch einen anderen Zeugen. Er stand am Fenster und hat nach einem Schuss eine dunkle Limousine wegfahren sehen.«

Nun blickt der Kommissar, der bis dato damit beschäftigt war, der Spurensicherung die Spuren zu verwischen, seinen Assistenten das erste Mal an.

Kommissar (während er sich den Kragen hochschlägt): »Wir haben also wieder mal nichts.«

Nun kommt der dusselige Doktor und sagt den unvermeidlichen Satz.

Arzt: »Der Schuss wurde aus kürzester Entfernung abgegeben.

Er hat noch Schmauchspuren an der Schläfe. Der Todeszeitpunkt liegt zwischen dreiundzwanzig Uhr dreißig und zwei Uhr. Genaueres nach der Obduktion.«

Na, kommt Ihnen das bekannt vor? Richtig. So fängt für gewöhnlich der gemeine deutsche Fernsehkrimi an.

Um diese Einheitskost etwas abwechslungsreicher und schmackhafter zu machen, entwickelte ich zusammen mit Georg Althammer, dem Produzenten der Monaco Film, Uli Stark, dem Regisseur der ersten Folgen, und einem Redakteur des ZDF die Idee zu einer neuen Krimiserie. Nächtelang saßen wir bei meinem Freund Otto Koch im »Schwarzwälder« und feilten an der Figur des Kommissars Faust von der Hamburger Mordkommission. Es sollte ein ausgefallener Kommissar sein, der sich seine Liebe zum Theater zunutze machte, um auf eigene »Faust« undercover zu arbeiten.

Wie immer bei der Entwicklung solcher Formate wurde einiges von dem umgesetzt, was wir uns ausdachten, aber vieles blieb in den bürokratischen Mühlen der öffentlich-rechtlichen Anstalten stecken. Wenigstens konnte ich wie schon bei den *Eurocops*-Folgen verhindern, dass sich bestimmte Krimiunsitten in unserer Serie breitmachten. So kann man zum Beispiel in keiner der *Faust*-Folgen den Satz hören: »Genaueres kann ich Ihnen erst nach der Obduktion sagen.« Auch andere Marotten haben wir zu umgehen versucht. So gibt es bei *Faust* keinen Pathologen, der irgend etwas isst, während er an den Leichen herumschnibbelt. Vorzugsweise greifen die Herren ja seit neuestem zu sauren Gurken oder Mixed Pickles, während sie den Toten den Schädel aufspalten.

*

Für die Besetzung eines jungen Neonazis in der ersten Folge schlug ich meinem Produzenten Til Schweiger vor. Der gefiel ihm so gut, dass er ihn gleich besetzte. Allerdings nicht in der von mir vorgeschlagenen Rolle, sondern als Assistent von Hannelore Elsner in der *Kommissarin*. Also für eine durchgehende lange Rolle in einer Krimiserie für das Abendprogramm. Was Til einerseits sehr freute, ihn aber andererseits in arge Verlegenheit brachte, hatte er doch kurz zuvor eine Rolle bei einer Produktion zugesagt, die exakt in diesen Zeitraum fallen würde.

Ich erinnere mich noch, wie ich mit Til am Wohnzimmertisch meiner Wohnung in der Ohmstraße saß und er herumdruckste: »Ich kann denen doch jetzt nicht einfach wieder absagen.«

Mit »denen« meinte er die Videoscope Film, die sich zufällig im gleichen Haus befand, in dem ich wohnte.

»Natürlich kannst du.« Ich sah auf das jämmerliche Häuflein Elend mir gegenüber.

»Kannst du da nicht runtergehen und sagen, ich wäre krank geworden?«

Das war zwar nicht unbedingt ernst gemeint, wie mir sein typisches Grinsen verriet, aber offensichtlich wäre ihm eine Lösung in dieser Richtung am liebsten. Deswegen nahm ich mir vor, ihm eine Lektion in Sachen Schauspielerei zu verpassen.

»Hör mal, Til. Schauspielerei – das heißt nicht nur fette Gagen abkassieren und mit hübschen Komparsinnen rummachen. Das ist auch mit unangenehmen Dingen verbunden. Sehr wahrscheinlich mit sehr viel mehr Unangenehmem, als du dir vorstellen kannst. Du musst da jetzt hin und die Hosen runterlassen.«

Er sah mich unglücklich an.

»Du meinst also, es gibt keinen anderen Ausweg?«

Ich zuckte mit den Schultern.

»Jedenfalls fällt mir kein anderer ein.«

Schwerfällig stand er auf und schlich zur Tür. Bevor er die Wohnung verließ, drehte er sich noch mal um.

»Aber die angenehmen Dinge, die du vorhin aufgezählt hast, die kommen auch noch, oder?«

Ich grinste ihn an und nickte.

»Versprochen?«

»Versprochen.«

Damit stapfte er schweren Herzens in das Produktionsbüro, um ihnen mitzuteilen, dass er die bereits zugesagte Rolle doch nicht übernehmen würde. Er hatte zwar noch nichts unterschrieben, aber in unserer Branche zählen Handschlagverabredungen eigentlich als bindend. Deswegen konnte ich sein Unbehagen bestens nach-

Nicht nur im Beruf gute Freunde:
Til Schweiger (Mitte) und Vladimir Weigel (re.)

empfinden. Andererseits war ich mir sicher, dass er sich auf die schönen Dinge des Berufs wirklich freuen konnte. Ich hatte ihm schon bei den Dreharbeiten zu *Ebbies Bluff* eine große Karriere prophezeit. »Du hast das, was man eine Kinofresse nennt«, hatte ich gesagt, und ich sollte recht behalten.

*

Zwischen 1992 und 1996 drehte ich insgesamt vierundzwanzig Folgen *Faust,* also ungefähr fünf im Jahr. So hatte ich noch genügend Zeit für andere berufliche Aktivitäten. 1993, ich hatte gerade den Kinofilm *Charlie & Louise – Das doppelte Lottchen* unter der Regie von Sepp Vilsmaier abgedreht, bereitete ich mich auf eine Theaterarbeit vor. Ich wollte wieder einmal Regie führen und suchte mir dafür zum zweiten Mal *Endstation Sehnsucht* von Tennessee Williams aus. Diesmal wollte ich den Kowalski, den im Film ja Marlon Brando verkörpert hatte, selber spielen. Meinen Freund Vladimir besetzte ich für die Rolle des Mitch. Die anderen Figuren fand ich, indem ich mir verschiedene Schauspieler ansah. Unter anderem traf ich eine junge Kollegin aus München, die für die Rolle der Stella, also meiner Frau in dem Stück, vorsprach. Sie hieß Dominique Lorenz und besuchte mich an einem warmen Sommerabend im Hamburger Hotel Steigenberger, in dem ich gerade wegen Dreharbeiten wohnte.

Pünktlich um zwanzig Uhr klopfte es an meiner Suite. Als ich die Türe öffnete, strahlten mich zwei saphirblaue Augen an, und es war um mich geschehen. Die Erinnerung an diesen Moment fasste ich zwei Jahre später auf meiner CD in die Zeile: »Lass den Stern in deinen Augen niemals untergehen.«

Es wurde das wohl kürzeste Vorsprechen aller Zeiten. Kaum hatte Dominique den ersten Satz beendet, sah ich sie, nun ebenfalls strahlend, an.

»Du spielst die Stella.«

Tja, nun strahlten wir beide. Etwas zu lange. Bevor die Pause zäh wurde, fragte sie: »Und jetzt?«

Ich betrachtete mir dieses Wesen. ›Mein Gott, was würde mir jetzt alles einfallen‹, dachte ich. Doch eingedenk der verzweifelten Versuche meiner Mutter, aus mir einen anständigen Menschen zu machen, sagte ich: »Jetzt gehen wir auf eine Party. Das müssen wir doch feiern.«

Tatsächlich war ich an jenem Abend auf eine Party eingeladen, auf die ich eigentlich gar nicht hatte gehen wollen. Aber unter diesen Umständen …

Wir verbrachten einen wunderbaren Abend miteinander, dem noch viele weitere folgen sollten. Das Schicksal hatte gewollt, dass sich unsere Wege kreuzen. Wir nahmen es als Wink und beschlossen, den weiteren Weg gemeinsam zu gehen. Zwei Jahre lang waren wir ein unzertrennliches Paar. Klar, mit gewaltigen Höhen und Tiefen. Letztere veranlassten Dominique in einer der ganz wenigen öffentlichen Äußerungen, die sie über mich gemacht hat, zu der Aussage: »Es ist viel einfacher, mit Heiner befreundet als seine Liebhaberin zu sein.«

Irgendwann stellte sie mich vor die Wahl: entweder sie oder der Alkohol. Ich entschied mich, wie so oft, für den Alkohol. Wir spazierten gerade durch den Englischen Garten, als sie ihre Drohung wahr machte und mir sagte, dass sie mich endgültig verlässt. Mein damals sechsjähriger Sohn Oscar war auch dabei. Nachdem Dominique gegangen war, setzte ich mich mit Oscar ins »Seehaus« und bestellte mir einen doppelten Wodka mit Tonic. Während ich auf den See starrte, setzte sich Oscar auf meinen Schoß und wischte mir eine Träne aus dem Gesicht.

»Warum weinst du denn, Papa?«

Um ihm meinen Anblick zu ersparen und mich vor der Antwort zu drücken, nahm ich ihn in den Arm. Ich wusste es ja selber nicht.

Heute weiß ich, dass es Selbstmitleid war, sonst nichts. Ich konnte nicht um Dominique geweint haben, denn ich hätte ja verhindern können, dass sie wegging. Ich hätte nur meinen Alkoholkonsum zu reduzieren brauchen, aber dazu war ich nicht bereit. Trotzdem war ich unglaublich traurig, diese Frau verloren zu haben. Sie ist einer der warmherzigsten Menschen, der mir jemals begegnet ist.

»Auf meinem Weg bist du die Straße, die mich letztlich zu dir führt« heißt die letzte Zeile meines Liedes. Als ich das getextet habe, wusste ich noch nicht, dass ich Viktoria begegnen würde, meiner heutigen Frau. Aber einen Platz in meinem Herzen hat Dominique, dieser wunderbare Mensch, allemal. Für immer.

38
Schatten über dem Schattenmann

Im Winter 1993 traf ich mich mit Dieter Wedel. Wir hatten uns im Bayerischen Hof, meinem Münchner Lieblingshotel, verabredet. Ich hatte immer schon ein Faible für alte, traditionelle Hotels, die einen schon in ihren gewaltigen Lobbys die Geheimnisse erahnen lassen, deren stille Mitwissser sie in so vielen Jahren geworden sind. Außerdem war das Hotel durch meine vielen Engagements in der Komödie im Bayerischen Hof zu einer Art zweitem Zuhause für mich geworden. Und nicht nur, weil ich mit der Besitzerin Innegrit Volkhardt befreundet bin, verlege ich noch heute, soweit es geht, sämtliche Besprechungstermine dorthin.

Dieter Wedel wollte mich für die Verwirklichung seines neuen Fernsehepos gewinnen. Er hatte schon einige sehr erfolgreiche Produktionen abgeliefert und ein Jahr zuvor mit *Der große Bellheim* Fernsehgeschichte geschrieben.

Ein Schauspieler kann ja nicht aus eigener Kraft kreativ sein. Im Gegensatz zu Malern, Schriftstellern oder auch Musikern benötigt er in der Regel ein Ensemble, wenn nicht gar eine ganze Produktion, die hinter ihm steht und ihn zu dem macht, was er ist. Man kann in diesem Beruf noch so gut sein und wird es trotzdem nie zu etwas bringen, wenn man nicht in den entscheidenden Produktionen mitgewirkt hat. Oder zumindest in ein paar von ihnen. Das sind die, wie man im Tennis sagt, »Big Points«, die man immer wieder machen muss. Ohne sie verschwindet man, selbst nach einem Erfolg, schnell wieder in der Versenkung.

Einer dieser »wichtigen Punkte« in meiner Karriere würde ohne

Zweifel die neue Produktion von Dieter Wedel sein, und deswegen hatte ich mich verständlicherweise über seinen Anruf sehr gefreut. Ich sah es als »kleinen Ritterschlag« an, in diesem Mehrteiler dabeizusein.

Nun hatte ich von Kollegen schon viel über diesen Mann gehört. Meist nichts Gutes. Er solle Schauspieler, speziell die weiblichen unter ihnen, schlecht behandeln, hieß es. »Er schreit am Set rum und tyrannisiert sein Team«, wurde mir berichtet.

Da ich weiß, was über mich alles kolportiert wird, bin ich mit Aussagen über andere immer schon vorsichtig umgegangen. Ich ziehe es vor, mir mein eigenes Bild von einem Menschen zu machen.

Ich kannte Dieter Wedels Filme, und die gefielen mir. Das war schon mal wichtig. Auch was er bei unserer ersten Begegnung sagte, hatte Hand und Fuß, und viel mehr ist bei solchen Treffen auch nicht zu erwarten. Dieter Wedel hat stahlblaue Augen, die genauso stechend sind wie sein Verstand und seine Rhetorik. Das lässt ihn im ersten Moment kalt und unnahbar erscheinen. Allerdings musste ich diesen Eindruck im Lauf der Jahre revidieren. Ich lernte ihn als außerordentlich einfühlsamen Menschen kennen, als einen nicht nur in beruflichen Dingen genauen Beobachter, der immer ein Ohr hat für die Menschen, die er akzeptiert, und der versucht, ihnen zu helfen, wenn es nötig ist.

Wenn Dieter Wedel einen mag oder, was vielleicht noch wichtiger ist, schätzt, ist er ein kluger Berater, witziger Gesprächspartner, wenn nicht sogar Freund. Aber wehe, er schätzt einen nicht. Dann kann er zum Albtraum werden. Ich möchte nicht wissen, wie viele Karrieren, die noch gar nicht angefangen hatten, er auf seinem Gewissen, wie viele künstlerische Herzen er gebrochen und wie vielen Menschen er schlaflose oder verheulte Nächte beschert hat. Geradezu genüsslich kann er unvollständige Schauspieler demontieren und ihnen das sowieso schon nicht einfache Leben zur Hölle machen.

Auch wenn ich mit seiner Kritik hinsichtlich der Unvollständigkeit gewisser Schauspieler im großen und ganzen konform ging, hatte und habe ich starke Zweifel hinsichtlich der Art und Weise,

Mit Jennifer Nitsch im Schattenmann

wie er seine Kritik umsetzt. Während der Dreharbeiten zum *Schattenmann* habe ich ihm das auch einmal gesagt.

»Ganz ehrlich, Herr Wedel, ich weiß nicht, wie ich reagieren würde, wenn Sie mich so anschreien würden.« Damit wollte ich ihm durch die Blume sagen, dass ich keinesfalls bereit war, mir das bieten zu lassen.

»Sie würde ich auch nicht so anschreien, Herr Lauterbach. Sie sind ein guter Schauspieler.«

Das ging mir natürlich runter wie Butter. Aber abgesehen von den Streicheleinheiten für mein Ego wusste ich, was er meinte. Er hasst es einfach, mit unfertigen Schauspielern zu arbeiten, und ist bekannt für die Treffsicherheit, mit der er selbst noch die kleinsten Schwachstellen eines Darstellers entlarvt.

Ich hatte ja schon mit einigen guten Regisseuren gearbeitet und war gespannt, wie Dieter Wedel es schaffte, aus meinen Kollegen immer wieder Höchstleistungen herauszukitzeln. Im Gegensatz zur »Bauch-Regisseurin« Doris Dörrie, die ich ebenfalls sehr schätze, läuft bei Wedel alles über den Verstand. Womit ich nicht behaupten möchte, dass Doris keinen Intellekt hat. Ganz im Gegenteil. Ich glaube nur, dass sie ihn während ihrer Arbeit bewusst ausschaltet, um sich ganz ihrem wunderbaren Filminstinkt hinzugeben.

Bei Dieter Wedel hat man den Eindruck, er würde am liebsten jede Szene logisch interpretieren: Wenn A von B jenes zu hören bekommt, muss er so reagieren, weil er weiß, dass C zuhört. Er unterhält sich oft, nicht immer zur Freude der Produzenten, ungewöhnlich ausgiebig mit einem Schauspieler über eine winzige Szene und kommt dabei auch ganz gerne vom Hölzchen aufs Stöckchen, wie man so sagt, was natürlich Zeit kostet. Und »Zeit ist Geld« – nirgendwo greift dieser Spruch präziser als beim Film. Aber wie so oft kommt es auf das Ergebnis an, und das ist bei Wedel erstklassig. Was wieder mal die These bestätigt, dass viele Wege nach Rom führen.

Zweifellos hat auch jeder Regisseur seine Stärken und Schwächen. Eine der Stärken von Dieter Wedel ist der Einsatz der Komparsen. Der normale Komparse, für jeden Zuschauer deutlich als solcher erkennbar, eiert in der Regel durch die deutsche Fernsehlandschaft, als suche er gerade die Buchhaltung, um seine Gage abzuholen. Stets mit dem gleichen ausdruckslosen Gesicht, ganz egal ob er nun einen Partygast beim Kanzlerfest, einen Installateur, der gerade in der Scheiße rumwühlt, oder einen Rocker auf einem Motorrad darstellen soll. Die Physiognomie zeigt stets diesen typischen Komparsenausdruck. Nirgendwo sonst im öffentlichen Leben findet man diese berufsspezifische Mimik.

Man sieht den Komparsen meistens an, dass sie sich ihrer Sache nicht ganz sicher sind, und nur in den allerwenigsten Fällen entspricht das, was sie im Film gerade tun, auch ihrem Alltag. Da sie aber keine Schauspieler sind, die permanent mit diesem Umstand umgehen müssen und in der Regel auch gelernt haben, das zu tun, sieht man ihnen ihr Unbehagen eben an.

Um keine Missverständnisse aufkommen zu lassen: Ich liebe Komparsen. (Leider habe ich das in meinen Flegeljahren, speziell bei weiblichen, hier und da nur allzu deutlich zum Ausdruck gebracht.) Aber das Problem liegt hier, wie so oft, im finanziellen

Bereich. Man müsste diese Menschen besser ausbilden oder überhaupt ausbilden und höher bezahlen. Man wird kaum die passenden Komparsen für ein Treffen von Milliardären finden, wenn sie sich für achtzig Euro nächtelang die Beine in den Bauch stehen müssen.

In Wedel-Produktionen werden Komparsen zwar auch nicht besser bezahlt als sonst, aber hier kümmert sich der Chef persönlich um sie und nicht, wie in den meisten Fällen üblich, der Regieassistent. Es gibt eine Szene im *Schattenmann*, bei der ich einen kleinen Dialog mit Mario Adorf habe, während im Hintergrund etwa fünfzig Komparsen in einem Großraumbüro agieren sollen. Wir hatten die Einstellung ein paarmal geprobt, und jetzt sollte gedreht werden. Schon nach wenigen Sätzen und viel zu früh schrie Wedel: »Aus!«

Ich überlegte, was ich wohl falsch gemacht haben könnte, doch der Regisseur marschierte schnaubend an uns vorbei in den hintersten Winkel des Büros, wo eine junge Frau eine Sekretärin spielte.

»Was machen Sie da?« fragte er sie.

Die Dame antwortete überrascht: »Ich gehe von diesem Schreibtisch zu dem anderen und dann wieder zurück.«

Wedel stemmte die Fäuste in die Hüften und durchbohrte sie mit seinem Blick. »Warum?«

Die vorgebliche Sekretärin versuchte sich zu verteidigen: »Weil mir das der Regieassistent so gesagt hat.«

Das war nun das denkbar schlechteste Argument und quasi ein Elfmeter für unseren Spielleiter.

»Und genauso sieht das aus. Sie werden hier aber nicht bezahlt, um den Eindruck zu vermitteln, Befehle meines Regieassistenten zu befolgen, sondern um einen Teil eines hektischen Betriebs zu verkörpern. Sie müssen sich Ihre eigene kleine Vita schaffen. Sie sind beispielsweise müde, gestresst, haben Ärger mit Ihrem Vorgesetzten und müssen fünf Berichte in einer Zeit fertigstellen, in der Sie nicht mal einen schaffen könnten. Jetzt ist Ihnen zu allem Überfluss noch das Papier ausgegangen, und Sie müssen Ihre Kollegin fragen, ob sie Ihnen aushelfen kann. Das alles will ich sehen, wenn

Sie von da nach da gehen. Und nicht, dass Sie auf Ihre Markierungen schauen oder sich auf die Mittagspause freuen.«

Wie gesagt: Über die Art seiner Ausführungen kann man streiten, nicht aber über deren Inhalt.

Ich habe mir diese kleine Szene später ein paarmal auf dem Videorekorder angesehen und musste feststellen, dass die Komparsen wirklich sehr gute Arbeit geleistet haben. Aber so ist das eben: »Von nix kütt nix«, wie der Kölner sagt.

In vielerlei Hinsicht war der *Schattenmann* für mich eine schöne und lehrreiche Drehzeit. Nicht nur, dass ich mit dem Filigranarbeiter Wedel zu tun hatte, ich lernte dabei auch meinen großen Kollegen Mario Adorf kennen und lieben.

Ich muss dazu sagen, dass ich in dieser Zeit nicht in der allerbesten Verfassung war, was mein Privatleben betraf. Zum einen hatte ich die Trennung von Katja und von meinem Sohn immer noch nicht ganz verdaut, und zum anderen war ich dabei, meine Beziehung mit Dominique in den Sand zu setzen. Ich trank sehr viel, was meine Stimmung jedoch, wenn überhaupt, nur kurzfristig verbesserte. Ich hatte auch zum ersten Mal das Gefühl, dass sich dieser Umstand auf meine Arbeit auswirkte, was mich noch unglücklicher werden ließ. Ja mehr noch: Es verunsicherte mich regelrecht. Da ich in beruflichen Dingen normalerweise vor Nervosität gefeit war, ergab sich eine völlig neue Situation für mich, die ich dann auch eines Tages zum Anlass nahm, um Dieter Wedel und Mario Adorf zu einem Gespräch unter sechs Augen zu bitten.

Gleich zu Beginn eines Drehtags bat ich die beiden in einen abgelegenen Raum, um mich bei ihnen für meine hyperaktive Arbeitsweise zu entschuldigen. Zu meiner Überraschung versicherten sie mir glaubhaft, dass sie davon nichts mitbekommen hätten. Dieter Wedel war regelrecht gerührt von meiner Verunsicherung, weil er sie auf den Respekt vor seiner Person und, vielleicht, vor Mario Adorf bezog. Zweifellos war es so, dass ich ihnen Respekt zollte, aber ich glaube nicht, dass darin der Ursprung meiner Nervosität lag. Dafür war dann schon eher mein desaströses Privatleben verantwortlich.

39
Nobody is perfect – oder doch?

Die Freundschaft zu Bernd Eichinger war etwas ins Stocken geraten, seit Katja mich davon in Kenntnis gesetzt hatte, dass sie und Bernd sich nähergekommen seien und wohl bald zusammenziehen würden. Da sie und ich ja schon seit vielen Jahren getrennt waren, konnte und durfte mich das eigentlich nichts angehen. Aber mit solchen »Übernahmen« aus den eigenen Reihen ist das bekanntlich so eine Sache. Ich glaube, ein bisschen komisch habe ich schon aus der Wäsche geschaut, als sie mir von ihrer neuen Liebe erzählte. Andererseits habe ich ihr immer einen Mann gewünscht, der zu ihr passt. Einen humorvollen, klugen, erfolgreichen Mann, zu dem sie aufschauen konnte und der sie beschützte. Und all das war Bernd nun einmal. Noch besser hätte es mir freilich gefallen, wenn es ein Unbekannter oder zumindest kein Freund von mir gewesen wäre, aber man kann ja bekanntlich nicht alles haben. Auch Bernd fühlte sich anfangs mir gegenüber nicht wirklich wohl in seiner Haut, aber nach einem Gespräch unter Männern hatten wir das geregelt, und objektiv betrachtet hatte er sich ja auch nichts vorzuwerfen.

Wir hatten länger nichts voneinander gehört, als er mich Mitte 1995 anrief und von seinem Plan erzählte, eine Reihe für das Fernsehen zu produzieren, die er »German Classics« nennen wollte. Bernd hatte vor, erfolgreiche deutsche Filme vergangener Tage neu zu produzieren. Das erste Projekt in dieser Reihe sollte *Das Mädchen Rosemarie* werden, bei dem er selber Regie führen wollte. Und bei der männlichen Hauptrolle hatte er an mich gedacht.

Obwohl ich mich über Bernds Anruf freute und durchaus frei von disharmonischen Schwingungen ihm gegenüber war, wollte ich die Rolle zuerst nicht annehmen. Die Arbeit hätte meinen ohnehin schon übervollen Terminkalender zum Bersten gebracht. Ich war einfach müde und reif für einen längeren Urlaub. Doch Bernd ließ nicht locker. Immer wieder rief er bei mir an und versuchte mich zu überreden. Das begann mir nicht nur allmählich zu schmeicheln, sondern ich fand es richtig gut, weil es heutzutage so selten geworden ist, dass Produzenten oder Regisseure um ihre Besetzung kämpfen. In den meisten Fällen halten sie Schauspieler für beliebig austauschbar und machen sich noch nicht mal die Mühe, das zu vertuschen. Im Gegenteil, manchmal habe ich das Gefühl, die Verantwortlichen geben einem das ganz gerne zu verstehen. Nach dem Motto: »Bild dir bloß nichts ein. Wenn du's nicht machst, macht's eben ein anderer.«

Bei Bernd ist das anders. Für ihn gibt es eine Idealbesetzung, und die will er haben. Koste es, was es wolle. Solche Regisseure gefallen mir. Und genau deshalb habe ich dann letztlich doch zugesagt.

Die ersten Drehtage hatten wir in Berlin. Wir wohnten alle im alten »Schlosshotel Gerhus« im Grunewald, das mittlerweile »Schlosshotel Vier Jahreszeiten« hieß und von Karl Lagerfeld designt worden war. Obwohl man hier wie in einer riesigen Plüschpuppenstube wohnte, in der zwar alles recht hübsch anzusehen, aber nichts wirklich zu gebrauchen war, fühlte ich mich sehr wohl. Das lag größtenteils an den Umständen, die Bernd für sich und sein Team geschaffen hatte. Er ist in beruflichen Dingen ein absoluter Perfektionist. Alles wird minutiös vorbereitet, nichts bleibt dem Zufall überlassen. Um seine Schauspieler zu Höchstleistungen zu treiben, bettet er sie in Watte. Er vertritt die These, dass ein rundum zufriedener Schauspieler besser spielt als einer, der sich unwohl fühlt. Ich schätze, er liegt damit richtig.

Am Morgen meines ersten Drehtags wurde ich eine Stunde früher geweckt, als ich erbeten hatte. Und zwar vom Masseur des Hauses, den Bernd mir geschickt hatte. Er war der Meinung, dass mir eine Massage bestimmt guttäte.

Während unserer gemeinsamen Arbeit merkte ich, was für ein

genauer Beobachter und Zuhörer er ist. Wie bei den meisten guten Regisseuren, die ihre Bücher selber schreiben, werden die Schauspieler bei ihm angehalten, das Drehbuch wie ein rohes Ei zu behandeln. Schon bei der geringsten Abweichung des Dialogs unterbricht er die Szene und lässt sie wiederholen. Diesmal mit dem originalen Text. Da wir Schauspieler in der Regel gewohnt sind, schlechtere Drehbücher zu haben, und dazu verdammt sind, uns den Text mundgerecht zu schneidern, ist es für uns immer eine ziemliche Umstellung, wenn wir ausnahmsweise mal einen guten Text haben, den wir nicht verändern dürfen. Wobei ich persönlich die Arbeit mit »perfekten« Drehbüchern bevorzuge. Man muss seinen Text zwar gewissenhafter lernen, kann sich dafür aber sicher sein, dass kein Murks dabei herauskommt.

Weil Bernd so viele hochklassige Mitwirkende für seinen Film versammelt hatte, lief die ganze Produktion wie Butter. Wir hatten mit Gernot Roll den besten Kameramann, der in Deutschland zu kriegen war und der es wie kein zweiter verstand, die teuren Motive und Dekorationen in ein brillantes und zeitgerechtes Licht zu setzten. Nina Hoss, die als Rosemarie Nitribitt die Titelrolle spielte und sich mittlerweile längst einen großen Namen gemacht hat, kann man guten Gewissens als Bernds Filmentdeckung bezeichnen.

Eine Szene veranschaulicht ganz gut den Perfektionismus von Bernd Eichinger. Ich hatte einen kurzen Dialog mit Til Schweiger, bei dem im Hintergrund ein paar Kinder Fußball spielen sollten. Während der Set im Anschluss an die Proben zum Dreh eingerichtet wurde, schnappten Til und ich uns den Ball und kickten mit den Jungs. Da man die Pille gar nicht richtig hochhalten konnte, sah ich mir das Stück genauer an. Ich konnte mich ganz schwach daran erinnern, in meiner frühesten Jugend mal ein vergleichbares Teil in Händen gehalten zu haben. Erstaunt ging ich mit dem Ball zu Bernd und fragte ihn: »Sag mal, wo habt ihr den denn ausgegraben?«

Bernd lächelte mich stolz an. »Was heißt hier ausgegraben? Das ist ein Originalfußball aus dem Jahr 1955. Echte Handarbeit. Da ist mein Requisiteur lange für rumgefahren, um den zu finden.«

Während ich einen Dialog mit Til Schweiger hatte, kickten die Kinder im Hintergrund mit einem Ball aus dem Jahr 1955

»Respekt«, murmelte ich und verzog mich wieder.

Wenn man bedenkt, dass die Handlung Mitte der fünfziger Jahre spielte und der Ball später im Film so gut wie gar nicht zu erkennen sein würde, hatte er sich den auch verdient. Aber so ist das: Nur wenn man in den kleinsten Dingen penibel ist, können die großen nachher wirklich stimmen.

*

Katja Flint, mit der ich auf dem Papier immer noch verheiratet war, spielte im *Mädchen Rosemarie* meine Geliebte. Am 20. Dezember 1995, zufälligerweise unserem zehnten Hochzeitstag, hatte ich mit ihr eine Szene, in der wir uns zuerst heftigst streiten sollten, um uns nachher unsere Liebe zu versichern. Nicht genug damit, dass Bernd, also der Geliebte der noch mit mir verheirateten Frau, dabei Regie führte, spielte das Ganze auch noch in Bernds Schwabinger Wohnung, in der er damals mit Katja lebte. Eine wirklich pikante Situation, zumal ich Katja am Ende der Szene mit den Worten anbrüllen musste: »Christine, ich liebe dich! Ein Mann kommt immer wieder zu seiner alten Liebe zurück. Ich liebe dich wirklich!«

Die Szene war im Kasten. »Danke!« rief Bernd.

Katja musste laut lachen. »Ich liebe dich wirklich!« – Das hatte sie von mir doch schon mal gehört.

»Ich weiß, das hast du mir noch nie geglaubt«, sagte ich, mit einem Blick zu ihr. Eigentlich hatte ich es mehr aus Spaß gesagt, aber für einen kurzen Moment war es mucksmäuschenstill. Natürlich wusste das gesamte Team, welche Brisanz diese Worte in dieser Konstellation hatten.

»Ich schreib mir manchmal aber auch einen ganz schönen Käse zusammen.«

Bernd war der erste, der sich wieder gefasst hatte, und damit war das Eis am Set wieder gebrochen, das vorher noch so spiegelglatt gewirkt hatte.

40
Sei einfach ehrlich

Die erste Hälfte des Jahres 1996 verbrachte ich in Hamburg, wo mich wieder mal die *Faust*-Dreharbeiten beschäftigten. Was für mich hieß, an jedem Drehtag am Set zu sein. Hinzu kamen die anstrengenden Nächte, die ich mir mit den Hamburger Kumpels um die Ohren schlug. Entweder ich war bei Hanne in der »Ritze«, einem berüchtigten Lokal auf der Reeperbahn, oder ich zog mit Kalle Schwensen um die Häuser, den jeder »Negerkalle« nennt. Nur nicht, wenn er dabei ist, denn das hat er nicht so gern. Und man weiß, dass es besser ist, zu tun, was Kalle gern hat.

Aber meistens war ich bei meinem Freund Wolle im »Zwick« zu finden. Das Zwick ist eine Szenemusikerkneipe, in der die beste Mucke in der ganzen Stadt aufgelegt wurde. Und zwar vom Wirt höchstpersönlich. Wolle verstand es wie kein zweiter, die Gäste in seinem Laden in Stimmung zu bringen. Mit seinen schulterlangen Haaren und dem Rauschebart hätte er der Dritte im Bunde bei ZZ Top sein können. Meistens trug er einen alten Stahlhelm und eine dunkle Ray-Ban, wenn er hinter dem Tresen stand. Das heißt: Gestanden hat er eigentlich selten, weil er normalerweise wie ein Irrwisch hinter der Bar hin und her jagte und zu »I can't get no satisfaction« Luftgitarre spielte, dass der Frontmann von AC/DC ganz alt gegen ihn ausgesehen hätte.

David Rienau, der zwischenzeitlich mein Management übernommen hatte, hatte mich ins Zwick eingeführt. David war es auch, der meine musikalischen Ambitionen vorantrieb. Ich hatte ja immer wieder mit ein paar Freunden mehr oder weniger intensiv Musik gemacht. Während der letztjährigen Staffel von *Faust* war dann ein Fahrer an mich herangetreten und hatte gefragt, ob ich nicht

Hamburger Szene: Bei Wolle im »Zwick« war mein zweites Zuhause …

Lust hätte, eine eigene Band zu gründen. Er hätte ein paar ordentliche Musiker, mit denen ich es doch einmal versuchen könnte. So trafen wir uns eines Abends in einem kleinen Übungsraum auf einem Hamburger Fabrikgelände. Die Jungs hatten wirklich was drauf. Also verabredeten wir uns regelmäßig, um ein paar Stücke miteinander einzustudieren. Das Musizieren machte mir großen Spaß, zumal sich alle Mitglieder der Band als ausgesprochen nette Kerle entpuppten.

Bald hatten wir ein recht ansehnliches Repertoire, und es mehrten sich die Stimmen in unserem Umfeld, die Sache zu vermarkten. Ich war anfangs eher skeptisch, zumal ich in einer Sendung von Hape Kerkeling einmal gesagt hatte: »Noch schlimmer als singende Schauspieler sind eigentlich nur Sänger, die schauspielern wollen.«

*

… und mit Kalle Schwensen
habe ich die Stadt unsicher gemacht

Im Sommer 1996 fingen die Dreharbeiten für *Rossini* an, dem nach *Schtonk* zweiten Kinofilm von Helmut Dietl. Ich kannte Helmut schon von diversen Filmpreisverleihungen, Filmbällen und dergleichen. Und natürlich vom »Romagna Antica«, dem legendären italienischen Restaurant, das dem Film als Vorbild diente. Hier traf sich in fast allabendlicher Regelmäßigkeit die ganze Münchner Filmclique um Bernd Eichinger und Helmut Dietl. Das Drehbuch zu *Rossini,* das Helmut zusammen mit Patrick Süskind geschrieben hatte, spiegelt eigentlich nur, wenn auch etwas überspitzt, das Leben und Treiben in diesem Lokal wider.

Als ich das Drehbuch zum ersten Mal las, war ich fast ein wenig enttäuscht. Ich hatte mir von dem genialen Gespann Dietl/Süskind noch mehr erwartet, war von einem größeren Spektakel ausgegangen. Aber schon nach der zweiten und dritten Durchsicht musste ich meine Meinung revidieren. Jetzt erst entdeckte ich die unzähligen Feinheiten des Scripts. Ich fing an, die Botschaften dieser messerscharfen Dialoge zu verstehen, und sah den Spiegel, den Helmut Dietl der Gesellschaft aufgestellt hatte, von der er selbst ein Teil war. Ich weiß nicht, ob *Rossini* der beste Film ist, den ich bis jetzt gedreht habe, ganz sicher aber ist es das intelligenteste, scharfsinnigste und vollkommenste Drehbuch, das ich je in Händen hielt.

Zwar möchte ich keine Rangordnung von Regisseuren erstellen, doch wenn ich das täte, wäre Helmut in der Liste ganz weit oben zu finden. Die Arbeit mit ihm ist wie ein Tanz auf einer Rasierklinge: Nur bei äußerst exakten Bewegungen bleibt man unverletzt.

Seine Philosophie vom Filmemachen übertrug er auf die Figur des Produzenten Oskar Reiter, den ich im Film verkörpern durfte. »Film ist Krieg, mein Freund«, sagt Oskar Reiter nach einer Herzattacke zu seinem Freund Uhu Zigeuner, im Film gespielt von Götz George, »und dieser Film ist ein Hundert-Millionen-Dollar-Stahlgewitter.« Vielleicht empfindet Helmut Dietl sein Filmset nicht gerade als Kriegsschauplatz, auf jeden Fall aber betrachtet er die Erstellung einer Komödie als harte, disziplinierte und ernsthafte Arbeit, bei der jeder der Beteiligten zu hundertein Prozent zu funktionieren hat.

Jeder Satz, jedes Wort wird in seine Einzelteile zerlegt. Jeder Blick, jede Geste muss sitzen. Nichts wird dem Zufall überlassen. Das in der Schauspielerei so vielzitierte Timing, also die intuitive Festlegung der Sprachgeschwindigkeit, das Setzen von Pausen wie deren Länge, alles wird bis zum Erbrechen geprobt und einstudiert. Helmut zwingt seine Schauspieler oft, ihre Texte so außergewöhnlich schnell zu sprechen, dass selbst große und erfahrene Kollegen Schwierigkeiten haben, seine Forderungen umzusetzen. Ganz davon abgesehen, dass einem diese Sprechweise höchst unnatürlich vorkommt. Wenn man das Ganze dann aber im Zusammenhang sieht, stimmt es. Helmut Dietl ist einfach ein Meister des Timings.

Während einer Drehpause ging ich mal zu Helmut, um mit ihm über eine Szene zu sprechen, die für den nächsten Tag angesetzt war. In einem kurzen Dialog sollte mir der Regisseur Uhu Zigeuner erklären, dass er den Krempel hinschmeißt, unser gemeinsames Filmprojekt sausenlässt und mit seiner neuen Flamme »Schneewittchen« (Veronica Ferres) nach Italien zieht. Ich als sein Produzent bin natürlich nicht begeistert von dieser Idee. Uhu endet mit den Worten: »Sieh mal, Oskar, es gibt doch wichtigere Dinge im Leben als Film.«

Daraufhin sollte ich ihn völlig entgeistert ansehen und fragen: »So, seit wann das denn?«

Da ich persönlich die Ansicht teile, dass es wichtigere Dinge im Leben gibt als einen Film, wollte ich wissen, wie die Frage zu verstehen sei.

Ich ging also zu Helmut und fragte ihn: »Sag mal, wie meint der das, wenn er sagt: ›So, seit wann das denn?‹«

Helmut sah mich an, als hätte er die Frage nicht verstanden. »Ja, wie soll er das meinen?«

Ich versuchte es anders: »Ich meine, meint er das ernst, dass es für ihn nichts Wichtigeres als Film gibt?«

»Ja, natürlich meint er das ernst, warum sollte er in diesem Moment einen Spaß machen?«

»Klar, ich weiß schon, dass ihm nicht nach Spaßen zumute ist, aber so ein Mann kann doch nicht ernsthaft behaupten, dass es nichts Wichtigeres als Film gibt.«

Jetzt fing Helmut verstärkt zu zwinkern an, was auf aufkommende Ungeduld schließen ließ.

»Ich weiß wirklich nicht, was du meinst, Heiner. Es gibt nichts Wichtigeres als Film im Leben. Und genau das sagt er ihm.«

»Also du meinst, es gibt für ihn nichts Wichtigeres?«

Wieder dieses Zwinkern.

»Nein, überhaupt.«

Nun sah ich wahrscheinlich ihn an, als hätte ich ihn nicht verstanden. Dabei hatte ich im selben Moment kapiert, was er meinte: Er sah das selber so. Es gab für ihn, Helmut Dietl, nichts Wichtigeres als Film im Leben, und er verstand meine Frage nicht, weil er sich nicht vorstellen konnte, dass ich das anders sah.

»Okay, danke, Helmut«, stammelte ich und ging.

Ich setzte mich auf den Stuhl, auf dem mein Name stand. Er stand inmitten der vielen anderen beschrifteten Stühle. »Götz George« war da zu lesen. »Mario Adorf«, »Veronica Ferres«, »Gudrun Landgrebe«, »Hannelore Hoger«, »Jan Josef Liefers«, »Axel Milberg«, »Armin Rohde«, »Meret Becker«, »Christian Ber-

Mit Götz George in Rossini

kel«, »Joachim Król«, »Edgar Selge« und viele mehr. Ich sah die vielen Beteiligten am Set, wie sie hin und her wuselten und ihrer Arbeit nachgingen. Das Ganze glich einem riesigen Ameisenhaufen. War ich der einzige in diesem Haufen, der seinem Beruf nicht die nötige Leidenschaft entgegenbrachte? Nahm ich die Schauspielerei überhaupt ernst genug?

Bei besonders zeit- und arbeitsintensiven Produktionen pflegte ich stets zu betonen, dass es für mich sowohl ein Leben vor als auch während und nach dem Film gäbe. Ich wollte mich nie in den Kreis der Filmwahnsinnigen einreihen, die in der Regel bereit sind, alles zu tun, wenn es nur mit Film zusammenhängt. Ich hatte immer ein zu ausgeprägtes Privatleben, um ganz und gar im Film aufzugehen.

Klar, meine Arbeit macht mir Spaß. Wenn ich spiele, bin ich mit Leib und Seele dabei. Ich schreie, flüstere, weine, lache, empfinde Hass und Liebe. Ich spüre all diese Regungen in mir und lebe sie ehrlich aus. ›Aber ist das genug?‹ überlegte ich. ›Fehlt dir vielleicht das Quentchen Intensität oder gar Wahnsinn, um ein ganz Großer zu werden?‹

Eine endgültige Antwort darauf habe ich bis heute nicht gefunden. Es ist wohl auch schwer zu sagen, inwieweit man in eine Materie eindringen muss, um sie überzeugend zu gestalten. Vielleicht behindert es einen auch, wenn man jede Distanz zu dem verliert, was man tut. Bei den Dreharbeiten zu *Der Marathon-Mann* soll Sir Lawrence Olivier mal zu seinem Kollegen Dustin Hoffman gesagt haben: »Try it with acting« (»Versuch's doch mal mit Schauspielern«), weil dieser sich nicht imstande sah, die berühmte Szene, in der er gefoltert wird, darzustellen. Mir gefällt diese Anekdote. Weil sie verdeutlicht, dass es sich bei dem, was wir tun, letztlich um einen Beruf handelt, für den man sicherlich eine gewisse Begabung mitbringen sollte, den man aber auch erlernen muss. Und bei dem es nicht viel nützt, tausend Sachen hineinzuinterpretieren.

Zu Beginn der Dreharbeiten war Helmut mit meiner Darstellung noch nicht hundertprozentig zufrieden. Er fand, dass ich mir die Figur des Produzenten noch zu sehr »erspielte« und sie zuwenig war. Und er hatte recht. Tatsächlich gelang es mir nur schwer bis gar nicht, diesen polternden Produzenten mit mir selbst in Einklang zu bringen. (Was nicht heißen soll, dass ich nicht gelegentlich auch ganz gut poltern kann.) Ich stellte ihn lediglich dar und fühlte ihn nicht.

Bei einem gemeinsamen Abendessen bewältigten wir das Problem schließlich. Während wir eine Sushiplatte verputzten, sagte Helmut: »Sieh mal, Heiner, alles, was dieser Oskar Reiter tut, ist eigentlich nachvollziehbar. Klar, wie er es tut, ist teilweise extrem, aber nicht unlogisch. Gerade du solltest das verstehen, weil du auch sehr extrem sein kannst.«

Ich sah ihn stirnrunzelnd an.

Helmut lächelte: »Du solltest dich manchmal sehen.«

Jetzt wusste ich, was er meinte. Er sprach von diesen Momenten, in denen ich sturzbetrunken herumgrölte und auf den Tischen tanzte.

»Das ist ja wohl was anderes«, warf ich verlegen ein.

»Warum? Das ist auch ein Teil von dir. Zwar einer, den du niemals freiwillig der Öffentlichkeit preisgeben würdest, aber eben ein Teil von dir. Deine Schwierigkeit, dich diesem Oskar Reiter zu nähern oder gar er zu werden, liegt in deinem Verständnis für ihn. Du musst wissen, dass nichts absurd ist von dem, was er macht. Es ist nur menschlich. Wenn die extrovertierten Ausbrüche von ihm zu deiner eigenen, ehrlichen Empörung werden, dann hast du den Bezug zu der Rolle.«

»Mit anderen Worten: ich soll alles nur ehrlich spielen?«

»Nein, nicht spielen. Sein. Sei einfach ehrlich, Heiner.«

»Mein ich ja.«

»Dann mach's.«

Damit war der Fisch im wahrsten Sinn des Wortes gegessen. *Rossini* wurde für uns alle, speziell auch für mich, ein voller Erfolg, der sowohl beim Publikum als auch bei den Kritikern großen Anklang fand und etliche Preise einheimste. Ich wurde als Star unter den Stars bezeichnet und im kritischen *Stern* sogar als »Superstar« gehandelt – Formulierungen, die mir zwar schmeichelten, die aber ohne das Schlüsselerlebnis mit Helmut wohl nie gefallen wären. Zudem war ich mittlerweile lange genug im Geschäft, um mir der Kurzlebigkeit solcher Bezeichnungen bewusst zu sein.

Einen Tag nach besagtem Abendessen hatte ich allerdings ein Erlebnis, das alle Preise und Lobgesänge in den Schatten stellte. Wir drehten an einer Szene, in der ich als Oskar Reiter im Restaurant Rossini saß und eine Art Nervenzusammenbruch erlitt. Alle hatten mich verlassen oder enttäuscht, und ich haderte mit Gott und der Welt. Am Ende der Szene war es totenstill. Nach einer Weile hörte ich, wie hinter mir jemand anfing zu klatschen. Ein zweiter kam hinzu, dann ein dritter und so weiter. Ich drehte mich um und sah Hannelore Hoger, die mich anlächelte und klatschte. Die von mir so verehrte Hannelore Hoger hatte angefangen, mir Szenenapplaus zu geben, und das Team hatte sich ihr angeschlossen.

Es kommt bei Dreharbeiten so gut wie nie vor, dass das gesamte Team eine Szene beklatscht. Die meisten sind zu abgebrüht und haben schon zu viele tragische Darstellungen miterlebt, als dass sie ihren Emotionen am Set noch derartig freien Lauf lassen würden. Ich war mächtig stolz. Aber was hatte ich schon Großartiges gemacht? Was hatte diese Szene von so vielen anderen unterschieden, die ich in meinem Leben bereits gespielt hatte? Vielleicht hatte ich die Worte von Helmut Dietl noch im Kopf gehabt: »Sei einfach ehrlich, Heiner.«

*

Im Anschluss an die Münchner Filmpremiere von *Rossini* spielten wir mit unserer Band. Wir hatten zwischenzeitlich in einem Hamburger Studio eine CD erstellt, die in diesen Tagen auf den Markt kommen sollte. Mein alter Kölner Freund Wolfgang Schmitz, Besitzer der Werbeagentur WAS!?, hatte sich um die graphischen Arbeiten dieser Produktion gekümmert, ein Video erstellt und einen Kontakt zu Jack White hergestellt, der die CD produziert hatte, die dann über BMG Ariola auf den Markt kam. Es war für die Band und mich ein schönes Gefühl, die erste eigene CD in Händen zu halten, hatten wir doch so viel Arbeit und Leidenschaft in dieses Projekt gesteckt.

Das Feedback auf unsere Arbeit war leider weniger schön. Von einigen wenigen guten Kritiken abgesehen, fiel die Scheibe komplett durch. Auch beim Publikum fand sie nicht den erhofften Anklang, so dass man das gesamte Projekt guten Gewissens als Misserfolg abhaken konnte. Obwohl ich gerade das befürchtet hatte, bereue ich im nachhinein nicht, es trotzdem versucht zu haben. Wir hatten so viele wunderbare Stunden in unserem Übungsraum und später im Studio verbracht, die auch durch einen kommerziellen Misserfolg nicht entwertet werden konnten.

Nur auf die Häme einiger Journalisten hätte ich gut und gerne verzichten können. Natürlich wusste ich mit meinen mittlerweile dreiundvierzig Jahren längst, dass mich nicht alle Menschen liebhaben. Dass viele nur darauf gewartet hatten, mir eins auszuwischen. Na bitte, ich hatte ihnen einen Elfmeter gegeben. Einige haben ihn souverän verwandelt, andere haben ihn durch unsachliche Kritik verschossen.

41
Schachmatt

Wenn ich meinen beruflichen Werdegang nach Qualitätsjahrgängen unterteilen würde, wie man das beim Wein macht, wäre 1997 ein ausgesprochen guter Jahrgang gewesen. Eine Auslese sozusagen. Nachdem *Rossini* gerade in den Kinos für volle Häuser gesorgt hatte, fing ich mit den Dreharbeiten für *Der Skorpion* an. Dominik Graf sollte bei diesem Projekt Regie führen, für das sein Lieblingsautor Günter Schütter das Script verfasst hatte.

Dominik ist in meinen Augen ein Regisseur, der es wie kaum ein anderer immer wieder schafft, seinen Filmen einen ganz persönlichen Stempel aufzudrücken. Das hängt unter anderem natürlich auch mit den hervorragenden Drehbüchern zusammen. Aber die Auswahl, Mitentwicklung oder Bearbeitung eines Scripts ist eben auch Teil der Aufgaben eines guten Regisseurs. Daher arbeiten die herausragenden Regisseure meistens auch immer wieder mit einer Handvoll erlesener Drehbuchautoren zusammen, oder sie schreiben ihre Bücher gleich selber.

Schon während der Dreharbeiten merkte ich, dass dieser Film etwas Besonderes werden würde. Dabei unterschied sich die Arbeit mit Dominik gar nicht wesentlich von der mit anderen guten Regisseuren, aber irgendwie kam mir alles ein bisschen »schräg« vor. Ob man wollte oder nicht, ließ man sich wie von einem Sog mitziehen und wurde so Teil dieses besonderen Ergebnisses. Was dann letztlich zu sehen war, war ein außergewöhnlicher Krimi mit sehr intensiven Schauspielern.

Im Spätsommer fingen wir dann mit den Dreharbeiten zu *Opernball* an. Ein Zweiteiler, den Bernd Eichinger produzierte und der in Wien und auf Ibiza spielte. Neben einer Reihe ausgezeichneter

Jenny Elvers war eine besondere Erscheinung

junger Schauspieler waren hier so namhafte Kollegen wie Franka Potente, Hans-Michael Rehberg, Walter Schmidinger und Gudrun Landgrebe zu sehen.

Gudrun hatte ich schon während der Dreharbeiten zu *Rossini* näher kennen- und schätzengelernt. Bereits seit der *flambierten Frau* war ich ein heimlicher Verehrer von ihr, und es hatte mich besonders gefreut, hinter dieser wunderschönen, fast unnahbaren Fassade einen warmherzigen und integren Menschen gefunden zu haben. Selbst wenn man für einen Film nur das klassisch-schöne Gesicht dieser Frau abfotografieren würde, wäre es immer noch um ein vielfaches aufregender als so manches aufgesetzte Mienenspiel der einen oder anderen Kollegin von ihr. Dass sie, wie zum Beispiel in *Rossini* zu sehen, dazu noch eine hervorragende, einfühlsame Schauspielerin ist, ist natürlich die Piemontkirsche auf dem Sahnehäubchen dieser vollkommenen Erscheinung.

Auch in meinem Privatleben machte ich mit einer Erscheinung Bekanntschaft, über deren Vollkommenheit man rückblickend allerdings geteilter Meinung sein kann. Aber eine Erscheinung war

Jenny Elvers allemal. Mein Manager David Rienau hatte mir dieses Mädchen vorgestellt, von dem es hieß, es sei auf allen Partys zu finden. Ich kann mit solchen von Boulevardzeitschriften geprägten Darstellungen wenig anfangen und zog es, wie immer, vor, mir meine eigene Meinung zu bilden. Und die war alles andere als schlecht. Ich stellte ziemlich schnell fest, dass man einen großen Fehler machte, wenn man dieses Mädchen nur über die Partyschiene definierte. Jenny war keinesfalls dumm, auch wenn man das Blondinen ihres Kalibers ja gerne nachsagt, und gleichzeitig verfügte sie über das gewisse Etwas, das Männer schwach werden lassen kann. In Verbindung mit ihrem aufreizenden Äußeren machte ihre fröhliche, lebensbejahende Art sie schnell zum Mittelpunkt jeder Gesellschaft und so zum gerngesehenen Partygast. Was ihr noch zur überregionalen Wahrnehmung fehlte, war ein Mann an ihrer Seite, den sie nun in einem ebenso lustigen, leicht skandalumwitterten Schauspieler gefunden hatte – eben in mir.

Die Presse stürzte sich auf uns wie ein Rudel Wölfe auf einen getrüffelten Köder. Schnell waren wir das Vorzeigeskandalpärchen der Nation. Auch wenn wir nur einen verschwindend geringen Prozentsatz der drei Jahre, die wir zusammen waren, auf Partys verbrachten, genügten unsere Auftritte, um uns in die Schlagzeilen zu befördern.

Es heißt zwar immer, dass Jenny ihre Popularität mir zu verdanken hat, aber ich muss ganz klar sagen, dass ich einige Prozentpunkte meines fünfundneunzigprozentigen Bekanntheitsgrades auch Jennys »Öffentlichkeitsarbeit« zu »verdanken« habe. Überhaupt kann und will ich über Jenny nicht schlecht reden. Wir hatten eine überwiegend schöne und harmonische Zeit miteinander, in der sie mir eine liebe und fürsorgliche Freundin war. Lediglich ihr Drang nach Publicity lässt sie mitunter ins Straucheln geraten.

Dass ich heute keine Verbindung mehr zu ihr habe, liegt einzig und allein daran, dass sie in der Öffentlichkeit ihre eigene Version von unserer Trennung verbreitet hat. Sicher war dabei von meiner Seite aus auch eine gehörige Portion verletzter Eitelkeit im Spiel. Aber – nobody is perfect. Das gilt für sie wie auch für mich.

*

Bambi-Preisträger 1997

Es hagelte nun Auszeichnungen für mich: 1996 und 1997 gab es Nominierungen für den Bundesfilmpreis und den Goldenen Löwen, mir wurde der Bayerische Filmpreis verliehen, der Telestar, das Bambi, der Bayerische Fernsehpreis und noch einige mehr. Seinen krönenden Abschluss aber hatte dieses rundum erfolgreiche Jahr in einem Treffen mit Garri Kasparow.

Der Fernsehsender RTL hatte bei meinem Management anfragen lassen, ob ich Lust hätte, gegen den amtierenden Schachweltmeister anzutreten, der im Rahmen der CeBIT in Deutschland weilte. Und ob ich Lust hatte! Ich spiele seit meinem sechsten Lebensjahr Schach und gehöre wohl zu den größten Bewunderern des Russen.

»I never drink alcohol«, lehnte der Großmeister den russischen Wodka ab, den ich extra für ihn aus meiner Minibar mitgebracht hatte. Das Thema Humor hakte ich in diesem Zusammenhang

»You didn't protect your king!« –
Belehrung von Schachweltmeister Garri Kasparow

kommentarlos ab und setzte mich lieber gleich mit ihm an den Tisch.

Garri Kasparow hatte mir großzügigerweise die weißen Figuren und damit die Eröffnung überlassen. Da meine Chancen aber denen einer Kuh beim Metzger glichen, war mir klar, dass mir dieser Vorteil nichts bringen würde. Ich hatte ohnehin vor, mich weniger auf mein eigenes Spiel zu konzentrieren, als mein Gegenüber zu studieren. Ich genoss jede Sekunde des für mich so denkwürdigen Augenblicks und löcherte meinen Gegner mit den unmöglichsten Fragen. So wollte ich beispielsweise wissen, warum er seine Springer so aufstellte, dass ihre Köpfe einander zugewandt waren.

»It's just a habit«, meinte Garri, nur eine Angewohnheit also.

Im nachhinein ärgerte ich mich über die Dämlichkeit meiner Frage, nahm mir aber vor, meine Springer in Zukunft auch so aufzustellen.

Nach zweiundzwanzig Zügen war ich schachmatt. Ich fand, dass ich mich gar nicht so schlecht geschlagen hatte, und Kasparow war so anständig, mich in dem Glauben zu lassen. Ich wollte mich schon für diese Lehrstunde bedanken und aufstehen, als der Aufnahmeleiter der Sendung sagte, dass sie eine technische Panne hatten und wir das Ganze leider noch einmal wiederholen müssten. Während ich meine Freude nur schwer verbergen konnte, nahm Kasparow die Nachricht geduldig hin.

Wir setzten uns also wieder, und während wir darauf warteten, dass die Techniker ihre Arbeit taten, kamen wir miteinander ins Gespräch.

»Was war denn in Ihren Augen der größte Fehler, den ich in dieser Partie gemacht habe?« wollte ich wissen.

»Das ist sehr einfach. Sie haben Ihren König nicht ausreichend beschützt.«

Ich verkniff mir die Bemerkung, dass das ja wohl der entscheidende Fehler eines jeden Verlierers sei und als Analyse vielleicht etwas dürftig wäre.

»Ich meinte eher, was der grundlegende Fehler von Amateuren meiner Spielstärke ist.«

Er sah von den Schachfiguren auf, mit denen er sich bis jetzt noch beschäftigt hatte, und überlegte eine Weile, bevor er mir eine Antwort gab.

»Sehen Sie, ich habe einen Freund. Er ist Engländer. Musiker. Er ist unter dem Namen Sting bekannt. Kennen Sie ihn zufällig?«

Ich lächelte ihn an. »Er ist einer meiner Lieblingsmusiker.«

»Schön. Wir spielen oft zusammen Schach. Er ist sehr ehrgeizig. Nach jedem Spiel fragt er mich, warum er verloren hat, und jedes Mal sage ich ihm, dass er seinen König nicht beschützt hat. Das macht ihn fast wahnsinnig.« Das konnte ich Sting nachfühlen.

Kasparow gluckste jetzt vor sich hin. Es war ihm förmlich anzusehen, wie er sich der Szenen mit seinem Musikerfreund erinnerte.

»Die Wahrheit ist, ich weiß es nicht. Ich weiß nicht, warum er verliert. Natürlich, er verliert, weil ich besser gespielt habe als er. Aber diese Antwort würde ihn vermutlich genausowenig befriedigen. Sehen Sie, das Schachspiel ist sehr, sehr komplex. Viel zu kompliziert, um es auf ein paar falsche Züge zu beschränken. Ich könnte mit fast jedem Ihrer Züge leben und würde Sie trotzdem noch besiegen. Es ist die Anhäufung Ihrer Fehler, die Sie zum Verlierer werden lässt.«

Der Mann wurde mir immer sympathischer. Wahrscheinlich war noch kein Mensch auf der Welt auf so eine nette Art darauf hingewiesen worden, dass er grottenschlecht Schach spielt.

»Ist Sting ein guter Spieler?« fragte ich.

Kasparow schüttelte den Kopf. »Er kann es nicht.«

Das klang überhaupt nicht herablassend oder gar hämisch. Er sagte es einfach so, als Feststellung.

Ich lächelte ihn an und versuchte meinem Blick etwas Entschuldigendes beizumischen. Es war mir gerade klargeworden, wie absurd ihm meine Fragerei vorkommen musste. Dieser Mensch wurde als bester Schachspieler aller Zeiten gehandelt, hatte gegen einen Computer gespielt, der bis zu hundert Millionen Varianten in der Sekunde durchspielte, und ich wollte von ihm wissen, warum ich schlichtes Gemüt gegen ihn verloren hatte.

»Warum haben Sie sich bei den Partien gegen den IBM-Rechner Deep Blue so aufgeregt?« versuchte ich unauffällig das Thema zu wechseln.

»Weil ich gemerkt habe, dass Deep Blue teilweise über Nacht nachjustiert worden ist.«

»Wie geht denn so was? Und vor allem: Wie haben Sie das feststellen können?«

»So was merkt man. Der Computer hat einfach anders reagiert als noch am Vorabend.«

Ein Techniker kam und ließ uns wissen, dass einer erneuten Aufzeichnung nun nichts mehr im Wege stand.

Wir spielten eine zweite Partie, bei der ich versuchte, mich mehr auf mich selbst und meinen König zu konzentrieren. Mit dem Erfolg, dass dieser noch früher die Hose runterlassen musste. Garri Kasparow hatte sich wohl auf mein miserables Spiel eingestellt und machte dem grausamen Geschehen schon nach neunzehn Zügen ein Ende. Ich stand auf und gratulierte ihm.

»Es ist mir schon wieder nicht gelungen, auf meinen König aufzupassen.« Ich musste lachen. »Nur gut, dass ich damit nicht mein Geld verdienen muss.«

»Sie würden verhungern.« Er lachte ebenfalls und nahm mich in den Arm.

Ein paar Wochen später las ich in der *Gala* ein Interview mit Kasparow. Darin wurde er auch nach dem Treffen mit mir befragt.

Gala: »Sie haben gegen den deutschen Schauspieler Heiner Lauterbach gespielt. Wie war das?«

Kasparow: »Oh, das war sehr schön. Wir hatten ein nettes Gespräch.«

Gala: »Und, spielt er gut Schach?«

Kasparow: »Nein, er kann es nicht. Aber ich habe einen neuen Freund in Deutschland gefunden.«

Letzteres war natürlich maßlos übertrieben, aber ich habe mich doch darüber gefreut. Ich werde diesen Tag niemals vergessen. Den Tag, an dem ich zweimal hintereinander gegen den Schachweltmeister verlieren durfte.

42
Das Stuntmännchen

Während der Dreharbeiten zum *Opernball* hatte ich einen Anruf meines alten Freundes Hardy Martins bekommen. Hardy ist seines Zeichens Cascadeur oder Stuntman, wie die Amerikaner die Sensationsdarsteller nennen, die in Actionszenen ihren Kopf für uns Schauspieler hinhalten. Und er ist ein sehr guter.

Da ich selber einmal Stuntman werden wollte, hatte ich immer schon ein besonderes Verhältnis zu dieser Abteilung beim Film. Natürlich gibt es auch in dieser Branche gute und weniger gute. Neben dem erforderlichen Mut, den man unbedingt aufbringen muss, um solche Szenen zu drehen, muss ein Stuntman, so paradox das klingen mag, auch ein gewisses Maß an Angst mitbringen – Angst, die ihn zur Vorsicht mahnt.

Einen guten Stuntman erkennt man schon, bevor er mit seiner eigentlichen Arbeit überhaupt angefangen hat. Und zwar an seiner Vorbereitung. Wird der Stunt nämlich nicht bis ins kleinste Detail kalkuliert und genauestens berechnet, kann es zu unerwarteten Komplikationen kommen, die gefährlich und nicht selten lebensbedrohend sein können. Ich habe schon mit Stuntmen gearbeitet, die haben die verrücktesten Sachen gemacht. Das waren Draufgänger, die immer wieder Kopf und Kragen riskierten, ohne zu beachten, was in ihrem Beruf unumgänglich ist: ihr Risiko so weit zu minimieren, wie es nur irgend geht. Nur die Männer und Frauen, die das machen, haben eine Chance, langfristig in diesem Beruf zu arbeiten. Alle anderen landen früher oder später im Krankenhaus oder auf dem Friedhof. (Klar, da landen alle. Ich meine natürlich früher, als sie sich ohnehin dort versammelt hätten.)

Hardy gehört zu den Besonnenen seiner Gilde. In vielen meiner

Filme hatte er mich schon gedoubelt, und mehr als einmal hatte ich dabei Angst um ihn. Aber er ist ein harter Hund mit einem großen Herzen und so schnell nicht kleinzukriegen.

Nachdem wir uns gegenseitig versichert hatten, wie gut es uns ginge, kam er zum eigentlichen Grund seines Anrufs: Er wollte seinen ersten eigenen Film produzieren, zu dem er schon das Drehbuch geschrieben hatte. Damit nicht genug, hatte er auch noch vor, ihn selbst zu inszenieren und die Hauptrolle zu übernehmen. Er beabsichtigte also, genau das zu tun, wovon einem jeder Filmschaffende abrät, nämlich alle wichtigen Ämter bei einer Produktion in Personalunion zu übernehmen.

Da ich aber in dieser Hinsicht ähnlich verwegen denke und hin und wieder mit vergleichbar größenwahnsinnigen Plänen geliebäugelt habe, hatte ich mit seinem Vorhaben keine Probleme. Weil er den Helden in diesem Stoff für sich reserviert hatte, blieb für mich nur noch der Bösewicht.

Hardy schickte mir das Drehbuch, das den Titel *Der Cascadeur* trug. Wenige Tage später rief ich ihn zurück und sagte die Rolle zu.

Etwa ein halbes Jahr danach trafen wir uns im Bayerischen Wald zu den Dreharbeiten. Beim »Warming up« (dem Abend vor dem ersten Drehtag) ließen wir es noch mal kräftig krachen. Gegen vier Uhr morgens fing Hardy dann an, despektierlich über den jungen Mann zu reden, der mich in ein paar Tagen in einer gefährlichen Situation doubeln sollte. Da es sonst überhaupt nicht seine Art ist, abfällig über Kollegen zu reden, hätte ich eigentlich auf der Hut sein sollen, aber in meinem benebelten Zustand lief ich ihm mit voller Breitseite ins offene Messer.

»Weißt du, Heiner, es gibt da ein kleines Problem«, begann er.

»Probleme sind da, um sie aus dem Weg zu räumen, mein Freund«, sagte ich großspurig, zwar noch mit fester Stimme, aber bereits leicht euphorisierten Gehirnwindungen, und klopfte ihm aufmunternd auf seine breiten Schultern.

Hardy kannte mich wirklich gut. Er hatte exakt den richtigen Moment abgewartet, jenen Punkt, an dem der Trinker seinen allabendlichen Zenit erreicht. Er ist dann quasi auf dem Höhepunkt seiner emotionalen Möglichkeiten. Bis kurz davor ist er übellaunig, weil er den optimalen Pegel noch nicht erreicht hat, und kurze Zeit später ist mit ihm nichts mehr anzufangen, weil er nicht mehr Herr seiner Sinne ist. Selbst wenn er noch Freude empfindet, ist er nicht mehr in der Lage, sie zu artikulieren. Da Hardy auch diese Phase von mir kannte, wusste er, dass er seinen Vortrag nicht unnötig in die Länge ziehen durfte.

»Du weißt doch, dass wir nächste Woche die Szene drehen, in der wir die Schießerei in einem Flugzeug haben.«

»Du meinst, in der alten Frachtmaschine, bei der sich dann, während sie gerade abhebt, die Ladeluke öffnet …«

»… und wir beide wegen des Gefälles in der steigenden Maschine abrutschen und uns gerade noch an der Ladeluke festhalten können, richtig.«

»Ja, und wo ist dein Problem, mein Freund?«

»Das Problem ist, dass der für dich vorgesehene Stuntman noch sehr jung und unerfahren ist.«

»Na, dann ergibt sich bei dieser Szene ja eine wunderbare Gelegenheit für ihn, Erfahrungen zu sammeln«, lachte ich blauäugig, klopfte ihm erneut auf die Schulter und bestellte mir noch einen Wodka Tonic.

»Du verstehst mich nicht richtig.«

»Ich versteh dich sehr gut. Das einzige, was ich nicht verstehe, ist, warum du mir das alles erzählst. Ich werd dir dabei wenig helfen können, weil ich ja, wie mit dir verabredet, gedoubelt werde und dementsprechend gar nicht in dem Flugzeug bin.«

»Genau darauf will ich doch hinaus.«

»Worauf?«

Hardy atmete schwer ein. Offenbar hatte er sich diese Unterhaltung leichter vorgestellt.

»Was würdest du davon halten, wenn du doch in dem Flugzeug wärst?«

»Gar nichts, weil ich, wie du weißt, nicht gerne fliege. Gelinde ausgedrückt. Präziser wäre: Ich hasse fliegen. Außerdem: Was sollte ich denn in der Maschine? Euch den Schweiß abtupfen, oder was?«

Jetzt atmete er schwer aus.

»Mann, du kapierst gar nichts. Ich hab dir doch gesagt, dass der Stuntman sehr jung ist. Viel zu jung, um dich zu spielen. Er sieht dir auch sonst überhaupt nicht ähnlich.«

Im selben Moment, in dem ich realisierte, was dieser Mensch da von mir wollte, bekam ich meinen halben Longdrink in die Luftröhre. Ich nutzte den Hustenanfall, um mir die Dinge noch mal vor Augen zu führen.

»Also, jetzt noch mal von vorn, nur damit ich weiß, dass wir von derselben Sache sprechen. Du fragst mich, ob ich nicht Lust hätte, mich an die Ladeluke eines offenen Flugzeugs zu hängen, während selbiges gerade von der Landebahn abhebt, um steil kilometerhoch in die Lüfte zu schweben?«

»… nachdem wir vorher, während die Maschine zum Start über die Rollbahn rast und sich die Ladeluke öffnet, eine kleine Schlägerei und Schießerei hatten. Jetzt hast du's kapiert«, beendete er den Wahnsinn für mich und haute mir seinerseits auf die Schulter.

»Warum sollte ich das tun?« Ich hatte das Gefühl, mit dieser Frage aller Fragen den Nagel präzise auf den Kopf getroffen zu haben.

»Um mir einen Gefallen zu tun.«

»Gut, das wäre ein Grund. Wenn du mir noch einen einzigen anderen nennen kannst, dann mach ich's. Aber gib dir keine Mühe. Es gibt keinen verdammten Grund auf dieser verdammten Welt, warum ich etwas derartig Schwachsinniges machen sollte.«

»Ich dachte, du wolltest selber mal Stuntman werden.«

Hardy hatte seine Hausaufgaben gemacht, das musste man ihm lassen. Aber so schnell wollte ich mich nicht geschlagen geben.

»Als Kind wollte ich Indianer werden und laufe heute auch nicht mit Federschmuck durch die Gegend.«

Hardy lächelte mich an. Aber ich ahnte, dass er nicht über meinen albernen Vergleich lächelte. Er schien mich »auszulächeln«. Hardy würde mich niemals auslachen, schon gar nicht in einer Situation wie dieser. Also lächelte er mich aus, und das war fast noch gemeiner.

»Schon gut, Heiner. War ja bloß 'ne Frage. Willst du noch was trinken?«

›So ein alter Sauhund. Fährt hier seine drittklassigen tiefenpsychologischen Tricks auf‹, dachte ich und wusste gleichzeitig, dass er mich an der Angel hatte.

»Ich dreh das aber nur zweimal. Und mach vorher keine Proben. Zumindest nicht in fliegendem Zustand.«

Jetzt lächelte Hardy mich nicht mehr aus, sondern an. Und das übers ganze Gesicht.

»Und meinen Drink bestell ich mir selber«, setzte ich mürrisch nach und tat's. Denn auf den Schreck musste ich erst mal einen heben.

*

Das Ganze hätte, wie gesagt, niemals funktioniert, wenn Hardy nicht dieses exakte Timing bezüglich meines Alkoholpegels gehabt hätte. Oder wenn ich die Maschine, in der diese nebulöse Aktion stattfinden sollte, vorher gesehen hätte. Oder die Männer, die vorgaben, Piloten zu sein, und dieses Wrack in die Lüfte bewegen wollten.

Es war an einem meiner drehfreien Tage. Ich besuchte die Crew an ihrem Set, der sich momentan auf einem winzigen alten Sportflughafen befand. Zwischen den beiden einzigen Start- und Landebahnen auf dem Gelände, die ungefähr die Länge einer Anlaufbahn beim Weitsprung hatten, stand ein uraltes Militärflugzeug, das in etwa die Größe einer Boeing 727 hatte. Also ein ganz schöner Brummer.

Vier Requisiteure waren gerade dabei, das Teil schwarz anzumalen. Ich ging davon aus, dass man dieses Vorkriegsmodell aus irgendeinem Militärmuseum hierhergezogen hatte, um es dann in einer Szene explodieren zu lassen oder was auch immer.

Andächtig schlich ich um die Antiquität herum. Während ich die unzähligen Roststellen, Überpinselungen und Flickereien bewunderte, fragte ich mich, wann dieses alte Schlachtschiff wohl das letzte Mal Höhenluft geschnuppert hatte. Ich tippte eher auf den Ersten als auf den Zweiten Weltkrieg. Durch die völlig profillosen Reifen schimmerte schon das Braun der inneren Ummantelung.

Als ich gerade den Frontreifen unter die Lupe nahm, der noch schlimmer aussah als die hinteren, hörte ich zu meiner Überraschung Stimmen aus dem Cockpit. Neugierig geworden, kletterte ich über die Rampe der Ladeluke ins Innere der Maschine. Durch den total ausgeräumten Bauch des Flugzeugs gelangte ich ins Cockpit. Dort saßen drei Menschen, die ich nicht nur ihrer Sprache wegen, sondern auch aufgrund der in einer Ecke postierten Flasche Wodka und wegen des Geruchs nach Schnaps und Knoblauch, der das ganze Cockpit erfüllte, als Russen identifizierte. Ihrem Verhalten nach waren sie es gewesen, die diese Flasche geleert hatten. Ihrem Aussehen nach musste allerdings jeder von ihnen eine Flasche intus haben. Vielleicht tue ich ihnen aber auch unrecht, und es war nur die Müdigkeit, die sich in ihren winzigen, stark geröteten Augen widerspiegelte.

Ich fand schnell heraus, dass der eine, der da saß, wo normalerweise die Piloten sitzen, ganz gut englisch sprach. Zumindest glaubte ich das anfangs. Als wir dann ins Gespräch kamen, hatte ich zunehmend das Gefühl, dass wir furchtbar aneinander vorbeiredeten.

Heiner (beim Betreten des Cockpits und nach Verdauung dieses Anblicks): »Tag zusammen …«

Die drei (durcheinander): »Hallo, nastrovje …« (und ähnliches, unverständliches Genuschel)

Heiner: »Das ist ja ein echt verwegenes Teil hier.«

Die drei (wieder unverständliches Genuschel; erst jetzt bemerkte ich die Wodkaflasche und lächelte sie verständnisvoll an).

Heiner: »Sie kommen aus Russland, was?«

Jetzt antwortete der auf dem Kapitänssitz, ich nenne ihn mal Viktor.

Viktor: »Ja, ja, wir kommen direkt aus Kiew.«

Heiner: »Aus Kiew? Da haben Sie aber eine ganz schöne Reise hinter sich.«

Viktor: »Was? Das ist Katzensprung für uns.«

Heiner: »Wie sind Sie denn hergekommen? Mit dem Zug?«

Viktor: »Mit Zug … (er lachte laut; auch seine Kollegen stimmten ein) … Warum sollen wir fahren mit Zug, wenn wir Fliegerchen haben?« (Hier war ich mir zum ersten Mal nicht sicher, ob ich ihn richtig verstanden hatte.)

Heiner: »Sie meinen, Sie sind mit dem Flugzeug gekommen?« (Wieder lachten die drei, als hätte ich einen schweinischen Witz gemacht. Ihre Silberkronen funkelten, als hätten sie Lametta zum Frühstück gegessen.)

Viktor: »Klar, Mann, oder sieht das aus wie U-Boot?« (Dabei breitete er seine Arme aus.)

Ich konnte und wollte einfach nicht glauben, was dieser Mann mir hier beizubringen versuchte. Sie konnten doch unmöglich mit dieser Klapperkiste von Kiew hierhergeflogen und dann auch noch auf diesem Flughafen, der nicht größer war als eine mittlere Minigolfanlage, gelandet sein. Es war mir immer schon ein Rätsel, wie sich irgendein Flugzeug so willenlos in die Luft steuern lässt, aber diesen Schrotthaufen hier zum Fahren, geschweige denn Fliegen zu bringen grenzte nicht nur an ein Wunder, es war eines. Und zwar ein faustdickes.

Bevor ich mich ausgewundert hatte, setzte mein trinkfester Viktor nach und versetzte mir den Todesstoß.

Viktor: »Wirst morgen sehen. Fliegt wie Vögelchen, unser Fliegerchen.«

Die Bedeutung seines Satzes traf mich wie ein schwerer Leberhaken. Gekrümmt verließ ich die Stätte des Grauens, bevor er mir noch erzählte, dass *er* dieses Teil fliegen würde.

Obwohl ich Hardy die ganze Nacht in den Ohren lag, er solle doch Erbarmen mit mir haben und, wenn schon nicht an mich, wenigstens an meinen Sohn denken, dem er im Begriff war, den Vater zu nehmen, hatte er kein Mitleid mit mir und bestand auf meinem Wort. Es nützte alles nichts. Ich musste mein großspurig gegebenes Versprechen einlösen. Und da ich mich mit Hardy auch noch prügeln und schießen musste, konnte ich mir noch nicht mal ein bisschen Mut antrinken, denn ich brauchte meine volle Konzentration und einen klaren Kopf.

Vor der ersten heißen Probe, die natürlich, entgegen unserer Verabredung, in fliegendem Zustand stattfinden sollte, machte ich einen großen Fehler. Und zwar ging ich nochmals ins Cockpit, um mir den Piloten anzusehen. Ich wollte wissen, welcher Mensch auf der Welt den Mut hatte, dieses Gefährt vom Boden abheben zu

Der eigentliche Stunt bestand darin, überhaupt an Bord dieses fliegenden Sargs zu gehen – Szenenfoto mit Andreas Hoppe aus Cascadeur

lassen. Meine böse Vorahnung wurde prompt bestätigt: Hinter dem Steuerknüppel saß mein alter Freund Viktor in Gesellschaft seiner russischen Saufkumpane. Als ich das Cockpit betrat, hämmerte er gerade mit seiner riesigen Faust gegen irgendwelche Armaturen, deren Zeiger augenscheinlich klemmten. Zumindest hoffte ich, dass es nur die Zeiger waren, die nicht funktionierten.

»Ist das eigentlich normal, dass die Reifen überhaupt kein Profil haben?« fragte ich.

Viktor, der keinesfalls ausgeschlafener wirkte als am Vortag, lachte mich kurz an, um dann wieder seine Armaturen zu malträtieren.

»Normal ist das nicht, aber mach dir keine Sorgen. Fliegerchen macht immer, was Papi will.«

Jetzt sprangen die Zeiger tatsächlich in die gewünschte Stellung, und Viktor drehte sich zu mir um und lachte. »Siehst du?« sagte er triumphierend und wies auf das so radikal herbeigeführte Ergebnis seiner Bemühungen.

Nachdem ich mich mit dem unbestimmten Gefühl, sie in diesem

Leben nicht mehr wiederzusehen, von den Russen verabschiedet hatte, ertappte ich mich dabei, wie ich die ersten Zeilen des Vaterunsers vor mich hin brabbelte. Ich setzte mich auf den mir zugewiesenen Platz in der Maschine und hatte alle Mühe, mein Gebet zu beenden. Zum einen wegen der Textlücken und zum anderen, weil ich von den Mitarbeitern unseres Teams, die große Schwierigkeiten hatten, nicht nur sich selber, sondern auch ihr Equipment so zu plazieren, dass es uns während des Flugs nicht um die Ohren segelte, permanent hin und her geschubst wurde. Schließlich hockten wir alle auf dem Boden und hielten uns an den Requisiten fest, obwohl eigentlich wir diese hätten festhalten sollen.

Unter ohrenbetäubendem Lärm wurden die Propeller angeworfen. Damit war auch der letzte Strohhalm, an den ich mich geklammert hatte, gebrochen. Ich hatte nämlich raffinierterweise einen Motorschaden in mein Gebet mit eingeschlossen. Vor dem Start, versteht sich. Aber ich wurde wieder einmal nicht erhört. Vielleicht war das die Strafe für mein lückenhaftes Gestotter.

Ich hatte zwar einen Fensterplatz, nahm mir aber fest vor, ihn nicht zu nutzen. Ich spürte absolut kein Verlangen auf die Aussicht und wollte es lieber wie die Frauen halten, die bei den schlimmen Szenen in Horrorfilmen die Augen schlossen, um nach einer Weile ihren Nebenmann zu fragen, ob es schon vorbei wäre.

Die Maschine setzte sich in Bewegung, und Hardy wünschte uns allen perverserweise viel Spaß. Als ich ihn ansah, wie er dahockte und vor sich hin lächelte, hatte ich das Gefühl, dass er wirklich Spaß an der Sache hatte. Obwohl er wusste, dass er gleich an einem fliegenden Flugzeug hängen würde, schien er sich zu freuen wie ein kleines Kind, dem man gerade einen Lutscher in den Mund gesteckt hatte.

Ich gratulierte mir nachträglich zu dem Entschluss, meine Stuntmankarriere beendet zu haben, bevor sie richtig angefangen hatte, und schloss die Augen. Ja, ich hatte in meinem Leben wirklich alles richtig gemacht und mir mit der Schauspielerei einen wunderbar ungefährlichen Beruf ausgesucht. Was konnte unsereinem schon groß passieren? Höchstens dass einem der Maskenbildner aus Versehen mit dem Pinsel ins Auge sticht. Aber das kommt relativ selten vor.

Die Maschine hatte inzwischen gedreht, und Viktor brachte seine Propellerchen, wie er sie sicher nennen würde, auf Hochtouren. Das Flugzeug vibrierte so stark, dass ich befürchtete, uns würden gleich sämtliche Nieten um die Ohren fliegen. Endlich löste Viktor die Bremsen, und der Koloss setzte sich holpernd in Bewegung. Nur sehr schleppend nahmen wir Fahrt auf.

Ich sah nun doch nach draußen, weil ich befürchtete, dass die kurze Startbahn schon zu Ende war, bevor wir die zum Abheben erforderliche Geschwindigkeit erreicht hatten. Immer noch fuhren wir über die Rasenfläche, die als Start- und Landebahn diente. Plötzlich stob braune Erde auf, und Steine knallten gegen den Bauch der Maschine. Wir mussten uns schon auf dem anliegenden Acker befinden. Siedend heiß fiel mir der »Point of no return« ein, jener Punkt, ab dem ein Flugzeug nicht mehr abbremsen kann, sondern durchstarten muss, komme, was wolle. Bestimmt hatten wir den schon längst hinter uns gelassen und näherten uns dem Punkt, wo es nicht mehr weiterging. Nämlich dem am anderen Ende des Ackers gelegenen Bauernhaus.

Ein aufgescheuchter Hühnerhaufen lieferte den Beweis, wie nah wir dem nichtsahnenden Landwirt bereits auf die Pelle gerückt waren. Ich sah zu Hardy hinüber und musste zu meinem Entsetzen feststellen, dass der auch nicht mehr lachte, sondern ziemlich verkrampft nach draußen schaute.

›Das war's dann wohl‹, dachte ich, als urplötzlich das Geholpere aufhörte. Rasch blickte ich wieder nach draußen. Tatsächlich: Wir hatten abgehoben. Ich merkte, wie sich mein Becken nach vorne schob, gerade so, als könnte ich der alten Kiste damit helfen, ihren Arsch nach oben zu kriegen.

Auf einmal hörte ich ein Geräusch, das ich nicht definieren konnte. Erschreckt sah ich mich im Laderaum um. Die gesamte Filmcrew hatte angefangen zu klatschen. Alle lachten jetzt, der eine oder andere noch ein bisschen verklemmt. Bei einigen glaubte ich sogar kleine Tränen der Freude in ihren Augen zu erkennen. Und sie klatschten. Ganz so wie Touristen nach der Landung, wenn sie mit ihren Tripperclippern aus Bangkok kommen. Ich hatte es immer albern gefunden, dass sie klatschten, nur weil der Pilot seine

Arbeit getan hatte. Ob sie beim Bäcker wohl auch klatschten, wenn der ihnen ihr Brötchen reichte?

Auf einmal sah ich an mir runter und merkte, dass ich ebenfalls klatschte. Verstohlen sah ich mich um und stellte das wieder ein. Aber es war zu spät. Ich hatte mich in die Riege der Klatscher eingereiht, und ich hatte das sogar gern getan. Immerhin hatte ich den Start beklatscht und nicht die Landung. Das war zumindest mal was anderes.

Jetzt sollte der eigentliche Teil unserer Arbeit erst anfangen. Hardy und meine Wenigkeit, die in Kürze wie die fleischgewordenen Terminatoren aufeinander losgehen sollten, wurden an hauchdünne Stahlseile gekettet, die uns sichern sollten, falls wir den Halt verlieren würden. Später sollten diese Sicherheitsseile aus dem Filmmaterial herausretuschiert werden.

Mein Vertrauen in diese etwas stärkeren Bindfäden war gleich null, so dass ich Hardy bat, sie einfach wegzulassen. Sie störten mich nur. Aber Hardy bestand darauf. Wegen der Versicherung, wie mir der Sauhund später erzählte.

Damit die Kameraperspektive möglichst dramatisch wirkte, musste das Flugzeug, nachdem es eine Schleife gezogen hatte, im Landeanflug wieder zurück zum Flughafen fliegen und steil nach oben ziehen, kurz bevor es den Boden berührte. Dann sollte sich die Ladeluke öffnen, und die hinter uns postierte Kamera würde durch die geöffnete Luke unseren Kampf aufnehmen. Während wir immer weiter abrutschten, bis wir zum Schluss an der Ladeluke hingen, würde man im Hintergrund sehen, wie wir uns immer weiter von Mutter Erde entfernten. Achtmal mussten wir diesen Vorgang wiederholen, bis wir ihn endgültig im Kasten hatten.

Am Ende war ich heilfroh, dass ich wieder festen Boden unter den Füßen hatte. Hardy gratulierte mir zu meinem Mut und meinte, jetzt wäre ich einer von ihnen. Ein echter Stuntman eben. Na ja. Ich war zwar ein ganz klein wenig stolz, aber ein echter Stuntman war ich noch lange nicht. Allenfalls ein »Stuntmännchen« vielleicht.

43
Schwabing ade

Im Frühjahr 1998 kaufte ich mir ein altes Bauernhaus am Starnberger See. Ich hatte mich schon seit längerer Zeit um ein passendes Objekt bemüht und mir bestimmt an die zwanzig Häuser in München und Umgebung angesehen. Irgendwie war ich das Stadtleben leid geworden. Nicht zuletzt die tägliche Suche nach einem freien Parkplatz in Schwabing ging mir dermaßen auf die Nerven, dass ich mir ein Domizil auf dem Lande suchen wollte.

Eines Tages rief mich mein alter Freund Cooksy an, der am Starnberger See wohnt und von meiner Suche wusste, und meinte enthusiastisch, er habe das passende Haus für mich gefunden. Ein wunderschönes altes Bauernhaus mit Seegrundstück, zu einem vernünftigen Preis und zudem noch ganz in seiner Nähe. Ich sah es mir an, war sofort begeistert und zog wenig später mit Jenny dort ein.

Im Spätherbst begannen dann die Proben für das Zweipersonenstück *Nächstes Jahr – gleiche Zeit,* in dem ich mit Dominique Lorenz unter der Regie von Heidelinde Weis im Bayerischen Hof spielte, bevor wir damit auf Tournee gingen. In dem Stück geht es um ein Pärchen, das einen One-Night-Stand hat und beschließt, sich jedes Jahr am gleichen Tag im selben Hotel wiederzutreffen, um dort eine Nacht miteinander zu verbringen. Zwischen den einzelnen Szenen liegen jeweils fünf Jahre, so dass insgesamt eine Zeit von fünfundzwanzig Jahren überbrückt wird.

Ich liebe dieses Theaterstück, weil es den beiden Schauspielern ermöglicht, sämtliche Register zu ziehen und zu zeigen, wie zwei Menschen und die Gesellschaft, in der sie leben, sich über ein Vierteljahrhundert hinweg verändern. Heidelinde brachte eine sehr

An einem Abend um 25 Jahre gealtert: Mit Dominique Lorenz in Nächstes Jahr – gleiche Zeit

einfühlsame und phantasievolle Inszenierung auf die Bühne, in der Dominique wieder einmal ihr großes Können unter Beweis stellte, das in erster Linie auf ihrer Ehrlichkeit und Natürlichkeit beruht. Ich glaube, diese Frau ist gar nicht in der Lage, einen falschen Ton zu erzeugen. Man glaubt ihr einfach jedes Wort, und das macht das Spielen mit ihr so einfach.

Beruflich war ich also recht glücklich in dieser Zeit. Lediglich mein Privatleben geriet zunehmend aus den Fugen. Zum einen hatte ich es immer noch nicht geschafft, meinen Alkoholkonsum zumindest so weit zu reduzieren, dass er mich nicht immer wieder Dinge tun ließ, die ich eigentlich gar nicht machen wollte. Ich war ein schwerer Trinker, der nicht wirklich trockenes Land in Sicht hatte. Hinzu kam, dass Jenny parallel zu den Pfunden, die sie

abgespeckt hatte, auch andere Werte verloren zu haben schien. Irgendwie lief unsere Beziehung nicht mehr rund, und zweifellos hatte das auch mit meiner Sauferei und den daraus entstandenen Situationen zu tun.

Da es uns nicht gelang, das Ganze von der Öffentlichkeit fernzuhalten, gerieten wir zunehmend in den Blickpunkt der Medien.

Weil ich nur selten konform ging mit der Berichterstattung über unser Zerwürfnis und es nur schwer ertrug, mit ansehen zu müssen, wie ich öffentlich vorgeführt wurde, ertränkte ich meinen Kummer in noch mehr Alkohol, was in regelrechten Selbstmitleidsanfällen endete. Ich will hier gar nicht auf einzelne Vorfälle eingehen oder versuchen, sie zurechtzurücken. Auch wenn ich mich an der einen oder anderen Gräte verschluckt habe, ist der Fisch schon zu lange gegessen.

Es ist für mich heute schwer nachvollziehbar, aber mir ging es damals wohl gar nicht um die Sache, sondern um das, was aus ihr gemacht wurde. Ich war mehr damit beschäftigt, die Aussagen über die Hintergründe unserer permanenten Trennungen zu korrigieren als eine Wende der Situation herbeizuführen. Ich kann mir das nur so erklären, dass mich die Verletzungen meines Stolzes und meiner Eitelkeiten etwas betriebsblind werden ließen.

Alles in allem war diese Medientortur aber eine Erfahrung, der man durchaus ihre positiven Seiten abgewinnen kann. Sie hat mich kritischer werden lassen, auch im Umgang mit Frauen, was angesichts meines früheren, eher wahllosen Umgangs mit der Damenwelt ja kein Fehler sein muss. Den Medien gegenüber bin ich vorsichtiger geworden. Ich bin nicht mehr der liebe Junge aus Köln, der so gern mal einen über den Durst trinkt, um dann immer wieder Gefahr zu laufen, sich um Kopf und Kragen zu reden.

Vielleicht bin ich auch härter geworden. Zumindest mit mir selber gehe ich heute härter ins Gericht. Ich hoffe, dass sich das nicht auf die Menschen überträgt, die mir wichtig sind und die mir vertrauen. Das wäre etwas, was mich wirklich traurig stimmen würde, denn diese Menschen hätten das am allerwenigsten verdient. Aber wo gehobelt wird, da fallen Späne, und an mir ist ganz schön rumgehobelt worden – ohne Rücksicht auf die Konturen, die man dabei ja leicht verlieren kann.

*

Den kommenden Winter verbrachte ich in Kanada und Alaska, wo ich den Film *Nicht heulen, Husky* drehte. Tommy Wiegand führte Regie, und Barbara Rudnik war meine Partnerin. Ich spielte einen deutschen Auswanderer, der mit seiner Freundin und ein paar Schlittenhunden im Norden des amerikanischen Kontinents sein Glück versuchen wollte. Anders als Anfang der Achtziger, als ich schon einmal während des Sommers vier Wochen in Alaska verbrachte, um Lachse zu fischen, war es jetzt Winter, und wir waren da, um zu arbeiten. Entsprechend ungemütlicher gestaltete sich unser Vorhaben.

Ein komplettes Filmteam durch diese gewaltigen Schneemassen permanent von einem Punkt zum anderen zu bewegen ging manchmal an den Rand der physischen Belastbarkeit. Auch als Schauspieler stößt man immer wieder an die logistischen Grenzen, die der Produktion auferlegt werden. Man muss nicht nur auf die gewohnten Annehmlichkeiten wie Wohnmobil, Stühle am Set und dergleichen verzichten, sondern wird auch noch zu allerlei berufsunspezifischen Arbeiten herangezogen. Unter solchen Bedingungen ist unbedingtes Teamwork gefragt. Man schleppt also die Beleuchtungskörper und schmiert auch schon mal die Brote für die Crew. Aber letztlich sind das alles Sachen, die einem, wie ich finde, nicht schaden können und die sogar Spaß machen.

Die Arbeit mit den Schlittenhunden erwies sich als weniger kalkulierbar, als wir uns das vorgestellt hatten. Beim Film wird ja sehr viel mit Markierungen gearbeitet. Das heißt, es werden Punkte festgelegt, zu denen sich die Schauspieler hinbewegen sollen und die es möglichst exakt zu treffen gilt. Man lernt ziemlich schnell, so einen Punkt zu erwischen, auch ohne ihn vorher taxiert zu haben, denn das würde dem Zuschauer natürlich auffallen. Auch mit einem Auto erreicht man solche Markierungen verhältnismäßig leicht, wenn man sich nicht allzu blöd anstellt. Schwerer wird es da schon, ein Pferd dazu zu bewegen, sich auf den ihm zugedachten Platz zu stellen. Aber zehn Huskys davon zu überzeugen, dass sie so laufen, dass sich der Schlitten, den sie ziehen, am Ende der Fahrt in einer ganz bestimmten Position befindet, grenzt an Zauberei.

Da der Schlitten weder über eine richtige Bremse noch über ein Gaspedal verfügt, ist man allein auf die Kommandos angewiesen, die man den eigenwilligen Kerlen zurufen muss. Um sie zum Stehen zu bewegen, nützt es nichts, an den Zügeln zu ziehen, denn die sind bei solchen Konstruktionen gar nicht unmittelbar mit den Hunden verbunden. Unter diesen Umständen ergab sich natürlich die eine oder andere Diskussion mit unserem Regisseur beziehungsweise mit dem Kameramann, die des öfteren zu beanstanden hatten, dass ich nicht auf besagter Markierung stand.

»Hey, Alter«, pflegte ich zu sagen, »ich fahr hier keinen Bus, bei dem ich nach Belieben lenken, Gas geben oder bremsen kann, sondern versuche, zehn ungeheuer eigenwillige Individuen durch reines Zurufen von vermutlich falsch betonten Kommandos durch eine schneeverwehte, unebene Winterlandschaft zu bugsieren.«

»Ist doch klar, Heiner, verstehen wir doch. Haben wir sogar volles Verständnis für. Mach's einfach noch mal.«

Das kriegte ich dann zu hören, während ich versuchte, den kläffenden Tross vor mir dazu zu bewegen, umzudrehen und wieder auf die Ausgangsposition zurückzukehren, wo das gleiche Wendemanöver noch einmal veranstaltet werden musste, damit wir wieder in Fahrtrichtung standen. Das ist ungefähr vergleichbar mit dem U-Turn eines fünfachsigen Sattelschleppers auf einem Tennisplatz. Nur dass der Sattelschlepper nicht ununterbrochen und ohrenbetäubend bellt.

Hinzu kam, dass die Hunde, je später es wurde, immer ungeduldiger wurden, weil sie laufen wollten. Und nicht nur die paar Meter, die wir für unseren Film brauchten, sondern stundenlang, wie sie es gewohnt waren, durch die herrlichen unendlichen Weiten dieses Landes. Aber die Filmleute sind da wie die kleinen Kinder. Sie verstehen zwar, dass etwas nicht funktioniert, begreifen vielleicht im Gegensatz zu Kindern auch, warum, wollen es aber nicht wahrhaben und bestehen auf der Umsetzung ihrer exzentrischen Pläne. Machen Sie das mal den Hunden begreiflich.

Am Ende hat es dann aber doch immer irgendwie geklappt, und die Kanadier unter uns meinten sogar, dass aus mir ein ganz anständiger Musher, wie die Hundeschlittenführer heißen, geworden

Gutes Zureden hilft:
Mit den Huskys auf Position

wäre. Ich weiß auch nicht, was sie zu der Annahme bewegt hatte. Vermutlich hatten die Hunde meine Verzweiflung gespürt und aus Erbarmen das getan, was ich von ihnen wollte. Ich glaube, dass da viel Suggestion im Spiel war.

Unser Hauptdomizil hatten wir in Whitehorse aufgeschlagen, einem Städtchen, das seinem Namen alle Ehre machte. Die Kulisse glich einem alten Cowboyfilm. Man erwartete jeden Moment, dass Wyatt Earp um die Ecke kam und sich mit einem versoffenen Mitglied der Dalton-Bande duellierte. Die Einheimischen, größtenteils Abenteurer, die irgendwann mal ausgezogen waren, um durch Goldschürfen ein Vermögen zu machen, und dann hier, mehr oder weniger desillusioniert, hängengeblieben waren, wussten die unglaublichsten Geschichten zu erzählen. Spätestens nachdem die Cowboys festgestellt hatten, dass die »German Filmcrew« in der Lage war, genausoviel von ihrem schäbigen Whiskey zu verputzen wie sie, waren wir im Dorf akzeptiert. Jeden Abend saßen wir im Saloon und lauschten den Erzählungen der harten Kerle, bei denen es immer auf einen Kampf mit einem haushohen Grizzly hinauslief, den sie am Ende – nur mit einem Messer bewaffnet, versteht sich – besiegt hatten. Herrliche Geschichten, auf deren Wahrheitsgehalt es weniger ankam als darauf, wie sie vorgetragen wurden.

Hier traf ich dann auch den zivilisationsmüden Schlittenhundführer, dessen Ansichten über die wahren Werte des Lebens mich so beeindruckten. Als ich danach wieder nach Hause fuhr, kamen mir meine vermeintlichen Sorgen viel kleiner und nichtiger vor. Zumindest eine Zeitlang.

44
Heiße Schlacht am kalten Buffet

Wer erlebt schon den Anbruch eines neuen Jahrtausends? Nur ganz Auserwählte, zu denen wir uns, Gott sei Dank, alle zählen dürfen. Wie lange hatte man auf diesen Moment gewartet! Was hatte man sich nicht alles vorgenommen! Wie viele extravagante Varianten zur Feier des Ereignisses hatte ich im Geiste schon durchgespielt! Und dann? – Wurde es am Ende nur ein ganz gewöhnlicher Tag wie jeder andere auch. Zumindest bei mir.

Ich verbrachte Silvester 2000 in meinem Haus am Starnberger See. Jenny und ich hatten ein paar Freunde eingeladen. Cooksy war mit seiner Frau Mike und seiner Tochter Laura da, und mein Freund Wolfgang Schmitz war aus Köln angereist. Wir machten ein Fondue, tranken einen gepflegten Wein und gingen um Mitternacht an den See, um das pompöse Feuerwerk der vielen reichen Anwohner zu bestaunen. Bis auf die Tatsache, dass ich, aufgrund unreiner Gangart, von meinem Steg in den See geflogen bin, gibt es nichts weiter zu berichten über diese historisch so denkwürdige Nacht.

Das neue Jahrtausend schien für mich dort weitermachen zu wollen, wo das alte aufgehört hatte. Ich hatte zunehmend Schwierigkeiten, das kleine Beziehungssüppchen zwischen Jenny und mir nicht überkochen zu lassen. Immer mehr mischte sich die Öffentlichkeit in die kleinsten Disharmonien zwischen uns ein, und das Ganze drohte zur heißen Schlacht am kalten Buffet zu werden. Sogar mein Gesundheitszustand war mittlerweile für Schlagzeilen gut. Zum wiederholten Male stand ich mit einer Herz-Kreislauf-

Erkrankung auf den Titelseiten, die gemeinhin als Vorhofflimmern bezeichnet wird. Ausgangspunkt dieser Herzrhythmusstörung war, wie mir die Ärzte bescheinigten, eine Infektion, die alle möglichen Organe befallen kann. In meinem Fall war es eben das Herz. Die Medien konstruierten daraus einen Zusammenhang mit meinem Lebenswandel. Manche machten sogar das zunehmend hektischer werdende Verhältnis zu meiner Freundin dafür verantwortlich. So nach dem Motto: »Der alte Sack muss sich doch nicht wundern, dass er es am Herzen kriegt, wenn er sich so ein junges Ding an Land zieht.« In der Tat hätte ein ganz und gar unbelastetes Herz auf diese Infektion vielleicht anders reagiert, aber das ist reine Spekulation und alles andere als medizinisch fundiert.

Bereits im Frühjahr 1999 hatte ich ein riesiges Paket bekommen, in dem sich sechs Drehbücher befanden. Es handelte sich dabei um die neue Wedel-Produktion *Die Affäre Semmeling*. Die Drehbücher zeichneten sich, wie stets bei Dieter Wedel, durch eine hohe Qualität, Liebe fürs Detail und genaue Recherche aus. Nur warum ich die mir angebotene Rolle spielen sollte, blieb mir verborgen. Sie war weder besonders groß, noch fand ich sie sonst irgendwie aufregend. Dieter Wedel sah das natürlich anders und überzeugte mich in einem zweistündigen Telefonat davon, mitzumachen.

Während der Dreharbeiten zur *Affäre Semmeling* kam es endgültig zum Bruch zwischen Jenny und mir. Ich habe mich damals gefragt, was wir falsch gemacht hatten. Lag es am Ende nur an mir, dass all meine Beziehungen nach der Ehe mit Katja spätestens nach vier Jahren zu Ende waren? Die meisten noch viel früher. War ich vielleicht wirklich nicht imstande, einen Menschen längerfristig glücklich zu machen und selber dabei auch zufrieden zu sein?

Ganz sicher hatten wir uns zu sehr an der öffentlichen Meinung orientiert. Hatten ein zu sehr nach außen gekehrtes Leben geführt und die wirklich wichtigen Dinge wie Leidenschaft und Vertrauen vernachlässigt. Ich hatte den furchtbaren Fehler gemacht, mehr an den Schein zu denken, anstatt mein Sein zu leben. Das Ergebnis ist dann ein Leben an der äußersten Oberfläche. Jedes Handeln wird bestimmt von der erhofften Wirkung, die es haben soll, und nicht von ehrlichen und integren Überlegungen. Man bewegt und definiert sich fernab jeglicher Realität in einer Art Kokon, gewoben aus Schlagzeilen, Intrigen und anderen scheinbaren Wichtigkeiten.

Ich schwor mir, dass mir das nicht noch einmal passieren würde. Ich hatte keine Lust mehr, der öffentliche Mann zu sein, der sein Leben in allen Einzelheiten preisgab. Zu hoch war mir der Preis dafür geworden.

*

Die nächsten Wochen und Monate wurden ziemlich hart für mich. Permanent pendelte ich zwischen meinem Haus am Starnberger See und dem Hamburger Set für die *Affäre Semmeling*. Unentwegt berichteten die Zeitungen und die Boulevardmagazine im Fernsehen über den neuesten Stand meiner Trennung von Jenny. Wo ich ging und stand, wurde ich von Paparazzi verfolgt. Sie hatten sich vor der Hauseinfahrt postiert und schlichen um das Grundstück rum. Einige hingen sogar in den Bäumen des benachbarten Waldes, um das Haus und alle, die dort ein und aus gingen, besser fotografieren zu können.

Wenn ich das Haus verließ, um beispielsweise einkaufen zu gehen, wurde ich auf Schritt und Tritt verfolgt. Manchmal lieferte ich mir regelrechte Verfolgungsjagden mit den Fotografen, um sie abzuschütteln. Nicht selten zwangen sie mich dabei, die Bestimmungen der Straßenverkehrsordnung zu überschreiten, an die sie sich selbstverständlich selber nicht mehr hielten. Einmal saß ich mit Franjo auf der Terrasse, als wir wieder ein paar Fotografen in die Bäume klettern sahen. Ich holte meinen Schreckschussrevolver und schoss mit ihm in Richtung der Journalisten. Wie die Sackratten sprangen und purzelten sie von den Bäumen, dass Franjo und ich schon wieder lachen mussten.

Dabei war die Situation, in der ich mich befand, alles andere als lustig. Es ist ein regelrecht beklemmendes Gefühl, auf Schritt und Tritt verfolgt zu werden. Man hat eigentlich nichts Schlimmes getan, fühlt sich aber trotzdem irgendwie schuldig. Permanent wird man gehetzt und gejagt. Man kommt sich vor wie ein Mensch, der in einen riesigen Bienenschwarm geraten ist und panisch um sich

Heinz Hoenig und ich handelten uns den Ärger von Dieter Wedel ein (hier ein Szenenfoto aus Zwei Asse und ein König*)*

schlägt. Immer hektischer werden seine Bewegungen, bis er schließlich nur noch im Kreis rumrennt, wild mit den Armen rudert und hysterisch schreit.

Dieter Wedel war mein desolater Zustand während der Dreharbeiten natürlich nicht entgangen. Obwohl er es wirklich nicht leicht mit mir hatte, war er in dieser Zeit ein sehr einfühlsamer Regisseur, der mich in langen Gesprächen immer wieder zu motivieren versuchte.

Nur einmal verlor er ein wenig die Nerven. Ich war mit meinem Kollegen Heinz Hoenig wieder einmal über eine Stunde zu spät am Set erschienen, und Wedel beschimpfte uns ob unserer Unprofessionalität: »Ich verlange von meinen Schauspielern, dass sie morgens pünktlich, ausgeruht und rasiert am Set erscheinen!«

Ich wollte gerade zu einer Verteidigungsrede ausholen, als mein Fahrer auf der Szene erschien und mir fürsorglich, aber extrem unpassend einen Pappbecher überreichte.

»Hier, dein Wodka Tonic.«

»Wie, Wodka Tonic? Was soll ich denn damit?«

»Den hast du doch eben bestellt …«

Wedel schaute auf den in einem Pappbecher getarnten Longdrink und machte ein Gesicht, als hätte ihm gerade jemand eine sechsfache Bloody Mary eingeflößt. Mit viel Tabasco, versteht sich.

»Michael, tu mir einen Gefallen …«

»Ich heiße Martin.«

»Meinetwegen auch Martin. Lass uns nur in Ruhe und nimm dieses Getränk mit.«

Der kleine Zwischenfall trug natürlich nicht zur Erheiterung von Dieter Wedel bei. Dieser Michael hatte mir gerade noch gefehlt. Oder Martin. Oder wie er auch immer hieß.

Was vorher ein laues Lüftchen war, wurde nun zum Sturm. Wedel faltete uns nach allen Regeln der Kunst zusammen.

Ich erinnerte mich daran, was ich beim *Schattenmann* zu ihm gesagt hatte: »Herr Wedel, ich weiß nicht, wie ich reagieren würde, wenn Sie mich so anschreien würden.« Jetzt wusste ich es. Ich habe die Schnauze gehalten. Weil er recht hatte.

45

Noch eine Wende

Nach der eher unspektakulär verlaufenen Jahrtausendwende vollzog sich im Sommer 2000 noch eine Wende – diesmal eine, die mein Leben deutlich verändern sollte. Ich begegnete meiner heutigen Frau Viktoria.

Mark Keller, ein viel einfühlsamerer Freund als seine Actiondarstellungen in *Alarm für Cobra 11* vielleicht vermuten lassen, hatte Franjo und mich zu einem Abendessen bei einem Italiener in Schwabing eingeladen. Mark hatte wohl gespürt, dass es an der Zeit war, mich ein wenig abzulenken, und hatte zwei Mädchen mitgebracht, mit denen er bekannt war. Es handelte sich um die Ex-Playboy-Modelle Gitta Saxx und Viktoria Skaf, die – wie könnte es bei Mark auch anders sein – blendend aussahen.

Viktoria hatte ein Lachen, das mich regelrecht verzauberte. Den ganzen Abend hing ich an ihren Lippen und war schier außerstande, auch nur einen Bissen runterzukriegen. Sie erzählte mir, dass sie im Libanon geboren wurde. 1976, als der Bürgerkrieg in diesem kleinen Land tobte, war sie dann mit ihrer Mutter, dem Onkel und ihren Geschwistern nach Traunstein gezogen, wo sie sich auch ihr rollendes R angeeignet zu haben schien. Seit ein paar Jahren lebte sie nun in München am Rosenheimer Platz.

Sie hätte mir auch aus dem Telefonbuch vorlesen können, und ich wäre begeistert gewesen. Franjo, der schon sein obligatorisches »Hmm, Keule, die hat was« von sich gegeben hatte, als Viktoria das Lokal betrat, warf hin und wieder einen Blick in meine Richtung und verdrehte die Augen.

»Pfarrer Sommerauer schlägt wieder zu«, flüsterte er mir einmal zu, um sich dann weiter mit Gitta Saxx zu beschäftigen.

Nachdem die anderen gegessen und ich getrunken hatte, fuhren wir auf allgemeinen Wunsch ins P1. Dort hockte ich mich mit Viktoria an die Außenbar, und wir setzten unsere Unterhaltung fort. Ich realisierte langsam, dass diese Frau – um eine Metapher von André Heller zu gebrauchen – über mich hereinbrach wie der 14. Juli über Paris. Ich war nach langer, langer Zeit wieder einmal vom Blitz getroffen worden.

Obwohl ich mir vorgenommen hatte, in absehbarer Zeit keine feste Bindung mehr einzugehen, fühlte ich mich zu Viktoria rettungslos hingezogen. Ich war mir so sicher, in ihr die Frau für mein restliches Leben gefunden zu haben, dass ich nicht wusste, worüber ich mich mehr wundern sollte: über die unumstößliche Gewissheit meiner Gefühle oder über die Geschwindigkeit, mit der ich mir über diese Gefühle klar wurde. Wie auch immer: Für mich stand fest, dass wir einmal Kinder haben würden, allerdings fand ich es nicht besonders klug, ihr das gleich zu sagen. Das hätte zu sehr nach billiger Anmache gerochen. Andererseits wäre es ungeschickt gewesen, sie über meine Prophezeiung nicht in Kenntnis zu setzen, wenn ich später einmal damit angeben wollte. Letztlich entschloss ich mich, es doch zu tun.

»Hör mal, Viktoria, ich muss dir etwas sagen.«

Vorsichtig versuchte ich mich an das heikle Thema heranzutasten.

»Was gibt's denn?«

»Du darfst das aber nicht falsch verstehen.«

Sie lächelte mich mit einer Mischung aus Aufmunterung, Neugier und Vorsicht an.

»Ich sag dir das jetzt, obwohl sich das für dich vielleicht blöde anhört, aber ich möchte es nicht versäumt haben. Denn in vielen Jahren könnte ich dir sonst nicht beweisen, dass ich es jetzt schon gewusst habe.«

»Du machst es aber spannend.«

»Ich habe das ganz sichere Gefühl, dass wir unsere Enkelkinder einmal miteinander spielen sehen werden.«

Ich sah sie an und versuchte, aus ihrer Reaktion irgend etwas herauszulesen. Zumindest lächelte sie noch. Aber ihr Lächeln hatte

Nach ihr sollte keine mehr kommen: Viktoria

sich verändert. Es war ernsthafter geworden. Ihr Blick hatte etwas Abschätzendes, vielleicht sogar Trauriges bekommen. Sie sah mich an wie ein Mädchen, das solche Sprüche schon zu oft gehört hatte. Vermutlich von Männern, deren Aufrichtigkeit sie zumindest in Frage gestellt, wenn nicht gar ausgeschlossen hatte. Wahrscheinlich glaubte sie, schon wieder an so ein Exemplar geraten zu sein. Eben einen Sprücheklopfer.

»Vergiss es einfach wieder«, sagte ich. »Ich werde dich beizeiten daran erinnern.«

»Unsere Enkelkinder?«

Sie wollte die Bemerkung doch nicht so im Raum stehen lassen. Ich nickte.

»Hat das eine tiefere Bedeutung?«

Ich wusste nicht genau, was sie meinte, und sah sie ratlos an.

»Ich meine, dass du eine Generation übersprungen hast.«

Sie hatte recht. Warum hatte ich das so formuliert? Ich hätte ja auch sagen können: »Wir werden unsere Kinder noch miteinander spielen sehen.« Wahrscheinlich wollte ich damit die Länge unserer Beziehung veranschaulichen. Vielleicht ihr aber auch unterbewusst zu verstehen geben, dass ich noch jung genug war, um eines Tages meine Enkelkinder spielen zu sehen.

»Nein, es war einfach ein Bild, das ich gerade vor Augen hatte«, sagte ich, ohne auf diese Überlegungen näher einzugehen.

»Dann müssten wir ja erst mal Kinder miteinander haben«, hakte sie fast ein wenig pedantisch nach.

»Wenn wir nicht den Lauf der Evolution auf den Kopf stellen wollen, wäre das die Voraussetzung, ja.« Lachend versuchte ich eine Kehrtwendung auf der Einbahnstraße, in die ich mich manövriert hatte.

»Was macht dich denn so sicher, dass ich Kinder von dir will?«

Ich fand es höchst unsensibel, wie sie meine Aussage zu zerlegen begann. Und da spricht man immer von der weiblichen Romantik.

»Es war ja auch nur so ein Gefühl«, meinte ich ein bisschen trotzig.

»Nur so ein Gefühl?«

»Ja.«

»Aber eben warst du dir noch ganz sicher.«

Ich stellte mich bereits auf eine kleine rhetorische Kabbelei ein, als sie leise hinzufügte: »Ich hoffe, du gibst nicht immer so schnell auf.«

Wir mussten lachen und wechselten das Thema.

Wir lachten noch viel in dieser Nacht. Und lange. Am Ende brachte ich Viktoria zu einem Taxi und wünschte ihr eine gute Nacht. Als sie gefahren war, ging ich alleine um den Block, die rechte Hand in der Tasche, zur Faust geballt. Ich schlenderte am Haus der Kunst vorbei, den Oskar-von-Miller-Ring entlang und dann ein Stück durch den Englischen Garten. Ich kam am Seehaus vorbei. Hier hatte sich Dominique von mir getrennt. Hier war ich mit Katja und unserem Sohn Oscar auf dem kleinen See Bötchen gefahren. War mit Jenny im tiefen Schnee spazierengegangen und hatte so viele Dinge mit so vielen Frauen erlebt. Hier wollte ich eines Tages auch mit Viktoria spazierengehen. Aber nach ihr sollte keine mehr kommen. Das wollte ich, und das fühlte ich auch.

Ich ging zurück ins P1 und stellte mich wieder zu den anderen an den Tresen. Erst jetzt nahm ich die Hand aus der Tasche und löste meine Faust. Ich öffnete den zusammengefalteten Zettel, den ich die ganze Zeit festgehalten hatte. Eine Nummer stand darauf. Und ein Name. Viktoria Skaf. Ich knüllte ihn wieder zusammen und schloss meine Hände erneut um ihn. Ich wollte ihn nicht verlieren.

46
Der Antrag

Während meines Kanadaaufenthalts hatte mich Regina Ziegler, die Chefin der Ziegler Filmproduktion in Berlin, angerufen. Sie wollte wissen, ob ich mir vorstellen könnte, für eine zweiteilige Fernsehproduktion den Verleger Axel Springer zu spielen. Wir Schauspieler verfügen ja für gewöhnlich über eine große Vorstellungskraft und können uns entsprechend viel vorstellen. Das Leben dieses großen Verlegers zu spielen, dazu noch vor dem Hintergrund einer Zeit, in der in Deutschland soviel passiert war, konnte ich mir sogar ausgesprochen gut vorstellen. Meine erste Euphorie wurde nur durch die Befürchtung gebremst, dass die für diese Produktion Verantwortlichen versuchen würden, die Figur Springer zu demontieren.

Nicht, dass ich die Person Axel Springer von vornherein für unantastbar gehalten hätte oder nicht willens gewesen wäre, eine zwielichtige Gestalt zu verkörpern. Ich wusste vielmehr um die Radikalität, mit der dieser Mann behandelt wurde, vorwiegend natürlich von der linken Fraktion. Da der NDR, der ja nicht gerade für seine konservative Haltung bekannt ist, diese Produktion für die ARD verwirklichen wollte, hatte ich so meine Zweifel, was die Fairness des Vorhabens betraf. Aber zu meiner Freude zerschlugen sich meine Bedenken recht bald, und ich musste der Sendeanstalt wie auch allen Beteiligten Abbitte leisten.

Schon das erste Manuskript von Paul Hengge, das ich bereits in Kanada in Händen hielt, als auch die folgenden Drehbuchfassungen unseres Autors und Regisseurs Bernd Böhlich vermittelten mir den Eindruck, dass es den maßgeblichen Leuten bei dieser Produktion darum ging, ein objektives Bild des Menschen Axel Springer zu zeichnen und nicht irgendwelche Hetzkampagnen an den Mann zu bringen. Ich unterschrieb also den Vertrag und freute mich auf die bevorstehende Arbeit. Da der Film zwischen 1954 und 1980 spielt, also eine Zeitspanne von sechsundzwanzig Jahren umfasst, hatte man sich entschlossen, im Winter 2000 anzufangen, dann eine Pause zu machen, um die Drehabeiten im Frühjahr 2001 zu beenden. Andernfalls würde nur eine einzige Jahreszeit in dem Film vorkommen, was ausgesprochen unglaubwürdig wäre.

Wir fingen auf Sylt zu drehen an, anschließend ging es nach Hamburg, und den Rest der ersten Staffel drehten wir in Moskau. Axel Springer hatte ja einmal versucht, aktiv Politik zu betreiben. 1958 besuchte er den damaligen ersten Sekretär des Zentralkomitees der KPdSU, den sowjetischen Ministerpräsidenten Nikita Chruschtschow. Patriotisch, wie er war, hatte Springer sein ganzes Leben für die Wiedervereinigung gekämpft und wollte nun, in der Höhle des Löwen sozusagen, Chruschtschow davon überzeugen, dass Deutschland zusammengehöre.

Eine großartige und tapfere Idee, wie ich finde, die aber seinerzeit auf wenig Gegenliebe gestoßen war. Die meisten politischen Theoretiker rümpften ihre bebrillten Nasen und gaben Axel Springer nur Spott und Hohn auf seinen ohnehin schon schweren Weg mit. Wenn damals jeder in diesem Land mit seinen Möglichkeiten auch nur annähernd so engagiert für die Wiedervereinigung gekämpft hätte, hätte sich Helmut Kohl während seiner Amtszeit um andere Dinge kümmern können. Das Erschreckende bei der Sache ist in meinen Augen, dass gerade die Bürger des Landes, für das sich Springer so sehr einsetzte, ihn am meisten anfeindeten.

Natürlich kann man über die *Bildzeitung* streiten. Ich bin, weiß Gott, auch nicht immer mit allem einverstanden, was da geschrieben wird und wie die Dinge, auch über mich, formuliert werden. Aber streiten kann man auch über die Berichterstattung des *Spiegels,* bei der ich manchmal den Eindruck habe, dass Sarkasmus und Zynismus oberste Priorität haben und es einigen Redakteuren weniger um die Sache geht als darum, ihre rhetorische Kunstfertigkeit unter Beweis zu stellen. Trotzdem gehört der *Spiegel* zweifellos zu den besten Nachrichtenmagazinen Europas.

Ich finde, man muss jeder Zeitung ihr Gesicht lassen. Wenn man es schon nicht gutheißt, sollte man es zumindest tolerieren. Und das Gesicht der *Bildzeitung* ist nun mal die knappe und kurze Information für den »einfachen« Menschen, der nicht Zeit und Muße oder den Sinn dafür hat, sich mit den ellenlangen Ergüssen anderer Magazine auseinanderzusetzen. Die Idee von Axel Springer war es, eine Zeitung für den »kleinen Mann« zu schaffen. Der »kleine Mann« war für ihn aber nicht das, was wir uns vielleicht darunter vorstellen. Im Gegenteil, die vielen »kleinen Männer« hatten sein Vaterland zu dem gemacht, was es war: eine führende Wirtschaftsmacht. Und ein gut funktionierender Staat.

Springer war ein großer Visionär. Neben der Wiedervereinigung war es ihm ein Herzenswunsch, angesichts des millionenfachen Mordes an den Juden und all des Leids und des Unrechts, das wir diesen Menschen zugefügt hatten, für Wiedergutmachung zu sorgen. Damit befand er sich auch nicht unbedingt in der rechten Ecke, wo viele ihn so gerne sahen.

Friede Springer, die letzte Frau des großen Verlegers, traf ich einmal anlässlich einer Filmpreisverleihung. Sie saß neben mir, was mir die Möglichkeit gab, mich ein bisschen mit ihr zu unterhalten. Auch wenn ich im Film nicht in die Rolle ihres verstorbenen Mannes geschlüpft wäre, hätte mir die Unterhaltung wohl Spaß gemacht, denn sie ist eine sehr charmante und feine Dame. Wir verabredeten uns zu einem gemeinsamen Abendessen mit Regina Ziegler in meinem Lieblingsrestaurant »Borchardt« in Berlin. Leider musste sie dieses Treffen zwei Tage vorher aus terminlichen Gründen, wie sie uns wissen ließ, absagen. Wir holten es auch nicht mehr nach.

Überhaupt hat der Springer Verlag nichts getan, um uns in irgendeiner Weise zu unterstützen. Wir durften weder an den wenigen verbliebenen Originalschauplätzen drehen noch war der Film am Tag der Erstausstrahlung als Tagestip in der *Bildzeitung* vermerkt. Dort wurde statt dessen auf die Wiederholung einer alten Dokumentation über Roy Black hingewiesen.

Ein bisschen Unterstützung hatte ich mir zwar erhofft, aber irgendwo gefiel mir diese ganz und gar enthaltsame Reaktion auch. Zumindest enthob sie uns des Vorwurfs, wir hätten Schönfärberei betrieben, und der Springer Verlag geriet gar nicht erst in Verdacht, Einfluss auf unser Projekt genommen zu haben.

*

Eine Szene, die wir auf Sylt gedreht haben, veranschaulicht ganz gut, wie sehr sich ein Schauspieler mit seiner Rolle identifizieren kann. Sie spielt in den sechziger Jahren. Axel Springer (also ich) sitzt an seinem Frühstückstisch und führt ein Telefonat mit der Chefredaktion der *Bildzeitung.* Der Einstieg der Szene beginnt mit den Worten Springers: »Dann soll sich der eitle Fatzke eben nicht mit seiner Blondine fotografieren lassen …«

Der Chefredakteur erwidert hierauf etwas, was aber nicht zu verstehen ist.

»… na und? Wenn er prozessieren will, dann soll er das tun. Übergeben Sie das an unsere Rechtsabteilung!«

Springer knallt den Hörer auf die Gabel und befasst sich weiter mit seiner Zeitung.

Diese Szene war eine Anspielung auf den Playboy Gunter Sachs und Brigitte Bardot, seine damalige Lebensgefährtin. Sachs hatte sich damals wohl bei der *Bildzeitung* über die Veröffentlichung von Fotos beschwert, die ihn und Brigitte Bardot in Badekleidung an der Côte d'Azur zeigten.

Im Anschluss an diese Szene kam unser Regisseur Bernd Böhlich zu mir und meinte: »In Anbetracht dessen, dass du diesbezüglich selber ein so gebranntes Kind bist, hast du das aber sehr glaubwürdig verkörpert.«

»Wieso?« fragte ich, immer noch unter dem Eindruck dessen, was ich gerade gespielt hatte.

»Na, du hast gerade, wenn man so will, auf der anderen Seite gestanden. Also den Part eingenommen, den du sonst so verurteilst.«

»Klar, was soll ich machen? Wenn du so 'n Käse schreibst«, sagte ich flapsig.

Die Wahrheit ist, dass ich darüber gar nicht nachgedacht hatte. Zu sehr war ich in die Haut des Pressezaren geschlüpft, um zu realisieren, dass ich in dieser Rolle genau das tat, was ich persönlich so verabscheute: im Privatleben von Prominenten herumschnüffeln, um die kleinen, möglichst anrüchigen Geheimnisse ihres Lebens ans Tageslicht zu bringen, sprich, sie zu veröffentlichen und die Menschen damit in den Dreck zu ziehen. Ich war, wenn auch nur für kurze Zeit und im Film, einer von denen geworden, die sich mit dieser unschönen Beschäftigung ihr Geld verdienten. Und ich fühlte mich dabei durchaus im Recht. Es hatte mir sogar noch Spaß gemacht.

Was lehrt uns das? Offensichtlich kommt es immer auf den Blickwinkel des Betrachters an. In der Rolle von Axel Springer konnte ich erkennen, wie nervtötend manche Aktionen der extrovertierten Promis waren, die einerseits alles in Bewegung setzten, um aufzufallen, sich aber dann beklagten, wenn sie es taten.

*

Die neue Frau an meiner Seite hatte sich bis dato mit solchen Überlegungen noch nicht auseinandersetzen müssen. Das sollte sich allerdings bald ändern. Kurz nachdem wir beschlossen hatten, es miteinander zu versuchen, wurde in einigen Zeitungen und im Fernsehen kolportiert, Viktoria sei eine Dame aus dem käuflichen Gewerbe, die ich mir – mittels Bezahlung, versteht sich – an Land gezogen hätte, um Jenny zu ärgern. Diese Behauptung war dermaßen absurd, ohne jede Grundlage und beleidigend, dass sie selbst mich alten Hasen irritierte, der es ja gewohnt war, mit solchen Sommerlochstorys konfrontiert zu werden. Wobei ich nicht weiß, wer von uns beiden bei der Geschichte schlechter wegkam. Ich, dem man unterstellte, sich Frauen kaufen zu müssen, oder sie, von der man behauptete, solch eine käufliche Frau zu sein.

Ich hatte Viktoria anlässlich einer Filmpremiere und der anschließenden Party mit nach Hamburg genommen. Das war unser erster gemeinsamer Auftritt in der Öffentlichkeit, und einige Journalisten fanden es offenbar passend, daraus solch einen Zusammenhang zu stricken. Das heißt: Meistens ist es ja nur ein Journalist, der sich so was einfallen lässt, und die anderen schreiben dann den Käse von ihm ab.

Ich weiß noch, wie ich Viktoria auf dem Weg vom Hamburger Flughafen ins Hyatt-Hotel fragte, ob sie mit mir im Doppelzimmer schlafen wolle oder lieber ein Einzelzimmer hätte.

Sie sah mich etwas konsterniert an und meinte: »Aber wir kennen uns doch noch gar nicht. So richtig, meine ich.«

»Okay«, lachte ich, »war ja nur 'ne Frage.«

Ich sah sie von der Seite an.

Was sie gesagt hatte, gefiel mir. Nicht, dass ich grundsätzlich nichts von Mädchen halten würde, die schnell mit einem Mann ins Bett gehen. Das sollte jeder so handhaben, dass er sich dabei wohl fühlt. Mir hatte auch gefallen, *wie* sie es gesagt hatte: einfach und klar, aber trotzdem bescheiden.

Allerdings konnte ich mir nicht verkneifen, sie darauf hinzuweisen, dass wir unsere Hotelzimmergewohnheiten irgendwann einmal ändern sollten, weil wir sonst nie in den Genuss kämen, uns »richtig« kennenzulernen.

Ich buchte also zwei Einzelzimmer für uns, und wir hatten eine wunderschöne Zeit in Hamburg. Nur gut, dass die Presse mit ihrer Behauptung vom bezahlten Mädchen unrecht hatte. Ich hätte nämlich nichts bekommen für mein Geld.

*

Neujahr 2001 verbrachten Viktoria und ich mit ein paar Freunden in Kapstadt. Danach ging es weiter mit den Dreharbeiten für den *Verleger,* zuerst in Berlin und danach auf der griechischen Insel Patmos, wohin sich Axel Springer gegen Ende seines Lebens zurückgezogen hatte, um in einem Kloster zu sterben.

An einem der drehfreien Tage in Patmos saß ich mit Viktoria beim Frühstück auf der kleinen Terrasse unseres Hotelzimmers. Wir sahen auf eine herrliche Landschaft, die sich in den Brandungswellen verlor.

Ich beobachtete diese Frau, die soviel Ruhe in mein stürmisches Leben zu bringen vermochte. Immer, wenn sie bei mir war oder ich auch nur an sie dachte, überkam mich ein Gefühl der Gelassenheit und Zuversicht. Ganz langsam, fast behutsam, schien sie mein

Leben, das vor ihrer Zeit so wild wie die vor uns liegende Ägäis war, in einen sanft in der Sonne glitzernden See zu verwandeln.

Einmal, während sie in meinen Armen lag, hatte ich zu ihr gesagt: »Ich spüre es an meinem ganzen Körper, wie du mir guttust.«

Ich konnte das einfach nicht anders beschreiben. Ich merkte nur, wie sich Wärme und Geborgenheit in mir breitmachten, wenn ich in ihrer Nähe war. Dieser Zustand war gänzlich neu für mich. Ich glaube, in meinen Kindertagen, auf dem Schoß meiner Eltern, hatte ich das zum letzten Mal erlebt. Möglicherweise wäre die eine oder andere Frau vor ihr auch in der Lage gewesen, mir diese Dinge zu vermitteln, nur war ich vorher noch nicht bereit gewesen, sie anzunehmen. Ich hatte mich bis dato viel zu sehr mit mir selber beschäftigt, ständig bemüht, mein hektisches und unstetes Leben einigermaßen in den Griff zu kriegen. Zum ersten Mal gab es jetzt einen Partner, den ich wirklich an meinem Leben teilhaben lassen wollte. Ich spürte, dass ich am Ende einer langen sehnsüchtigen Suche angekommen war.

Nach dem Scheitern meiner Ehe mit Katja hatte ich mir vorgenommen, nie mehr zu heiraten, wenn ich mir nicht ganz sicher wäre, den Anforderungen dieser amtlichen Zweisamkeit gerecht zu werden.

»Möchtest du einmal Kinder haben?« fragte ich Viktoria unvermittelt. Wir hatten seit jener Nacht im P1 nicht mehr über dieses Thema gesprochen.

»Natürlich«, antwortete sie und blickte von ihrem Frühstück auf.

»Von mir?«

Viktoria legte ihr Croissant und das mit Marmelade beschmierte Messer zur Seite und sah mich prüfend an. Sie betrachtete mich ganz so, als würde sie gerade abwägen, ob dieser Mann hier vor ihr als Vater ihrer Kinder in Betracht kommen könnte. Dabei war ich mir sicher, dass sie schon längst darüber nachgedacht hatte und auch schon zu einer Entscheidung gekommen war. Wir Männer machen ja immer wieder und entgegen besserem Wissen den Fehler, zu glauben, dass wir in solchen Dingen das Heft in der Hand hätten, und verdrängen dabei, dass es in Wahrheit die Frauen sind, die uns mit sanfter Gewalt auf den Pfad bringen, den man dann später gemeinsam beschreiten soll. Was den Ausgang ihrer Entscheidung betraf, war ich mir allerdings nicht so sicher. Die Tatsache, dass sie nicht sofort geantwortet hatte, verstärkte meine Zweifel.

Gerade noch rechtzeitig sagte sie: »Wenn das ein Heiratsantrag gewesen sein soll, bin ich aber etwas enttäuscht.«

»Wieso?«

»Weil das in meinen Kleinmädchenphantasien immer romantischer abgelaufen ist. Das hatte ich mir irgendwie anders vorgestellt.«

Ich hatte plötzlich ein Déjà-vu. Einen Tag vor der Trauung mit Katja ging ich mit ihr über die Leopoldstraße in Schwabing. Als wir zufällig an einem Juwelier vorbeikamen, erinnerte ich mich daran, dass wir noch unsere Ringe brauchten. Ich zerrte Katja in den Laden und suchte zwei passende Eheringe für uns aus. Wieder draußen, vor der Tür des Juweliers, standen ihr die Tränen in den Augen, und als ich sie fragte, was denn los sei, hatte auch sie geantwortet: »Das hatte ich mir irgendwie immer anders vorgestellt.«

Obwohl ich in unzähligen Theateraufführungen und etlichen Filmen den romantischen Liebhaber gegeben hatte, sah ich mich im privaten Leben außerstande dazu und stürzte meine Angebeteten regelmäßig in schwerste Depressionen. Als gewissenhafter Schauspieler ist man ja in der Regel bemüht, die Reaktionen, die man hervorrufen möchte, nicht überdeutlich zu signalisieren. Wenn man Menschen zum Lachen bringen will, ist man also angehalten, selber ernst zu bleiben. So ist es auch in den wenigsten Fällen empfehlenswert, selber zu weinen, wenn man sein Publikum zu Tränen rühren möchte. Das wirkt dann sehr schnell kitschig und damit nicht mehr glaubwürdig.

Aber trotz meines eher burschikos vorgebrachten Antrags willigte Viktoria ein. Ja mehr noch: Sie fiel mir um den Hals und drückte mich ganz fest. Dann küssten wir uns leidenschaftlich und besiegelten so unseren Pakt.

Nun hieß es nur noch, einen passenden Termin zu finden und die unvermeidlichen Vorbereitungen hinter uns zu bringen. Denn vor die Ehe hat der Herr die Zusammenstellung der Gästeliste für die Hochzeitsfeier gesetzt. Ich habe noch nie von einem Paar gehört, das dabei nicht in seine erste große Krise geschlittert wäre. Und das, obwohl die Ringe noch nicht einmal getauscht sind.

Da in Europa aber gerade erst der Frühling Einzug hielt und wir das Datum für die kirchliche Trauung auf Mitte September gelegt hatten, war noch Zeit genug, sich über diese Dinge den Kopf zu zerbrechen. Ich hatte bis dahin auch noch viel zu tun: Ich musste den *Verleger* fertigstellen, und unmittelbar danach sollten die Dreharbeiten für einen Dreiteiler von Bernd Fischerauer beginnen. Bernd hatte wieder einmal eine Geschichte für mich geschrieben: Ich sollte einen alkoholkranken Musiker spielen, der seine Frau verliert und daran fast zugrunde geht, bis er die Liebe seines Lebens trifft. Kam mir irgendwie bekannt vor. Der Titel dieses Werkes hieß *In der Mitte eines Lebens.* So fühlte ich mich auch. Wie in der Mitte meines Lebens. Zwar gezeichnet von der Vergangenheit, aber doch noch neugierig und in froher Erwartung auf das, was noch kommen sollte.

47
Des Dramas erster Teil: Die Gästeliste

Der Sommer stand ganz im Zeichen unserer Hochzeitsvorbereitungen. Mit meinem harmlos vorgetragenen Antrag auf der verträumten griechischen Insel hatte ich eine Lawine ins Rollen gebracht. Zusammen mit meiner neuen Agentin Elke Schumann hatte Viktoria das Ereignis generalstabsmäßig geplant. Elke hatte Mitte der achtziger Jahre schon einmal für mich gearbeitet, und wir waren seitdem befreundet. Auch mit Viktoria verstand sie sich gleich gut, so dass die beiden die Führung der »Hochzeitsfraktion« bildeten. Selbstverständlich war ich ebenfalls Fraktionsmitglied, wenn auch nur passives. Ich war so eine Art graue Eminenz mit null Stimmrecht. Bevor es richtig losgehen konnte, stellten sich uns aber erst einmal Probleme konfessioneller Art in den Weg. Viktoria, aus einer strenggläubigen katholischen Familie stammend, hatte da so ihre eigenen Vorstellungen, die aber leider mit denen der verantwortlichen Geistlichen unserer näheren Umgebung nicht konform gingen. Aus Gründen, die mir bis heute verschlossen blieben, wurde ihr versagt, mich in einer katholischen Kirche zu heiraten. Man verweigerte ihr diesen Herzenswunsch gar nicht deshalb, weil ich schon einmal verheiratet war. Das Ganze war viel komplizierter. Es schien hier für jede erdenkliche Konstellation eine eigene Bestimmung zu geben. Zum Beispiel:

> Ein katholischer Mann, der noch nicht verheiratet war, will eine Protestantin, die bereits geschieden ist und zwei Kinder hat, heiraten.

Ein katholischer Mann, geschieden, will eine katholische Frau mit einem unehelichen Kind heiraten.

Ein evangelischer Mann, der noch nicht verheiratet war, will eine katholische Frau, geschieden, heiraten.

Ein evangelischer Mann, geschieden und ein Kind, will eine katholische Frau, noch nicht verheiratet, heiraten.

Und so weiter und so weiter …

Während wir bei unseren Recherchen auf zunehmend widersprüchliche Aussagen stießen, sank meine Lust an einer kirchlichen Hochzeit dem Nullpunkt entgegen. Die katholische Administration hatte mir schon in die Suppe gespuckt, bevor sie überhaupt gekocht war. Viktoria war so wütend, dass sie dem Katholizismus ihren schönen Rücken kehrte, um in leicht opportunistisch gebeugter Haltung den Protestanten aufs Dach zu rücken. Die ließen sich ein Schäfchen aus des konkurrierenden Nachbars Herde natürlich nicht entgehen und gaben uns den so lang gesuchten göttlichen Segen.

Vermutlich wäre Viktoria auch zum jüdischen Glauben übergetreten oder gar Muslimin geworden, bevor sie darauf verzichtet hätte, ein weißes Hochzeitskleid in irgendeiner Kirche zu tragen. Dass ich am Ende nicht auf winzigen Gebetsteppichen herumrutschen und gen Mekka beten musste, hatte ich Pfarrer Ernst Kunas zu verdanken. Mit seiner modernen, aufgeschlossenen Art bestärkte dieser wirklich vorbildliche Theologe Viktoria in ihrem Glauben, mit ihrem Schritt zum Protestantismus das Richtige getan zu haben.

Diese war in ihrer heidnischen Übergangsphase alles andere als leicht zu ertragen gewesen. Wie ein kleines wildes Tierchen stampfte sie in unserem Haus herum, mit Gott und der Welt hadernd und auf die katholische Kirche schimpfend.

Meinen Vorschlag, die ganze Kirchenorgie zu vergessen und statt dessen im Vereinsheim des 1. FC Köln zu feiern, hatte sie mit den Worten abgeschmettert: »Mir ist jetzt nicht nach Spaßen zumute!« Ich hielt es für ratsamer, ihr nicht zu sagen, dass das durchaus ernst gemeint war.

Nachdem wir diese kleine Glaubenshürde so locker genommen hatten, sollten wir zum komplizierten Teil der Vorbereitungsphase stoßen: der Auswahl der Gäste und deren Plazierung. Eines Morgens, wir saßen gerade am Frühstückstisch des Hotels »Four Seasons« in Berlin, bat mich Viktoria, ich möge mir für das kommende Wochenende nichts vornehmen. Da die Dreharbeiten für *In der Mitte eines Lebens* sehr anstrengend waren, hatte ich auch gar nicht vor, mir etwas vorzunehmen, sondern wollte mich nur auf die faule Haut legen, *Sportschau* gucken und derlei wichtige Dinge mehr tun.

Während ich mich auf den Text zu konzentrieren versuchte, den ich an diesem Tag noch von mir geben musste, unterbrach sie mich immer wieder. Bis zu einem gewissen Grad stört es mich gar nicht, wenn ich beim Lernen meiner Dialoge unterbrochen werde. Ich betrachte das als Training für die Arbeit am Drehort, bei der man ja auch pausenlos abgelenkt wird und an unzählige Sachen gleichzeitig denken muss. Wenn man es schafft, zwischen laufenden Fernsehern und hartnäckig insistierenden Ehefrauen seinen Text fehlerfrei zu repetieren, kann man das auch dann, wenn's drauf ankommt. Viktoria war jedoch gerade dabei, die Schwelle des Erträglichen deutlich zu überschreiten.

»Ich möchte mit dir am Wochenende über unsere Hochzeit reden. Genauer gesagt über die Gästeliste.«

»Das is ja mal ganz was Neues«, murmelte ich vor mich hin und nahm den vierten Anlauf, einen Satz zu Ende zu lesen. Doch ich spürte ihren bohrenden Blick, gab auf und blickte hoch.

»Wann möchtest du denn mit mir über diese Gästeliste reden?«, fragte ich.

»Hab ich doch gesagt: am Wochenende.«

»Ja, schon. Das Wochenende besteht aber aus vielen einzelnen Phasen. So gibt es da zum Beispiel den Sonntagvormittag oder den Samstagmorgen oder den …«

»Das ganze Wochenende«, fiel sie mir ins Wort.

Ich klappte das Drehbuch zu und steckte es ein. Offensichtlich würde dieses Gespräch länger dauern. Meinen Text musste ich wohl in der Maske lernen.

»Willst du damit sagen, dass du zwei volle Tage mit mir über die Gästeliste reden willst? Ich dachte, wir laden ein paar Freunde ein, und das war's.«

Mein Einwand hatte ihr regelrecht die Sprache verschlagen. Völlig konsterniert sah sie mich an. Ich war schon im Begriff, das Drehbuch wieder hervorzukramen, als sie neu ansetzte.

»Engelchen« – Achtung! bei solchen Verniedlichungen war äußerste Vorsicht geboten –, »so was kann man doch nicht so einfach aus dem Ärmel schütteln.«

Sie hatte ihre Strategie geändert und versuchte es auf die sanfte Tour. Wenn sie sich jetzt noch auf meinen Schoß setzte, wäre Alarmstufe eins angesagt.

»So was will von langer Hand geplant sein. Du sagst doch selber immer: Je besser man etwas vorbereitet, um so präziser kann man es umsetzen.«

Wenn ich etwas hasste, dann war es der Versuch, mich mit meinen eigenen Waffen zu schlagen.

»Und du sagst darauf immer, dass ich nicht spontan bin«, versuchte ich mich zu wehren.

Sie kam zu mir und setzte sich auf meinen Schoß.

»Ist es denn wirklich zuviel verlangt, dass du dir ein bisschen Zeit nimmst, um mit mir zusammen zu planen, wie der schönste Tag in unserem Leben aussehen soll?« flötete sie mir ins Ohr.

Nun war es geschehen. Sie hatte mich manövrierunfähig gemacht.

»Aber am Samstag zwischen achtzehn und zwanzig Uhr habe ich frei!?«

Sie strahlte mich an. Alles Teil ihrer strategischen Inszenierung.

»Na klar, da darfst du deine *Sportschau* gucken.«

Zumindest hatte ich einen kleinen Sieg errungen. Einen Teilsieg in einer Schlacht, die, so stand zu fürchten, noch gar nicht richtig angefangen hatte.

Das Wochenende verlief dann in etwa so, wie ich befürchtet hatte. Wir verbrachten den kompletten Samstag mit der Erstellung der Gästeliste. Die einzige Atempause verschaffte mir die *Sportschau*. Es war ein Kampf auf Biegen und Brechen. Jeder Gast wurde mehrfach gewendet, von allen Seiten inspiziert und besprochen, bis er entweder für gut befunden oder aussortiert wurde.

Wir hatten uns schon im Vorfeld darauf geeinigt, eine »große« Hochzeit zu feiern. Schließlich sollte es ihre einzige und meine letzte sein, und das musste gebührend gefeiert werden. Außerdem wollten wir die Exklusivrechte an irgendeine Zeitung verkaufen, um das teure Spektakel zu finanzieren. Fotografieren würde man uns sowieso, egal wohin wir uns verziehen würden, die eifrigen Paparazzi, die jetzt schon Jagd auf uns machten, würden sich diesen Leckerbissen niemals entgehen lassen. Wenn wir also schon nicht verhindern konnten, dass sich die Medien am schönsten Tag des Lebens unserer annahmen, wollten wir wenigstens den größtmöglichen Einfluss auf die Sache haben. Meine Managerin Elke Schumann wurde sich dann ziemlich schnell mit Udo Röbel, dem früheren Chefredakteur der *Bildzeitung,* einig, der mittlerweile bei *Bild online* war. So hatten wir nur einen einzigen Fotografen in der Münchner Staatsbibliothek, wo die Hochzeitsfeier stattfinden sollte.

Nachdem wir unsere ganzen Verwandten, Bekannten und Freunde auf einen großen Zettel geschrieben hatten, zählten wir die Namen durch. Wenn wir alle einladen wollten, hätten wir nicht das Vereinsheim des 1. FC Köln, sondern gleich das Stadion meines Lieblingsclubs anmieten müssen.

Der Libanon ist ein kleines Land, und jeder scheint dort irgendwie miteinander verwandt zu sein. Außerdem ist es dort üblich, nicht nur sämtliche Cousinen und Cousins einzuladen, sondern deren komplette Familien gleich mit. »Und die Libanesen schnackseln gern«, hätte Fürstin Gloria von Thurn und Taxis gesagt. Aber auch die Lauterbachs hatten wohl gerne geschnackselt, denn alleine mein Verwandtenkreis hätte mit Anhang und allem Drum und Dran schon ein Bahnhofsrestaurant gefüllt. Dann kamen noch meine Freunde und die unzähligen Bekannten dazu – viele, viele Menschen, von denen ich genau wusste, sie würden kein Wort mehr mit mir sprechen, wenn sie nicht auf dieser Liste stünden. Es ist doch immer dasselbe mit den Hochzeiten: Niemand will wirklich hin, aber jeder ist tödlich beleidigt, wenn er nicht eingeladen wird.

Es nützte nichts. Wir mussten diese verdammte Liste auf ein vernünftiges Maß reduzieren. Aber was war vernünftig? Nach stundenlangem Gerangel einigten wir uns auf fünfhundert Personen. Man musste (oder durfte) davon ausgehen, dass hundert nicht konnten oder wollten, so dass wir mit rund vierhundert Gästen rechnen konnten. Wahrscheinlich ist das libanesische Verkehrsamt mir heute noch dankbar dafür, dass wir an diesem Tag nicht den gesamten nahöstlichen Reiseverkehr zum Erliegen gebracht haben.

Sonntag nacht hatten wir nach langen Kämpfen endlich die guten ins Töpfchen sortiert. Ich wollte mich gerade wieder dem Alltag zuwenden, als meine Frau mich auf den harten Boden der Realität zurückholte: »So, dann bräuchten wir nur noch die Tischordnung, und das wär's dann fürs erste.«

Ich zuckte zusammen. Ich ahnte, nein: Ich wusste, dass sich Viktoria niemals damit abfinden würde, die Menschen einfach ganz normal nebeneinanderzusetzen.

Aber zunächst einmal mussten ja all diese vielen Menschen zusagen. Oder absagen. Ich versuchte zu schätzen, wie hoch die Wahrscheinlichkeit war, dass alle, die wir eingeladen hatten, in Urlaub sein könnten. Die Chance dürfte so bei eins zu fünfzig Millionen stehen. Ich hakte das ab.

48
Des Dramas zweiter Teil: Die Tischordnung

Fast alle unsere Freunde wurden in irgendeiner Form in die Hochzeitsvorbereitungen eingespannt: Die Werbeagentur WAS von Wolfgang Schmitz in Köln übernahm die Gestaltung und den Druck der Einladungen und Tischkarten. Mein Freund Werner Baldessarini, Vorstandsvorsitzender der Hugo Boss AG, entwarf mit seinem Designer Mauro Taliani Viktorias Hochzeitskleid und fertigte meinen Frack an (mit lila Futter). Pit Kerz aus Köln fuhr uns mit seinem perlmuttweißen Bentley-Oldtimer zur Kirche. Harry Owens vom Traumtheater Salome wollte mit seinen Akrobaten und Zauberern für Stimmung sorgen.

Fast jeden Abend telefonierten wir mit Elke Schumann, die uns über die neueste Zu- oder Absagen, den Stand der Cateringverhandlungen und dergleichen mehr informierte. Sie hatte mittlerweile eine Mitarbeiterin engagiert, die sich nur um unsere Hochzeit kümmerte.

Als so gut wie alle Antworten auf unsere Einladungen eingegangen waren, drängte Viktoria darauf, endlich die Tischordnung zu erstellen. Immer wieder hatte ich neue Ausreden erfunden und sogar Migräneanfälle vorgeschoben, um mich davor zu drücken, aber es half nichts. Ich musste mich dieser Sache stellen. In einem letzten verzweifelten Versuch, meinem Schicksal zu entgehen, machte ich den Vorschlag, ich könnte ja zunächst auf eigene Faust eine Tischordnung erstellen, die sie dann überarbeiten konnte. So hoffte ich, zumindest den heftigsten Auseinandersetzungen aus dem Wege zu gehen.

Zu meiner Überraschung hatte Viktoria nichts dagegen. Sie brachte eine Papierrolle ins Esszimmer und breitete sie auf dem Tisch aus, an dem immerhin zwölf Leute Platz fanden. Der Plan, auf dem sie und Elke die Tische unserer Hochzeitsfeier eingezeichnet hatten, war so groß, dass er den Tisch vollkommen bedeckte. Es hätte gut und gerne das gesamte Neue Testament darauf Platz gefunden.

Nur mit größter Mühe konnte ich Viktoria davon abhalten, hinter meinem Rücken zu stehen und mir pausenlos dazwischenzureden. Nachdem ich mir absolute Ruhe ausbedungen hatte, machte ich mich ans Werk. Ich nahm mir die Gästeliste vor und überlegte, wen von diesen Leuten ich an einen Tisch setzen würde. Dann trug ich ihre Namen in die dafür vorgesehenen Kästchen auf dem Plan ein. Ich brauchte eine geschlagene Stunde dafür, hatte aber am Ende, wie ich fand, ein Ergebnis, das sich sehen lassen konnte. Da ich so eine Ahnung hatte, dass es Viktoria nur misstrauisch machen würde, wenn ich vor Einbruch der Dunkelheit aus dem Zimmer käme, verbrachte ich den Rest des Tages mit Dingen, zu deren Erledigung ich wegen der Hochzeitsvorbereitungen nicht gekommen war. Abends präsentierte ich ihr dann mein Werk.

Otto Rehhagel spricht ja gerne von der kontrollierten Offensive. Viktorias Reaktion auf meine Arbeit hätte er wohl als unkontrollierte Defensive bezeichnet. Sie stand kurz davor, zu hyperventilieren. Ich wollte mich gerade auf die Suche nach einer Tüte machen, in die sie hineinatmen könnte, damit sich ihr Sauerstoffhaushalt wieder normalisierte, da stampfte sie schon aus dem Zimmer. Kurze Zeit später erschien sie mit einem noch jungfräulichen Plan, den sie über dem von mir erarbeiteten ausbreitete. Dabei nuschelte sie Dinge in sich hinein, die ich nur bruchstückhaft verstand. Neben einigen Flüchen glaubte ich Worte wie »Männer«, »instinktlos« und »unsensibel« vernommen zu haben. Mir war klar, dass es nicht ratsam war, ja geradezu gefährlich werden konnte, sie jetzt zu unterbrechen.

Viktoria nahm sich einen Bleistift und einen Radiergummi, setzte sich an den Tisch und sah mich kampfeslustig an. Dann sagte sie: »So, jetzt machen wir das Ganze noch mal. Aber vernünftig.«

Werner Baldessarini (2.v.r.) ist ein guter Freund; hier sind wir mit Udo Jürgens und Mario Adorf beim Formel-1-Rennen in Monaco

»Was war denn so unvernünftig an meiner Sitzordnung?«

»Ach, komm, hör auf. Du hast die Leute doch alphabetisch an die Tische gesetzt. Alle Leute, die mit A anfangen, an Tisch eins und so weiter.«

»Das stimmt überhaupt nicht!«

»Nein, das stimmt nicht?« Sie hob den neuen Plan hoch, so dass meine Sitzordnung zum Vorschein kam. »Und was ist das hier? Alle As zusammen!«

Ich beugte mich über sie und studierte die Stelle, auf die sie mit ihrem energischen Zeigefinger wies.

»Hier«, verteidigte ich mich, »da ist ein C dabei.«

»Ja, weil dir die As ausgegangen sind.«

»Dann hätte ich nach deiner Rechnung ja wohl einen nehmen müssen, der mit B anfängt«, versuchte ich es mit Logik.

»Komm jetzt. Keine blöden Ausreden bitte«, wischte sie meine Logik vom Tisch. »Wir fangen mit dem Brauttisch an. Wir beide sitzen hier, das ist klar.« Wieder der energische Zeigefinger. »Neben uns unsere Eltern. Neben meiner Mutter sitzt dann Onkel George. Der spricht fließend Englisch. Neben dem muss einer aus deiner Familie sitzen. Wer spricht von deiner Familie das beste Englisch?«

»Vermutlich ich.«

Sie sah mich strafend an.

»Sei nicht albern, du sitzt doch schon neben mir.«

»Na, dann vielleicht Hannes, der Mann von meiner Cousine.«

»Das geht nicht.«

»Wieso nicht?«

»Weil nicht zwei Männer nebeneinandersitzen können.«

»Ich kann ja meiner Cousine sagen, sie soll fleißig büffeln, vielleicht überholt sie ihn bis dahin mit ihren Englischkenntnissen.«

Wieder der strafende Blick.

»Was ist mit deiner Schwester?«

Ich stellte mir vor, wie meine Cousine reagieren würde, wenn ich sie bäte, ihr Englisch für unsere Hochzeit etwas aufzupolieren. Deshalb war ich nicht mehr ganz bei der Sache.

»Was soll mit der sein?«

»Wie spricht die Englisch?«

»Gut. Sie hat mal ein Jahr in London gelebt.«

»In London, das ist hervorragend. Dann kommt sie neben Onkel Edmund. Der ist pausenlos in London.«

»Wolltest du den nicht ursprünglich neben meinen Vetter Walter setzen? Weil beide an Archäologie interessiert sind?«

Sie sah mich an wie eine Lehrerin, deren Schüler ständig denselben Fehler macht.

»Dann säßen ja wieder zwei Männer nebeneinander.«

Ich machte eine entschuldigende Geste.

»Aber die Frau von meinem Vetter, die kennt sich natürlich auch ein bisschen in der Archäologie aus.«

»Wie spricht die Englisch?«

»Miserabel, aber mein Bruder spricht hervorragend Spanisch, vielleicht hast du für ihn Verwendung.«

In dieser Art zog sich unser Gefecht bis tief in die Nacht.

Schließlich hatten wir es geschafft, die allerengsten Verwandten so zu plazieren, dass meine geliebte zukünftige Frau zufrieden damit war. Es handelte sich um sechzehn Personen. Wenn es in dem Tempo weiterging, würden wir ungefähr sieben Monate nach unserer Hochzeit eine Tischordnung beisammen haben, die Viktoria zufriedenstellte. Selbst unter Berücksichtigung einer großzügigen Kulanzzeit wäre das eindeutig zu spät.

Von Stund an waren wir jede freie Minute damit beschäftigt, die Sitzkonstellationen zu verschieben. Manchmal schreckte Viktoria nachts aus dem Schlaf hoch und sagte: »Ich hab's!«

Dann lief sie ins Esszimmer, wo der Plan nach wie vor den Esstisch okkupierte, und radierte wie wild darauf herum.

Mit der Zeit hatte sie die Sitzordnung so verinnerlicht, dass sie eigentlich auch ohne diesen Plan ausgekommen wäre. Noch heute hat sie die endgültige Konstellation genau im Kopf. Wenn wir bei irgendeiner Gelegenheit einen unserer Hochzeitsgäste treffen, den sie optisch nicht einordnen kann, läuft das Ganze ungefähr so ab:

Ich stelle ihr die Person vor.

Heiner: »Viktoria, du kennst doch noch Hubert.« (Oder wen auch immer)

Ich sehe ihr an, dass sie ihn nicht erkennt.

Heiner: »Er war doch auch auf unserer Hochzeit, Hubert Meier.«

Viktoria: »Klar, Meier, mit ei. Tisch sechzehn.«

Am Ende war es uns aber gelungen, eine Sitzordnung herzustellen, die ihresgleichen suchen dürfte. Die letzte Ausbesserung nahm Viktoria bei unserem Einzug in die Kirche vor.

»Wir setzen Angela doch neben den Pfarrer«, zischte mir meine Zukünftige zu.

»Wieso?« zischte ich zurück.

»Ich weiß auch nicht. Aber irgendwie passen sie gut zusammen.«

Ich sah sie prüfend an. Ihre Freundin Angela passte überhaupt nicht gut zu unserem Pfarrer, und das wusste Viktoria genau. Die Wahrheit war, dass Angela übriggeblieben war. Sie hatte, wie alle anderen Gäste in Viktorias Planung auch, ungefähr tausendmal ihren Platz wechseln müssen und war am Ende übriggeblieben. Das

Auf dem Weg zum Traualtar

letzte Glied in dieser langen Kette passte nicht mehr mit dem Anfang zusammen. Weil Viktoria das niemals zugegeben hätte, berief sie sich auf ihre Intuition. »Irgendwie passen sie gut zusammen«, hatte sie gesagt. Dass ich nicht lache! Eine Konfessionslose neben einem Pfarrer.

Während wir zum Altar schritten und den vielen Menschen in der Kirche zulächelten, warf ich ihr einen Blick zu und musste lachen. Man konnte ihr regelrecht ansehen, dass sie mit dieser allerletzten Plazierung alles andere als zufrieden war. Trotzdem: Sie hatte alles gegeben, und ich war stolz auf sie.

Ich war mir zwar nicht sicher, ob wir wirklich die ideale Tischordnung gefunden hatten. Aber in einem Punkt war ich mir todsicher: dass ich gerade genau das Richtige tat. Ich ging mit dieser wunderbaren Frau zum Altar und würde sie gleich heiraten. Wenn sie schon wie eine kleine Löwin für diese Hochzeit gekämpft hatte, wie würde sie dann erst um ihre Familie kämpfen! Ich strahlte in mich hinein. Kein Mann auf der ganzen Welt konnte je glücklicher gewesen sein als ich in diesem Moment.

Plötzlich machte sich Unruhe breit. Mauro, der Designer von Werner Baldessarini, der Viktorias wunderschönes Brautkleid entworfen hatte, wirbelte wie ein Irrwisch durch die Kirche.

»It's a desaster!« hörte ich ihn in seinem unnachahmlichen Italo-Englisch fluchen.

Ich versuchte, ihn möglichst unauffällig zu beruhigen, und erkundigte mich nach dem Grund seines hysterischen Anfalls. Trotz der Aufregung, die sein ohnehin gewöhnungsbedürftiges Englisch nicht gerade verständlicher werden ließ, gelang es ihm, mir klarzumachen, was ihn an den Rand des Nervenzusammenbruchs getrieben hatte: Man hatte für Viktoria einen Stuhl mit Lehne vor den Altar gestellt, auf dem sie mit ihrem fünf Meter langen Schleier unmöglich Platz nehmen konnte. Nun waren sämtliche Küster und Ministranten auf der Suche nach einem Hocker, während ich beruhigend auf Mauro einredete.

Nachdem wir auch dieses Problem aus der Welt geschafft hatten, konnten wir endlich den ergreifenden Worten des Pfarrers lauschen.

Schon die standesamtliche Trauung am Vortag war turbulent gewesen. An die hundert Journalisten und viele Schaulustige hatten vor dem kleinen Standesamt in Münsing am Starnberger See auf uns gewartet. Als wir uns durch die Menge gekämpft hatten, standen wir vor der falschen Tür. Nach der Trauung hatte Viktoria dann vor lauter Aufregung mit ihrem Mädchennamen unterschrieben. Noch am heutigen Morgen war in unserer Hochzeitssuite im Bayerischen Hof die Hölle losgewesen. Da Viktorias Brautkleid nicht zum Knöpfen war, musste es zugenäht werden. Am Ende fummelten fünf Personen an ihr herum. Selbst Werner Baldessarini hatte mit Hand angelegt. Vor der Kirche hatten dann wieder Hunderte von Schaulustigen und unzählige Fotografen gestanden und uns einen warmen Empfang bereitet. Ich war sehr gerührt über die Anteilnahme dieser vielen Menschen. Sie hatten alle so etwas Glückliches, Friedliches in ihrem Blick. Ich hatte den Eindruck, viele fühlten sich an ihre eigene Hochzeit erinnert.

Und jetzt saß ich hier. Mit dieser Frau, die ich so sehr liebte.

»Was wollen uns diese beiden Menschen mit ihrer Eheschließung sagen?« Der Mann in Schwarz hatte bereits angefangen zu reden.

Ich nahm Viktorias Hand und drückte sie. Sie sah mich an und lächelte, während eine Träne über ihre Wange lief.

»Warum entschließt man sich überhaupt für die Ehe?«

Diesen Moment wollte ich festhalten. Diesen Blick nie mehr vergessen. Wann immer ich Gefahr laufen sollte, in unserem gemeinsamen Leben dieselben Fehler zu machen wie in meiner ersten Ehe, wollte ich mich an diesen Blick erinnern.

»Wollen diese beiden vielleicht ein Zeichen setzen? Ein Fanal? Es am Ende gar laut hinausschreien: ›Seht her, wir lieben uns!‹«

Ich drückte ihre Hand noch fester. Diese Hand, die ich nie mehr loslassen wollte. Nie mehr in meinem Leben.

49
Hurra, es ist ein Mädchen!

Unsere Flitterwochen verbrachten wir zum Jahreswechsel 2001/2002 in Südafrika auf einer kleinen Weinfarm in der Nähe von Kapstadt. Da sich weder ein Telefon noch ein Fernsehgerät auf unserem Zimmer befand, erholten wir uns prächtig. Wir hatten meinen damals zwölfjährigen Sohn Oscar mitgenommen, der sich mit Viktoria auf Anhieb gut verstand. Mir gefiel diese kleine Familienzusammenführung, weil sie mir vor Augen führte, dass Vergangenheit und Zukunft durchaus miteinander harmonieren konnten.

In diesem Urlaub lernten wir auch Wilfried Sauerland und seine Frau Jochi kennen. Ich kannte Wilfried zwar schon von dem einen oder anderen Boxkampf, den ich besucht hatte und bei dem er der Veranstalter gewesen war. Aber so richtig kennengelernt haben wir ihn und seine Frau erst in dieser Zeit. Seitdem besuchen wir diese wunderbaren Menschen, die mittlerweile zu unseren allerbesten Freunden gehören, regelmäßig in Südafrika.

Schon vor unserer Abreise hatte mich Viktoria mit der Nachricht überrascht, dass sie schwanger sei. Zurück in Deutschland, überbrachte sie mir nach einem Besuch bei ihrem Frauenarzt die freudige Botschaft, dass sie ein Mädchen erwartete. Als ich noch jünger war, hatte ich mir immer gewünscht, als erstes einen Jungen und dann ganz viele Mädchen zu bekommen. Das lief ja wie geschmiert. Begeistert beauftragte ich meinen Gärtner gleich, einen riesigen Wassergraben rund um das Grundstück anzulegen. Später, wenn meine Tochter im »gefährlichen« Alter wäre, wollte ich dort

Krokodile einsetzen. Außerdem sollte er schon mal anfangen, die Gräben für die Tellerminen auszuheben, die ich dann auf unserem Grundstück plazieren würde. Wir wohnen ja in einer ländlichen Gegend, und gerade die bayrischen Buben sind für das sogenannte Fensterln bekannt.

Nicht, dass Sie nun denken, ich wäre einer dieser hysterisch eifersüchtigen Väter, aber gewisse Vorsichtsmaßnahmen waren wohl unerlässlich. Immerhin würde ich für dieses unschuldige Wesen, das bald in unsere rauhe Welt gestoßen werden sollte, bis zu ihrem einundzwanzigsten Lebensjahr die Verantwortung tragen. Schön, wenn sie dann mit einem anständigen Jungen ihres Alters ankommt, der etwas Passendes studiert, gepflegte Manieren hat und noch drei, vier andere Voraussetzungen erfüllt, darf sie vielleicht mal mit ihm ausgehen. Aber höchstens bis zweiundzwanzig Uhr. Und das auch nur im Sommer, damit es noch hell ist, wenn sie wieder nach Hause kommt. Dass alle Männer, ohne Ausnahme, immer und ständig nur das eine wollen, hätte ich ihr bis dahin schon beigebracht. Immerhin gehörte ich, wenn auch vor unendlich langer Zeit, ja selber einmal zu dieser Gilde, so dass ich weiß, wovon ich spreche. Soviel war also sonnenklar: Meine Tochter würde den Schoß ihrer Familie nur extremst gewappnet und dreimal chemisch gereinigt verlassen.

Ich wurde allerdings das Gefühl nicht los, dass meine geliebte Frau diesen Vorkehrungen aufreizend gelassen entgegensah und mich in diesem Stadium nicht ganz ernst nahm. Egal, ich hatte meinen erzieherischen Fahrplan schon im Kopf und wollte mich nicht beirren lassen. Ich fing an, darüber nachzudenken, ob es vielleicht kein Zufall war, dass ich vom obersten Balkon unseres Hauses genau auf die Stelle sah, an der unser alter König Ludwig ins Wasser gegangen war. Ich kramte in meiner DVD-Sammlung und sah mir den Film *Der letzte Kaiser* noch mal an. Vielleicht sollte ja hier am Starnberger See, an dem auch Sissy geweilt hatte, die allerletzte Kaiserin geboren werden. Man weiß ja nie.

Am 3. Juli 2002, ganze zwei Monate vor dem berechneten Zeitpunkt, erblickte Maya das Licht der Welt. Und zwar, ihren blaublütigen Vorbildern in nichts nachstehend, mit einem Paukenschlag: In besagter Nacht platzte meiner Frau gegen vier Uhr die Fruchtblase. Mit dem von mir herbeigerufenen Notarzt fuhren wir gemeinsam ins Krankenhaus.

Viktoria hatte mich gebeten, bei der Geburt anwesend zu sein, und ich tat, wie mir geheißen. Da ich auch schon bei Oscars Lebenseintritt Händchen gehalten hatte, war ich im Gegensatz zu Viktoria eigentlich schon ein alter Hase im Kinderkriegen. Trotzdem war mir in Anbetracht der besonderen Umstände etwas mulmig zumute. Ich gelobte dem lieben Gott die üblichen Besserungen und war ansonsten damit beschäftigt, Viktoria abzulenken. Darüber vergaß ich ganz meine eigene Nervosität, und schwupps – hatte die allerletzte Kaiserin das Licht der Welt erblickt. 1680 Gramm pulsierendes Leben legte mir der Geburtshelfer in den Arm.

Zärtlich wusch ich unser jüngstes Familienmitglied. Wie schnell die Zeit doch vergangen war, seit ich Oscar so gewaschen hatte! Was hatte ich mir damals alles vorgenommen! Ich wollte ihm der beste Vater auf der Welt sein, ihn auf allen Stationen seines Lebens begleiten und immer für ihn dasein. Mit allem sollte er zu mir kommen können, und nichts auf der Welt hätte es geben sollen, das uns jemals trennen könnte. Doch letztlich war es anders gekommen. Ich hatte es nicht geschafft, mein Leben so einzurichten, dass wir es hätten gemeinsam verbringen können. Ich hatte, was die »Aufzucht« meines Sohnes betraf, mein Soll nicht erfüllt. Um so mehr nahm ich mir nun vor, alles dafür zu tun, damit dieses Kind, welches ich jetzt in meinen Händen hielt, mit beiden Elternteilen gemeinsam aufwachsen konnte.

Viktoria und Maya mussten noch eine Weile im Krankenhaus bleiben, bevor ich sie nach Hause holen durfte. Da brachte meine Tochter immerhin schon stolze 2100 Gramm auf die Waage. Weil in dieser Zeit mein Sohn und meine Mutter bei uns wohnten und auch Viktorias Verwandtschaft ständig im Haus war, fand sich immer einer, der den genauen Gewichtsstand ermittelte, so dass mein armes Kind fast mehr Zeit auf der Haushaltswaage verbrachte als in seinem Bettchen.

Obwohl wir es geschafft hatten, unsere Kaiserin aus dem Krankenhaus zu bugsieren, ohne dass sie von den davor lauernden Foto-

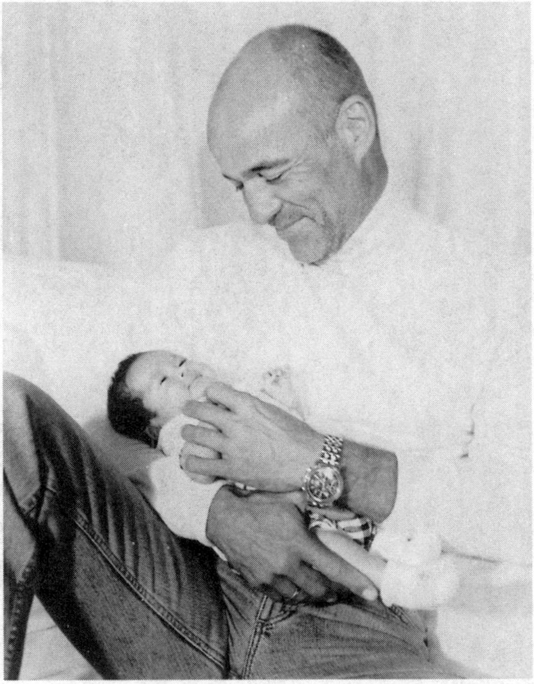

Maya, die allerletzte Kaiserin

grafen »abgeschossen« wurde, musste sich das kleine Wurm regelrechten Fotosessions privater Art stellen. Die komplette Verwandtschaft, allen voran meine Frau, fotografierten das Kind in allen Lebenslagen und aus sämtlichen Perspektiven. Ich bin sicher, dass von ihr heute schon mehr Fotos existieren, als von Greta Garbo bis zu ihrem Tode gemacht wurden.

Zugegeben, den einen oder anderen Schnappschuss habe ich selber gemacht. Die Kleine ist aber auch zu süß. Es ist ja ein bekanntes Phänomen, dass Eltern ihre Kinder immer wunderschön finden, egal wie verbeult und verschroben sie auf die Welt kommen. Ich erinnere mich noch daran, wie ich Oscar unmittelbar nach der Geburt ansah und regelrecht verzückt war von seinem blendenden Aussehen. ›Albrecht Dürer hätte dieses Kind nicht schöner malen können‹, dachte ich bei mir. Als ich viele Jahre später dann noch mal seine Babyfotos betrachtete, musste ich feststellen, dass er einen unförmigen, fast hinkelsteinartigen Kopf hatte. Gott sei Dank hat sich das bis heute komplett verwachsen.

Meine Kinder (2003)

Viel wichtiger ist ohnehin, was sich im Kopf eines Menschen abspielt. Und wie groß sein Herz ist. Diesbezüglich macht mir mein Sohn sehr viel Freude. Ich kann nur hoffen, dass Maya einen ähnlich guten Charakter hat. Damit der dann auch wirklich zur Geltung kommen kann, bedarf es »nur« noch einer konsequenten Erziehung, die mir allerdings schwerfallen wird. Schon jetzt bin ich Wachs in ihren kleinen Händen. Aber wir werden uns Mühe geben.

50
Von der Überholspur auf den Fahrradweg

Zu Hause lief jetzt alles nach Plan. Nach Mayas Plan. Unsere kleine Kaiserin beschäftigte uns rund um die Uhr und hatte, wie bei Monarchen üblich, das Heft in der Hand. Sie durfte sogar bei uns schlafen, weil Viktoria die zunehmende Zahl der Siebenschläfer in unserem Haus nervös machte. Während sich die Tierchen anfangs noch mit den Kellerräumen und dem Speicher begnügt hatten, drangen nun immer wieder einzelne von ihnen ins Innere des Hauses. Da wir vermeiden wollten, dass diese lustigen Gesellen, die unter strengstem Naturschutz stehen, unsere Tochter anknabberten, nahmen wir Maya mit zu uns ins Bett. Nun weiß man ja, dass man das tunlichst unterlassen sollte. Man weiß auch, dass jedes Elternpaar glaubt, solche kleinen »Ausnahmen« im Griff zu haben. Genauso war das natürlich auch bei uns. Mit dem Erfolg, dass wir unsere Tochter schon mit geballten Ladungen von Annehmlichkeiten und Überraschungen bestechen mussten, damit wir nachts wieder allein in unserem Bett schlafen durften.

Eine dieser Überraschungen bestand darin, dass ich der kleinen Maya versprochen hatte, sie dürfe mit ihrem Papi zusammen in einem richtigen Film spielen. Und zwar sollte ich im Winter 2003 den Fernsehfilm *Zwei Männer und ein Baby* drehen. Regina Ziegler hatte ein schönes Projekt entwickelt, für das ein Baby gebraucht wurde, das ununterbrochen schreit. Nur in meinen Armen sollte es sich dann beruhigen. Ich fragte sie, welches Baby sich wohl an derartige Regieanweisungen halten würde.

»Na, deins natürlich«, sagte Regina spontan.

Nach kurzem Überlegen musste ich ihr recht geben. Von keinem fremden Baby wäre solch ein Verhalten zu erwarten. Natürlich hatte ich anfangs Bedenken, mein Kind dieser Situation auszusetzen. Normalerweise nimmt man für solche Tätigkeiten Zwillinge, die sich dann bei der Arbeit abwechseln können. Maya hatte aber kein Zwillingsschwesterchen. Zu bedenken war auch, inwieweit man sein Kind der Öffentlichkeit preisgeben will. Ich besprach das Ganze mit meiner Frau, die sich verhältnismäßig schnell mit dem Gedanken anfreunden konnte und wie so oft auch gleich ein pragmatisches Argument parat hatte.

»Das ist doch toll. Stell dir mal vor, was für eine wunderschöne Erinnerung wir später an diese Zeit haben«, sagte sie geradezu euphorisch. »Wer hat schon so einen Film von seiner Tochter? Neunzig Minuten, perfekt geschnitten und mit Musikuntermalung.«

Die Dreharbeiten zu diesem Film verliefen wesentlich glatter, als ich erwartet hatte. Wir hatten uns aber auch einzigartige Umstände geschaffen. Es war eine richtiggehende »Familienproduktion«. Mit allen näher Beteiligten waren wir eng befreundet, angefangen von der Produzentin Regina Ziegler, über die Regie, die Ilse Hofmann übernommen hatte, bis hin zum Cast, zu dem Sandra Speichert und mein alter Ziehsohn Michael Roll gehörten, mit denen ich schon viele Schlachten geschlagen hatte.

Die kleine Maya war schnell der Liebling aller Teammitglieder und machte ihre Sache richtig gut. Da sie noch nicht laufen konnte, stellten wir sie in ihrem Kindersitz immer in die Mitte des Geschehens.

Neugierig, wie sie war, schaute sie zu dem, der gerade sprach, und machte die entsprechende Mimik dazu. Im Film wirkt das so, als würde sie jedes Wort verstehen. Das war komplett ausreichend für ihre Rolle (und mehr, als man von so manchem Kollegen erwarten durfte).

Wenn sie sich wirklich mal irgendwohin bewegen sollte, lockten wir sie mit Dingen, die von jeher eine magische Anziehung auf sie hatten: Handys, Bälle und Fernbedienungen für den Fernseher. Wie ein kleiner Käfer krabbelte sie dann glückstrahlend zu ihren Lieblingsspielsachen, und die Szene war im Kasten. Die Arbeit in

Berlin, wo dieser Film spielte, war also im wahrsten Sinn des Wortes ein Kinderspiel.

*

Unser Ehealltag verlief in ungefähr so, wie ich mir das vorgestellt hatte: Ich verdiente das Geld, und Viktoria kümmerte sich um den Rest. Und wie. Ich hatte das Glück, eine sowohl patente als auch äußerst fleißige Frau geheiratet zu haben. Es ist wirklich unglaublich, mit wieviel Geschick, Ausdauer und Geduld Viktoria diese administrativen Dinge meistert. Sie bewältigt locker die Arbeit von Sekretär, Gesellschafterin und Butler. Und in den Stunden, die wir für uns haben, sind wir lieb und zärtlich miteinander.

Nur in diesem Rahmen, der sowohl geordnet als auch harmonisch war, konnte meine Metamorphose vom alles konsumierenden Genussmenschen zum sportlichen und gesundheitsbewussten »Normalo« gelingen. Ich wechselte sozusagen von der Überholspur auf den Fahrradweg.

Am Tag nach der Hochzeitsfeier hatte ich mich noch mit ein paar Freunden getroffen, um das Ganze entsprechend ausklingen zu lassen. Ich hatte vorher keinen Junggesellenabschied gefeiert, denn ich war ja kein Junggeselle mehr. Nun wollte ich auf die Hochzeitsfeier einen kleinen Nachschlag drauflegen und verlängerte die ganze Prozedur um einen Tag und eine Nacht. Es war also nicht die Ruhe vor dem Sturm, sondern sollte zum Sturm vor der Ruhe werden. Ich ließ es also noch mal richtig krachen, bevor ich mich an den heimischen Herd zurückziehen und an der Seite meiner neuen Frau untertauchen wollte.

Natürlich konnte ich mein altes Leben nicht schlagartig ändern, denn nichts ist schlimmer und gefährlicher als der ruckartige Entzug. Ich musste mich also langsam entwöhnen. Runtertrinken, wie man so schön sagt. Das ist sowohl physisch als auch psychisch zu verstehen. Nicht nur der Körper rebelliert ja, wenn man ihm alle ungesunden Genussmittel entzieht, sondern auch der Geist. Oder das, was diese Mittel davon übriggelassen haben.

Den Rest des Septembers und den gesamten Oktober verbrachte

ich mit diesem schleichenden Entzug, dessen Nebenwirkungen alles andere als angenehm sind. Viktoria, die von all diesen Untugenden völlig frei war, war mir dabei eine große Hilfe. Eigentlich war sie allein schon durch ihre bloße Existenz die treibende Kraft. Ohne sie hätte ich dieses neue Leben vielleicht gar nicht erst angefangen und mit Sicherheit nicht so gut durchgezogen. Sie hat so viel von ihrer Energie für mich geopfert, dass ich ihr das wohl nie mehr richtig vergelten kann. Auch wenn ich nicht diese Liebe zu ihr empfände, müsste ich ihr zu tiefstem Dank verpflichtet sein. Und das bin ich auch. Weiß Gott.

*

Eine beinahe traumatische Begegnung mit meiner Waage veranlasste mich dazu, nach langer Zeit wieder Sport zu treiben. Neunzig Kilo wog ich nach den Dreharbeiten zu *In der Mitte eines Lebens*, bei denen ich in Italien täglich dreimal Pasta und zwei Flaschen Rotwein zu mir genommen hatte. Das war des Guten entschieden zuviel. Nachdem ich aus Liebe zu Viktoria mit dem Saufen aufgehört hatte, fing ich nun aus Liebe zu mir und aus Furcht vor der schleichenden Fettleibigkeit mit dem Sport an.

Sport ist eine fast zwangsläufige Folge der Enthaltsamkeit. Man hat plötzlich soviel Zeit, die man vorher in Kneipen und anderen Etablissements verbracht hat, dass man gar nicht weiß, was man damit anfangen soll.

Nachdem ich mich »runtergetrunken« hatte und gar keinen Alkohol mehr zu mir nahm, ging es auch mit den Pfunden rapide abwärts. Ganz langsam steigerte ich nun meine sportlichen Aktivitäten. Ich fing mit fünfzehn Minuten Laufen am See an. Dabei achtete ich darauf, dass mein Puls nicht über hundertzwanzig steigt. Das ist die ideale Fettverbrennungszone. Man sollte immer so laufen, dass man sich noch normal unterhalten kann. Wenn man während eines Gesprächs beim Laufen aber zu japsen anfängt, hat man die Fettverbrennungsfrequenz überschritten. Dann holt sich der Körper statt der Fettreserven die Kohlenhydrate, die er mit der nächsten Mahlzeit gleich wieder aufnimmt.

Heute treibe ich, je nach Zeit, Lust und Laune, vier- bis sechsmal die Woche fünfundvierzig bis hundertzwanzig Minuten Sport – das Golfspielen nicht mit eingerechnet. Obwohl man das nicht unterschätzen sollte. Auf einer Golfrunde, die vier Stunden dauert, verbraucht man genauso viele Kalorien, als hätte man eine halbe Stunde gejoggt.

Schon nach einiger Zeit hatte ich mein heutiges Kampfgewicht von achtundsiebzig Kilo, und das ohne eine einzige Diät. Im Gegenteil: Ich habe meine Essgewohnheiten nie eingeschränkt. Ich esse nach wie vor alles und gerne. Nur der Sport und der Verzicht auf jeglichen Alkohol halten mich schlank.

Inzwischen vermisse ich den Alkohol nicht mehr. Zugegeben: Anfangs war es nicht ganz leicht. Immer wieder gab es Momente, in denen ich mir sagte: »Jetzt ein Fläschchen Rotwein oder gar Wodka, das wär schon was Feines.«

Aber diese Momente werden mit der Zeit immer weniger, bis man sie schließlich gar nicht mehr erlebt. Im Gegenteil. Man ist dann regelrecht froh, wenn man nach einer Veranstaltung verhältnismäßig früh im Auto sitzt und nach Hause fahren kann. Ich genieße es, nicht mehr länger in der verräucherten Luft zu sitzen und mir nicht immer wieder die gleichen Geschichten von zunehmend unzurechnungsfähiger werdenden Leuten anhören zu müssen. Und morgens ohne das Gefühl aufzuwachen, als wäre der Kopf die ganze Nacht mit einem Hammer malträtiert worden, ist alles andere als unangenehm.

Alles in allem hat die Abstinenz also sehr viele Vorteile. Was aber nicht heißen soll, dass sich meine innere Einstellung gänzlich geändert hat. Nach wie vor liebe ich Menschen, die fressen, saufen und rauchen, was das Zeug hält. Zu lange war ich einer von ihnen, als dass ich sie nun verleugnen könnte.

Nachwort

Von den beiden bedeutendsten Männern der Geschichte gibt es keine einzige Aufzeichnung. Nicht mal einen Brief haben sie geschrieben. Anstatt mir also übermäßiges Mitteilungsbedürfnis, oder gar überhöhtes Sendungsbewusstsein zu unterstellen, könnte man dieses Buch auch als das Ergebnis der Erkenntnis meiner eigenen Bedeutungslosigkeit verstehen. Tatsächlich aber wollte ich mit dieser Biographie gewährleisten, dass meine Kinder, Enkel und Urenkel etwas über ihre Vorfahren in Händen halten. Ich selber hätte gerne Aufzeichnungen meiner Vorfahren in meiner kleinen Bibliothek, in denen ich ab und an blättern könnte. Vielleicht habe ich ja hiermit den Anfang einer Aufzeichnungskette geschaffen, die in vielen Jahren einmal meine Nachkommen erfreuen wird.

Ich wurde in den vergangenen Jahren, während ich an diesem Buch geschrieben habe, immer wieder gefragt, warum ich denn in so verhältnismäßig jungen Jahren damit angefangen habe. Das hatte zwei Gründe. Zum einen wusste ich am Anfang dieser Biographie noch nicht, wieviel Zeit mir bleiben würde. Zum anderen wollte ich gewährleisten, einen möglichst lückenlosen Bericht der Geschehnisse zu Papier zu bringen. Dazu musste ich das in einem Alter tun, in dem ich mich noch an alles erinnern konnte.

Obwohl ich nun auch froh bin, das letzte Kapitel hiermit abschließen zu können, glaube ich, dass es richtig war, dieses Buch zu schreiben. Vielleicht hat mir die akribische Recherche in meiner Vergangenheit ein wenig geholfen, mein eigenes Leben besser zu verstehen. Dinge, die ich getan habe, mal aus einem anderen, neutraleren Blickwinkel zu sehen. Sie nochmals zu beurteilen und gegebenenfalls zu verarbeiten. Vielleicht kann es aber auch für den einen oder anderen Leser eine Hilfe sein. Ihm Trost oder Hoffnung spenden, wenn nicht gar Genugtuung verschaffen. Es würde mich von ganzem Herzen freuen. Ich habe versucht, ehrlich mit mir und den Dingen meines Lebens umzugehen. Nichts zu beschönigen, aber auch nur wenig zu rechtfertigen. Das soll nicht heißen, dass ich mit allem zufrieden war und alles richtig fand, was ich getan habe. Dass ich nicht vieles bereut habe und unzählige Sachen heute anders machen würde. Es war eben so, wie es war, und Sie wissen ja: Das Leben ist nun mal kein Wunschkonzert.

PS: Die beiden Männer, die ich meine, sind übrigens Jesus und Mohammed.

Bildnachweis

Fotos im Text:

S. 56: Foto: © Lothar Bendel, München
S. 194: Foto: © Robinson Reichel
S. 223: Foto: © Jean-Marie Bottequin, München
S. 226: Foto: © Schneider-Press/ZW
S. 235: Foto: © Ute Hohn, München
S. 237: Foto: © Ute Hohn, München
S. 246: Foto: © Udo Hesse, Berlin
S. 265: Foto: © Pressebilderdienst Kindermann, Berlin
S. 279: Foto: © Delta Filmverleih
S. 285: Foto: © Peter Bischoff, Worpswede
S. 288: Foto: © Peter Bischoff, Worpswede
S. 289: Foto: © Peter Bischoff, Worpswede
S. 297: Foto: © Milan Poupa, Wien
S. 300: Foto: © dpa/Bajzat
S. 343: Foto: © Günther Siebert, Köln
S. 364: Foto: © Access Press/P. Vorwerk, Hamburg
S. 368: Foto: © defd Deutscher Filmdienst
S. 376: Foto: © dpa
S. 387: Foto: © Schneider-Press/RB
S. 392: Fotos: © Rabanus
S. 393 oben: Foto © Jan Riephoff
S. 393 unten: Foto: © Rabanus
S. 397: Foto: © pwe Kinoarchiv Hamburg
S. 403: Foto: © defd Deutscher Fernsehdienst
S. 406: Foto: © Inge Wietfeld, Hamburg

S. 429: Foto: © Schneider-Press/CM
S. 435: Foto © People Picture

Farbteil:

S. II unten rechts: Foto: © Lothar Bendel, München
S. VI oben: Foto: ©Roba Press/Thomas Ruddies
S. VI unten: Foto: © Schneider-Press/W. Breiteneicher
S. VII oben: Foto: © A. Weychardt/Gala/Picture Press

Es konnten trotz gewissenhafter Recherche nicht alle Urheber ermittelt werden. Wir empfehlen Rechteinhabern, die hier nicht aufgeführt sind, sich an den Verlag zu wenden.